U0733251

· 中国物流与采购联合会系列报告 ·

中国生产资料流通发展报告

2014 — 2015

中国物流与采购联合会
China Federation of Logistics & Purchasing

中国物流学会
China Society of Logistics

China Development Report on the Means of Production
(2014 —2015)

中国财富出版社
China Fortune Press

图书在版编目（CIP）数据

中国生产资料流通发展报告.2014—2015/中国物流与采购联合会，中国物流学会编.
—北京：中国财富出版社，2015.8
ISBN 978 - 7 - 5047 - 5859 - 0

Ⅰ.①中…　Ⅱ.①中…②中…　Ⅲ.①生产资料—物流—研究报告—中国—2014～2015
Ⅳ.①F259.22

中国版本图书馆 CIP 数据核字（2015）第 202337 号

| 策划编辑 | 王淑珍 | 责任编辑 | 王淑珍 | | |
| 责任印制 | 方朋远 | 责任校对 | 梁　凡 | 责任发行 | 斯　琴 |

出版发行	中国财富出版社		
社　　址	北京市丰台区南四环西路 188 号 5 区 20 楼	邮政编码	100070
电　　话	010 - 52227568（发行部）	010 - 52227588 转 307（总编室）	
	010 - 68589540（读者服务部）	010 - 52227588 转 305（质检部）	
网　　址	http://www.cfpress.com.cn		
经　　销	新华书店		
印　　刷	北京京都六环印刷厂		
书　　号	ISBN 978 - 7 - 5047 - 5859 - 0/F · 2454		
开　　本	787mm × 1092mm　1/16	版　次	2015 年 8 月第 1 版
印　　张	27.75　彩插 2	印　次	2015 年 8 月第 1 次印刷
字　　数	515 千字	定　价	120.00 元

《中国生产资料流通发展报告》
(2014—2015)

编 委 会

袁苏凡　中国煤炭城市发展联合促进会副会长兼秘书长

陈雷鸣　中国金属材料流通协会副会长兼秘书长

唐志刚　中国机电产品流通协会秘书长

何　辉　中国物流信息中心副主任

刘长庆　兰格钢铁网董事长

王立群　盐城市现代物流园区管委会主任

盘　石　广东省佛山市南海区大沥镇副镇长

柯智耀　广东钢正建材股份有限公司总经理

王再兴　毅德国际控股有限公司董事局主席

洪　涛　北京工商大学经济学院贸易经济系主任
　　　　商业经济研究所所长、教授

赵　娴　北京物资学院经济学院党总支书记
　　　　流通经济研究所所长、教授

宗树明　现代物流报社社长

梁巨涛　中国专业市场网总编

参加编写的人员还有（以姓氏笔画为序）：

王克臣　尹德洪　代官飞　孙　岩　李大为
李会军　李树仁　李春晓　李贵元　肖政三
张　喆　张华光　张雨润　陈　林　陈淑芝
武　威　袁　远　崔　燕　董　昱　谢满华

《中国生产资料流通发展报告》
（2014—2015）

编 辑 人 员

主　　编： 周林燕

副 主 编： 代官飞

联系方式： 中国物流与采购联合会生产资料市场专业委员会

电　　话： 010－58566588 转 125

传　　真： 010－58566588 转 125

网　　址： www. chinawuliu. com. cn

邮　　箱： dgf@ chinawuliu. com. cn

树立信心　共赢发展
以转型升级应对"新常态"

（代前言）

当前，我国正处于经济增长速度换挡期、结构调整阵痛期和改革开放攻坚期"三期叠加"的特殊阶段。习近平总书记提出"新常态"的战略思维，为下一阶段国民经济发展凝聚了共识。刚刚结束的中央经济工作会议，从消费、投资、出口等九个方面，系统地阐述了经济"新常态"的特征。这些特征表明，我国经济正在向形态更高级、分工更复杂、结构更合理的阶段演化。因此，中央经济工作会议提出"认识新常态，适应新常态，引领新常态，是当前和今后一个时期我国经济发展的大逻辑。"这也是钢铁业、物流业等国民经济重要产业考虑未来发展战略的基本出发点。

随着我国经济进入"新常态"，面临新的形势，我国物流业正处于产业地位的提升期、现代物流服务体系的形成期和物流强国的建设期。物流业总体运行呈现"常态趋稳、动态调整"的基本特征。在连续多年高速增长后，我国物流业增速自2012年以来一路放缓，总体步入中高速增长的温和增长阶段。2014年全年社会物流总额和物流业增加值分别增长7.9%和9.5%，比2011年均减少了4.4个百分点。从物流需求看，与内需相关的社会物流需求保持较快增长，农村和中西部地区物流需求增速加快。从物流供给看，物流企业群体加快形成，企业间战略合作、兼并重组、上市融资日趋频繁，产业间联动融合走向深入，社会专业化分工更加明显。从资源条件看，物流基础设施逐步完善，对物流运作的"硬约束"开始减缓，但要素成本、资源环境负担进一步加重。从增长动力看，新技术、新模式不断出现，整合优化、创新驱动成为"新常态"下物流业发展的动力源泉。未来一年，我国物流业将从规模速度型粗放式增长进一步转向质量效率型集约式增长，从增量扩能为主转向调整存量、做优增量并存的深度调整。其根本出路在于，通过转型升级，培育产业核心竞争力，完善现代物流服务体系，提升物流现代化水平，应对经济发展"新常态"。

钢铁物流业和流通业是物流业的重要组成部分，也要适应经济"新常态"发展的要求。当前，钢铁业产能过剩问题严重，生产消费量在峰值区间上下波动，价格总体处于低位运行，经营困难长期存在。钢铁物流业和流通业市场需求持续萎缩，大批企业退出市场，企业盈利难度加大。但是，我们也看到，随着高风险融资业务的清退，钢铁流通业正在回归交易的本质。未来一段时期，随着国家城镇化战略、"一带一路"、长江经济带、京津冀协同发展等国家战略的实施，国家基础设施投资仍将保持稳步增长，钢铁需求基本稳定，奠定了钢铁流通业发展的基础。同时，借助信息化手段，钢铁流通电商化趋势日益明显，通过互联互通、资源共享，新的业务模式不断创新，加快行业的转型变革。钢铁物流业和流通业与上下游产业间的联动融合走向深入，产业链条逐步缩短，降低物流成本，提升流通效率，通过合作共赢创造新的驱动力，积极融入"新常态"。

近年来，钢铁物流业和流通业经历了较大困难。国家积极出台规划政策，引导行业转型发展。2014年9月，国务院正式印发《物流业发展中长期规划》，提出了三大发展重点、十二大重点工程和八项政策措施。其中，与钢铁流通业相关的有制造业物流与供应链管理工程、资源型产品物流工程和物流园区工程三项工程。提出要加强与制造业企业紧密配套、有效衔接的仓储配送设施和物流信息平台。要加快资源型产品物流集散中心和物流通道建设。要结合区位特点和物流需求，发展钢铁、煤炭、汽车等专业类物流园区，发挥物流园区的示范带头作用。

为落实《物流业发展中长期规划》，商务部印发了《关于促进商贸物流发展的实施意见》。提出要加快生产资料物流转型升级。鼓励生产资料物流企业充分利用新技术和新的商业模式整合内外资源，延长产业链，跨行业、跨领域融合发展，增强信息、交易、加工、配送、融资、担保等一体化综合服务能力，由单纯的贸易商、物流商，向供应链集成服务商转型。支持生产资料生产、流通企业在中心城市、交通枢纽、经济开发区和工业园区有序建设大宗生产资料物流基地和物流园区，促进产业适度集聚。

这些规划和意见的出台，为下一阶段钢铁流通业发展提供了方向指引和发展机遇。钢铁物流和流通企业要顺应"新常态"发展要求，努力提升自身社会化、专业化、标准化、信息化、组织化水平，建立一体化、个性化、多样化服务体系和经营模式，推动行业规模化和集约化发展。同时，要通过延长产业链，积极向上下游延伸服务，由单纯的贸易商、物流商，逐步向供应链集成服务商转型，整合分散的企业群体，形成更多的利益共同体，提升市场集中度，建立合作共赢的"产业生态圈"。

2015年是完成"十二五"规划的收官之年，也是行业转型发展的关键之年。行业的发展需要凝聚共识、重树信心、加强合作。企业要顺应行业发展趋势，以创新谋发展，用信心赢未来，加强联动融合，以转型升级应对经济"新常态"，共同推进行业健康发展！

何黎明

2015 年 7 月 10 日

（作者为中国物流与采购联合会会长。本文是 2015 年 1 月 16 日作者在"第八届中国钢铁物流合作论坛暨上海钢铁服务业行业协会年会"上的致辞，本书刊载时略有改动）

目　录

第一部分　综述篇

第二部分　专题篇

第三部分　企业篇

第四部分　政策篇

第五部分　国外篇

第六部分　数据篇

目　录

第一部分

综 述 篇

2014—2015 年生产资料流通发展环境

一、政策环境

（一）党中央、国务院重视生产性服务业发展

2014 年 7 月 28 日，国务院印发《关于加快发展生产性服务业促进产业结构调整升级的指导意见》（国发〔2014〕26 号，以下简称《指导意见》）。《指导意见》指出，我国生产性服务业发展相对滞后、水平不高、结构不合理等问题突出，亟待加快发展。生产性服务业涉及农业、工业等产业的多个环节，具有专业性强、创新活跃、产业融合度高、带动作用显著等特点，是全球产业竞争的战略制高点。加快发展生产性服务业，要坚持市场主导、突出重点、创新驱动、集聚发展的基本原则，以产业转型升级需求为导向，进一步加快生产性服务业发展，引导企业进一步打破"大而全"、"小而全"的格局，分离和外包非核心业务，向价值链高端延伸，促进我国产业逐步由生产制造型向生产服务型转变。《指导意见》明确了现阶段我国生产性服务业重点发展的领域包括：研发设计、第三方物流、融资租赁、信息技术服务、节能环保服务、检验检测认证、电子商务、商务咨询、服务外包、售后服务、人力资源服务和品牌建设。《指导意见》还要求要着力从深化改革开放、完善财税政策、强化金融创新、有效供给土地、健全价格机制和加强基础工作等方面，为生产性服务业发展创造良好环境，最大限度地激发企业和市场活力。

2014 年 4 月 23 日，国务院总理李克强主持召开国务院常务会议，部署促进市场公平竞争维护市场正常秩序工作。会议指出，要按照党的十八大和十八届二中、三中全会精神，继续下好简政放权先手棋，实现放管结合、使两者相辅相成，营造公平竞争环境，规范市场秩序，在加强事中事后监管和完善监管体系中使简政放权顺利推进，这是保持经济运行处在合理区间的重要举措。会议明确：一要继续放宽市场准入。加快推进探索负面清单管理模式和建立权力清单制度。政府应以清单方式明确列出禁止和限制投资经营的行业、领域和业务等，对清单以外的，各类主体均可依法平等进入。二要全面

厘清有关法规和规章制度，坚决废除和纠正妨碍竞争、有违公平的规定和做法。三要加强生产经营等行为监管，强化市场主体责任，坚持依法平等、公开透明，把握好监管的"公平秤"，坚决杜绝监管的随意性。四要建立守信激励和失信惩戒机制。对违背市场竞争原则和侵犯消费者、劳动者合法权益的市场主体建立"黑名单"制度，对失信主体在投融资、土地供应、招投标等方面依法依规予以限制，对严重违法失信主体实行市场禁入。五要改进监管方式，整合执法资源，消除多头和重复执法。会议要求，各地区、各部门要立足大局，细化措施、狠抓落实，推动建立统一开放、竞争有序、诚信守法、监管有力的现代市场体系，让市场的"发动机"更强劲有力，促进经济社会持续健康发展。

2014年5月14日，国务院总理李克强主持召开国务院常务会议，部署加快生产性服务业重点和薄弱环节发展促进产业结构调整升级。会议指出，要更多依靠市场机制和创新驱动，重点发展研发设计、商务服务、市场营销、售后服务等生产性服务，促进提升国民经济整体素质和竞争力。一是加强新材料、新产品、新工艺研发应用，鼓励设立工业设计企业和服务中心，发展研发设计交易市场。二是建设物流公共信息平台和货物配载中心，加快标准化设施应用，推进第三方物流与制造业联动发展。三是提高信息技术服务水平，促进工业生产流程再造和优化。加快农村互联网基础设施建设。推广合同能源管理，积极发展社会化节能环保服务体系。四是推广制造施工设备、运输工具、生产线等融资租赁，创新抵押质押、发行债券等金融服务。发展战略规划、营销策划、知识产权等咨询服务。五是鼓励服务外包，加快发展第三方检验检测认证服务。大力培养生产性服务业急需的高端人才和创新团队。会议要求，要进一步深化改革开放，放宽市场准入，减少前置审批和资质认定项目，鼓励社会资本参与发展生产性服务业。简化审批程序，提高生产性服务业境外投资便利化程度，提升中国企业竞争力。有序放开建筑设计、会计审计、商贸物流等领域外资准入限制。完善财税、土地、价格等相关政策。研发设计、检验检测认证、节能环保等生产性服务业企业，可申请认定高新技术企业，享受相应所得税优惠。尽快将"营改增"试点扩大到服务业全领域。鼓励金融机构采取多种方式，拓宽企业融资渠道。有关部门要抓紧制定配套措施，为生产性服务业创造良好发展环境。

2014年6月11日，国务院总理李克强主持召开国务院常务会议，讨论通过《物流业发展中长期规划》。会议指出，物流业是融合运输、仓储、货代、信息等产业的复合型服务业，是市场经济发展的必要条件，具有基础性、战略性作用。会议通过了《物流业发展中长期规划》，确定了农产品物流、制造业物流与供应链管理、再生资源回收物流等12项重点工程，提出到2020年基本建立现代物流服务体系，提升物流业标准化、信息化、智能化、集约化水平，提高经济整体运行效率和效益。会议强调，当前建设现代物流体系要突出重点。一要着力降低物流成本。加快物流管理体制改革，打破条块分割和地区封锁，加强市场监管，清理整顿乱收费、乱罚款等各种"雁过拔毛"行为，形成物畅其流、经济便捷的跨区域大通道。二要推动物流企业规模化。推进简政放权，支持兼并重组，健全土地、投融资、税收等扶持政策，培育发展大型现代物流企业，形成大小物流企业共同发展的良好态势。三要改善物流基础设施，完善交通运输网络，改进物流配送车辆城市通行管理，加快解决突出的"卡脖子"问题，提升物流体系综合能力，服务和联通千百万企业，方便和丰富广大群众的多彩生活。

2014年7月23日国务院总理李克强主持召开国务院常务会议，部署多措并举缓解企业融资成本高问题。会议指出，企业是经济活动的基本细胞。当前我国货币信贷总量不小，但企业特别是小微企业融资不易、成本较高的结构性问题依然突出，不仅加重企业负担、影响宏观调控效果，也带来金融风险隐患。会议确定：一要继续坚持稳健的货币政策，保持信贷总量合理增长，着力调整结构，优化信贷投向。二要抑制金融机构筹资成本的不合理上升，遏制变相高息揽储，维护良好的金融市场秩序。三要缩短企业融资链条，清理不必要的环节，整治层层加价行为。四要清理整顿不合理收费，对直接与贷款挂钩、没有实质服务内容的收费，一律取消。规范担保、评估、登记等收费。严禁"以贷转存"、"存贷挂钩"等行为。五要优化商业银行小微企业贷款管理，采取续贷提前审批、设立循环贷款等方式，提高贷款审批发放效率。对小微企业贷款实行差别化监管要求。六要积极稳妥发展面向小微企业和"三农"的特色中小金融机构，加快推动具备条件的民间资本依法发起设立中小型银行等金融机构，促进市场竞争，增加金融供给。七要大力发展直接融资，发展多层次资本市场，支持中小微企业依托中小企业股份转让系统开展融资，扩大中小企业债务融资工具及规模。八要完善商业银行考核评价指标体系，引导商业银行纠正单纯追逐利润、攀比扩大资产规模的行为。九要大力发展支持小微企业等获得信贷服务的保险产品，开展"保险＋信贷"合作。积极发展政府支持的担保机构，扩大小微企业担保业务规模。十要有序推进利率市场化改革，充分发挥金融机构利率定价自律机制作用，增强财务硬约束，提高自主定价能力。综合考虑我国宏微观经济金融形势，完善市场利率形成和传导机制。

2014 年 9 月 29 日，国务院总理李克强主持召开国务院常务会议，决定实施煤炭资源税改革，推进清费立税、减轻企业负担。会议认为，煤炭资源税改革是深化财税体制改革的重要内容和既定任务。目前我国原油、天然气资源税改革已全面实施，实行煤炭资源税改革，完善资源产品价格形成机制，既能让资源地区受益，推进区域协调发展，通过减少名目繁多的收费，增强企业发展后劲，也可促进煤炭资源合理开采利用，推动科学发展。会议决定，在做好清费工作的基础上，从 2014 年 12 月 1 日起，在全国将煤炭资源税由从量计征改为从价计征，税率由省级政府在规定幅度内确定。会议要求，要立即着手清理涉煤收费基金，停止征收煤炭价格调节基金，取消原生矿产品生态补偿费、煤炭资源地方经济发展费等，取缔省以下地方政府违规设立的涉煤收费基金，严肃查处违规收费行为，确保不增加煤炭企业总体负担。

2014 年 10 月 24 日，国务院办公厅印发《关于促进内贸流通健康发展的若干意见》（国办发〔2014〕51 号，以下简称《意见》）。《意见》指出，在当前稳增长促改革调结构惠民生防风险的关键时期，加快发展内贸流通，对于引导生产、扩大消费、吸纳就业、改善民生，进一步拉动经济增长具有重要意义。《意见》从推进现代流通方式发展、加强流通基础设施建设、深化流通领域改革创新、着力改善营商环境四个方面明确了十三项政策措施。"（一）规范促进电子商务发展。进一步拓展网络消费领域，加快推进中小城市电子商务发展，支持电子商务企业向农村延伸业务。（二）加快发展物流配送。加强物流信息化建设，打造一批跨区域物流综合信息服务平台；提高物流社会化水平，支持大型连锁零售企业向社会提供第三方物流服务，开展商贸物流城市共同配送试点，推广统一配送、共同配送等模式；支持商贸物流园区、仓储企业转型升级。（三）大力发展连锁经营。以电子商务、信息化及物流配送为依托，推进发展直营连锁，规范发展特许连锁，引导发展自愿连锁。（四）推进商品市场转型升级。加快商品批发市场转型升级，推动专业化提升和精细化改进，拓展商品展示、研发设计、品牌孵化、回收处理等功能，带动产业集群发展。（五）增加居民生活服务设施投入。将农村市场流通体系建设纳入城镇化规划，培育一批集零售、餐饮、文化、生活、配送等于一体的多功能乡镇商贸中心。（六）推进绿色循环消费设施建设。推广绿色低碳采购，支持流通企业与绿色低碳商品生产企业（基地）对接，打造绿色低碳供应链。（七）支持流通企业做大做强。推动优势流通企业利用参股、控股、联合、兼并、合资、合作等方式，做大做强，形成若干具有国际竞争力的大型零售商、批发商、物流服务商。（八）增强中小商贸流通企业发展活力。加快推进中小商贸流通企业公共服务平台建设，整合利用社会服务力量，为中小商贸流通企业提供质优价惠的信息咨询、创业辅导、市场拓展、电子商务应用、特许经营推广、企业融资、品牌建设等服务。（九）推进内外贸融合发展。拓展国内商品市场对外贸易功能，打造一批布局合理、功能完善、管理规范、辐射面广的内外贸结合市场。鼓励具备条件的流通企业"走出去"。（十）减少行政审批，减轻企业税费负担。（十一）创造公平竞争的市场环境。建立维护全国市场统一开放、竞争有序的长效机制，推进法治化营商环境建设。（十二）加大市场整治力度。集中开展重点商品、重点领域专项整治行动。（十三）加快推进商务信用建设。建立和完善国内贸易企业信用信息记录和披露制度，依法发布失信企业"黑名单"，营造诚信文化氛围。"

2014年11月19日，国务院总理李克强主持召开国务院常务会议，决定进一步采取有力措施、缓解企业融资成本高问题。会议指出，2014年7月国务院推出一系列措施以来，有关方面做了大量工作，"融资难、融资贵"在一些地区和领域呈现缓解趋势，但仍然是突出问题。必须坚持改革创新，完善差异化信贷政策，健全多层次资本市场体系，进一步有针对性地缓解融资成本高问题，以促进创新创业、带动群众收入提高。一是增加存贷比指标弹性，改进合意贷款管理，完善小微企业不良贷款核销税前列支等政策，增强金融机构扩大小微、"三农"等贷款的能力。二是加快发展民营银行等中小金融机构，支持银行通过社区、小微支行和手机银行等提供多层次金融服务，鼓励互联网金融等更好向小微、"三农"提供规范服务。三是支持担保和再担保机构发展，推广小额贷款保证保险试点，发挥保单对贷款的增信作用。四是改进商业银行绩效考核机制，防止信贷投放"喜大厌小"和不合理的高利率、高费用。五是运用信贷资产证券化等方式盘活资金存量，简化小微、"三农"金融债等发行程序。六是抓紧出台股票发行注册制改革方案，取消股票发行的持续盈利条件，降低小微和创新型企业上市门槛。建立资本市场小额再融资快速机制，开展股权众筹融资试点。七是支持跨境融资，让更多企业与全球低成本资金"牵手"。创新外汇储备运用，支持实体经济发展和中国装备"走出去"。八是完善信用体系，提高小微企业信用透明度，使信用好、有前景的企业"钱途"广阔。九是加快利率市场化改革，建立市场利率定价自律机制，引导金融机构合理调整"虚高"的贷款利率。十是健全监督问责机制，遏制不规范收费、非法集资等推升融资成本。用良好的融资环境，增强企业参与市场竞争的底气和能力。

2015年1月14日，国务院总理李克强主持召开国务院常务会议，部署加快发展服务贸易，以结构优化拓展发展空间。会议指出，近年来，我国服务贸易较快发展，但仍是对外贸易"短板"。大力发展服务贸易，是扩大开放、拓展发展空间的重要着力点，有利于稳定和增加就业，调整经济结构、提高发展质量效率、培育新的增长点。会议确定了以下主要任务。一要做大规模。重点培育运输、通信、研发设计、节能环保等服务贸易，推动文化艺术产品出口。二要优化结构，提升高技术、高附加值服务贸易占比。支持有特色、善创新的中小服务企业发展，培育有国际影响的服务品牌。三要创新模式。利用大数据、物联网等新技术打造服务贸易新型网络平台。四要扩大开放。有序放开金融、教育、文化、医疗等服务业领域，推动服务业双向互惠开放，加快实现内地与港澳服务贸易自由化。支持服务业企业通过新设、并购等方式到境外开展投资合作。会议强调，要制定重点服务出口领域指导目录，加强规划指导。结合"营改增"对服务出口实行零税率或免税，引导服务贸易企业运用金融、保险等工具拓展融资渠道，支持企业采用出口收入存放境外等方式提高外汇资金使用效率。要健全法规，完善与服务贸易特点相适应的口岸通关管理模式，提高便利化水平，促进外贸和国内产业升级发展。

2015年1月28日，国务院印发《关于加快发展服务贸易的若干意见》（国发〔2015〕8号，以下简称《意见》）。《意见》指出，我国服务贸易发展较快，但总体上国际竞争力相对不足，仍是对外贸易"短板"。要以深化改革、扩大开放、鼓励创新为动力，着力构建公平竞争的市场环境，促进服务领域相互投资，完善服务贸易政策支持体系，加快服务贸易自由化和便利化，推动扩大服务贸易规模，优化服务贸易结构，增强服务出口能力，培育"中国服务"的国际竞争力。要深化服务业改革，放宽服务领域投资准入，减少行政审批事项，打破地区封锁和行业垄断，破除制约服务业发展的体制机制障碍。要发挥市场在服务贸易领域资源配置中的决定性作用，着力激发各类市场主体发展新活力。要注重产业与贸易、货物贸易与服务贸易协调发展。依托制造业优势发展服务贸易，带动中国服务"走出去"；发挥服务贸易的支撑作用，提升货物贸易附加值。夯实服务贸易发展基础，增强服务业的国际竞争力。《意见》还提出了七项主要任务：一是扩大服务贸易规模，二是优化服务贸易结构，三是规划建设服务贸易功能区，四是创新服务贸易发展模式，五是培育服务贸易市场主体，六是进一步扩大服务业开放，七是大力推动服务业对外投资。

（二）政府主管部门积极推动生产资料流通发展

2014 年 5 月 15 日，国家发展改革委印发《关于深入推进煤炭交易市场体系建设的指导意见的通知》（发改运行〔2014〕967 号，以下简称《通知》）。《通知》指出，当前煤炭交易市场仍然存在着市场分割、规模偏小、交易手段落后、不够规范和无序竞争等亟待解决的问题。《通知》要求，要发挥市场在资源配置中的决定性作用，更多运用市场手段推进全国煤炭交易市场体系建设，结合煤炭、电力与铁路运输市场化改革，推进传统产运需衔接方式向现代交易模式转变，完善市场规则，促进市场充分竞争，在更大范围内优化配置煤炭资源。同时，还要更好发挥政府的引导、规范和监管作用，要科学合理布局，明确建设标准，鼓励交易创新，规范交易秩序，注重加强市场监管，反对垄断和不正当竞争，防范交易风险，营造公平竞争的市场环境，鼓励和支持各类市场主体依法平等参与煤炭交易市场体系建设。《通知》明确，要积极引导各类市场主体通过多种形式自愿参与煤炭交易市场建设和交易，统筹推进市场体系建设。清理市场分割、地区封锁等限制，研究制定煤炭交易标准化合同，加强合同履行检查。根据市场建设和运行情况，完善交易规则，规范交易秩序，加强监督指导，及时协调解决市场体系建设和运行中出现的重大问题。

2014 年 9 月 12 日，商务部印发《关于加快推进商务诚信建设工作的实施意见》（商秩函〔2014〕772 号，以下简称《实施意见》）。《实施意见》指出，要以商贸流通企业为主体，鼓励发展商业信用交易市场。鼓励商贸流通企业利用内贸信用保险，降低信用销售风险，扩大内贸信用销售规模；鼓励本地区保险机构不断提升信用保险承保能力，提高国内贸易信用保险覆盖率。《实施意见》确立了以行政管理信息共享机制建设、社会化综合信用评价机制建设和第二方专业信用评价机制建设——"三项机制"建设为核心的工作思路，提出了推动建立行政管理信息共享机制、引导建立市场化综合信用评价机制、支持建立第三方专业信用评价机制、鼓励发展信用交易市场、着力打造商务诚信文化环境 5 项主要任务。通过建立政府与市场相结合、线上与线下相结合的信用约束机制，完善信用管理制度，宣传商业诚信文化，使企业诚信经营意识和信用管理能力明显增强，信用服务业规范健康发展，信用经济规模大幅提升，商务诚信体系基本建立。

2014 年 9 月 22 日，商务部印发《关于大力发展绿色流通的指导意见》（商流通函〔2014〕792 号，以下简称《指导意见》）。《指导意见》指出，绿色流通是在流通全过程中推广绿色低碳理念，应用绿色节能技术，推动流通企业节能减排，扩大绿色低碳商品的采购和销售，有效引导绿色生产和绿色消费，促进形成"新商品—二手商品—废弃商品"循环流通的新型发展方式，是建设生态文明的重要组成部分。《指导意见》提出了流通领域绿色发展的总体思路：从生态文明建设的高度出发，着力推动流通业以节能降耗为核心，以创新为动力，以建设高效流通、引导绿色生产和科学消费为重点，以技术创新和制度创新为动力，以健全法规、完善政策、加强管理、强化宣传为手段，形成政府积极引导、企业为主体、市场有效驱动、公众广泛参与的绿色流通发展机制。《指导意见》具体部署了绿色流通的几项重点工作：以"企业、商品、服务"作为三条主线，既强调工作的连贯性与继承性，又突出工作的开拓性与创造性，从"推动流通企业绿色发展"、"打造绿色商品供应链"、"建设绿色流通服务体系"三方面进行具体部署。

2014年9月22日，商务部印发《关于促进商贸物流发展的实施意见》（商流通函〔2014〕790号，以下简称《实施意见》）。《实施意见》指出，商贸物流直接关系到生产资料流通和生活资料流通的顺利运行。促进商贸物流发展，有利于降低物流成本、提高物流效率；有利于货畅其流，繁荣市场；有利于提升流通产业竞争力，更好地发挥其在国民经济中的基础性、先导性作用。《实施意见》强调要加快生产资料物流转型升级。鼓励生产资料物流企业充分利用新技术和新的商业模式整合内外资源，延长产业链，跨行业、跨领域融合发展，增强信息、交易、加工、配送、融资、担保等一体化综合服务能力，由单纯的贸易商、物流商，向供应链集成服务商转型。支持生产资料生产、流通企业在中心城市、交通枢纽、经济开发区和工业园区有序建设大宗生产资料物流基地和物流园区，促进产业适度集聚。整合农村农资流通和配送网点资源，建立健全覆盖县级区域和中心乡镇的农资物流配送网络。同时还强调要大力发展电子商务物流、加强冷链物流建设、鼓励绿色物流发展。《实施意见》要求商贸物流企业要提高社会化、专业化、标准化、信息化、组织化和国际化水平，引导企业做大做强，完善服务体系，更好地保障供给，支撑国民经济稳步增长。

2014年11月18日，国家发展改革委、交通运输部、商务部、国家铁路局、中国民用航空局、国家邮政局、国家标准委印发《关于我国物流业信用体系建设的指导意见》（发改运行〔2014〕2613号，以下简称《指导意见》）。《指导意见》指出，建立健全物流业信用体系，可以有效约束和规范企业的经营行为，营造公平竞争、诚信经营的市场环境；有利于建立统一开放、竞争有序的现代物流市场体系，发挥市场在物流资源配置中的决定性作用和更好地发挥政府作用，促进物流业加快转型升级；对于降低社会物流成本，提高物流效率，提升经济运行的质量和效益具有重要意义。《指导意见》要求，大力推进信用记录建设，相关部门要健全信用信息采集机制，在保障信息安全的前提下向社会信用服务机构有序开放；鼓励社会信用服务机构、行业协会加强信用记录建设；推动信用信息的整合共享，建立信用信息交换共享机制，形成统一的信用信息共享平台；构建守信激励和失信惩戒机制；建立完善物流信用法律法规和标准；加强企业诚信制度建设；鼓励物流行业协会积极参与物流业信用体系建设，在信用信息采集、评估、标准制订等方面发挥更大作用。

2015 年 1 月 21 日，商务部、国家发展和改革委员会、国土资源部、住房和城乡建设部办公厅、全国供销合作总社联合印发了《再生资源回收体系建设中长期规划（2015—2020）》（以下简称《规划》）。《规划》指出，我国再生资源回收体系建设工作虽然取得了明显成效，但与加快转变经济发展方式，建设两型社会的要求还有较大差距。要以深化改革、转变发展方式和发展绿色流通为主线，围绕规范回收利用秩序，降低回收利用成本和提高回收利用率，着力加强再生资源回收管理法律法规建设，推进再生资源回收管理体制改革和回收模式创新，提升再生资源回收行业规范化水平和规模化程度，构建多元化回收、集中分拣和拆解、安全储存运输和无害化处理的完整的先进的回收体系。《规划》明确了几项主要任务：分类建立回收体系、完善回收节点功能、培育龙头回收企业、强化行业秩序监管、健全回收管理制度、深入开展宣传教育，目的是到 2020 年，在全国建成一批网点布局合理、管理规范、回收方式多元、重点品种回收率较高的回收体系示范城市，行业规模化经营水平大幅提升，规范化运行机制基本形成。

（三）行业协会为生产资料流通发展做了大量工作

2014 年 10 月 21 日，中国物流与采购联合会主办的"商品交易市场物流发展论坛"暨"第十届全国重点批发市场总裁联席会"在连云港市召开。国务院发展研究中心、中国物流学会及连云港市有关部门的领导出席会议并发表演讲或致辞。来自全国各地大型批发市场、电子商务交易平台、流通和物流企业的代表参加了会议。参会代表与演讲嘉宾主要围绕"丝绸之路经济带"商贸物流业发展、经济新常态与批发市场转型发展、商品交易市场商业模式创新与物流业发展中长期规划解读、钢材贸易商如何应用电商平台、交易中心如何转型发展、交易所模式对商品交易市场转型的启示等方面，进行了交流与探讨。本次会议还公布了第九批推进流通现代化全国重点批发市场名单。

2014年11月29日，由中国市场学会、中国物流与采购联合会、北京物资学院主办，河北省现代物流协会、天津市现代物流协会、北京市物流协会协办的第八届中国北京流通现代化论坛暨推动京津冀物流一体化发展高峰会议在北京物资学院隆重召开。与会专家学者围绕"京津冀协同发展"这一主题，分别做了"我国经济新常态与京津冀协同发展"、"国务院关于促进内贸流通健康发展的若干意见的解读"、"流通现代化与京津冀物流一体化思考"、"京津冀合作情况及思考"、"从物流基本特性看京津冀物流一体化"、"京津冀一体化与产业协同发展"、"京津冀物流一体化发展的着力点与建议"、"电子商务与加速京津冀协同发展的思考"、"京津冀物流一体化水平测算"、"关于京津冀协同发展的几点思考"、"日本东京物流及借鉴"、"物流企业发展中的困境与政府政策问题"等，进行了详细交流。

2014年5月21日，由中国散装水泥推广发展协会主办的2014散装水泥、预拌混凝土、预拌砂浆产业科学发展战略研讨与预拌砂浆现场应用观摩会在无锡市隆重召开。与会的行业专家、企业代表就预拌砂浆产业发展模式、机械化施工的装备技术及砂浆质量控制、高端机制砂设备、石膏基砂浆的应用、住宅产业化发展等行业关注的热点、焦点及难点问题进行了主题演讲。与会代表一致认为，经过十几年的发展，我国预拌砂浆产业体系初步形成，科技水平逐步提高，相关企业在预拌砂浆生产、设备制造、机械化施工应用等方面探索和积累了一些经验，但在发展中的问题也日益显现，部分技术难题还没有攻克，某些发展理念还存在着困惑和不解。通过深入广泛的研讨，进一步明确了我国预拌砂浆未来发展趋势和发展模式，通过现场交流和实地观摩澄清了许多在实际工作中遇到的问题，清晰了工作思路，对我国预拌砂浆下一步发展起到了很好地指导作用。

2014年9月15—16日，由中国木材与木制品流通协会主办的第四届世界木材与木制品贸易大会在青岛隆重举行。来自全球20多个国家的近100名国外木材企业代表、行业专家和行业相关人士以及260余名国内专家以及知名企业代表参加了此次会议。会议解读了国际木材贸易发展的新形势，探讨了中国海外林地投资前景以及中国深加工及创新木制品贸易的制约因素和机遇。

2014年9月15—17日，由中国物资再生协会主办的第四届中国再生资源产业发展暨再生资源园区建设经验交流会在汕头召开，探讨了中国经济走入新常态下再生资源产业转型升级的新路径。会议期间，金融、政府、企业领域 IT 提供服务商,基于物联网技术服务再生资源行业的信息领域的代表,为会议传递行业发展走势、建言献策;同时,环保行业、电子商务行业年轻新锐纷纷量场,环保事业后继有人。与会代表一致认为,我国再生资源产业必须要来一次产业革命,才能够进行彻底的转型和升级。虽然传统的交易方式在一段时间内和基于物联网技术进行的线上线下交易会有一段并存的时间,但是,未来的再生资源产业园区发展模式一定是基于大数据时代下的发展模式,传统再生资源产业必须接受和依靠电商化来对其进行彻底的行业变革。

2014 年 9 月 17—19 日,由中国金属材料流通协会主办的第九届中国钢铁流通促进大会在沙钢集团总部成功召开。此次大会以"信息化时代的钢铁电商与物流"为主题。大会对"钢铁电商与物流变革"、"钢铁电子商务的新特征与发展前景"、"钢铁电商与供应链金融"、"如何做好钢铁电商与物流的有效衔接"和"钢铁电商盈利模式分析"等行业重点关注的热点问题进行了深入探讨和交流。与会代表一致认为,在新常态下,钢铁增速缓慢是必然的,但这并不代表钢铁作为国民经济的支柱产业的地位会改变;钢铁行业步入了互联网时代,电商是一个非常好的平台,要在提高效率、降低成本、优化供应链、为客户节约成本等方面下功夫,推进我国钢铁电商平台建设,并对钢铁电商发展存在的问题进行了剖析,提出了有关建议。

2014 年 10 月 25—27 日,由中国物流与采购联合会、中国轮胎循环利用协会(原中国轮胎翻修与循环利用协会)主办的"2014 第十一届中国国际轮胎资源循环利用展览会"在南京国际展览中心举办。此次展会为期 3 天,展出面积 6000 平方米、参展企业近百家,展品涵盖废旧轮胎回收、循环利用、科研开发、装备制造等领域,在业内外企业的积极参与下,200 余家国内外企业 280 多位代表共襄盛举。本届展会秉承前十届的办会宗旨,除举办了行业产品技术、管理和服务的展示、洽谈、交易外,还召开了废旧轮胎回收体系建设座谈会、废轮胎循环利用产品推介会、中国轮胎资源综合利用技术交流会等活动。中国国际轮胎资源循环利用展览会自 2004 年首次举办以来,邀请了来自国内的数千家翻新轮胎、废旧橡胶综合利用行业专业观众近万人次,共有 40 多家来自意大利、德国、美国、英国、荷兰、马来西亚、印度、新加坡、韩国、印度尼西亚等国际轮胎翻修综合利用行业的知名企业参加过展览。

2014 年 11 月 5—7 日,由中国汽车流通协会主办的中国汽车流通行业年会暨博览会在海口召开。大会以"把握趋势 开拓未来"为主题,我国汽车流通业经过十余年快速发展,汽车市场正由卖方市场向买方市场转变,也跨入从做大到做强的阶段。商务部、财政部、交通运输部、国资委、工商总局、质检总局、国务院发展研究中心等相关司局有关领导应邀到会，并就大家共同关心的汽车流通行业政策、汽车市场监管、反垄断、汽车三包等热点问题发表演讲。出席会议的嘉宾还有美国、法国、澳大利亚、俄罗斯等国及我国港澳台地区的汽车经销商行业组织及经销商，在密切把握全球行业动态的同时，还分享了各自发展的经验。大会的成功召开，更好地促进了中国汽车流通行业的健康发展，通过资源整合优势，构建助力中国汽车流通领域行业生态链，为中国汽车经销商提供了跨领域、跨地域的交流平台。同时协会还发挥平台作用，为有需求的企业组织了主题研讨会、招商会、洽谈会、媒体专访等活动。

2014 年 11 月 18 日，由中国钢铁工业协会主办的主题为"科技支撑转型，创新驱动发展"的 2014 年钢铁行业技术创新大会暨科技负责人会议在北京举行。会议主要为落实《2020 年我国钢铁工业发展愿景及若干重大问题研究》提出的钢铁行业技术创新设想，结合国家及钢铁行业 2015—2025 年技术预测工作的开展，探讨钢铁工业"十三五"重点技术发展方向，交流行业技术创新工作经验，促进技术创新对产业转型升级的支撑，推动创新驱动发展战略的实施而召开的。

2014 年 11 月 21—23 日，由中国建材流通协会主办的第九届中国建材家居流通业年会暨建材家居市场总裁对话会在北京召开。此次年会围绕"转型期，你该怎么办"这一行业命题，展开了深入探讨，政府领导、经济领域专家、行业专家、企业负责人分别从"我国商贸流通业发展环境变化与转型趋势"、"树立信心 创新发展"、"困局中的守与变"、"卖场扩容带来的挑战和创新"、"互联网时代实体店的转型与创新"等方面，详细分析了商贸流通业自身发展环境的变化及影响、建材家居行业在转型升级过程中应关注的要点，提出了我国建材家居行业未来发展的有关建议，为当前行业发展不景气的状况指明了发展方向，提振了企业对未来发展的信心。

二、经济环境

（一）国内经济环境

2014 年，国民经济在新常态下呈现出增长平稳、结构优化、质量提升、民生改善的良好态势。纵观全年，国内经济仍处在"三期"叠加的阵痛期，产能过剩矛盾突出，工业生产价格持续下降，企业生产经营困难等问题比较严峻。在这样的环境下，我国从容应对各种挑战，顶住巨大的下行压力，仍然保持了中高速增长。

1. 国民经济稳定增长

据国家统计局初步核算，2014 年国内生产总值 636463 亿元，比 2013 年增长 7.4%。其中，第一产业增加值 58332 亿元，增长 4.1%；第二产业增加值 271392 亿元，增长 7.3%；第三产业增加值 306739 亿元，增长 8.1%。第一产业增加值占国内生产总值的比重为 9.2%，第二产业增加值比重为 42.6%，第三产业增加值比重为 48.2%（见图 1）。

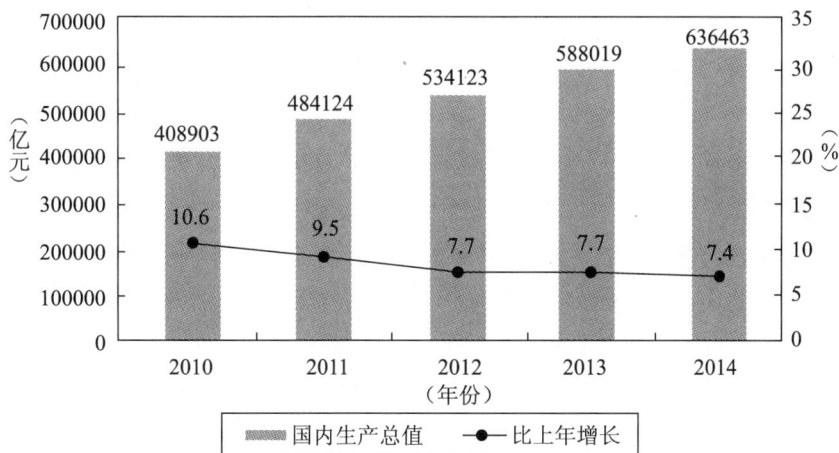

图 1　2010—2014 年国内生产总值及其增长速度

2. 工业生产平稳增长

2014 年全部工业增加值 227991 亿元，比 2013 年增长 7.0%。规模以上工业增加值增长 8.3%。在规模以上工业中，分经济类型看，国有及国有控股企业增长 4.9%；集体企业增长 1.7%，股份制企业增长 9.7%，外商及港澳台商投资企业增长 6.3%；私营企业增长 10.2%。分门类看，采矿业增长 4.5%，制造业增长 9.4%，电力、热力、燃气及水生产和供应业增长 3.2%。2014 年年末全国发电装机容量 136019 万千瓦，比 2013 年年末增长 8.7%。其中，火电装机容量 91569 万千瓦，增长 5.9%；水电装机容量 30183 万千瓦，增长 7.9%；核电装机容量 1988 万千瓦，增长 36.1%；并网风电装机容量 9581 万千瓦，增长 25.6%；并网太阳能发电装机容量 2652 万千瓦，增长 67.0%。2014 年规模以上工业企业实现利润 64715 亿元，比 2013 年增长 3.3%，其中国有及国有控股企业 14007 亿元，下降 5.7%；集体企业 538 亿元，增长 0.4%，股份制企业 42963 亿元，增长 1.6%，外商及港澳台商投资企业 15972 亿元，增长 9.5%；私营企业 22323 亿元，增长 4.9%（见图 2）。

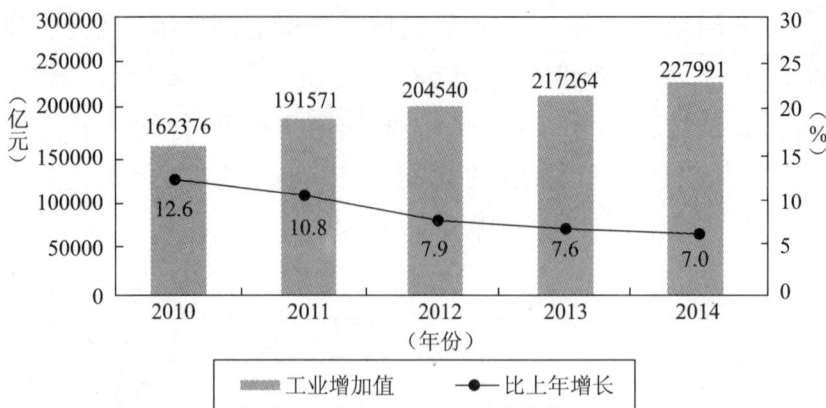

图 2　2010—2014 年全部工业增加值及其增长速度

3. 固定资产投资增速放缓

2014 年全社会固定资产投资 512761 亿元，比 2013 年增长 15.3%，扣除价格因素，实际增长 14.7%。其中，固定资产投资（不含农户）502005 亿元，增长 15.7%，农户投资 10756 亿元，增长 2.0%。东部地区投资 206454 亿元，比 2013 年增长 15.4%；中部地区投资 124112 亿元，增长 17.6%；西部地区投资 129171 亿元，增长 17.2%；东北地区投资 46096 亿元，增长 2.7%。在固定资产投资（不含农户）中，第一产业投资 11983 亿元，比 2013 年增长 33.9%；第二产业投资 208107 亿元，增长 13.2%；第三产业投资 281915 亿元，增长 16.8%。民间固定资产投资 321576 亿元，增长 18.1%，占固定资产投资（不含农户）的比重为 64.1%（见图 3）。

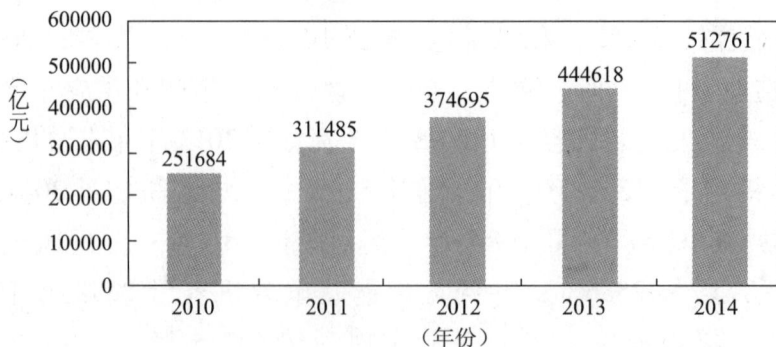

图 3　2010—2014 年全社会固定资产投资

4. 市场销售稳定增长

2014 年社会消费品零售总额 262394 亿元，比 2013 年增长 12.0%，扣除价格因素，实际增长 10.9%。按经营地统计，城镇消费品零售额 226368 亿元，增长 11.8%；乡村消费品零售额 36026 亿元，增长 12.9%。按消费类型统计，商品零售额 234534 亿元，增长 12.2%；餐饮收入额 27860 亿元，增长 9.7%（见图 4）。

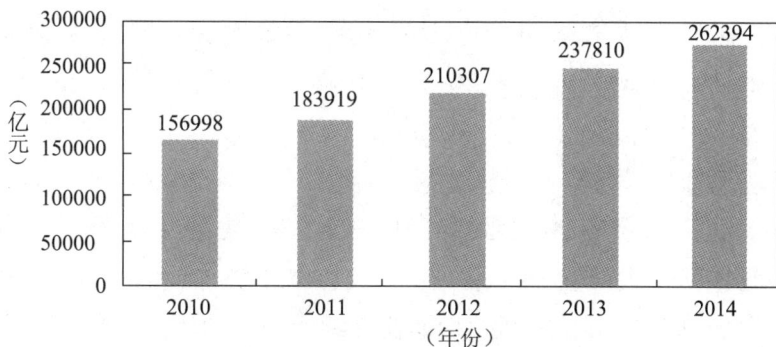

图 4　2010—2014 年社会消费品零售总额

2014 年货物进出口总额 264334 亿元，比 2013 年增长 2.3%。其中，出口 143912 亿元，增长 4.9%；进口 120422 亿元，下降 0.6%。进出口差额（出口减进口）23489 亿元，比 2013 年增加 7395 亿元。2014 年服务进出口总额 6043 亿美元，比 2013 年增长 12.6%。其中，服务出口 2222 亿美元，增长 7.6%；服务进口 3821 亿美元，增长 15.8%。服务进出口逆差 1599 亿美元。

5. 社会物流需求增速回落

2014 年全国社会物流总额 213.5 万亿元，按可比价格计算，同比增长 7.9%，增幅比 2013 年回落 1.6 个百分点。社会物流总费用为 10.6 万亿元，同比增长 6.9%，增幅较 2013 年回落 2.4 个百分点。

此外，中国经济的新动能也让世界受益。2014 年，"新常态"成为描绘中国经济发展最新态势的关键词，中国经济已从高速增长转为中高速增长，经济结构不断优化升级，经济增长从要素驱动、投资驱动转向创新驱动。据国际货币基金组织测算，2014 年中国经济对世界经济增长的贡献率高达 27.8%，仍然是世界经济的重要引擎。除了量的扩张，进入"新常态"的中国经济也在质上不断升级，为中国乃至世界经济的发展带来了新红利。中国努力调结构、稳增长利好国内经济转型，也带动经贸伙伴一道向价值链条中高端跃升；中国利用上海自贸区在准入前国民待遇、负面清单等领域的探索，既为国内深化改革探路，也在更广领域扩大对外开放；中澳、中韩自贸谈判的完成标志着中国自贸区战略迈上新台阶。中国积极推进的基础设施互联互通、"一带一路"等，对接中国资本出海、输入商品、消费升级的经济新势能，有望在贸易投资便利化等领域实现"全国通"、"地区通"乃至"全球通"，利于构建开放型世界经济新格局。

同时，2014年人民币国际化进程加速。从亚太到欧洲，从中东到美洲，全球性人民币清算网络基本形成；继美元、日元、澳元后，人民币与英镑和欧元实现直接交易，让企业和个人得以有效规避风险，降低交易成本，拥有新的投融资选择。

（二）国际经济环境

2014年，世界经济总体上延续了上一年的缓慢复苏态势，一方面，经济增速低于普遍预期，经济金融风险上升，主要经济体冷热不均，大国博弈和地缘政治风险加剧，国际大宗商品价格持续走低，国际资本和商品市场波动异常，贸易保护主义有所抬头，世界经济前景不确定性增加，全球治理面临新的挑战。另一方面，孕育了新的发展机遇，信息、生物、新能源、新材料技术等交叉融合正在引发新一轮科技革命和产业变革，可穿戴设备、物联网、人工智能领域酝酿突破，互联网营销模式彰显效力，或将催生更多新业态、新营商模式，给世界经济带来新的增长点。

1. 经济增长缓慢

岁末年初，各主要国际组织纷纷下调对世界及主要经济体经济增长率预测值。按汇率法GDP加权汇总，联合国2014年12月预测，2014年世界经济将增长2.6%，增速比2013年小幅加快0.1个百分点，但比7月预测值下调0.4个百分点；世界银行2015年1月预测，2014年世界经济将增长2.6%，增速比2013年小幅加快0.1个百分点，比6月预测值下调0.2个百分点；共识公司2014年12月预测，2014年世界经济将增长2.6%，增速与2013年持平，比11月预测值下调0.1个百分点。

世界工业生产增长小幅加快。2014年1—11月，世界和发达国家工业生产同比分别增长3.3%和2.2%，比2013年同期加快0.6个和2.2个百分点；发展中国家工业生产同比增长4.9%，比2013年同期放缓1个百分点。主要经济体中，美国工业生产增长加快，欧元区波动前行，日本自第二季度以来持续恶化。预计2014年，美国经济将增长2.4%，比2013年加快0.2个百分点；欧元区经济将增长0.8%，比2013年下降0.5%。

2. 世界贸易低速增长

据联合国预测，2014 年世界贸易量预计增长 3.4%，比 7 月预测值调低 1.3 个百分点，虽略高于 2013 年的 3%，但大大低于国际金融危机前约 7% 的平均水平。波罗的海干散货运指数回落。2014 年，波罗的海干散货运指数基本在海运平衡点（2000 点）以下波动回落，从 1 月 2 日的 2113 点降至 12 月 24 日的 782 点，累计下降 62.9%。

世界贸易增速偏低，一方面原因，是全球进口需求增长乏力。2012—2013 年全球贸易量增速连续两年低于经济增速，2014 年贸易量增速也仅比 GDP 增速快 0.8 个百分点，与国际金融危机前 5 年贸易量快于 GDP 增速 1 倍形成强烈反差；另一方面原因，在内需不振的情况下，各国均致力扩大出口，竞争性货币贬值的诱惑力增大，国际竞争趋于激烈。同时，全球贸易保护主义抬头，区域贸易自由化有取代全球贸易自由化之势。

3. 全球通胀冲高回落

2014 年前 11 个月，世界、发达和发展中经济体 CPI 同比分别上涨 3.7%、1.7% 和 7.4%。分月看，三者涨幅轨迹呈冲高回落走势，世界 CPI 由 5—7 月的年内最高值 3.9% 回落至 11 月的 3.6%，发达国家由 4—6 月的最高值 2.0% 回落至 11 月的 1.5%；发展中国家由 8 月的最高值 8.1% 回落至 11 月的 7.8%。

4. 就业状况总体稳定

2014 年，美国失业率为 6.2%，比 2013 年同期降低 1.2 个百分点，就业形势好转；2014 年 1—11 月，日本和欧元区失业率分别为 3.6% 和 11.5%，均比 2013 年同期降低 0.4 个百分点；其他主要经济体就业形势基本稳定。但扩大就业仍是各国的政策导向。部分国家失业率仍然较高，例如希腊和西班牙失业率均高于 20%，法国、意大利和葡萄牙的失业率也超过 10%。

5. 各经济体货币政策分化加剧

2008 年国际金融危机之后，国际组织的政策协调成效并不明显，特别在维护金融稳定、恢复金融秩序与保持经济增长方面更是如此。在 2014 年 11 月举行的二十国集团（G20）首脑峰会上，各方承诺在未来五年内将 G20 整体 GDP 由目前预测水平提高 2% 以上。但总体来说，具体实施效果不容乐观，国际货币基金组织（IMF）和世界银行等国际经济组织倡导的改革则一拖再拖。各国货币政策措施分化严重。美国于 2014 年 10 月完全退出量化宽松；欧元区和日本年中以后仍在加大宽松政策力度；俄罗斯和巴西分别升息 6 次和 5 次，累计升息幅度全年达 1150 个和 125 个基点；罗马尼亚和韩国分别降息 3 次和

2 次，累计降息 100 个和 50 个基点。

6. 国际市场大宗商品特别是原油价格大幅下跌

大宗商品价格连续三年下跌。据世界银行统计，2014 年能源、非能源价格比 2013 年分别下跌 7.2% 和 4.6%，均连续三年下跌。其中，农产品价格下跌 3.4%，肥料下跌 11.6%，金属和矿产下跌 6.6%。

原油价格暴跌。受全球原油供给增加、原油需求增长放缓、美元继续升值以及投机需求减弱等因素影响，全球原油价格出现暴跌。2014 年，欧佩克一揽子原油价格为 96.2 美元/桶，比 2013 年下跌 9.2%；纽约期货市场轻质原油价格为 93 美元/桶，比 2013 年下跌 3.6%，均连续两年下跌。2015 年 1 月 12 日，欧佩克一揽子原油价格更是创下国际金融危机以来的最低点 43.55 美元/桶，比 2014 年内最高点 110.48 美元/桶暴跌 60.6%。原油价格下跌，首先对世界经济产生正向拉动，据世界银行测算，油价每下跌 30%，将拉动全球经济增长 0.5%；其次对石油出口国造成较大负面影响，原油价格每下降 10%，其 GDP 增速将大幅回落 0.8~2.5 个百分点，同时还导致财政收入下降、货币贬值、资本外流等不利影响；最后会拉低 CPI 涨幅，加大部分经济体通货紧缩风险，据分析，油价每下降 30%，全球 CPI 将回落 0.4~0.9 个百分点。

7. 地缘政治

俄乌冲突、中东局势等地缘政治形势恶化，一方面造成了该区域的不稳定性，使国际投资、资本撤离该地区；另一方面西方和俄罗斯经济上的制裁与反制裁，也打压投资者信心，抑制各自的进口需求和相互间的贸易，使欧洲和俄罗斯不稳固的经济雪上加霜。2014 年，埃博拉疫情的扩散，也使相关地区的交通、旅游等行业遭受损失。

2014 年，世界经济仍处在国际金融危机后的深度调整过程中，各国深层次、结构性问题没有解决。如：结构调整远未到位、人口老龄化加剧、新经济增长点尚在孕育、内生增长动力不足等问题，都制约着经济发展。展望 2015 年，全球货币政策总体宽松。一是欧日推出宽松措施，二是预计英美升息力度较为有限，三是其他经济体大多采取宽松措施。世界主要经济体经济形势将略好于 2014 年。美国经济继续保持稳健扩张步伐，就业形势继续好转，工资收入有望加速增长以及财富效应带动国内消费增长加快。欧元区经济温和回暖，各主要成员国经济在宽松货币政策刺激下将逐渐摆脱疲弱走势。消费税上调对日本经济的负面影响会逐渐淡化，预计日本经济可能艰难走向缓慢复苏。

同时，2015年世界经济也存在一些不确定因素。①英国、美国升息的外溢作用巨大。预计美国和英国将于2015年年中前后启动升息，国际金融市场动荡的风险将会增大，全球主要汇率波动加剧、美元债务负担增加、资本异常流动扩大、竞争性贬值甚至货币战争等都可能发生。新兴经济体政策将继续处于两难境地：一方面需要降息来刺激国内经济增长；另一方面又需要升息来减少资金外流，部分国家还要应对高通胀、货币快速贬值等不利影响。②欧元区逼近通缩。2014年，欧元区CPI低位运行且持续回落，12月受能源价格大幅下滑影响CPI同比下降0.2%，为2009年11月以来最低水平，欧元区目前已逼近通缩。③地缘政治风险。2014年存在的地缘政治风险目前仍没有减轻的迹象，2015年不排除出现新的风险，比如西亚、北非其他国家出现政局动荡等。

主要国际组织对2015年世界经济形势预测：

（1）经济增速将继续加快。据世界银行2015年1月预测，按汇率法GDP加权汇总，2015年世界经济将增长3.0%，增速比2014年加快0.4个百分点。据联合国2014年12月预测，按汇率法同口径测算，2015年世界经济将增长3.1%，增速比2014年加快0.5个百分点。

（2）全球贸易增长将有所加快。据世界银行2015年1月预测，2015年全球贸易量将增长4.5%，增速比2014年加快0.5个百分点。据联合国2014年12月预测，2015年全球贸易量将增长4.5%，增速比2014年加快1.1个百分点。

（3）全球通胀将继续走低。据英国共识公司2014年12月预测，2015年全球CPI将上涨2.9%，比2014年回落0.3个百分点。据经合组织2014年11月预测，2015年美国CPI将上涨1.4%，涨幅比2014年回落0.3个百分点；日本CPI将上涨1.8%，涨幅回落1.1个百分点；欧元区CPI上涨0.6%，涨幅扩大0.1个百分点。

（4）三大经济体失业率将进一步下降。据英国共识公司2014年12月预测，2015年，美国失业率为5.7%，比2014年下降0.5个百分点；欧元区为11.4%，比2014年下降0.3个百分点；日本为3.5%，比2014年下降0.1个百分点（见下表）。

四大机构对世界及主要经济体 GDP 增长率的预测表（%）

预测机构	2015 年预测	预测机构	2015 年预测
世界银行		联合国	
世界	3.0	世界	3.1
发达国家	2.2	发达国家	2.1
美国	3.2	美国	2.8
欧元区	1.1	欧元区	1.3
日本	1.2	日本	1.2
发展中国家	4.8	发展中国家	4.8
巴西	1.0	巴西	1.5
俄罗斯	−2.9	俄罗斯	0.2
南非	2.2		
经合组织		英国共识公司	
世界	3.7	世界	3.0
美国	3.1	美国	3.0
欧元区	1.1	欧元区	1.1
日本	0.8	日本	1.2

注：经合组织世界经济增长率为购买力平价法 GDP 加权汇总；世界银行、联合国和英国共识公司均为按汇率法 GDP 加权汇总。

资料来源：世界银行（2015 年 1 月），联合国（2014 年 12 月），英国共识公司（2014 年 12 月），经合组织（2014 年 11 月）。

2014—2015 年生产资料市场形势分析

2014 年，国际经济形势错综复杂，美国经济积极迹象较多，欧元区再次加大货币政策宽松力度，日本经济二季度收缩后再度回暖，部分新兴经济体实体经济仍面临较多困难。我国宏观经济延续 2013 年的调整态势，继续从高速增长向下调整。2014 年 GDP 增长 7.4%，较 2013 年有所回落，但就业和物价形势总体稳定，国民经济在新常态下运行总体平稳、稳中提质。在此背景下，生产资料市场规模平稳适度回落，销售总额增速较 2013 年小幅下降，传统流通行业产能过剩问题依旧突出，供需矛盾未有明显改善，企业库存和流通环节库存有所增加，市场价格持续下降，流通企业效益持续下滑，经营形式依旧严峻。

一、2014 年生产资料市场运行特点

（一）PMI 指数显示整体经济走势平稳，协调性增强

根据中国采购经理指数（PMI）调查资料，2014 年制造业 PMI 平均水平为 50.7%，四个季度分别为 50.3%、50.7%、51.3% 和 50.4%。制造业 PMI 全年走势图描绘出了个倒"V"字形。全年走势呈现两头低，中间高的态势。而从历年制造业 PMI 变化轨迹来看，全年走势在经济高涨期（如 2008 年以前），第三季度制造业 PMI 均值，一般都是全年低点。在经济处在回调期（如 2011 年以后），全年曲线的峰值和谷值则呈现了不规则的变化。而全年峰值处在三季度，即使是在 2011 年以后，经济回调期间也是第一次。这种走势变化从全年的 GDP 数据也可得到印证。反映了新常态下，经济增长的下行压力，而政府采取的微刺激政策，在市场处于淡季时有效地得到显现。因此，从 PMI 全年走势变化看，指数波幅未出现悬崖式下滑，意味着整体经济走势平稳。

从 PMI 各单项指数和行业看，经济的协调性在增强。2014 年，从业人员指数波动基本保持稳定。特别是非制造业的从业人员指数年度均值保持在 50%。在国内经济增速处在换挡期内，非制造业对于吸纳社会就业方面发挥了重要的作用。这意味着经济增长与就业的协调性增强。从价格指数看，制

造业的原材料购进价格回落幅度较大。尽管经济存在通缩的压力，但对于企业的经营，对于降低成本，增加利润是较为有利的。这表明经济增长与价格的协调性增强；从各行业看，传统的高耗能、高污染的行业 PMI 指数正在弱化。如钢铁行业等正处在行业内部的调整、优化和升级阶段。这表明经济增长与环境的协调性在增强（见图 1）。

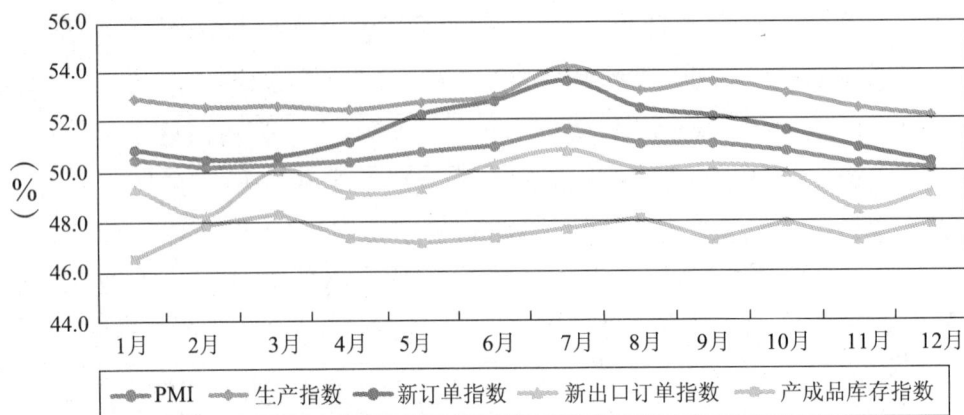

图 1　2014 年各月制造业 PMI 主要指数趋势图

（二）生产资料流通规模增速适度回落

据中国物流信息中心统计核算，2014 年，全社会生产资料销售总额约为 58.5 万亿元，按可比价计算，同比增长约 8.8%，增速较 2013 年回落 3.1 个百分点。从全年走势来看，各月增速在 8.8～9.9 个百分点小幅波动，上半年整体保持平稳，三季度出现小幅回落，四季度继续回落，且降幅扩大。增速回落主要是因为传统流通产业多年累积的产能过剩问题比较突出，加之 2014 年以来房地产持续调整的累积效应有所增加，影响相关企业的生产、消费和投资，导致生产资料流通行业需求乏力。虽然流通规模增速较 2013 年同期有所回落，但仍然快于 GDP 增长。全年生产资料销售总额增速与 GDP 增速的弹性系数约为 1.2，仍处于合理区间范围内。流通产业依旧保持着基础性地位和先导性作用（见图 2）。

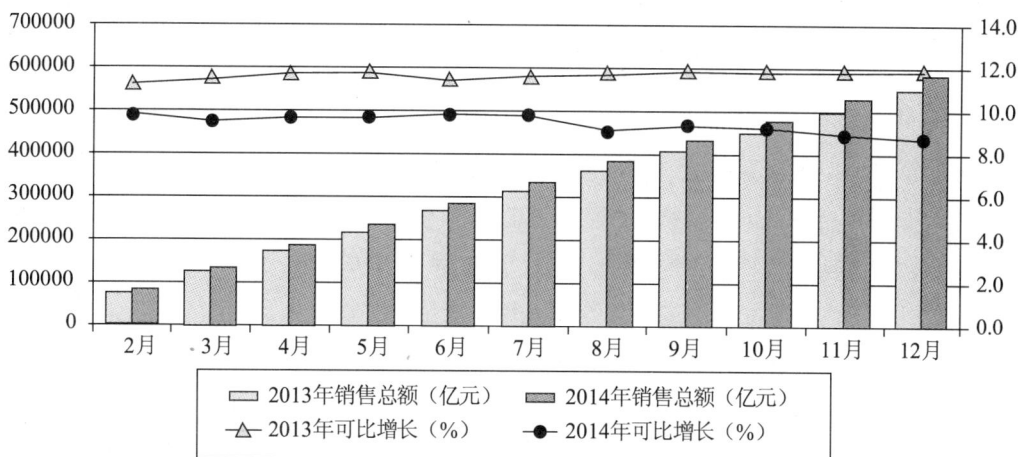

图2 2013—2014 年全社会生产资料销售总额及同比变化情况

（三）生产资料行业供需矛盾仍旧突出，库存持续增加

2014 年制造业 PMI 生产指数全年呈现平稳发展态势，各月均值为 53.0%，较 2013 年同期提高 0.3 个百分点，显示生产活动保持较强活力。而新订单指数均值为 51.6%，较 2013 年同期下降 0.1 个百分点。生产指数均值高于新订单指数均值 1.4 个百分点，且各月生产指数均高于新订单指数，差距最大达到 2.1 个百分点。由此可见，虽然经济走势总体平稳，但生产回升过快，需求相对不足，产能过剩、供大于求的矛盾依旧突出。特别是传统的基础原材料行业，走势下降明显。钢铁行业就是其中的一个代表。钢铁行业 PMI 指数 2014 年以来，除个别月份以外，多处在 50% 以下。特别是四季度，钢铁行业 PMI 指数平均水平为 44.5%，明显低于三季度和 2013 年同期水平。其中，11 月为 43.3%，环比回落 2.7 个百分点，跌至 2 月以来的最低水平，显示出国内钢市整体形势更加严峻，行业景气度更加低迷。另外，钢厂库存持续增加，产成品库存指数 2014 年以来持续保持在 50% 以上的扩张区间，11 月为 53.9%，环比回升 0.8 个百分点，12 月继续增长至为 56.2%，连续两个月回升。受终端需求减弱影响，代理商订货积极性减弱，重点钢厂库存一直高位运行，总体维持在 1400~1600 万吨。从 6 月开始，重点钢厂厂内库存已经超过社会库存，出现剪刀差，这也是往年没有出现过的现象。据中钢协数据显示，12 月中旬末重点企业钢材库存量为 1488 万吨，钢厂库存超出市场库存 500 万吨以上。此外，流通环节库存也有所增加。中国物流业景气指数（LPI）中，2014 年平均库存量指数均值为 51.5%，较 2013 年同期提高 0.9 个百分点。

（四）生产资料市场价格持续下行

2014 年，在国内经济增长放缓，投资偏弱，需求乏力的背景下，生产资料市场价格呈现持续震荡下行的走势。1—12 月，生产资料市场累计平均价格，比 2013 年同期下降 4.4%，比年初下降 3.2%。从走势上看，前 4 个月持续波动下行，降幅 2 月有所扩大，3 月、4 月逐渐收窄。5 月价格出现全年唯一小幅回升，其主要原因是有色金属价格大幅上涨和国内油价上调。但是由于产能过剩矛盾突出，市场供大于求压力较大，价格回升态势未能延续，6 月再次转跌。随后价格降幅持续扩大，直到 11 月，受煤炭需求增长、基建投资回升和房地产政策调整等因素影响，降幅略有收窄。12 月，受原油价格连续大幅下跌影响，生产资料价格当月降幅再次扩大，且创下年内最大降幅（见表 1）。

表 1　　　　2012—2014 年各月生产资料价格总指数变化情况　　单位：±%

指标	年份	1 月	2 月	3 月	4 月	5 月	6 月	7 月	8 月	9 月	10 月	11 月	12 月
环比	2012	-0.60	0.81	0.59	0.40	-1.20	-2.50	-1.90	-1.00	0.15	0.74	-0.44	-0.27
	2013	0.56	0.89	-0.65	-1.52	-0.96	-1.50	-0.74	0.58	0.42	-0.50	-0.24	1.18
	2014	-0.21	-1.06	-0.94	-0.17	0.33	-0.53	-0.48	-0.79	-1.22	-1.60	-0.77	-1.84
同比	2012	-1.20	-2.15	-2.40	-3.40	-5.10	-7.10	-8.80	-9.70	-9.00	-6.40	-5.64	-5.04
	2013	-4.08	-4.05	-5.26	-6.98	-6.73	-5.70	-4.57	-3.16	-2.94	-4.12	-3.90	-2.54
	2014	-3.24	-5.11	-5.38	-4.14	-2.87	-1.94	-1.67	-2.99	-4.54	-5.61	-6.11	-8.73
累计同比	2012	-1.20	-1.70	-1.90	-2.30	-2.90	-3.60	-4.40	-5.10	-5.50	-5.60	-5.65	-5.62
	2013	-4.08	-4.07	-4.48	-5.09	-5.42	-5.47	-5.35	-5.11	-4.91	-4.85	-4.78	-4.61
	2014	-3.24	-4.18	-4.58	-4.47	-4.17	-3.82	-3.53	-3.47	-3.59	-3.79	-4.01	-4.40

从国际市场看，大宗商品价格也呈现持续下降格局，进口价格降幅大于出口价格降幅。根据海关总署的统计资料，进口方面，各月价格环比持续下降，降幅前三季度逐月扩大，第四季度略有收窄，最大降幅达到 7.2 个百分点。全年累计平均价格同比下降 2.3%，比年初下降 4.7%。其中，工业生产资料累计平均价格同比下降 2.4%。在结构上，除汽车、化工和木材类生产资料进口价格同比有所上升外，其他各大类产品进口价格均有所下降，有色金属、煤炭和建材类产品价格降幅较为明显。农业生产资料进口累计平均价格全年变化不大，较 2013 年基本持平。出口方面，除 2 月和 8 月价格环比持平外，其他月份均有不同程度下降。全年累计平均价格同比下降 2.3%，比年初

下降 3.4% 。其中，工业生产资料累计平均价格同比下降 2.3% 。在结构上，除油品出口价格同比有微幅上升外，其他各大类产品出口价格均有所下降，钢铁、有色金属、化工和汽车类产品价格降幅较为明显。农业生产资料出口累计平均价格同比下降 3.0% （见图3、图4）。

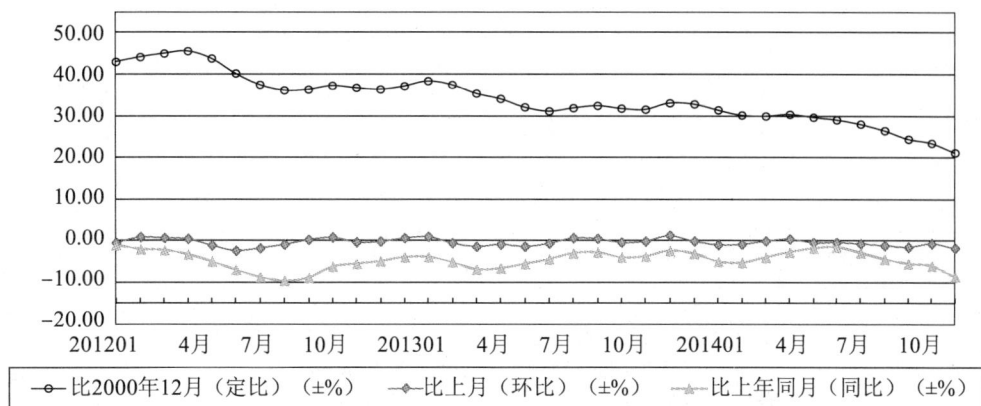

图3　2012—2014 年各月生产资料价格总指数走势

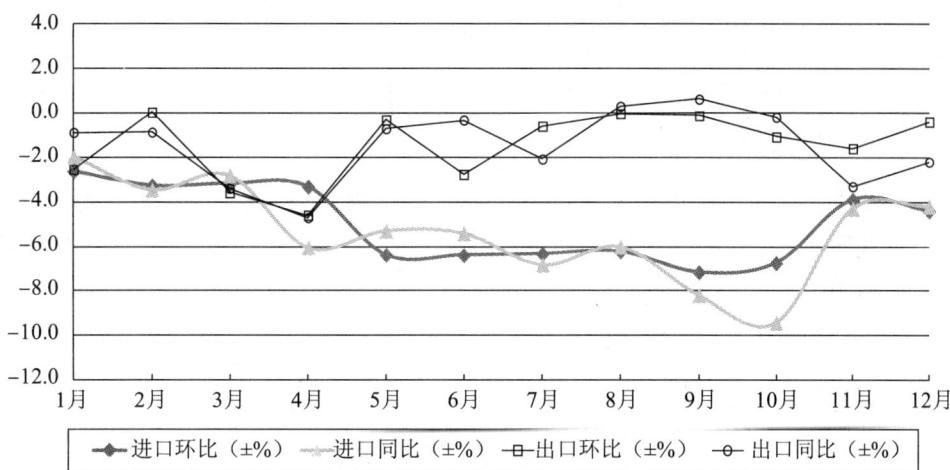

图4　2014 年各月生产资料进出口价格指数走势

（五）生产资料流通企业经营形势严峻

2014 年，我国生产资料流通企业受到复杂的国内外经济形势影响，经营形式更加严峻。从全年整体情况来看，营业收入大幅缩水，同比持续呈现负增长，降幅逐月扩大；利润总额同比上半年略有回升，下半年再次下降，四季度降幅显著扩大；销售利润率和成本费用利润率均大幅低于 2013 年同期水平；企业资金流动性进一步下降，应收账款一季度同比增幅高达 44%（见表2）。

表2   **2014 年重点生产资料流通企业经营情况**

指标	2014 年全年	2014 年1—9 月	2014 年1—6 月	2014 年1—3 月	2013 年全年
营业收入同比（±%）	-7.3	-1.5	-1.2	-0.2	8.8
利润总额同比（±%）	-47.6	-6.5	3.3	-11.2	-21.0
销售利润率（%）	0.19	1.33	1.38	1.20	1.17

资金紧张和需求不足是企业目前面临的两大突出问题。从 PMI 调查情况来看，四季度以来，企业资金紧张的矛盾加剧。在调查的企业中，反映资金紧张的企业数量占总数的比重四季度一直保持在 44% 以上。由于资金紧张，一些地区企业间相互拖欠现象增多，销售回款较慢。为了控制资金风险，一些企业主动放弃风险较大的订单。现金流不畅，对目前企业采购、生产等经营活动均产生了一定影响。另外，由于需求不足，中小企业接单困难。新订单指数 9 月开始持续小幅回落，11 月回落至 51% 以内，环比降幅达到 0.7 个百分点，12 月再次回落 0.5 个百分点。分企业规模来看，中小型企业新订单指数回落明显。中型企业新订单指数继 10 月下降 2.2 个百分点回落至 50% 以内后，11 月和 12 月分别下降 0.4 个和 0.6 个百分点。小型企业新订单指数在50% 以下继续回落，已降至 44% 以内。

二、2015 年一季度生产资料市场运行特点

2015 年年初，受国际原油价格大幅下跌和国内节假日因素扰动影响，生产资料市场价格再次大幅下跌，跌幅创几年以来新高。进入 3 月以后，随着天气转暖和节日因素减弱，经济运行进入正常生产建设季节，生产资料市场形势有所好转，需求逐步启动，市场价格小幅回升。4 月，受地缘政治因素影响，原油价格继续上涨。国内虽然出台多项刺激消费的政策，但经济下行压力仍然较大加大。在此背景下，生产资料市场供需矛盾加重，价格回升态势未能延续，4 月再次转跌。具体来看：

（一）流通规模增速延续小幅回落走势

据中国物流信息中心初步统计核算，一季度，全社会生产资料销售总额约为 13.3 万亿元，按可比价格计算，同比增长 7.4%，增速较 2014 年同期回落 2.2 个百分点，较 2014 年全年回落 1.4 个百分点。

（二）市场需求启动，经济活动活跃

受春节因素影响，2015 年前两个月制造业 PMI 回落到荣枯线以下。3 月，企业生产活动恢复加快，制造业 PMI 指数再次回升至 50% 以上，生产指数回升至 52% 以上，环比上升 0.7 个百分点。企业采购活动趋于活跃，采购量指数、进口指数均有所上升。产成品库存指数回升明显，上升 1.6 个百分点，达到 48.6%，显示前期库存已经明显消化，企业开始库存回补。原材料购进价格指数扭转去年 8 月以来持续下行颓势，最近两月明显回升，升幅均达到 1 个百分点以上，3 月回升到 45%，高于 2014 年同期 0.6 个百分点。显示出市场启动，经济活动趋于活跃。

此外，随着天气转暖，建筑业施工活动开始启动。建筑业新订单指数连续两个月环比上升，3 月升幅继续加大，显示基础建设需求开始释放、发力。房地产行业也呈现回升迹象。3 月，房地产业商务活动指数结束连续 3 个月回落走势，回升至 50% 以上，新订单指数虽仍处在 50% 以下，但也有明显回升。建筑业向好，有利于稳投资、稳增长。

（三）生产资料市场价格小幅波动

2015 年 1 月，国际原油价格持续大幅下跌，国内经济继续面临下行压力。加之临近春节，生产资料市场需求清淡、供应过剩的局面未有改观，生产资料市场价格再次大幅下跌，创下近几年内当月环比最大降幅。2 月受节日因素影响，价格继续下降，由于原油价格触底反弹，降幅有所收窄。3 月，企业生产经营活动恢复加快，工程陆续开工，加之国家上调油价效果显现，生产资料市场价格结束长达十个月之久的持续下行态势，当月环比小幅回升 0.7%，价格回升显示市场启动。与此相应，制造业企业开始库存回补，采购量增加，生产加快。4 月，受地缘政治因素影响，原油价格继续上涨。美国及欧洲经济增长放缓。国内虽然出台多项刺激消费的政策，但经济下行压力仍然较大。在此背景下，生产资料市场供需矛盾突出，价格回升态势未能延续，4 月再次转跌，当月环比下降 0.82%，同比下降 11.16%；1—4 月，累计平均价格同比下降11.29%，比年初下降2.4%。从监测的大类品种来看，除有色金属和化工产品受原油价格走高带动继续上涨外，其他七大类产品价格均有不同程度下跌。黑色金属、原煤、木材、建材和汽车价格连续两月下降。其中，原煤降幅最大，接近6个百分点。此外，成品油和机电产品价格由升转降。

从国际市场看，一季度，生产资料产品进、出口累计平均价格仍然延续下跌走势，进口降幅较2014年明显扩大。根据海关总署提供的统计资料核算，1—3月，主要进口生产资料累计平均价格同比下降8.8%，比年初下降9.1%。其中，工业生产资料累计平均价格同比下降8.9%，农业生产资料同比下降5.5%。工业生产资料中，有色金属、化工产品、煤炭和石油降幅较大，超过10个百分点。出口方面，1—3月累计平均价格同比下降3.4%，比年初下降3.3%。其中，工业生产资料累计平均价格同比下降3.5%，农业生产资料同比下降2.5%。在结构上，除汽车出口价格同比有小幅上升外，其他各大类产品出口价格均有所下降，油品类、钢铁和煤炭价格降幅较为明显（见表3、图5）。

表3　　　　　　2013—2015年各月生产资料价格总指数变化情况　　　　单位：±%

指标	年份	1月	2月	3月	4月	5月	6月	7月	8月	9月	10月	11月	12月
环比	2013	0.56	0.89	-0.65	-1.52	-0.96	-1.50	-0.74	0.58	0.42	-0.50	-0.24	1.18
	2014	-0.21	-1.06	-0.94	-0.17	0.33	-0.53	-0.48	-0.79	-1.22	-1.6	-0.77	-1.84
	2015	-3.88	-1.02	0.66	-0.82								
同比	2013	-4.08	-4.05	-5.26	-6.98	-6.73	-5.70	-4.57	-3.16	-2.94	-4.12	-3.90	-2.54
	2014	-3.24	-5.11	-5.38	-4.14	-2.87	-1.94	-1.67	-2.99	-4.54	-5.61	-6.11	-8.73
	2015	-11.79	-11.79	-10.59	-11.16								
累计同比	2013	-4.08	-4.07	-4.48	-5.09	-5.42	-5.47	-5.35	-5.11	-4.91	-4.85	-4.78	-4.61
	2014	-3.24	-4.18	-4.58	-4.47	-4.17	-3.82	-3.53	-3.47	-3.59	-3.79	-4.01	-4.4
	2015	-11.79	-11.80	-11.22	-11.29								

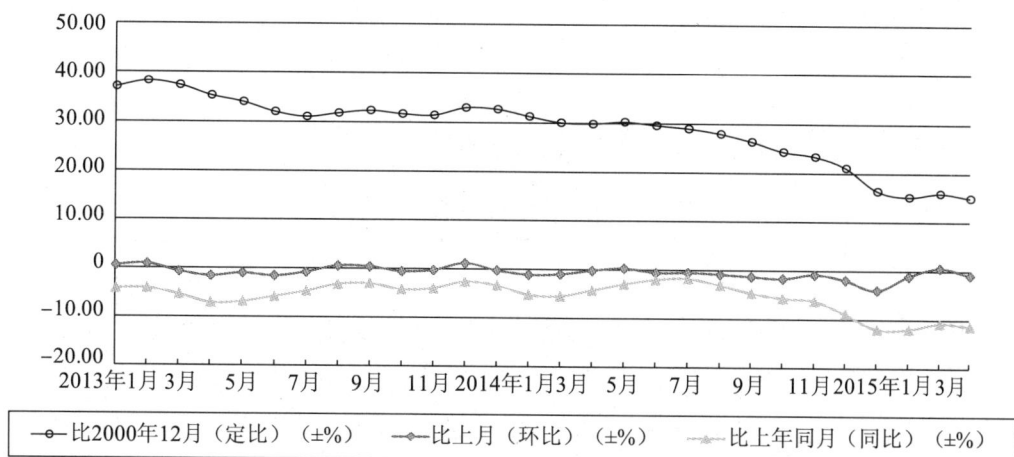

图5　2013—2015年各月生产资料价格总指数走势

（四）企业利润降幅扩大，经营形势仍不乐观

据对57家生产资料流通行业重点企业调查情况显示，1—3月，累计实现营业收入5838.5亿元，同比大幅下降23.7%。57家生产资料企业1—3月累计实现利润总额58.1亿元，同比大幅下降38.0%。57家企业平均劳动效率为123.8万元/人，与2014年同期的157.9万元/人相比大幅下降。1—3月，重点企业整体销售利润率为1%，比2014年同期下降了0.23个百分点；企业整体成本费用利润率为1%，比2014年同期下降了0.24个百分点。57家企业整体的流动比率为97.77%，与2014年同期相比减少了1.22个百分点。由此可见，一季度企业营业收入和利润总额降幅较2014年同期均扩大了20多个百分点，劳动效率和销售利润率大幅低于2014年同期，企业资金流动效率也弱于2014年同期，显示目前生产资料流通企业经营形势仍不乐观。

在利润降幅扩大的同时，企业经营成本也有所下降。1—3月，57家重点生产资料流通企业营业成本总计5584.4亿元，同比下降23.95%。企业每百元营业收入中的成本构成为95.65%，比2014年同期下降0.33个百分点。企业整体三项费用合计236.8亿元，同比下降2.38%。支付的各项税费92.8亿元，同比下降17.4%。

此外，1—3月，重点生产资料流通企业整体销售库存率为18.5%，与2014年同期比增加3.5个百分点。从主要品种看，销售库存率上升的主要是木材及制品类、煤炭及制品类、黑色金属材料类、石油及制品类、化工材料及制品类等；下降的是建筑与装潢材料类、有色金属材料类、汽车类、机电产品及设备类等。

2014—2015 年重点生产资料
流通企业经营状况

2014 年世界经济经历了复杂而深刻的变化，发达经济体经济运行分化加剧，发展中经济体增长放缓，世界经济复苏依旧艰难曲折。回顾 2014 年，世界经济形势主要呈现以下几个特点：经济增长缓慢；经济运行分化加剧；主要发达经济体消费低迷；世界贸易低速增长；全球通胀冲高回落；就业状况总体稳定。

展望 2015 年，一些积极因素将有助于支撑全球经济加快增长：全球货币政策总体宽松；原油价格大幅下跌；发达国家去杠杆化力度继续减弱；全球外需逐渐回暖。综合来看，2015 年全球经济复苏步伐有望加快，增长预期谨慎乐观。

一、2014 年重点生产资料流通企业经营状况

（一）2014 年国内宏观经济形势

我国制造业保持稳定运行。2014 年，世界经济复苏乏力，国内经济处于增速换挡期、结构调整阵痛期和前期刺激政策消化期"三期叠加"的复杂时期，经济增长结束了改革开放 30 多年来接近两位数的高速期，步入以中高速增长为标志的"新常态"，经济增长动力和产业结构发生了新的变化。从全年来看，制造业 PMI 平均水平 50.7%，与前两年平均水平基本相当，并未出现大幅下降，显示经济运行稳定性增强，增速处在适度合理区间。与此同时，就业形势良好，节能减排成效显现，经济运行较为协调；结构调整加快，服务业和新兴产业蓬勃发展，显示经济运行的平衡性明显增强。

在整体宏观经济影响下，生产资料供需矛盾较为突出，2014 年全年我国生产资料市场价格持续处于下行通道，与年初相比 12 月的钢材、化工产品、成品油、煤炭、水泥、玻璃、以及铜、铝、铅等有色金属价格均呈下跌走势，仅天然气和镍、锌等有色金属价格有所上涨。纵观流通环节价格指数，全年只有 5 月价格环比有小幅上涨，其他月份均是环比下降的走势，并且 12 月由

于受到原油价格连续大幅下跌影响，国内成品油和化工产品市场价格显著下降，12月生产资料市场价格更是创出年内最大环比降幅，环比下降1.84%。1—12月，累计同比下降4.4%，比年初下降3.2%。

从拉动经济主要指标来看。2014年，全国固定资产投资（不含农户）502005亿元，同比名义增长15.7%（扣除价格因素实际增长15.1%）。2014年全年，社会消费品零售总额262394亿元，同比名义增长12.0%，实际增长10.9%。其中，限额以上单位消费品零售额133179亿元，增长9.3%；2014年全国规模以上工业企业实现利润总额64715.3亿元，比2013年增长3.3%，实现主营活动利润60471.7亿元，比2013年增长1.6%；2014年，全国房地产开发投资95036亿元，比2013年名义增长10.5%（扣除价格因素实际增长9.9%）。

（二）2014年国际宏观经济形势

大宗商品价格连续3年下跌。据世界银行统计，2014年，能源、非能源价格比2013年分别下跌7.2%和4.6%，均连续三年下跌。其中，金属和矿产下跌6.6%。受全球原油供给增加、原油需求增长放缓、美元继续升值以及投机需求减弱等因素影响，全球原油价格出现暴跌。2014年，欧佩克一揽子原油价格为96.2美元/桶，比2013年下跌9.2%；纽约期货市场轻质原油价格为93美元/桶，比2013年下跌3.6%，均连续两年下跌。2015年1月12日，欧佩克一揽子原油价格更是创下国际金融危机以来的最低点43.55美元/桶，比2014年内最高点110.48美元/桶暴跌60.6%。原油价格下跌对世界经济将产生较大影响。一是对世界经济产生正向拉动。据世界银行测算，油价每下跌30%，将拉动全球经济增长0.5%；二是对石油出口国造成较大负面影响，原油价格每下降10%，其GDP增速将大幅回落0.8~2.5个百分点，同时还导致财政收入下降、货币贬值、资本外流等不利影响；三是拉低CPI涨幅，加大部分经济体通货紧缩风险。据分析，油价每下降30%，全球CPI将回落0.4~0.9个百分点。

（三）重点生产资料流通企业经营情况

据对生产资料流通行业重点企业调查情况显示，2014年我国生产资料流通企业经营状况不太乐观，营业收入大幅缩水，同比出现负增长；利润总额同比大幅下滑，企业效益一直未见好转。在市场需求不足，经营效益下降的情况下，行业整体销售利润率和成本费用利润率均低于2013年同期；行业整体资金流动性出现小幅回升；企业应收账款有所下降；总资产周转率和资产负债率略有下降。

整体来看，2014年，面对复杂的国内外经济形势，我国生产资料流通行业发展情况不乐观，企业经营效益持续大幅下滑，增加了行业的发展困难和不可持续性。具体来看，重点生产资料流通企业经营主要呈现以下几个特点。

1. 利润总额大幅下降

据对65家重点生产资料流通企业（下同）统计调查资料显示，2014年，企业经营规模增速放缓，累计实现营业收入16475.8亿元，比2013年同期减少1296.9亿，同比降低7.3%。65家重点生产资料流通企业2014年累计实现利润总额31.8亿元，同比减少28.8亿元，比2013年同期大幅下降47%（见图1）。

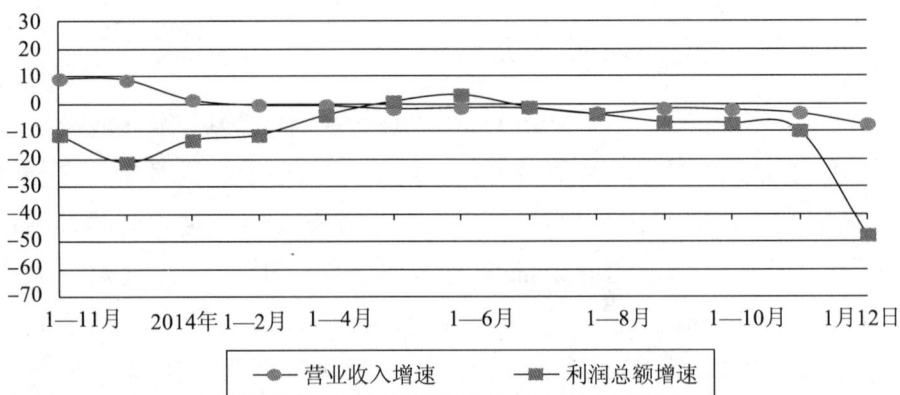

图1　重点生产资料流通企业营业收入和利润总额增速变化情况

其中，营业收入前十位的企业如表1所示：

表1　　　　　　营业收入前十名企业排序

排名	企业名称	营业收入（万元）	同比增长（%）
1	天津物产集团有限公司	40145021	19.0
2	中国五矿集团公司	32275663	-22.2
3	浙江省物产集团公司	21436412	1.3
4	中国中钢集团公司	13742452	-2.4
5	中国铁路物资总公司	10955373	-35.3
6	广东物资集团公司	8866984	-18.8

排名	企业名称	营业收入（万元）	同比增长（％）
7	中国兵工物资集团有限公司	8720732	3.5
8	中国诚通控股集团有限公司	7002664	−9.5
9	河北省物流产业集团有限公司	5503601	−5.4
10	南通化工轻工股份有限公司	2094809	3.8

各类主要生产资料类别中，煤炭及制品类累计销售1352.6亿元，同比回落11%，占汇总企业总销售额的8.7%；石油及制品类销售444.3亿元，下降4.7%，占总销售额的2.8%；黑色金属材料类销售6838.6亿元，下降13.8%，占总销售额的43.8%；有色金属材料类销售3611.8亿元，增长8.9%，占总销售额的23.1%；化工材料及制品类销售1513.3亿元，增长12.3%，占总销售额的9.7%（见图2）。

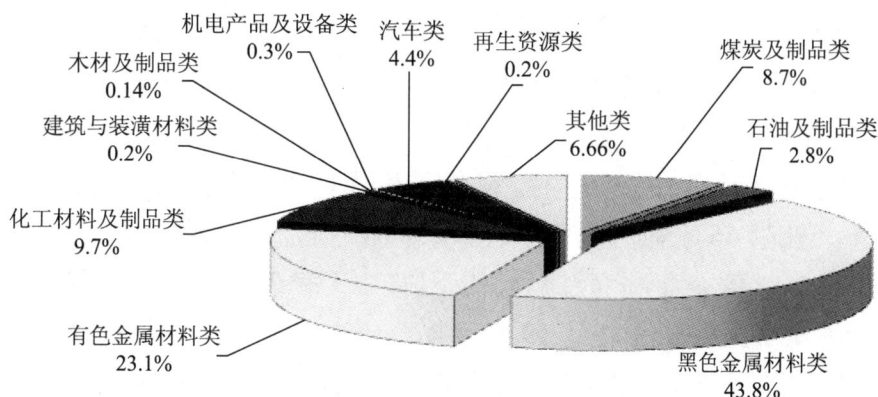

图2 重点生产资料流通企业各产品类别销售占比情况

2014年，重点生产资料流通企业整体销售库存率为5.7%，与2013年同期比增加0.4个百分点。从主要品种看，销售库存率上升的是木材及制品类、机电产品及设备类、其他类、建筑与装潢材料类、汽车类、黑色金属材料类和煤炭及制品类；同比分别提高12.7个、8.2个、5.2个、4.7个、1.5个、0.4个和0.2个百分点。下降的化工材料及制品类、石油及制品类、再生资源类和有色金属材料类；其中，化工材料及制品类为6.3%，同比降低0.1个百分点；石油及制品类为3.9%，同比降低0.4个百分点；再生资源类为5.1%，同比降低0.8个百分点；有色金属材料类为3.1%，同比降低1.9个百分点。

（对生产资料流通企业来说，保持一定数量的库存可以应对市场的销售变化；但如果库存过高，就会占用大量资金，增加管理成本。因此，合理的销售库存率对企业的发展十分重要。）

大型国有企业仍是我国生产资料流通领域的中坚力量。从各企业的销售情况来看，在黑色金属材料类销售额中，天津物产集团有限公司、中国五矿集团公司、浙江省物产集团公司和中国中钢集团公司四家企业共占78.5%，其中，中国五矿集团公司独占25.8%，天津物产集团有限公司独占25.3%；在有色金属材料类销售额中，天津物产集团有限公司、中国兵工物资集团有限公司、中国五矿集团公司和中国中钢集团公司四家企业共占83.6%，其中，天津物产集团有限公司独占29.8%，中国兵工物资集团有限公司独占25.2%；在煤炭及制品类销售额中，天津市物资集团总公司、浙江省物产集团公司、河北省物流产业集团有限公司和中国五矿集团公司四家企业共占76.7%，其中，天津市物资集团总公司独占47.6%。

2. 经营效益同比持续下降

2014年1—12月，销售毛利553.6亿元，比2013年同期减少48.6亿元，同比下降8.1%。利润总额31.8亿元，比2013年同期减少28.8亿元，同比下降47.6%。65家企业平均劳动效率为607.9万元/人，与2013年同期的652.8万元/人相比有所下降。

在统计的65家企业中，46家盈利企业共盈利88.4亿元，盈利企业所占比重为71%。在这46家盈利企业中有3家企业亏转盈，32家企业利润总额比去年同期提高，14家企业利润总额同比下降。19家企业亏损额为56.6亿元，亏损企业所占比重为29%，在这19家亏损企业当中有9家企业由盈利转为亏损，4家企业亏损额有所减少，6家企业亏损额有所增加。

其中，利润总额排在前十位的企业分别是（见表2）：

表2　　　　　　　利润总额前十名企业排序

排名	企业名称	利润总额（万元）	同比增长（%）
1	浙江省物产集团公司	243176	49.2
2	天津物产集团有限公司	231643	8.7
3	中国诚通控股集团有限公司	140124	9.7
4	武汉商贸国有控股集团有限公司	33053	16.0
5	欧姆龙健康医疗（中国）有限公司	26781	−0.8

排名	企业名称	利润总额（万元）	同比增长（%）
6	中国兵工物资集团有限公司	26118	−29.5
7	中国五矿集团公司	24441	−96.2
8	重庆港务物流集团有限公司	23115	55.6
9	贵州省物资集团有限责任公司	18462	27.4
10	广西物资集团有限责任公司	15017	20.5

　　企业经营成本略有减少。2014 年，65 家重点生产资料流通企业营业成本总计 15922.1 亿元，同比减少 1248.3 亿元，下降 7.3%（见图 3）。企业每百元营业收入中的成本构成为 96.64%，比 2013 年同期小幅上升 0.03 个百分点（见图 4）。企业整体三项费用合计 589.2 亿元，同比增加 72.3 亿元，增长 14%。2014 年 1—12 月企业支付的各项税费 202.6 亿元，比 2013 年同期下降了 8.9 亿元，同比下降 4.2%。

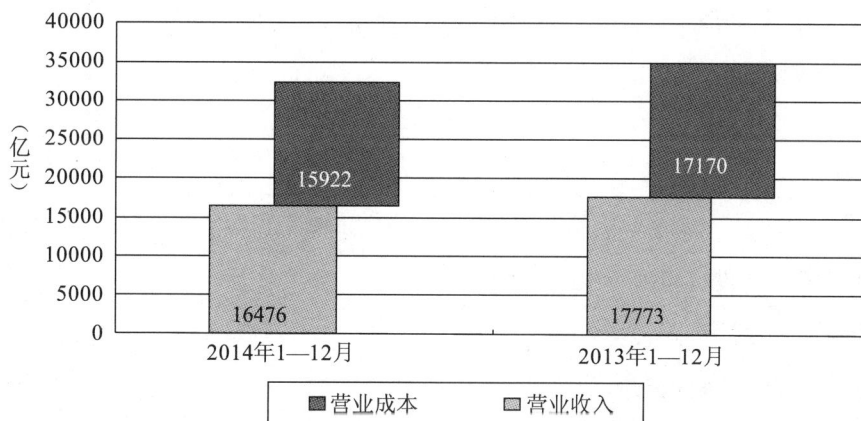

图 3　重点企业营业收入与营业成本对比

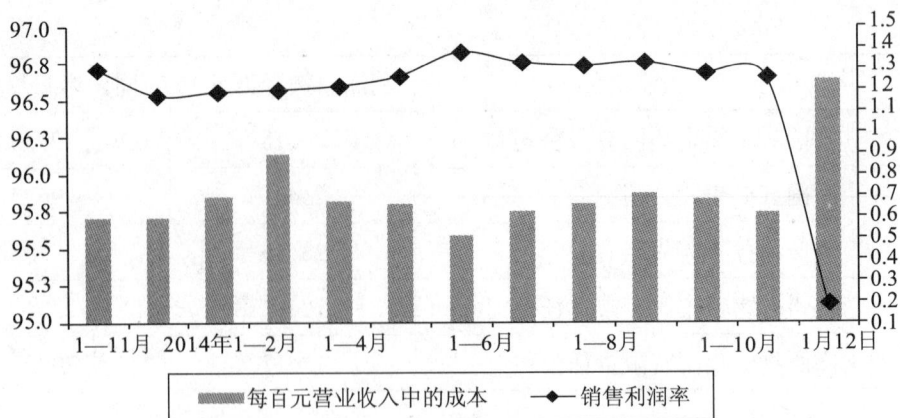

图4 重点生产资料流通企业每百元营业收入的成本构成及销售利润率变化情况

相关效益指标均略有下降。在整体经济景气度不高和生产资料市场低迷的大背景下，行业整体的销售利润率和成本费用利润率均比 2013 年同期有所下降。2014 年，重点企业整体销售利润率为 0.19%，比 2013 年同期下降了 0.15 个百分点；企业整体成本费用利润率为 0.19%，比 2013 年同期下降了 0.15 个百分点。

其中，销售利润率、成本费用利润率维持在较高水平的前十家企业分别是（见表 3 和表 4）：

表3 　　　　　　　　　　销售利润率前十名企业排序

排名	企业名称	本期比率（%）	2013 年比率（%）
1	四川万家福投资管理有限公司	12.44	9.64
2	山东黑马集团有限公司	7.73	6.93
3	新疆西部农资物流有限公司	7.11	0.03
4	新疆生产建设兵团农十师供销合作公司	7.10	2.82
5	珠海市煤气有限公司	6.94	5.03
6	新疆生产建设兵团奎屯农七师物资总公司	6.51	0.96
7	武汉商贸国有控股集团有限公司	6.42	6.12
8	新疆生产建设兵团第十三师天元供销有限公司	4.23	2.98
9	贵州省物资集团有限责任公司	3.32	2.18
10	新疆万达有限公司	2.89	2.94

表4 成本费用利润率前十名企业排序

排名	企业名称	本期比率（%）	2013年比率（%）
1	四川万家福投资管理有限公司	14.98	11.12
2	山东黑马集团有限公司	8.65	7.51
3	新疆西部农资物流有限公司	7.58	0.04
4	珠海市煤气有限公司	6.88	5.08
5	新疆生产建设兵团农十师供销合作公司	6.76	2.73
6	武汉商贸国有控股集团有限公司	6.13	5.81
7	新疆生产建设兵团奎屯农七师物资总公司	5.91	0.86
8	新疆生产建设兵团第十三师天元供销有限公司	4.26	2.98
9	贵州省物资集团有限责任公司	3.41	2.23
10	新疆万达有限公司	2.96	2.67

3. 行业整体资金流动性小幅回升

2014年，65家企业整体的流动比率为104.36%，与2013年同期相比增加了1.28个百分点。其中，流动比率前十名企业分别是（见表5）：

表5 流动比率前十名企业排序

排名	企业名称	本期比率（%）	2013年比率（%）
1	珠海市煤气有限公司	188.94	176.91
2	青海省物资产业集团总公司	153.44	191.44
3	重庆港务物流集团有限公司	151.21	134.34
4	新疆生产建设兵团农十师供销合作公司	149.23	163.13
5	新疆八钢国际贸易股份有限公司	143.18	109.40
6	黄冈市天绿贸易有限公司	141.12	203.38
7	中国诚通控股集团有限公司	137.21	122.02
8	湖州维农农资连锁经营有限公司	137.17	163.93
9	浙江省物产集团公司	136.24	115.27
10	新疆农资（集团）有限责任公司	132.82	130.00

65 家企业整体速动资产达 4092.5 亿元，比 2013 年同期减少 126 亿元，下降 3%。速动比率为 71.9%，比 2013 年同期小幅上升了 0.35 个百分点。其中，速动比率前十名企业分别是（见表 6）：

表 6 速动比率前十名企业排序

排名	企业名称	本期比率（%）	2013 年比率（%）
1	珠海市煤气有限公司	186.34	172.71
2	和田地区天物生产资料有限责任公司	150.20	56.63
3	新疆生产建设兵团农十师供销合作公司	148.85	159.69
4	武汉商贸国有控股集团有限公司	143.91	71.86
5	青海省物资产业集团总公司	143.58	167.03
6	新疆八钢国际贸易股份有限公司	140.01	104.26
7	重庆港务物流集团有限公司	139.37	121.36
8	广西物资集团有限责任公司	116.90	104.30
9	贵州省物资集团有限责任公司	114.60	101.83
10	新疆农资（集团）有限责任公司	106.21	107.93

4. 资产规模增速回升，应收账款有所下降

行业整体资产规模继续扩大幅度回升。65 家企业，资产总计为 9931.8 亿元，同比增加 752.5 亿元，增长 8.2%，增速比 2013 年同期上升了 0.5 个百分点。其中流动资产合计 5940 亿元，比 2013 年同期减少 136.8 亿元，同比下降 2.25%；负债合计为 7919.4 亿元，同比增加 422.9 亿元，同比增长 5.64%；其中流动负债合计 5692 亿元，同比减少 204 亿元，下降 3.5%。

应收账款有所下降，流动效率有所降低。2014 年行业整体应收账款为 719.9 亿元，比 2013 年同期下降 11.6 亿元，下降 1.6%。应收账款周转率为 22.89 次，同比减少 1.41 次，周转天数（一年按 365 天计算）由 2013 年的 15.0 天延长为 2014 年的 16.0 天。应收账款周转次数比 2013 年有所下降，说明企业整体资产流动性有所降低，短期偿债能力下降，收账速度有所减慢，账龄增加，在一定程度上提高了坏账损失的可能性。

行业整体存货为 1847.5 亿元，比 2013 年同期缩减 10.8 亿元，同比小幅降低 0.6%。存货周转率为 8.62 次，比 2013 年下降 0.62 次，企业存货的流动

性及变现速度同比微降。流动资产周转率为2.77次，比2013年下降0.15次。行业整体平均营业周期为58.3天，比2013年增加3.8天（见表7）。

表7　　　　　　　　　　流动资产周转率前十名企业排序

排名	企业名称	本期比率（%）	2013年比率（%）
1	新疆生产建设兵团石油有限公司	16.65	12.68
2	南通化工轻工股份有限公司	16.60	16.15
3	安庆市吉宽再生资源有限公司	11.91	7.20
4	新疆金业报废汽车回收（拆解）有限公司	10.92	3.76
5	中山市物资集团有限公司	6.95	7.27
6	湖州维农农资连锁经营有限公司	6.68	4.56
7	新疆生产建设兵团农十二师农业生产资料有限责任公司	6.66	1.96
8	河北省物流产业集团有限公司	5.83	10.83
9	中国兵工物资集团有限公司	5.75	6.85
10	和田地区天物生产资料有限责任公司	5.66	2.53

流动资产周转率不仅反映了流动资产运用效率，同时也影响着企业的盈利水平。企业流动资产周转率上升，周转次数增加，表明企业以相同的流动资产占用实现的营业收入增加，企业流动资产的运用效率提高，进而提高了企业的偿债能力和盈利能力。

总资产周转率小幅下降。行业整体资产周转率为1.66次，同比下降0.28次。行业整体包括负债和所有者权益在内的全部资产，总体的获利能力仍有待提高。

资产负债率略有下降。当前我国生产资料流通企业资金需求量大，为适应经营发展的需要，企业主要以债务融资扩大资产规模和经营规模，资产负债率普遍处于较高水平。2014年，重点流通企业整体平均资产负债率（举债经营比率）为79.74%，同比缩减1.93个百分点。

资产负债率过高会影响企业融资信誉，过低则会影响企业生产扩展。所以作为一个企业来讲，应尽量把资产负债率控制在一个合理比率，这样企业才能在财务状况稳定的基础上尽可能多的利用外部资金。

二、2015 年一季度重点生产资料流通企业经营状况

2015 年 1—3 月，据对生产资料流通行业重点企业调查情况显示，营业收入、利润总额增速持续下降，但降幅均有所收窄；其中，销售利润率和成本费用利润率均低于去年同期；企业应收账款和流动效率与去年同期相比有所下降。具体来看，1—3 月重点生产资料流通企业经营主要呈现以下几个特点。

（一）经营规模继续下降，行业形势仍不乐观

据对 57 家重点生产资料流通企业（下同）统计调查资料显示，1—3 月，累计实现营业收入 5838.5 亿元，比 2014 年同期减少 1812.3 亿元，比 2014 年同期大幅下降 23.69%。57 家生产资料企业 1—3 月累计实现利润总额 58.1 亿元，同比大幅减少 35.6 亿元，同比下降 38.0%，可见目前生产资料流通企业经营还是比较困难的（见图 5）。

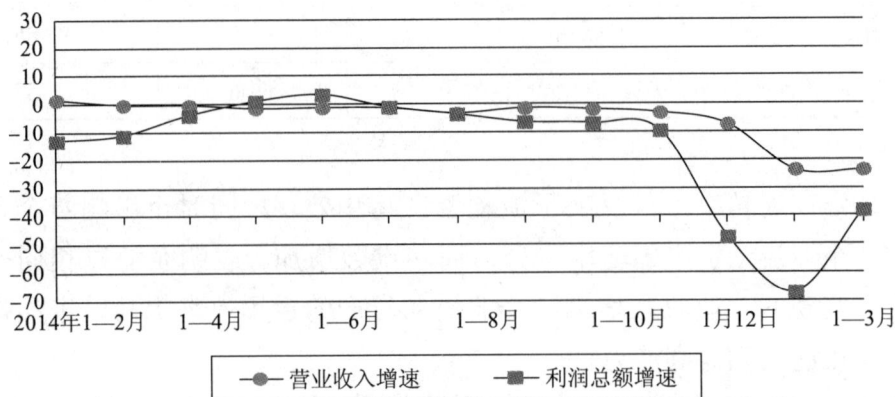

图 5　重点生产资料流通企业营业收入和利润总额增速变化情况

其中，营业收入前五位的企业，如表 8 所示。

表 8　　　　　　　　　　　营业收入前五名企业排序

排名	企业名称	营业收入（万元）	同比增长（%）
1	天津物产集团有限公司	9903961	2.8
2	中国五矿集团公司	4607830	−34.1

排名	企业名称	营业收入（万元）	同比增长（%）
3	中国兵工物资集团有限公司	2026969	−1.9
4	中国铁路物资总公司	1683742	−42.9
5	广东物资集团公司	1530566	−33.6

各类主要生产资料类别中，煤炭及制品类累计销售 246.9 亿元，同比回落 27.9%，占汇总企业总销售额的 3.9%；石油及制品类销售 3220.5 亿元，同比下降 23.7%，占总销售额的 50.5%；黑色金属材料类销售 1030.6 亿元，下降 32.1%，占总销售额的 16.2%；有色金属材料类销售 616.9 亿元，下降 16.7%，占总销售额的 9.7%；化工材料及制品类销售 899 亿元，大幅下降 26.4%，占总销售额的 14.1%（见图6）。

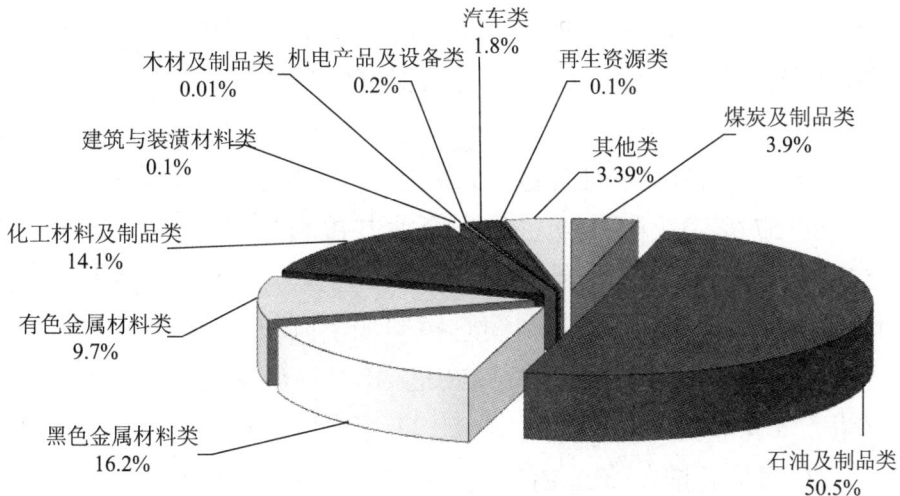

图6 重点生产资料流通企业各产品类别销售占比情况

1—3 月，重点生产资料流通企业整体销售库存率为 18.5%，与 2014 年同期比增加 3.5 个百分点。从主要品种看，销售库存率上升的是木材及制品类、再生资源类、其他类、煤炭及制品类、黑色金属材料类、石油及制品类、化工材料及制品类；同比分别提高 87.1 个、19.2 个、12.2 个、9.1 个、8.7 个、3.1 个和 2.0 个百分点。下降的是建筑与装潢材料类、有色金属材料类、汽车类、机电产品及设备类；其中，建筑与装潢材料类为 12.3%，同比降低 8.2 个百分点；有色金属材料类为 14.7%，同比降低 7.8 个百分点；汽车类为

44.6%，同比降低3.6个百分点；机电产品及设备类为10.4%，同比降低0.6个百分点。对生产资料流通企业来说，保持一定数量的库存可以应对市场的销售变化；但如果库存过高，就会占用大量资金，增加管理成本。因此，合理的销售库存率对企业的发展十分重要。

大型国有企业仍是我国生产资料流通领域的中坚力量。从各企业的销售情况来看，在黑色金属材料类销售额中，天津物产集团有限公司、中国五矿集团公司、中国中钢集团公司、中国铁路物资总公司和河北省物流产业集团有限公司五家企业共占85.7%，其中，天津物产集团有限公司独占45.1%；在有色金属材料类销售额中，天津物产集团有限公司、中国兵工物资总公司、中国五矿集团公司和广东物资集团公司四家企业共占90.8%，其中，天津物产集团有限公司独占38.2%；在煤炭及制品类销售额中，天津市物资集团总公司独占62.1%。

（二）经营效益欠佳，利润总额下降

1—3月，统计的57家企业总体经营效益欠佳，其中，销售毛利254.2亿元，比2014年同期减少53.37亿元，同比下降17.4%；利润总额58.1亿元，比2014年同期减少35.6亿元，同比下降38%；57家企业平均劳动效率为123.8万元/人，与2014年同期的157.9万元/人相比大幅下降。

在统计的57家企业中，30家盈利企业共盈利73.9亿元，盈利企业所占比重为52.6%。在这30家盈利企业中有2家企业亏转盈，17家企业利润总额比2014年同期提高，13家企业利润总额同比下降。27家企业亏损额为15.8亿元，亏损企业所占比重为47.4%，在这30家亏损企业当中有8家企业由盈利转为亏损，8家企业亏损额有所减少，11家企业亏损额有所增加。

其中，利润总额排在前五位的企业分别是（见表9）：

表9 利润总额前五名企业排序

排名	企业名称	本期利润总额（万元）	同比增长（%）
1	天津物产集团有限公司	70446	6.1
2	贵州省物资集团有限责任公司	7519	849.4
3	中国诚通控股集团有限公司	6780	25.6
4	中国兵工物资集团有限公司	6274	22.4
5	欧姆龙健康医疗（中国）有限公司	5421	44.2

企业经营成本减少。1—3月，57家重点生产资料流通企业营业成本总计5584.4亿元，同比减少1759亿元，下降23.95%（见图7）。企业每百元营业收入中的成本构成为95.65%，比2014年同期下降0.33个百分点（见图8）。企业整体三项费用合计236.8亿元，同比减少57696万元，下降2.38%。1—3月企业支付的各项税费92.8亿元，比2014年同期下降了19.6亿元，同比下降17.4%。

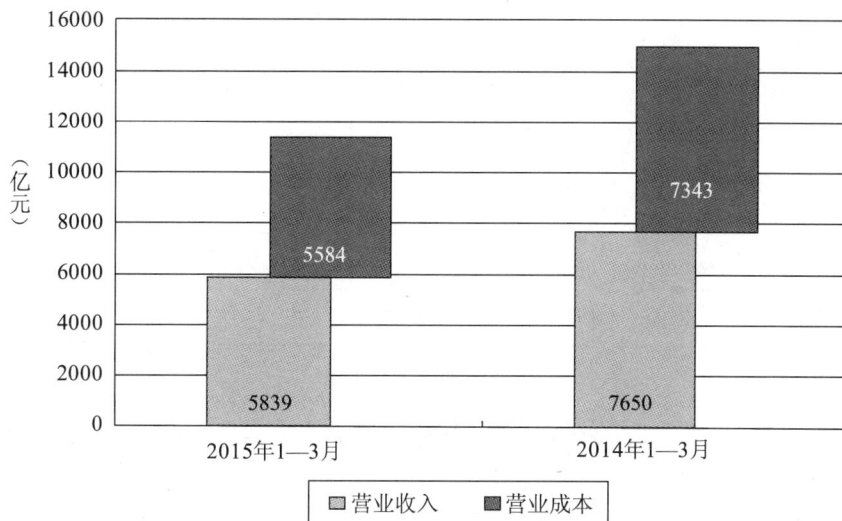

图7 重点企业营业收入与营业成本对比

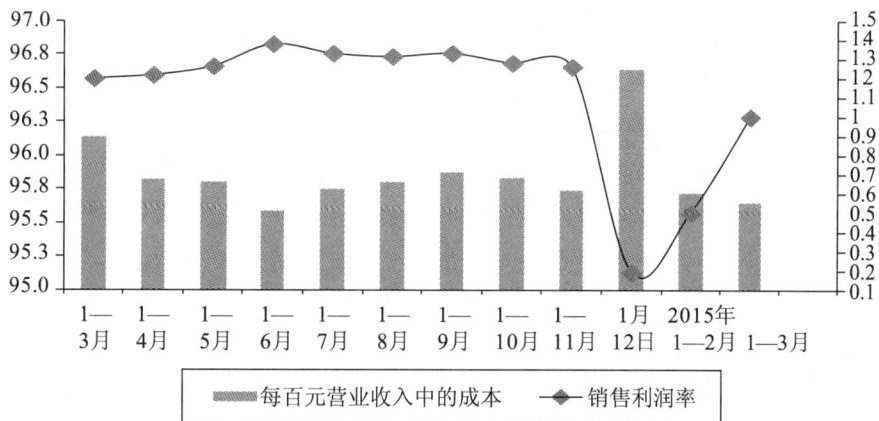

图8 重点流通企业每百元营业收入的成本构成及销售利润率变化情况

相关效益指标均大幅下降。在整体经济低水平运行和生产资料市场低迷的大背景下，行业整体的销售利润率和成本费用利润率均比2014年同期均有所下降。1—3月，重点企业整体销售利润率为1%，比2014年同期下降了0.23个百分点；企业整体成本费用利润率为1%，比2014年同期下降了0.24个百分点。其中，销售利润率、成本费用利润率维持在较高水平的前五家企业分别是（见表10、表11）：

表10　　　　　　　　　　销售利润率前五名企业排序

排名	企业名称	本期比率（%）	2014年同期比率（%）
1	贵州省物资集团有限责任公司	14.25	0.61
2	四川万家福投资管理有限公司	8.34	7.44
3	山东黑马集团有限公司	6.79	8.74
4	珠海市煤气有限公司	6.31	9.70
5	新疆生产建设兵团农五师农业生产资料公司	6.15	2.44

表11　　　　　　　　　　成本费用利润率前五名企业排序

排名	企业名称	本期比率（%）	2014年同期比率（%）
1	贵州省物资集团有限责任公司	15.23	0.61
2	四川万家福投资管理有限公司	9.52	12.15
3	山东黑马集团有限公司	7.56	9.19
4	珠海市煤气有限公司	6.45	10.35
5	新疆生产建设兵团农五师农业生产资料公司	6.25	2.50

（三）行业整体资金流动性弱于去年同期

1—3月，57家企业整体的流动比率为97.77%，与2014年同期相比减少了1.22个百分点。其中，流动比率前五名企业分别是（见表12）：

表 12 流动比率前五名企业排序

排名	企业名称	本期 比率（%）	2014 年同期 比率（%）
1	欧姆龙健康医疗（中国）有限公司	355.27	399.20
2	珠海市煤气有限公司	184.78	171.90
3	新疆生产建设兵团农五师农业生产资料公司	174.01	110.40
4	新疆八钢国际贸易股份有限公司	163.75	109.23
5	重庆港务物流集团有限公司	154.01	161.53

57 家企业整体速动资产达 5916.1 亿元，比 2014 年同期增加 923.2 亿元，增加 18.5%。速动比率为 72.52%，比 2014 年同期下降了 2.92 个百分点。其中，速动比率前五名企业分别是（见表 13）：

表 13 速动比率前五名企业排序

排名	企业名称	本期 比率（%）	2014 年同期 比率（%）
1	欧姆龙健康医疗（中国）有限公司	291.90	326.29
2	珠海市煤气有限公司	182.45	168.42
3	新疆八钢国际贸易股份有限公司	157.04	105.68
4	重庆港务物流集团有限公司	141.40	150.13
5	新疆生产建设兵团建设工程集团石油物资有限责任公司	134.08	91.54

（四）资产规模有所回升，流动效率有所降低

行业整体资产规模有所回升。57 家企业，资产总计为 14122 亿元，同比增加 2006.2 亿元，增长 16.56%。其中，流动资产合计 7976 亿元，比 2014 年同期上升 875 亿元，上升 12.32%；负债合计为 10433 亿元，同比增加 1651.6 亿元，增长 19.81%；其中，流动负债合计 8517 亿元，同比增加 984.3 亿元，增长 13.72%。

应收账款下降，流动效率降低。1—3月行业整体应收账款为882.8亿元，比2014年同期下降143.1亿元，下降13.95%。应收账款周转率为6.61次，同比下降0.84次，周转天数（一年按365天计算）由2014年的48.9天延长为2015年的55.2天。应收账款周转次数比2014年有所下降，说明企业整体资产流动性有所下降，短期偿债能力降低，收账速度有所减慢，账龄延长，在一定程度上提高了坏账损失的可能性。

行业整体存货为2059.5亿元，比2014年同期减少48.2亿元，同比下降2.29%。存货周转率为2.71次，比2014年下降0.77次，企业存货的流动性及变现速度同比微降。流动资产周转率为0.73次，比2014年下降0.35次。行业整体平均营业周期为189.8天，比2014年增加36.1天（见表14）。

表14　　　　　　　　　　　流动资产周转率前五名企业排序

排名	企业名称	本期比率（%）	2014年同期比率（%）
1	新疆生产建设兵团建设工程集团石油物资有限责任公司	6.58	0.23
2	南通化工轻工股份有限公司	2.64	1.39
3	安庆市吉宽再生资源有限公司	2.16	2.37
4	中国兵工物资集团有限公司	1.81	1.49
5	新疆生产建设兵团石油有限公司	1.38	1.57

流动资产周转率不仅反映了流动资产运用效率，同时也影响着企业的盈利水平。企业流动资产周转率上升，周转次数增加，表明企业以相同的流动资产占用实现的营业收入增加，企业流动资产的运用效率提高，进而提高了企业的偿债能力和盈利能力。

总资产周转率下降。行业整体资产周转率为0.41次，同比下降0.22次。行业整体包括负债和所有者权益在内的全部资产，总体的获利能力仍有待提高。

资产负债率提高。当前我国生产资料流通企业资金需求量大，为适应经营发展的需要，企业主要以债务融资扩大资产规模和经营规模，资产负债率普遍处于较高水平。1—3月，重点流通企业整体平均资产负债率（举债经营比率）为 73.88%，同比增加 1.4 个百分点。

资产负债率过高会影响企业融资信誉，过低则会影响企业生产扩展。因此，作为一个企业来讲，应尽量把资产负债率控制在一个合理比率，这样企业才能在财务状况稳定的基础上尽可能多的利用外部资金。

2014—2015 年生产资料流通主要特点

2014 年，我国制造业 PMI 平均水平 50.7%，与前两年平均水平基本相当，并未出现大幅下降，显示经济运行稳定性增强，增速处在适度合理区间。与此同时，就业形势良好，节能减排成效显现，经济运行较为协调；结构调整加快，服务业和新兴产业蓬勃发展，显示经济运行的平衡性明显增强。

一、流通规模增速减缓

自 2003 年以来，我国生产资料流通规模一直高速增长，销售总额百分比每年保持两位数增长，最高的年份接近 20%，但近几年增速放缓。据中国物流信息中心统计核算，2014 年，全社会生产资料销售总额约为 58.5 万亿元，按可比价计算，同比增长约 8.8%，增速较 2013 年回落 3.1 个百分点（见下表）。

2003—2014 年我国生产资料销售总额增长情况表

年份	销售总额（亿元）	增幅（%）
2003	88191	19.2
2004	115547	19.5
2005	142730	16.2
2006	176786	17.4
2007	221120	19.8
2008	265456	10.4
2009	277466	13.8
2010	361065	19.6
2011	456157	13.2
2012	500850	11.9
2013	550000	11.9
2014	585000	8.8

二、企业经营效益持续下滑

2014 年，面对复杂的国内外经济形势，我国生产资料流通行业发展情况不乐观，企业经营效益持续大幅下滑，增加了行业的发展困难和不可持续性。

据中国物流信息中心对 65 家重点生产资料流通企业（下同）统计调查资料显示，2014 年，企业经营规模增速放缓，累计实现营业收入 16475.8 亿元，比 2013 年同期减少 1296.9 亿元，同比降低 7.3%；销售毛利 553.6 亿元，比 2013 年同期减少 48.6 亿元，同比下降 8.1%；累计实现利润总额 31.8 亿元，同比减少 28.8 亿元，比 2013 年同期大幅下降 47%；平均劳动效率为 607.9 万元/人，与 2013 年同期的 652.8 万元/人相比有所下降。在统计的 65 家企业中，46 家盈利企业共盈利 88.4 亿元，盈利企业所占比重为 71%。在这 46 家盈利企业中有 3 家企业亏转盈，32 家企业利润总额比去年同期提高，14 家企业利润总额同比下降。19 家企业亏损额为 56.6 亿元，亏损企业所占比重为 29%，在这 19 家亏损企业当中有 9 家企业由盈利转为亏损，4 家企业亏损额有所减少，6 家企业亏损额有所增加。

三、生产资料价格处于下行通道

在整体宏观经济影响下，生产资料供需矛盾较为突出，全年我国生产资料市场价格持续处于下行通道，与年初相比 12 月的钢材、化工产品，成品油、煤炭、水泥、玻璃、以及铜、铝、铅等有色金属价格均呈下跌走势，仅天然气和镍、锌等有色金属价格有所上涨。纵观流通环节价格指数，全年只有 5 月价格环比有小幅上涨，其他月份均是环比下降的走势，并且 12 月由于受到原油价格连续大幅下跌影响，国内成品油和化工产品市场价格显著下降，当月生产资料市场价格更是创出年内最大环比降幅。当月环比下降 1.84%，降幅较 11 月扩大 1.07 个百分点。当月同比下降 8.73%，降幅较 11 月扩大 2.62 个百分点。1—12 月，累计同比下降 4.4%，比年初下降 3.2%。

从监测的 9 大类品种看，除了木材及制品和汽车类产品价格有小幅增长以外，其他主要大类品种价格累计同比均呈下降走势，且其中尤以黑色金属价格和原煤价格降幅较为突出。其中木材及制品类价格累计同比上涨 2%，汽车价格累计同比上涨 0.19%。黑色金属价格全年累计同比下降 9.17%，原煤价格累计同比下降 10.85%。其余各品种中，有色金属累计同比下降 4.08%，化工产品累计同比下降 3.68% ，成品油累计同比下降 4.84% ，建材价格累计同比下降 2.58% ，机电设备累计同比下降 0.6% 。

四、中小商贸流通企业服务体系建设不断推进

我国中小商贸流通企业（含个体工商户）总数达 4250 万户，占商贸流通企业总数的 99.8% ，占全国中小企业总数的 78.5% ，在繁荣市场、促进就业、改善民生、扩大消费等方面发挥着十分重要的作用。根据商务部制定的《中小商贸流通企业服务体系建设指引》，目前我国已在全国各地 48 个地区开展中小商贸企业公共服务平台建设试点，探索促进中小企业连锁式、集聚式、平台式、品牌式发展的经验，并针对中小商贸流通企业抵押资产不足、流动资金贷款"短、小、频、急"等特点，多措并举缓解中小企业融资困难，通过组织银企对接团贷、组建互助合作基金、提供贷款担保补贴、发展典当融资等方式，帮助中小商贸流通企业获得贷款。截至 2014 年年底，各地平台累计为中小企业提供 29 万家/次服务，为 6 万多家企业提供各类信息咨询服务，为 1.8 万余家企业解决有关管理问题，帮助近 10 万家企业获得各类融资近 1200 亿元。平台还有效整合了各类服务资源，逐步承担起统计监测、展会组织、资金申报、备案受理等相关服务工作。

五、由贸易商向服务商转变

部分生产资料流通企业实现由过去依赖"卖产品"赚取差价，转变为围绕贸易主业提供增值服务，靠"卖服务"获取利润，实现由贸易商向服务商的根本转变。要通过集成服务功能，为客户提供点对点、门对门、零库存、一站式服务；通过主动为客户创造价值，拓展服务深度；通过向客户提供全流程服务方案，打造从产品研发到生产、销售的利润链。

汽车方面。汽车经销商坚持以"转型升级"为主线，实施新车销售、二手车置换、后市场服务等主营业务并举。同时积极探寻新的利润增长点，大力发挥金融杠杆对汽车销售、服务的促进作用，推行消费信贷、融资租赁、汽车保险、汽车维修、汽车用品、装饰等多种营销服务模式，有条件的企业还根据不同业务适时导入电子商务，创新经营。同时以投资回报为前提，调整经营结构和盈利结构。

钢铁方面。过去靠一买一卖方式博取差价的"传统贸易模式"已经终结，

逐步开启了围绕客户需求为目的的"服务模式"。主要表现在:"资源为王"向着"服务为王"转变,钢铁生产企业向着生产型服务商转变,钢铁贸易商向着钢铁服务商、材料服务商转变。我国钢铁行业的一家知名企业,汽车板的加工配送中心就建在汽车生产厂的边上,做到了按照汽车生产计划,提供冲压成型的钢板,成为汽车厂的前置生产车间。如此嵌入式服务,既为客户节省了可观的生产成本,也为自家企业找到了可靠的终端市场。而很多钢贸企业围绕向客户提供服务,主动减少内部管理、营销层级,采取点对点直供,降低物流成本,加大临时采购,通过一站式服务,提高效率和服务能力,通过全程"渗透式"参与,提高供应链各个节点的利润。也有不少钢贸商利用自身拥有终端用户的优势,专注于某个特殊品种钢材的经营,集中优势资源,专业化经营,差异化经营,专耕、细耕、深耕这个领域,形成了自己的特色和优势,为用户提供更加精细和专业化的服务,成为这个特殊品种经营中的佼佼者。这种服务做专、做深、做细的做法,已成为不少钢贸商的生存之道。

六、新的流通政策不断出台

2014 年,国务院先后印发了《物流业发展中长期规划(2014—2020 年)》和《促进内贸流通健康发展的若干意见》,对 2012 年以来的流通政策进行了重申和细化。其中,重申要加强现代流通体系建设,构建全国骨干流通网络,促进批发市场转型升级,大力发展第三方物流,积极创新流通方式,加快推广信息技术在流通领域的应用,减轻流通产业税收负担,规范市场秩序等内容,并对相关政策进行了细化,以提高政策的可操作性。

根据当前宏观经济和流通行业发展的新形势、新特点以及十八届四中全会以来改革开放的新要求,2014 年的流通政策又进行了针对性的创新。其中,加大小微企业增值税和营业税的政策支持力度,进一步促进生活性服务业小微企业发展,这些政策与 2014 年以来我国以促进小微企业发展作为稳增长重要举措的思路一脉相承;建立和完善国内贸易企业信用信息记录和披露制度,依法发布失信企业"黑名单",推动建立健全覆盖线上网络和线下实体店消费的信用评价机制,最大限度取消和下放涉及内贸流通领域审批、备案等行政事项,实行涉企收费目录清单管理等,则体现了十八届三中全会、四中全会以来,充分发挥市场配置资源的决定性作用这个改革思路,为企业创造公平、公开的市场竞争环境创造制度条件;大力发展连锁经营,是在线上线下融合发展的大趋势下,不仅对连锁经营的再创新,更是根据当前线上线下融合发展的趋势，夯实线上线下融合的基础；拓展国内商品市场对外贸易功能，借鉴国际贸易通行标准、规则和方式，在总结试点经验的基础上，适当扩大市场采购贸易方式的试点范围，打造一批布局合理、功能完善、管理规范、辐射面广的内外贸结合市场，是在全球一体化进程不断深化的背景下，更加注重两个市场两种资源的整合。

七、电子商务成为内贸发展的新动力

近年来，政府部门着力推动电子商务发展，完善相关制度环境，积极参与和推进电子商务立法。2014 年，我国电子商务持续快速增长，交易额不断扩大，电子商务交易额达 13 万亿元，增长 25%，增幅较 2013 年略有减缓，全国网络零售额达到 2.8 万亿元，同比增长 49.7%，增幅较 2013 年有所提高，2014 年上半年移动商务交易额达到 2542 亿元，增长 378%，呈现增长的态势。同时，交易范围不断扩大，交易商品由传统的书籍、电子产品等扩展到汽车、建材、房产等各类商品及金融、文化、创意等服务领域。

八、流通智能化提上日程

在 2015 年的两会上，国务院总理李克强所作的政府工作报告中强调指出，制订"互联网＋"行动计划，推动移动互联网、云计算、大数据、物联网等与现代制造业相结合，促进电子商务、工业互联网和互联网金融健康发展，引导互联网企业拓展国际市场。目前，我国流通业处于一个比较艰难的时期，流通智能化逐渐提上日程。智能流通是将流通主体、客体、工具、对象、空间等，按照标示层、识别层、传输层、应用层联结起来，物与物、人与物、人与机、机与机等相互链接、形成协同运营的系统，包括智能交易、智能支付、智能物配、智能交易环境、智能消费、智能再生资源回收等流通全过程的智能活动。

在当前的宏观经济环境下，面对电商的冲击，实体市场/商场面临着一系列生存危机。部分实体市场/商场已在自救，实体市场/商场自建了网络平台或试图搭建 O2O 模式，但依旧人气不足，业绩下滑。其中，90% 仅为展示平台，没有人气；10% 有交易功能，不能实现线上线下闭环，无营销功能，无交易量，渐渐沦为了摆设，最终，形成了"线上线下两张皮"。

而智能实体商业充分运用智能手机、互动导购机等互联网工具进行大数据挖掘，以客户为中心，优化市场/商场的服务模式、管理模式、营销模式、商业模式，带来客户新的体验度，让"客户既拥有上帝般的尊贵，又有主人般的参与。"从而使市场、商场黏住客户，获得大量的粉丝。在这种情况下，着力优化了服务模式、管理模式、营销模式和商业模式。创立了O2OAS导客模式，即 Offline（线下留客）to Online（线上聚客）and Sociality（商务社交）。通过手机 APP、手机网站、楼层互动导购机及智能 POS 机等营销工具，运用粉丝分享、互助分销等营销模式快速实现粉丝裂变，将被动等销转为主动、自动精准营销。

2014—2015 年生产资料流通存在的主要问题

一、产能严重过剩

受市场价格形成机制不健全、发展理念和体制机制等多种制约因素的影响，我国多数工业企业产能严重过剩。在加快推进工业化、城镇化的发展阶段，市场需求快速增长，一些企业对市场预期过于乐观，盲目投资，加剧了产能扩张；部分行业与产业发展方式粗放，创新能力不强，产业集中度低，没有形成由优强企业主导的产业发展格局，导致行业无序竞争、重复生产严重；一些地方过于追求经济发展，助推了重复投资和产能扩张。与此同时，资源要素市场化改革滞后，政策、规划、标准、环保等引导和约束不强，投资体制和管理方式不完善，监督检查和责任追究不到位，导致生产要素价格扭曲，公平竞争的市场环境不健全，市场机制作用未能有效发挥，落后产能退出渠道不畅，产能过剩矛盾不断加剧。

二、流通效率低下

我国传统产业的商品流通过程，通常会经过经销商、代理商、批发商、零售商等诸多环节，随着企业生产规模的扩大，一些流通环节也会自发地产生，而且这些流通环节本身的规模扩大，还有可能带来更新的流通环节出现。流通环节的层层加注，不仅在产品价格不断上扬的同时，带来了时间成本与物流成本的双增长，而且直接导致存货的流动性降低和社会综合库存的居高不下。据国家统计局统计，2011 年我国工业企业流动资产周转次数为 2.9 次，远低于日本和德国 9～10 次的水平，我国规模以上工业企业存货率约为 10%，远高于西方发达国家 5% 的水平，流通效率低、社会库存高、资金占压严重一直是困扰我国经济持续健康发展的顽症。

三、物流成本较高

美国物流资讯公司研究发现，如果企业通过第三方物流对物流流程进行重组，借助第三方物流的规模效应和营运特点，使第三方物流服务延伸至企业整个供应链，将可实现10% ~ 20% 的成本节约。然而我国相关产业在物流中心和配送中心的建设规模和发展速度上都无法满足快速增长的市场需求，存在物流服务单一、综合运输体系不健全、物流装备落后、物流企业散、小、差等问题。传统产业流通网络规划滞后，布局不合理；流通集约化、组织化程度低，流通成本高；流通网点数量不足，基础设施比较落后都说明我国传统产业流通的发展仍然处于粗放型发展阶段。

进入21世纪以来，我国物流总成本与GDP的比率一直徘徊在18% 左右，而西方发达国家物流成本占GDP的比重仅为8% ~ 10% 。在现阶段，如何将企业库存转化为社会库存，是提升社会整体物流效率和水平、降低社会综合库存和物流成本的关键因素。

四、信息化程度有待提高

我国传统产业在发展过程中普遍存在着公共信息平台互联互通不畅、市场价格形成机制不健全、买卖双方信息不透明、不对称等现象与问题，严重扰乱了经济秩序，降低了市场效率，导致供应链上下游企业不能及时了解行业状态，对商品生产与销售做出错误决策，并使得社会交易总成本增加，丧失市场原有的活力与动力，市场资源配置的决定作用难以得到有效发挥。

五、市场组织化程度低

市场组织化程度低、规模小、经营管理手段落后，同样是我国生产资料流通行业的重要特征。企业散、小、弱，且未能形成产业联盟，在采购价格、销售价格的制定上均无话语权，导致我国生产资料流通行业易受国际市场影响，竞争力低下。

六、电商平台竞争更加激烈

在经历了前期的野蛮生长、线下市场不断被电商平台蚕食之后，电商平台的扩张将不可避免的进入模式之争阶段，同时，随着"互联网＋"上升为国家意志、互联网和各行业融合的不断加快，这种"模式之争"必将提前到来且竞争也将更加惨烈。据中国物流与采购联合会相关数据显示，截至2014年，我国大宗商品电子商务平台达580多家。以钢铁电商为例，目前涉及钢铁贸易的电子商务平台有100多家，钢铁电商在所有大宗商品电商中走在了前列。相关数据显示，2014年机构测算全国钢铁电商平台交易量占总交易量的10%左右，按国内消费及出口总计8.22亿吨计算，10%相当于8000万吨的交易量。

同时，钢铁行业的竞争也将由传统线下模式和电商线上模式之争，变为钢铁电商之间的线上模式之争。钢铁电商的模式，从根本上说，是由电商平台的建设主体背景决定的：钢厂背景的电商平台，其平台模式多围绕其强大的资源优势展开，电商平台成为钢厂的一个销售渠道；贸易商背景的电商平台，其平台模式多围绕其强大的渠道优势展开，电商平台成为贸易商上下游渠道资源整合的平台；资讯机构背景的电商平台，其平台多围绕其原有的客户资源展开，电商平台成为资讯机构延伸服务、转型发展的突破口⋯⋯

尽管数量上钢铁电商在所有大宗商品电商平台中处于前列，但在交易量上钢铁电商平台还有很大的扩展空间。对于钢铁电商平台来讲，唯一要做的就是依势而动，应对即将到来的模式之争。

七、融资难、融资贵和银行恶意抽贷愈演愈烈

以钢铁为例。2014年，银行更加严控钢铁行业融资，甚至到了"谈钢色变"的程度，不仅钢铁流通企业很难从银行贷到款，很多钢厂也遇到同样问题。山西海鑫钢铁破产重组就是一个例子。同时，银行对钢铁流通企业抽贷步伐更快，银行"骗还"花样层出不穷，导致大批规范运营的大中型钢铁流通企业面临资金链断裂和企业倒闭的严重危险。

不仅如此，融资贵也是钢铁行业的又一大特点。贷款利率在提升，原来国有企业按基准利率下浮若干点的优惠政策被取消，变为上浮若干点，而民企贷款利率则继续提高，使得钢铁企业财务费用提升了22%。这样一来，很多钢厂和流通企业沦为给银行打工。

2015 年生产资料市场走势预测

一、行业发展面临的环境

2015 年一季度，GDP 增速 7%，较 2014 年有所回落，意味着 2015 年经济增长速度呈现缓中趋稳的走势。投资、出口和消费数据自年初以来均呈现增速放缓趋势。2015 年 1—5 月，全国固定资产投资（不含农户）171245 亿元，同比名义增长 11.4%，增速比 1—4 月回落 0.6 个百分点；社会消费品零售总额同比增长 10.4%，增速较 1—4 月持平；房地产开发投资同比名义增长 5.1%，增速比 1—4 月回落 0.9 个百分点；出口同比增长 0.7%，增速比 1—4 月回落 0.9 个百分点。数据显示，除消费增速稍有趋稳外，固定资产投资、房地产开发投资和出口增速均有回落。特别是对生产资料市场影响较大的房地产开发投资增速回落最为明显，这意味着 2015 年生产资料市场销售增速仍将呈现回落走势。

当前困扰市场发展的主要因素集中在：

一是市场需求偏弱。1—5 月，制造业和非制造业的新订单指数均值分别为 50.3% 和 50.1%，均运行在较低水平。当前这种需求偏弱的根源在于中间需求与终端需求的之间的不匹配。工业升级所释放的需求与终端消费升级拉动的最终需求不能顺畅的传导，潜在的市场需求很难释放。

二是价格与成本制约利润增长空间。中国物流信息中心统计的生产资料市场价格指数变化显示，1—5 月，生产资料市场价格累计比 2014 年同期下降 11.5%，比年初下降 2.64%。从环比价格来看，3 月，生产资料市场价格结束长达 10 个月之久的持续下行态势，当月环比小幅回升 0.66%，同比下降 10.59%，比年初下降 2.21%。但这种回升趋势，并没有延续下去，4 月、5 月生产资料市场价格继续下行。

此外，成本高企问题仍困扰这企业。从企业反映情况来看，较为集中的是成本偏高问题，包括资金成本、劳动力成本和物流成本偏高，反映成本偏高的企业占比 45%。价格水平偏低和成本高企对企业利润空间形成了双重挤压。

三是小企业经营波动较大。制造业 PMI 数据显示，1—5 月制造业小企业 PMI 均值为 47.5%，远远低于大、中型企业平均水平。且从各月情况看，小企业 PMI 走势也不稳定，波动较大。小企业波动大的根本原因是缺少订单。2014 年数据显示，小型企业的新订单指数保持在 47% 左右的较低水平，与大型企业的差距在 5 个百分点左右。

小企业订单需求不足的问题，主要在于发展的市场空间不足。比如有些行业或者领域是垄断的，市场存在进入壁垒，小企业接不到订单。而有些领域小企业进得去，小企业市场空间较为狭窄。从国际上看，大企业和小企业的利益通过供应链捆绑在一起了，效率提高了，大企业可以实现盈利，小企业能够生存。需要企业改变经营理念，在互利共赢的基础上，形成稳定的供应链关系。

结合上述情况下，在需求偏弱，企业经营和利润空间制约等因素的影响下，2015 年生产资料市场的增长空间有限。虽然截至 5 月，能够较好反映生产资料市场变化的工业增加值同比增速实现了连续 3 个月回升，有利于生产资料市场向好发展。但从增速水平看，当前工业增加值增速水平较低，相当于 2008 年四季度的水平。当时工业增加值在经历短暂回调后出现了快速回升。回升的动力来自于 4 万亿元经济刺激政策。但现在的经济环境不同往日，工业增加值增速很难出现明显回升。在某种程度上来说，正是由于 4 万亿元猛药，使得当前生产资料市场仍然处于产能过剩的大背景下。

在产能过剩背景下，工业增加值增速不会出现明显上升，生产资料市场整体仍以去产能为主，并且这个过程并不会太快结束。去库存化将是生产资料市场在未来很长一段时间的常态化表现形式。

制造业 PMI 数据显示，2015 年 1—5 月，产成品库存指数均值为 47.8%，该指数均值水平自 2012 年开始回落至 50% 以下，2013—2014 年持续稳定在 47% 以上。1—5 月指数变化说明，当前市场延续了前两年的去库存化趋势。从长期趋势来看，社会库存由"终端消费端"向"上游供应商"转移已经成为趋势性变化，成为一种常态。

这一趋势的形成，一是源于我国宏观经济发展环境发生了根本性变化，已经由"短缺经济"进入到"过剩经济"。在这样的背景下，终端消费环节，获取产品资源都较为容易，因此，企业囤积库存的动力下降，尤其是对于钢铁、煤炭等产能严重过剩的行业更是如此，进而导致社会库存上移。二是在"过剩经济"环境下形成了一种倒逼机制，迫使企业优化流程、转变经营方式，真正做到以需定产，以降低成本为目标，加快了库存的周转。

尽管生产资料市场仍面临较大的下行压力，但也存在着一些有利条件：

（1）国家宏观调控政策环境持续宽松。自 2013 年开始，国家开始调整宏观调控方向。2014 年宏观调控最大的亮点就是"精准的定向调控"，通过扩投资、稳外贸、定向降准、减税等举措精准调控经济薄弱环节，与此同时也兼顾调结构的目的。进入 2015 年，通过降息、降准，稳定住房消费等一系列措施旨在从激发市场活力，增强经济增长动力等多方面入手，政策效果有望在下半年逐渐显现，后期随着政策效应进一步发挥，经济增长态势有望企稳回升。

（2）外部环境的影响机遇大于挑战。摩根大通报告显示，2015 年 5 月全球制造业 PMI 值 51.2，高于前值 51.0，自 2012 年 12 月以来，全球制造业一直处于扩张状态。主要受益于新订单数量增加。从全球 PMI 指数变化可以看出，全球主要国家经济整体仍处于平稳之中，并有望进一步好转，国际市场需求将出现回升态势。世界银行最新发布的《世界经济展望》报告预计，全球经济增速将在 2015 年回升至 3.8%。尽管国际经济环境还存在很多不确定性，但总体外部环境仍处于平稳向好的态势之中。

特别是从我国情况看，伴随着"一带一路"战略的逐步实施，中国将从中国将从过去的以出口劳动密集型产品为导向转向以资本、技术输出带动产品输出，将会把国内过剩的产能输出至国外，有利于生产资料市场的长期发展。

（3）产业结构调整将会带来新的需求。从当前国内情况看，受困需求不足和产能过剩的行业主要集中在钢铁、有色等一些基础性原材料行业。而以高端装备制造业、计算机设备制造业等为代表的新兴技术产业仍具备较大的发展空间。随着新兴技术、新兴业态的不断涌现，将会创造更多新的需求，为生产资料市场贡献需求增量。

（4）体现在基础建设投资持续发挥着稳增长的作用。2014 年 12 月，中央经济工作会议在"优化经济发展空间格局"这一任务中，明确提出"要重点实施'一带一路'、京津冀协同发展、长江经济带三大战略"。三大战略的形成必将会给中国经济增长带来持续的推动力。一个基本表现就是基础建设投资将持续发挥着稳增长的作用，进而带动生产资料市场相关需求的增长。

非制造业 PMI 数据显示，2015 年 1—5 月，建筑业的商务活动指数均值为 57.5%，意味着建筑业活动仍保持在快速发展水平。建筑业的新订单均值也达到 51.2%，高于非制造业均值水平。建筑业供需活动的活跃与 2014 年四季度以来发改委加快基础建设项目的审批进度密不可分。以基础建设为支点，助推经济稳定增长将成为今年经济运行的重点内容，预期随着"一带一路"、京津冀协同发展、长江经济带三大战略逐步进入实质推进阶段，更多的可持续的基础建设需求将会随之而生。

二、2015 年生产资料市场基本预测

1. 生产资料销售总额实现 58 万亿元

运用多种模型对 2004 年以来各月的生产资料销售总额发展态势做了定量分析研究。经过比较，发现乘法模式的比例模型的缪尔指数平滑法模型能够较好地反映生产资料销售总额的变化趋势。

根据模型预测结果，结合对生产资料市场的判断，预计 2015 年生产资料市场销售总额将达到 58 万亿元左右。

2. 生产资料价格延续下降趋势

2015 年前 5 个月，制造业的购进价格指数 50% 以下，但成回升走势，显示 2015 年价格仍呈现回落走势，但与 2014 年相比降幅或有收窄。运用多种模型对 2001 年以来的生产资料定比价格指数进行定量研究。经过比较研究发现，AR4 模型与实际数据的拟合度更高，相对于其他模型更能准确反映生产资料价格指数走势变化。

根据该模型预测结果，2015 全年累计平均价格定比预测值为 118.3（基期以 2000 年为准）。2014 年全年累计平均价格定比指数实际值为 128.02%。按此结果，预期 2015 年全年生产资料价格较 2014 年回落 0.8 个百分点左右。

发展我国生产资料流通的政策建议

一、充分利用"一带一路"战略带来的机遇

目前,"一带一路"战略从顶层设计和规划走向逐步落实。对我国生产资料行业而言,无论"一带一路"沿线大部分国家对工业原辅材料贸易进口的需求,还是其基础设施建设等带来的工业材料市场需求,以及与沿线国家开展生产资料产能合作的机会,都是重要历史机遇,长远看有很大的市场需求和发展空间。生产资料行业应积极推进对"一带一路"沿线国家的工业原辅材料直接和间接出口,并努力寻找机会与沿线有条件发展相关工业的国家开展互利共赢的产能合作。

中国衔接亚非欧国家的物流大通道带来的多向国际物流辐射系统的建设机遇,与以往单纯的产品"走出去",以及我国流通企业在离岸港口与内陆腹地之间的服务不同,配合"一带一路"以及我国产业、产品和投资"走出去",流通企业需要有战略性思考和超前性准备,通过供应链物流服务,加快"走出去"步伐。

要积极引导和支持流通企业走出去发展,提升国际流通竞争力,探索区域经济合作新模式,充分发挥在"一带一路"的主导权和影响力。流通企业要完善服务功能,整合创新发展。要适应全球商流、物流、资金流、信息流的快速发展,培育国际物流和供应链服务能力,鼓励国际物流和供应链的服务延伸和模式创新,加快货物贸易向服务贸易转型升级。特别要重视贸易金融的平台服务功能,利用物流集聚效应,大力发展生产资料、航运服务、分销服务等服务平台,发展新型服务贸易,促进国际物流与贸易金融的整合创新。

二、实施互联网＋流通行动计划

以"互联网＋流通"为载体,完善顶层设计,加强公共投入和环境建设,以示范、培训、宣传为抓手,以技术创新和商业模式创新驱动,推动传统流

通产业转型升级，充分发挥电子商务在释放消费潜力、激发行业活力和增加就业机会等方面的重要作用，推动形成"大众创业、万众创新"的新格局。

（1）加快物流业信息化发展步伐。推进以生产资料贸易企业为主体的专用物流信息系统建设，鼓励企业创新物流商务模式，引入智慧物流、第四方物流等公共信息系统，降低企业流通成本。

（2）加大智慧物流对生产资料交易平台的支持力度。引导流通企业由单纯仓储运输配送业态，向更高层次的电子交易市场、物流信息化转化；由单一的物流、贸易模式，向物流＋科技、物流＋金融、物流＋地产、物流＋连锁等先进的商业模式发展。

三、加强生产资料流通企业的国际服务能力

按照我国建设长江经济带、海上丝绸之路、欧亚丝绸之路经济带等重大战略规划要求，我国将加快推进重点物流区域和联通国际国内的物流通道建设，重点打造面向中亚、南亚、西亚的战略物流枢纽及面向东盟的陆海联运、江海联运节点和中亚航空港，建立省际和跨国合作机制，促进物流基础设施互联互通和信息资源共享。因此，生产资料流通企业要抓住机遇，按照内外贸一体化的要求，进一步提升商贸物流的国际服务能力，积极开拓国际化业务。

1. 借鉴国际先进理念和技术

随着经济全球化进程的不断加快以及贸易自由化的不断推进，生产资料在国际市场上自由流动倾向将进一步显现，最终导致生产资料市场在整个世界范围内呈现出跨越国界的集中化趋势。这就要求中国的生产资料交易市场加快与国际知名商品交易所的对接步伐，一方面满足中国企业参与国际交易的需求；另一方面促进商品资源在中国的集聚；同时，还可引入先进的管理理念和交易技术，提升中国生产资料电子交易市场的整体水平。

2. 积极参与到国际商品定价体系

目前，我国生产资料期货市场以区域性市场为主，很难参与到国际商品定价体系中。上海交易所、大连商品交易所和郑州期货交易所，过去曾经被认为是国际期货市场的"影子市场"，经过多年的发展虽已成为国内价格风向标，但是参与者主要是国内生产商、贸易商，几乎很少有国际机构参与（国家对于投资主体和外汇管制限制）。但是从长远来看，生产资料市场以及国内期货交易市场需要与国际市场对接，吸引国际生产商、贸易商和投资机构进

场交易，完善我国生产资料的价格形成体系。

四、打造流通企业公共服务平台

以现有的中小商贸流通企业公共服务平台为依托，加快建设商贸流通企业公共服务平台，逐步将现有的中小商贸流通企业公共服务体系的服务范围扩大到所有商贸活动。健全服务体系，将流通领域涉及的服务职能委托服务平台承担。加强流通企业公共服务平台的标准化和信息化建设，特别是要加强流通领域现代物流标准化建设，加快制订通用基础类、物流技术类、物流信息类、物流管理类、物流服务类等标准，为流通企业提升核心竞争力创造条件。加快建立全国统一、科学规范的流通统计调查体系和信息共享机制，为物流企业经营决策和国家制定宏观政策提供依据。

五、维护流通领域公平竞争环境

加强流通法制建设，逐步建立健全流通领域的法律法规体系。全面清理和取消妨碍公平竞争、设置行政壁垒、排斥外地产品和服务进入本地市场的规定，努力创造流通企业公平竞争的环境。目前，中小流通企业销售额占全社会消费品零售总额的90%以上，数量占全国流通企业总数的99%以上，已在流通行业中占据重要地位。一方面，要鼓励具有竞争优势的流通企业，通过参股、控股、承包、兼并、收购、托管和特许经营等方式，做强做大；另一方面，也要加大对中小商贸流通企业的政策支持力度，认真落实国家中小企业发展专项资金支持政策，促进中小流通企业发展，避免大企业垄断局面的产生。

六、把握"中国制造2025"国家战略

"中国制造2025"上升为国家战略，我国推进制造业升级，重点发展的高档数控机床和机器人、航空航天装备、海洋工程装备及高技术船舶、先进轨道交通装备、节能与新能源汽车、电力装备等领域均对生产资料各子品种，尤其是钢铁的质量提出更高要求，迫切需要钢铁行业提升创新能力，研发和生产更多、更高技术含量、更高性能的钢材，钢铁产品、技术升级恰逢其时。钢铁产业自身升级也将随之加快，比如，通过智能工厂建设、"互联网＋"等

实现智能转型、强身固本和绿色发展。

七、加快物流标准化和信息共享

推动物流信息系统的互通共享，加快物流信息标准化进程。提升物流信息互联共享标准，促进物流信息共享，鼓励使用标准化托盘循环共用，推广标准化设施设备的衔接平台，以提高物流效率，抵消由于运输、人工增长带来的成本压力。支持第三方物流和物流信息服务平台的发展，推动传统储运企业向第三方物流发展，实现仓配一体化，强化供应链管理，提高其管理水平和信息化程度，以满足社会对高端物流服务的需求。

八、推广和完善电子商务发展

能够在未来的激烈竞争中胜出的生产资料电子商务平台，至少需要具备两项特质：

一方面，要契合生产资料行业的发展趋势和行业特征。生产资料行业发展经历了资源为王到渠道为王的发展阶段，随着行业产能过剩、供需失衡矛盾的凸显，需求为王的阶段即将来临。因此，电商平台要想取得长远的发展，必须要契合生产资料行业发展的这一趋势和行业特征，建立以需求为主导的电商模式。

另一方面，要与其他行业的电商平台深度融合，不断为客户提供便捷、优质服务。随着"互联网＋"的不断推进和深入，生产资料行业之外的、与生产资料行业密切相关的传统行业诸如金融、物流、仓储等行业与互联网融合的步伐也将不断加快。在这种情况下，电商平台需要做好与这些行业对接的准备，为客户提供更加便捷的金融服务、物流服务和必要的技术支持。比如电商综合体，主要包括三大服务体系：交易服务平台、配送服务体系、物流金融体系。交易服务平台主要对接实体交易平台，兼具公共信息发布、企业终端管理等功能；配送服务体系是电商综合体的支撑，为电商综合体提供仓储、配送、加工等功能；物流金融体系为业户提供统一结算、贷款、担保、仓单质押等供应链金融服务。

（生产资料市场专业委员会　代官飞
中国物流信息中心　综合处）

第二部分

专 题 篇

2014—2015 年钢铁流通回顾与展望

2014 年乃至 2015 年一季度，世界经济深度调整，我国经济增速放缓，经济下行压力仍然较大。面对经济下行的压力，政府没有采取强刺激措施，而是强力推进改革，激发市场和企业活力。2014 年 GDP 增长 7.4%，同比略有回落，经济结构调整取得明显成效，经济发展的质量和效益明显提升。但是经济增长对钢材需求强度持续下降，钢材消费增长乏力，同时粗钢产量仍然保持小幅增长，市场供大于求矛盾仍然突出，钢材价格屡创新低。得益于原燃料价格降幅较大以及企业内部挖潜降低成本，2014 年全行业整体盈利状况有所改善，但盈利水平仍然很低，销售利润仅为 0.85%。2015 年一季度，全国钢材市场需求持续下降，粗钢表观消费量降幅比 2014 年全年降幅有所扩大，粗钢产量出现多年未有的同比下降，全行业陷入亏损境地。

一、2014 年我国钢铁行业运行基本情况

2014 年，国家经济结构优化带来了经济增长对钢材需求强度的持续下降。对钢材消耗量大的固定资产投资、房地产开发投资增速持续回落，传统行业、重化工业经营困难，对钢材需求强度下降的趋势愈发明显，钢材消费增长乏力。2014 年，粗钢表观消费量同比下降 3.4%，即使考虑钢材贸易商以及下游用户库存下降，粗钢实际消费量持平或略有下降，钢材消费进入平台区的特征十分明显。同时，经济结构的持续优化，对钢材品种、质量以及钢铁生产、贸易企业服务能力提出了新要求，产生了新需求，钢铁生产、贸易企业正在紧跟经济结构调整步伐，转变传统生产、营销模式，抓住市场变化带来的新机遇、新市场，加快培育出符合自身发展实际的独特竞争力和利润增长点。

（一）国内粗钢产量略有增长，增幅大幅回落

2014 年，全国共生产粗钢 8.23 亿吨、生铁 7.12 亿吨、钢材 11.26 亿吨，分别比 2013 年同期增长 0.89%、0.47% 和 4.46%，增幅同比回落 6.65 个百分点、5.77 个百分点和 6.89 个百分点。我国粗钢产量占世界钢产量的 50.26%（见图 1）。

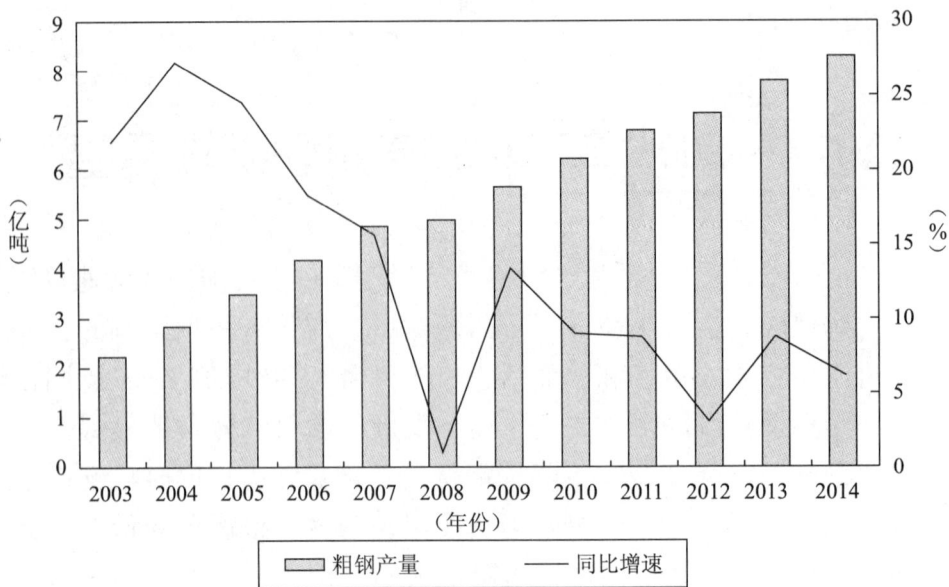

图1　2003—2014年我国粗钢产量及增速

（二）钢材出口大幅增长，累计出口量超过进口量

2014年全国出口钢材9378万吨，同比大幅增长50.5%；进口钢材1443万吨，同比增长2.5%，保持小幅增长；折合粗钢净出口约8441万吨，同比增加约3308万吨，同期全国粗钢产量同比增加约734万吨。

自1949年以来，我国累计进口钢材5.94亿吨，出口钢材5.96亿吨，到2014年年底，我国钢材累计出口量超过进口量。

我国钢材出口创历史新高，有效缓解国内钢铁需求下降压力。钢材出口看起来一片红火，然而从"性价比"来看，出口创新高并不能给整个行业发展带来对等利润，超低的价格已卖出"白菜价"，进而使得整个钢铁行业陷入"增产不增收"的困境。以高污染和高能耗的发展方式给环境保护、资源可持续性带来严重损害。

一是产能持续过剩，淘汰落后产能和环保压力大增。

二是"以价换量"，恶性竞争风险加剧，钢材流通市场资金"蓄水池"功能丧失。

三是贸易摩擦倍增，"双反"事件为2013年同期3倍，向新兴市场蔓延。

（三）社会库存持续低位，企业库存居高不下

2014年12月，22个城市五大品种钢材社会库存为820万吨，环比下降

14 万吨，连续 9 个月保持下降，为近 4 年来最低水平。12 月全国主要地区库存均在下滑，五大品种库存除冷轧板卷和线材外其他均在下降。2015 年 1 月 22 个城市五大品种钢材社会库存为 868 万吨，环比增长 48 万吨，连续 9 个月下降后首次增长，仍远低于近 4 年同期水平，中间环节的"蓄水池"作用明显减弱。

（四）铁矿石供大于求，价格持续下跌

2014 年，我国进口铁矿石 9.33 亿吨，同比增长 13.8%，其中，12 月进口铁矿石 8685 万吨，环比增加 1945 万吨，增长 28.9%。我国铁矿石对外依存度进一步提高到 78.5%，同比提高 9.7 个百分点。2014 年国内铁矿石原矿产量 15.1 亿吨，同比增加 5686 万吨，增长 3.9%。

2014 年，铁矿石价格整体保持下跌走势。全年进口均价为 100.42 美元/吨，同比下降 29.2 美元/吨。12 月铁矿石进口平均价格 75.61 美元/吨，环比下降 4.05 美元/吨。2015 年一季度铁矿石进口平均价格为 69.69 美元/吨，同比下降 45.1%。

（五）固定资产投资进一步下降，民间投资占比提高

2014 年，钢铁工业（包括黑色金属矿采选业、炼铁业、炼钢业、钢加工业，扣除了铸造业和铁合金业）完成固定资产投资 5250.12 亿元，同比下降 5.42%（2013 年增长 0.91%）。其中，炼铁业固定资产投资同比大幅下降 31.76%，炼钢业同比下降 10.39%，钢加工业同比下降 4.98%。2015 年一季度，钢铁行业固定资产投资 831 亿元，同比下降 6.8%。

民间投资占比提高。2014 年，黑色金属冶炼及压延加工业完成投资 4789 元，同比下降 5.9%；其中民间投资占比 79.59%，同比提高 3.02 个百分点。

（六）钢材价格持续下降，跌至十年新低

2014 年钢铁行业进入第四个下滑的年头，经济增速回落，房地产行业深幅调整，投资增速下滑，市场需求仍然乏力，但产量一直居高不下，市场供求矛盾较为突出，国内钢材市场一片低迷，钢价下跌还在继续。全年钢价一路震荡下行，几乎没有像样的反弹，延续了 2011 年三季度以来持续下跌的走势。据市场监测，1—10 月，国内钢材市场综合平均价格水平比上年同期下降 8.5%，比年初下降 4.7%。到 12 月国内钢价依然阴跌不止，全月呈单边下跌走势，并不断刷新年内低点，截至 12 月 22 日，全国 25 个主要市场 HRB400

（20mm）螺纹钢价格报 2814 元/吨，全国 24 个市场 3.0 毫米热轧板卷价格报 3125 元/吨，再创 2003 年 6 月以来的新低。

2014 年 12 月末，钢铁协会 CSPI 钢材综合价格指数为 83.09 点，环比下降 2.20 点，降幅为 2.58%；同比下降 16.05 点，降幅为 16.19%。从 2014 年全年平均价格走势看，八大钢材品种平均价格降幅基本在 10% 左右，其中螺纹钢降幅最大达到 12.9%，镀锌板降幅最小为 6.78%。进入 2015 年以来，钢材价格指数延续小幅下跌走势，并持续创出新低（见图 2）。

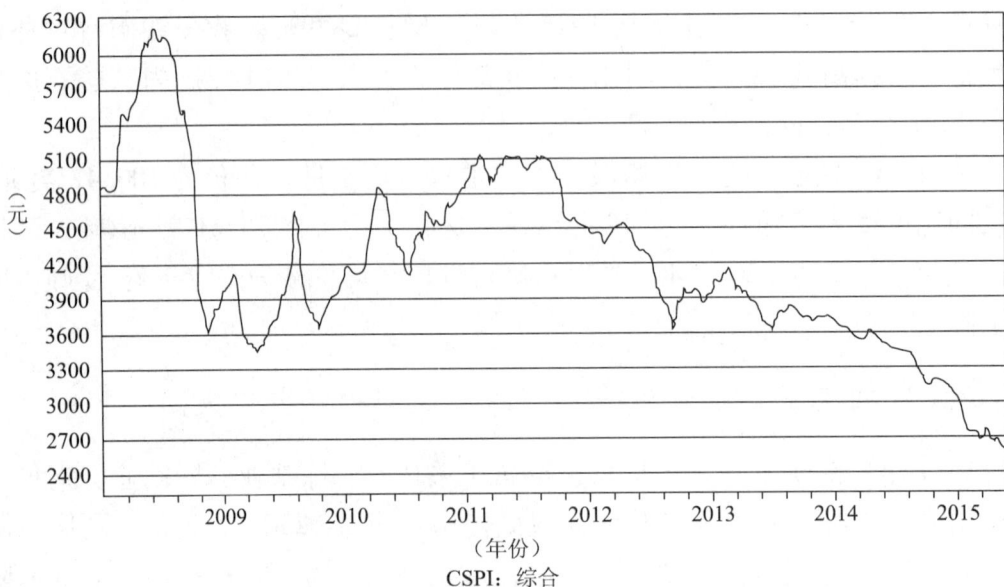

图 2　2008 年至今我国钢材价格走势

（七）2014 年利润有所好转

2014 年，大中型钢铁企业实现销售收入 35882.07 亿元，同比下降 2.98%；实现利税 1090.92 亿元，同比增长 12.15%；实现利润 304.44 亿元，同比增加 87.54 亿元，增长 40.36%。累计亏损面 14.77%，同比下降 4.55 个百分点；亏损额 117.47 亿元，同比下降 8.02%；销售利润率为 0.85%，同比提高 0.26 个百分点。

2015 年一季度，大中型钢铁企业实现销售收入 7629.18 亿元，同比下降 14.48%；实现利税 161.4 亿元，同比增长 9.99%；实现利润总额为亏损 9.87 亿元，同比减亏 70.46 亿元，其中主营业务亏损 110.53 亿元，增亏 34.33 亿元。亏损企业 50 户，占统计企业户数的 49.5%，亏损企业亏损额 103.55 亿元，同比增长 27.31%。

二、2014 年我国钢铁流通行业运行状况及存在问题

（一）产能过剩问题依然严峻

2014 年中国钢铁企业一直满负荷生产，钢铁产量居高不下。据统计，2014 年，全国粗钢产量 8.2 亿吨，同比增长 0.9%；国内粗钢表观消费 7.4 亿吨，同比下降 4%；钢材（含重复材）产量 11.3 亿吨，同比增长 4.5%；中国粗钢产量占全球比重为 49.4%，同比提高 0.9%。预计 2015 年全国纳入统计的粗钢产量将达到 8.5 亿吨，增长 3% 左右。如果加上未纳入统计的部分，2014 年中国实际粗钢产量将达到 9 亿吨，占据全球粗钢产量的比重进一步上升。

与中国粗钢产量形成鲜明对比的是中国钢铁的需求量。据统计，2014 年我国折合粗钢表观消费量为 7.37 亿吨，同比下降 2.25%。根据相关部门的统计数据，我国粗钢产能已接近 12 亿吨，化解庞大的过剩产能仍将是一项长期而艰巨的工作。

（二）融资难、融资贵和银行恶意抽贷愈演愈烈

2014 年，银行更加严控钢铁行业融资，甚至到了"谈钢色变"的程度，不仅钢铁流通企业很难从银行贷到款，很多钢厂也遇到同样问题。山西海鑫钢铁破产重组就是一个例子。同时，银行对钢铁流通企业抽贷步伐更快，银行"骗还"花样层出不穷，导致大批规范运营的大中型钢铁流通企业面临资金链断裂和企业倒闭的严重危险。

不仅如此，融资贵也是钢铁行业的又一大特点。贷款利率在提升，原来国有企业按基准利率下浮若干点的优惠政策被取消，变为上浮若干点，而民企贷款利率则继续提高，使得钢铁企业财务费用提升了 22%。很多钢厂和流通企业沦为给银行打工。

（三）企业联保互保问题波及无辜

多年来，钢铁流通企业为抱团取暖所采取的联保互保融资模式，由于出现一些企业无法及时偿还贷款情况，现已基本被银行否定。不仅如此，联保互保问题正从小企业向大中型企业漫延，从不规范经营企业向规范经营企业

漫延，波及无辜。主要原因如下：

第一波不能按期还款的企业大都是个人原因，挪用银行贷款进行短贷长投或因经营问题造成资金链断裂，无法按期还贷，属于故意行为。目前这批企业已基本被淘汰出局。

第二波不能按期还款是因为企业间的三角债问题，导致不少企业的资金不能按时收回，属于无意和无奈行为。

第三波资金链断裂企业是银行为了控制风险，对钢铁行业的融资采取"一刀切"的做法，对规范经营、规模经营的企业采取比较极端的"抽贷"和"骗还"行为，人为地抽走资金，属于被迫行为。这样做的结果不仅当事企业被"抽死"，与其联保互保的企业也受到"株连"，成为陪葬者。

（四）钢铁流通企业倒闭超过四成

虽然我国钢铁产能过剩和需求减缓，但市场还是有一定的需求空间。目前，全国钢铁流通企业除了不到10%的不规范、信誉差的小户、散户自然淘汰外，有超过30%的企业是被银行抽贷"抽死"的。从全国范围看，全国至少有50%钢铁流通企业退出市场，上海地区超过60%。剩余的50%还在维持经营的企业，其中有一半不能够正常经营。

（五）缩短供应链成为趋势，去库存化现象明显

近年来，钢铁产能过剩、需求不振、价格一路下跌、很多钢铁流通企业不愿意与钢厂签订长期协议，导致钢厂销售受阻。在此情况下，钢厂不断采取增加直供比例、设立分公司、办事处、加工配送中心和与贸易商合作等多种方式，加大了向下游延伸的力度。全国平均来看，钢厂直供比例从5年前的40%左右上升到50%左右。

同时，由于钢铁流通企业普遍缺少资金，所以也无法囤货或压减库存，连多年来的"冬储"都放弃了。去库存化已经成为钢铁流通企业规避风险、降低成本的通用做法。由此带来的就是钢铁仓储企业无货可储，无生意可做。不少钢材市场和物流园区已是门前冷落，人去楼空，荒草遍地。有的开始转向生活资料或农副产品的储存。

（六）钢铁电商呈爆发式发展，盲目跟风严重

钢铁电商经过十多年的探索，一直没有比较成熟的模式和成功企业。党的十八大以来，随着各个行业电商热的升温，钢铁电商也呈现井喷式的发展。

截至 2014 年年底，全国电商平台已达 170 多家，基本都处于"烧钱"阶段，还没有形成比较好的经营模式和盈利模式。同时，由于电商企业和媒体的夸大宣传，电商平台的作用被放大，盲目跟风行为比较明显。

（七）企业转型升级步伐在加快，行业集中度加快提速

钢铁行业暴利时代已经终结、企业进入微利运营的"新常态"后，转型和升级已经成为企业生存和发展的新做法。终端直供、加工配送、电子商务、与上下游企业合作、混合制经济等新模式不断发挥其重要作用。

同时，随着一批钢铁流通企业退出市场，空出的这部分市场份额迅速被有实力的企业填补，这无形中提高了行业集中度。大型钢铁流通企业的扩张战略和力度，也推动了行业集中度的快速提高。据测算，目前全国正常经营的钢铁流通企业在 5 万家左右。

（八）厂商融合初步形成共识

钢厂向下游延伸的力度在加大，但厂商在市场运行中各有优势，对此，双方已形成共识。实践证明，钢厂无法完全取代流通企业的地位和作用。因此，不少钢厂逐步改变了过去那种"强势"做法，重新审视与流通企业的关系，对厂商合作寄予很大的希望。目前的合作模式有共建市场、共建流通渠道、共建加工中心、共建产业链、代理销售（市场价格结算）等新模式。具体体现在以下几个方面：

一是终结"贸易模式"，开启"服务模式"。随着信息化时代的到来，过去靠一买一卖方式博取差价的"传统贸易模式"已经终结，逐步开启了围绕客户需求为目的的"服务模式"。主要表现在："资源为王"向着"服务为王"转变，钢铁生产企业向着生产型服务商转变，钢铁贸易商向着钢铁服务商、材料服务商转变。我国钢铁行业的一家知名企业的汽车板的加工配送中心就建在汽车生产厂的边上，做到了按照汽车生产计划，提供冲压成型的钢板，成为汽车厂的前置生产车间。如此嵌入式服务，既为客户节省了可观的生产成本，也为自家企业找到了可靠的终端市场。而很多钢贸企业围绕向客户提供服务，主动减少内部管理、营销层级，采取点对点直供，降低物流成本，加大临时采购，通过一站式服务，提高效率和服务能力，通过全程"渗透式"参与，提高供应链各个节点的利润。也有不少钢贸商利用自身拥有终端用户的优势，专注于某个特殊品种钢材的经营，集中优势资源，专业化经营，差异化经营，专耕、细耕、深耕这个领域，形成了自己的特色和优势，

为用户提供更加精细和专业化的服务，成为这个特殊品种经营中的佼佼者。这种服务做专、做深、做细的做法，已成为不少钢贸商的生存之道。

二是终结"单一采购"，开启"灵活采购"，依靠市场整合资源。仅仅依托市场临采或者长协采购的钢贸商越来越少，大部分钢贸商开始运用多种手段，实施灵活采购，比如说钢厂长协、市场采购、网上采购、集中采购、定向订购或贴牌生产等，特别是网上采购、集中采购越来越成为主导模式。采购形式的变化，打破了过去那种资源垄断模式，钢铁流通企业可以减少签订长协和提前预付资金的压力，自由灵活地根据客户需求进行采购。

三是终结"单一买卖"，开启"链条融合"。整合资源、延伸产业链已成为越来越多的钢铁行业企业家的共识。"厂商融合"、"上下游融合"、"跨界融合"在不断加速，有利于整合多方资源，降低总体生产经营成本，提高劳动生产率，共同渡过难关，这成为钢铁生产企业和流通企业转型升级的重要举措之一。比如，依托行业组织、实体项目（如物流园或电商平台）成立股份公司；钢贸商与钢厂合作；与上下游用户合作；抱团应对银行抽贷；依托行业组织，成立小额贷款公司，利用短期贷款，帮助企业维护资金的正常运转；心理抱团，相互鼓励和支撑，共渡难关。

特别是钢贸商与钢厂的合作。在市场经济条件下，钢厂、流通企业均存在着各自的优势和劣势。钢厂与流通企业应该是优势互补、共生共荣、互利互惠、合作共赢的命运共同体，是连体兄弟，据中国金属材料流通协会调查，目前广大贸易商希望与钢铁企业形成以下几种模式。

三定代理。三定代理制的核心就是钢铁流通企业代理销售钢厂产品时，钢厂不是收取货款就完事，而是做到三个"共同制定"：共同制定销售策略、共同制定销售价格、共同应对市场变化。钢铁流通企业在帮助钢厂完成一定量的产品销售后，按照与钢厂的约定获得自己的收益。这种模式的特点是贸易商在钢厂的采购优势，给予客户稳定的供货，解决客户采购的及时性和库存压力；钢厂则给予贸易商一定的利润，不至于价格倒挂，规避市场波动价格风险，增强贸易商抗风险能力，保证厂与商在市场上形成利益共同体，共生共荣，共谋发展。中国金属材料流通协会的调查中，赞成这种贸易方式的企业超过98%。

联合销售。一些有仓储条件的钢铁流通企业，适应钢厂库存前移的趋势，在为钢厂提供货物储存的同时，代理销售钢厂产品，钢厂可以按照市场实际结算价格，每吨给钢铁流通企业一定数量的佣金。目前有两种情况，有的贸易商提前支付货款，后续根据市场价格倒结算，有的贸易商不提前支付货款，货物销售后再进行结算。

集成购销。目前，已经有一些钢厂与钢铁流通企业在整个产业链上展开多方位的合作，比如上游开展矿石、焦炭等原辅材料供应，下游钢厂产品订制与包销、流通渠道建设，甚至为钢厂提供其他配套服务等。集成购销在钢厂内部有的称串货，有的称供应链销售，中国金属材料流通协会调查发现，越来越多的钢厂开始接受这种模式，特别是打通钢厂内部原料采购与销售部门之间的流程，金额不受内转款指标限制，鼓励贸易商通过原材料供应商拿材销售，甚至对高端材进行补贴。

由此可见，厂商合作的前景是广阔的，模式是多样的，只要双方本着诚信、互利、共赢的宗旨，就一定能够共同探索出更多厂商合作新思路，就一定能够推进我国钢铁产业走出困境，顺利实现转型升级。

（九）企业风险管控意识明显提高

近几年，钢铁行业出现的如"爆仓事件"、"三角债"等问题，都与企业风险管控薄弱有直接关系。在行业遭遇严重危机之际，绝大多数企业都增强了风险管控意识，加强了对资金、货物等财物的监管力度，提高了对市场风险的评估与预判能力，提升了企业经营管理水平，更加注重企业的信誉，诚信经营成为大多数企业转型发展的保证。

（十）钢铁流通企业经营管理分级评定贯标效果逐步显现

国内贸易行业标准《钢铁流通企业经营管理分级评定》在商务部流通业发展司领导的大力支持下，贯标试点工作开展已有两年的时间，取得了比较显著的效果。一是通过大力宣贯，企业的认识程度和参与积极性不断提高；二是各省市协会、商会对贯标工作也越来越重视，目前开展贯标的省份已由试点时的 3 个增加到 10 个；三是 A 级企业不断得到社会的认可，不少钢厂、银行和终端用户开始对贯标工作关注和认可，首批 A 级企业有的已经能够从银行获得授信，有的将此项荣誉作为参与项目招投标的资质之一。

（十一）行业组织逆势而上，地位和作用越发显现

近几年，以中国金属材料流通协会为代表的各级金属材料流通行业的协会、商会，充分认识到行业困境之时应发挥的重要作用，逆势而上，高举旗帜，不仅帮助企业树立战胜危机的信心，还在引领、规范、服务和解决融资难等多方面发挥行业组织的重要作用，成为行业转型发展的重要推动力。

三、2015 年我国钢铁流通行业面临的形势与挑战

当前，世界经济仍处在国际金融危机后的深度调整期，2015 年世界经济增速可能会略有回升，但总体复苏疲弱态势难有明显改观，国际金融市场波动加大，大宗商品价格波动，地缘政治等非经济因素影响加大。国内经济总体保持平稳，但下行压力加大。由于下游行业需求趋缓，市场竞争会更加激烈，钢铁流通行业将面临新的挑战；主要原燃料价格波动，给企业生产经营带来不确定性，增加了企业的经营风险；企业资金紧张，融资难、融资贵难以根本缓解；同时汇率、债务的风险也可能加大。2015 年一季度钢铁行业的亏损状况已经证实了行业面临的严峻形势。为此，对 2015 年全行业面临形势的复杂性、严峻性要时刻保持清醒的认识。

2015 年，我国 GDP 增长目标在 7% 左右，一季度 GDP 增长 7%，虽然符合全年增长目标，但这是 2009 年一季度增长 6.6% 以来的最低水平。规模以上工业增加值增速同比下滑 2.3 个百分点，全国固定资产投资增速同比回落 4.1 个百分点，全国房地产开发投资增速降至个位数，截至 4 月 23 日，全国 24 个省（市、自治区）公布了一季度地方 GDP 数据，21 个省份经济增速同比下降，整体看经济下行压力仍然较大。

1. 钢铁产能过剩矛盾依然突出

预计 2015 年全国纳入统计的粗钢产量将达到 8.5 亿吨，增长 3% 左右。2015 年中国钢材需求量为 7.23 亿吨，比 2014 年的 7.124 亿吨仅增加 1.47%，这与国内超过将近 12 亿吨的钢铁产能相比，简直不值一提。

（1）由于产能庞大与经济增速放缓，供大于求仍是 2015 年中国钢材市场主调，势必迫使钢铁企业竭尽所能增产，以此抢夺市场份额。

（2）就业和税收压力，使得地方政府对辖区内钢铁企业生产予以支持。有关机构调查数据显示：2014 年中国钢铁企业高炉开工率超过 90%，钢铁产量继续增长，都显示钢铁企业并未削减产量，这种局面在新一年内仍将持续。

2. 铁矿石价格将继续下跌，维持低价位运行

总体来看，2015 年铁矿石价格将继续跌落，其中进口铁矿石到岸吨价预计在 70 美元左右，最低情况下有可能跌破 60 美元。未来预计铁矿石价格将在 70~80 美元徘徊。

新一年铁矿石价格继续跌落的主要因素一是世界矿业巨头的扩产与降价

促销战略，以此挤占高成本铁矿石的销售份额，对国内铁矿石价格进行抑制；二是我国钢铁产能过剩和下游需求减缓，对铁矿石的进口及价格产生影响。

3. 钢材价格仍将保持在低位徘徊

造成钢材价格下跌的主要原因一是产能过剩，二是铁矿石价格的继续跌落，为钢材价格的走低提供了新空间，三是在我国 GDP 增速延续下滑态势、钢材供过于求，导致 2015 年我国钢材价格基本维持在低价位徘徊。

4. 下游需求减缓难以改观

在国内经济增速下滑的情况下，预计下游用钢需求难以改观，仍将维持供需低速增长的趋势。尽管国家稳增长措施和"一带一路"等战略将拉动用钢需求，但在经济下行压力加大，制造业、房地产等复苏缓慢的情况下，钢铁需求增长空间有限。虽然基建支持力度有所加大，特别是铁路方面，但土地问题的解决成为制约其发展的重要因素，除此之外，资金到位也比较慢。因此，铁路投资方面的实际情况可能弱于预期。

5. 钢材出口小幅下降

中国钢材出口大幅增加，引起的贸易摩擦也越来越频繁。截至 2014 年 11 月底，共计 11 个国家和地区对我国钢铁产品发起"双反"60 起，较 2013 年增长 200%，从欧美发达国家逐渐转移至亚洲、非洲、拉美等发展中国家，范围逐步扩大。

2015 年 1 月 1 日，国家正式取消含硼钢出口退税，对我国钢铁出口形成利空，4 成钢材出口受冲击。预计 2015 年我国钢材出口量会小幅下降至 8500 万吨左右。

6. 银行对涉钢企业抽贷将持续，融资难题很难突破

据有关资料介绍：目前，我国钢铁企业负债约 3 万亿元，其中一半是银行贷款，2014 年银行至少抽贷 2000 亿元。银行对钢贸企业抽贷步伐更快，导致钢贸企业很难从银行贷款。

同时，银行"骗还"花样层出不穷，导致大批规范运营的大中型钢铁流通企业面临资金链断裂和企业倒闭的严重危险。

不仅如此，融资贵也是钢铁行业的又一大特点，贷款利率的提升使得钢铁企业财务费用大幅提高。融资难、融资贵问题在新的一年也无法得到有效解决。

银行抽贷也许是压垮钢铁企业和流通企业的最后一根稻草。

7. 行业诚信危机愈演愈烈

由部分不诚信钢贸企业"重复质押"、抽逃银行资金、联保互保等引发的钢铁行业诚信危机，目前已由华东地区向华南、华北、东北、华中和西部地区扩散，不少规范经营的钢厂和贸易商也深陷其中不能自拔。

进入新的一年，这些问题将会越来越多地暴露出来，不断加剧钢铁行业诚信危机。

8. 行业亏损局面将持续

由于产能过剩、需求减缓、钢价低迷、融资成本高、无序竞争、产品结构不合理等问题的存在，使全行业盈利能力不断弱化。虽然去年部分钢厂因铁矿石和焦炭等价格下跌而侥幸盈利，但在"钢材卖出白菜价"的大环境下，全行业缺少利润增长的支撑点。2015 年，我国钢铁行业仍将延续亏损或微利状态。

9. 社会去库存化将成为趋势，市场蓄水池功能将失去

下游需求不振、融资难、融资贵、钢材价格一路低迷，加剧了钢材库存的风险。近年来，做长产业链、做短供应链已经成为钢贸企业规避风险、转型升级的普遍做法，钢贸商不敢、不愿、也不能再去囤货，造成钢材社会库存大幅下降，蓄水池和融资的功能在退化。2014 年，连续 39 周超长去库存周期，就充分说明了这些。

库存压力由市场向钢厂内部转移。2014 年，我国重点钢企内部库存均高于去年同期水平，钢厂之间竞争加剧。

10. 行业洗牌速度将加剧

产能过剩矛盾突出、下游需求低迷不振、银行抽贷危机加剧、企业遭遇资金瓶颈、钢材价格持续走低、行业诚信危机漫延、新《环境保护法》重拳出击 ……所有这些因素，都加剧了行业的洗牌速度。山西海鑫钢铁集团破产重组只是其中的一个典型。

未来将会有更多的钢铁企业和流通企业被淘汰，初步估计钢铁流通企业淘汰的比例整体将超过一半甚至更多。

11. 企业转型升级步伐在加速

2014 年，钢铁行业转型升级的最显著标志就是钢铁电商热，目前，有 170 多家钢铁电商平台。进入新的一年，以钢铁电商为主要标志的企业转型升级新模式将会越来越多，转型步伐在加快。有实力、有思想、有眼光的企业，将会在危机中寻找新的机遇，实现新的突破，顺利实现由贸易商向服务商的成功转变，成为"乱世之英豪"。

12. 行业标准化建设和信用体系建设是大势所趋

十八大提出的"让市场在资源支配中起决定作用"的思路，突出了市场和企业在经济活动中的主体地位。但长期以来我国企业形成的管理落后、信誉缺失等问题，将会成为市场经济发展的拦路虎。因此，标准化建设和信用体系建设已经成为我国深化改革、政府简政放权和企业规范发展的重中之重，已经人所共知、大势所趋。

四、钢铁流通行业发展战略与政策建议

1. 标准化建设，重在贯标推广

多年来，商务部等国家有关部门非常重视行业标准建设工作，每年都出台大量的行业或国家标准，这在一定程度上为行业标准化建设奠定了良好的基础。但令人遗憾的是：很多标准出台之后没有后续的贯标工作，没有人采用，导致大量标准闲置。标准不在多，而在于精，在于实用。因此，建议每个行业选取一个影响力大、比较实用的标准作为试点进行贯标，就像《钢铁流通企业经营管理分级评定》标准贯标一样，真正通过贯标积累经验，制定出更加有效、有用的标准，使每一项标准都能够发挥作用。

2. 加强生产资料加工技术和服务标准化建设

生产资料流通行业中，加工配送是非常重要的环节。近年来，很多协会制定了大量的管理型标准，但加工技术和服务类的标准较少。加工配送是生产环节还是物流环节，很多人都拿不准，包括一些标准立项审定专家。这就造成了生产资料加工技术和服务标准立项难，建议加强这方面的工作。

3. 解决融资难是生产资料流通的重中之重

作为大宗商品，生产资料流通需要大量的资金为依托。但由于流通环节缺少固定资产作抵押，因此，融资难已经成为行业发展的瓶颈。解决融资难，需要政府出面协调，行业协会组织跟进服务和把关，依托相关标准对企业进行甄别，为规范企业、诚信企业做好融资服务。

4. 建立健全体制机制，充分发挥行业组织在生产资料流通工作中的作用

国家有关部门在与行业协会合作方面，缺少与市场需求相适应的体制机制，不知如何有效利用行业协会，或者是惯性使然，在研究和制定相关行业政策时，往往忽略行业协会的参与。而行业协会恰恰是最了解行业、最了解企业的组织，也是愿意并能够为政府和企业提供服务的组织。希望国家有关部门积极建立健全与行业协会合作的体制机制，在生产资料流通管理方面，

更加充分发挥行业协会的作用。

　　行业危机对于企业来说是困境，是严冬，但我们要主动出击，在"危局"中发现"机遇"，主动变革，变者生存，适者生存。只要我们认清形势，找出差距，树立信心，苦练内功，积极转变发展方式和经营模式，我们一定能够走出低谷，走向春天，走向更加美好的明天！

（中国金属材料流通协会　陈雷鸣　陈淑芝）

2014—2015 年建筑材料流通回顾与展望

2014 年中国国内生产总值 636463 亿元，按可比价格计算比上年增长 7.4%，创24 年来新低，为改革开放以来所罕有。经济增速放缓，国民经济步入了经济新常态，由高速增长转向中高速增长。在这样的大背景下，全国建材流通行业同样也经历了矛盾凸显、战略转型的关键一年，在产能严重过剩、市场需求不旺、下行压力加大的严峻形势下，在党中央坚持稳中求进的工作总基调及全面深化改革的政策引领下，努力克服各种困难，全行业经济运行总体保持了"稳中有进"、发展质量继续向好的局面。

一、2014 年建材流通发展回顾

目前我国建材流通行业的相关产品有着双重属性，一是纯生产资料属性，主要以建筑类钢材（螺纹钢、线材）、水泥、玻璃、玻璃纤维、陶瓷、石材、砖、砂石及新材料等为主；二是具有一定生活资料属性，主要以陶瓷、地板、涂料、装饰装修材料及家居产品为主。

从生产资料来看，2014 年我国建材工业总体表现平稳增长，增长速度滑入中档区间。规模以上建材工业实现主营业务收入 4.8 万亿元，同比增长 9.7%，增速同比回落 6.2 个百分点，是 2002 年以来增速最低的一年；同时，2014 年建材工业利润增幅收窄，盈利水平下降，全年规模以上建材工业实现利润总额 3356 亿元，同比增长 4.9%。而从生活资料方面看，其流通规模主要体现在建材家居卖场上，2014 年全国规模以上建材家居卖场销售总额为 12062 亿元，同比下降 3.70%，全国建材家居行业景气度全年基本处于 2013 年之下。

（一）2014 年建材产品流通发展回顾

1. 水泥行业发展呈现新格局

水泥的需求是我国基本建设发展的晴雨表，基本建设的稳步增长支撑了水泥的需求。2014 年，与水泥密切相关的固定资产投资增速从 2013 年的 19.9% 下滑至 15.8%，为 13 年来的最低水平；2014 年，全国房地产开发投资

95036 亿元，比 2013 年名义增长 10.5%（扣除价格因素实际增长 9.9%），比 2013 年回落 9.3 个百分点；依靠基建投资保持稳定的 20% 以上的较快增长，水泥产业需求总体稳定。全年通过有效化解产能过剩，以两个遏制和推进节能减排为抓手，全行业经济效益保持良好。2014 年全国水泥产量仅比上年增长 1.8%，是 24 年来增速最低的一年；全行业实现销售收入 9792.11 亿元，比 2013 年增长 0.92%；实现利润总额 780 亿元，同比增长 1.4%，为仅次于 2011 年的历史第二高位。占建材行业实现利润总额的 23.2%，份额最大。

（1）水泥产量增速放缓，行业利润"前高后低"

2014 年全国规模以上水泥产量 247619 万吨，同比增长 1.8%，增速比 2013 年下降 7.8 个百分点，是 1990 年以来水泥产量最低增长率。其中西藏、贵州、广东水泥产量同比增速居全国前三，分别为 15.70%、15.48% 和 12.77%；北京、河北水泥产量同比跌幅居前，分别较 2013 年下跌 18.84% 和 15.14%，另有黑龙江、上海、新疆等其他十三个省份水泥产量也较 2013 年均有不同程度下降（见图 1 和表 1）。

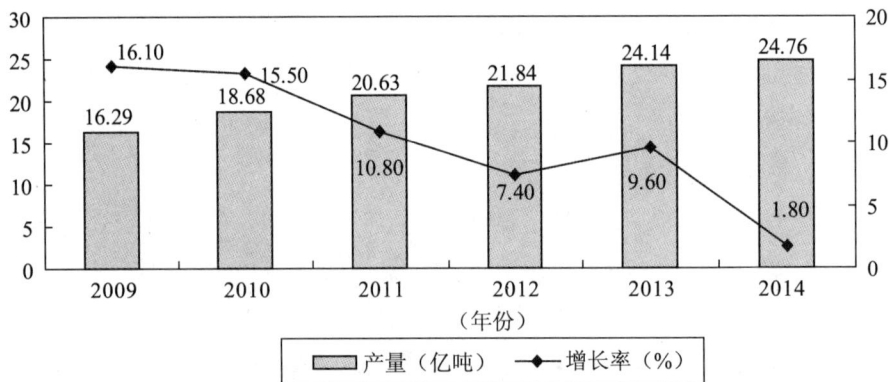

图1　2009—2014 年水泥产量及增长率

表1　　　　　　　　　2014 年全国水泥产量分省市统计

地区	全年产量（万吨）	同比增长（%）
全国	247619.36	1.77
北京	703.10	− 18.84
天津	957.93	− 1.02
河北	10625.46	− 15.14
山西	4537.92	− 7.71

地区	全年产量（万吨）	同比增长（%）
内蒙古	6268.33	−2.02
辽宁	5790.65	−4.24
吉林	4663.70	1.54
黑龙江	3672.08	−9.15
上海	685.97	−8.71
江苏	19402.59	3.66
浙江	12367.51	−0.5
安徽	12913.10	1.61
福建	7732.33	−1.37
江西	9803.57	6.32
山东	16406.03	−0.77
河南	16975.34	1.66
湖北	11669.93	3.12
湖南	12004.64	5.75
广东	14737.37	12.77
广西	10645.77	−0.04
海南	2151.65	8.3
重庆	6666.61	9.44
四川	14580.97	4.87
贵州	9386.89	15.48
云南	9492.64	4.06
西藏	342.25	15.7
陕西	9083.49	5.19
甘肃	4925.52	9.91
青海	1843.66	−1.93
宁夏	1777.93	−6.13
新疆	4804.43	−8.66

从全国各区域来看，东北与华北地区出现减产，分别同比负增长 2.82%、10.87%，降幅超过 2012 年，东北主要是受辽宁及黑龙江产量负增长的拖累，华北水泥产量受区域大气污染整治及淘汰落后产能的影响较大（见图 2）。华东、中南、西南及西北地区水泥产量持续增长，但年内增速已显著减缓，分别降至 3.47%、4.62%、7.94%、3.39%。其中，西北降幅最大，超过 16 个百分点，区域内青海、宁夏及新疆需求疲软，产量增速均由 2013 年的 20% 及以上水平降至负增长，新疆更是从 11 月全国首推错峰生产。华东近五年产量增速均为个位数，但 2014 年增速是继 2008 年负增长之后的最低水平，仅 3.47%，区域内各省水泥产量出现全面滑坡，浙江、福建、山东更是负增长。中南及西南水泥产量增速在 2013 年短暂回升至 10% 以上之后，再次跌落至个位数，为 2008 年之后的第二次。其中，广东为中南地区产量增长唯一表现强劲的地区，为 12.77%，增速略低于 2013 年的 13.42%，而广西为中南地区产量唯一负增长的地区，同比下降 −0.04%；西南的云南产量增速同比下降 9.6 个百分点至 4.06%，为 2000 年以来的最低水平，重庆及贵州两地的水泥产量表现温和增长。

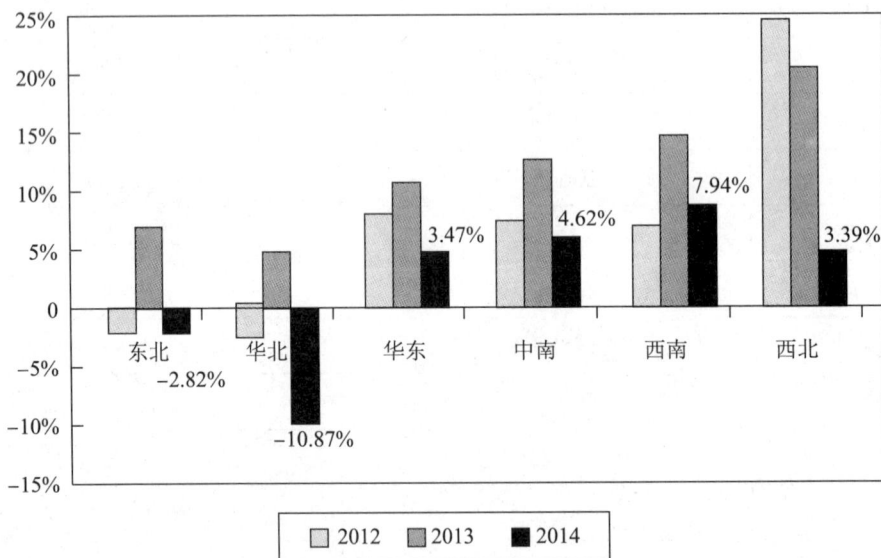

图 2　2014 年东北、华北产量再现负增长，西北增速大幅减缓

从价格层面来看，2014 年全年水泥价格高开低走，回弹乏力。以中国水泥网信息中心监测的数据显示，全年全国 P.O42.5 散装水泥平均市场价格为 323 元/吨，仅略低于 2013 年的 325 元/吨，但月度价格走势表现为前高后低，

恰好与 2013 年走势相反，与 2012 年走势相似。前三季度水泥价格由 352 元/吨的高位步步下挫，降至 9 月 303 元/吨的最低位，跌幅近 14%，在四季度的 10 月、11 月行情现弱势反弹，但总体涨幅不超过 3%，在 12 月又早早地出现向下回调，使得整个四季度行情涨势表现黯淡。

从行业利润上看，2014 年上半年水泥价格受益于 2013 年年末的价格高位基点，加上煤炭价格下降、其他原材料价格也未上涨，成本维持低位，行业利润取得开门红，而转入下半年市场需求不济的效应进一步扩大，水泥价格高位跌落，之后难有良好反弹表现，行业利润增速大幅度减缓，利润同比增长整体表现出"前高后低"的特点。且利润表现为区域各异，东边日出西边雨，总体呈现"南好北差"的区域特点。销售利润率是最能反映区域盈利能力的指标之一，在六大区域中，中南地区利润率最高，达到了 0.24%，其中，海南、广西、广东分别达到 19%、18% 和 12% 的较高水平。华东表现尚可也超过了全国，达到 9.7%，其中，安徽 13%，江西 11%，浙江 10%，均实现了 2 位数。表现最差的是华北地区，利润率仅为 0.09%。

（2）遏制新增产能继续有效推进

2014 年全国水泥行业在遏制新增产能方面都是工作力度最大的一年，并且取得了明显的成效。继 2013 年新增水泥熟料生产线比 2012 年减少 41 条后，2014 年又减少了 17 条，共计减少 58 条新增熟料生产线。全年淘汰落后产能 8100 万吨，数据大大超过了国务院总理李克强在 2014 年全国人大会议上作政府工作报告上给出的淘汰落后产能 4200 万吨的任务。

2014 年度全国新增 56 条新型干法熟料生产线，累计新增熟料产能 7254 万吨，较 2013 年全年新增的 8906.3 万吨减少 1600 多万吨（见图 3）。从新增产能的区域上来看，西南地区为投产高地，23 条生产线累计超过 2700 万吨在该地区释放，较上年高出 840 余万吨，主要集中分布在云南、贵州两地；华东地区新增量与上年相当，但与上年安徽、山东投产较多不同的是，年内江西新增产能较大；东北、华北、中南及西北地区的新增产能较上年均有所减少，尤其是西北下降超过 1000 万吨之多。从具体省份新增产能来看，贵州、云南、江西为 2014 年新增产能的前三位，分别新增 1236.9 万吨、837 万吨和 728.5 万吨（见图 4）。

1.95亿吨   2.5亿吨   2.02亿吨   1.6亿吨   0.88亿吨   0.73亿吨

| 2009年 | 2010年 | 2011年 | 2012年 | 2013年 | 2014年 |
| 176条 | 211条 | 166条 | 124条 | 72条 | 56条 |

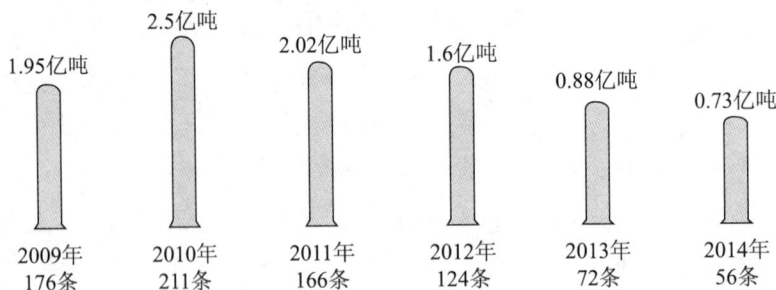

图3　2009—2014年全国新增熟料生产线及新增熟料产能

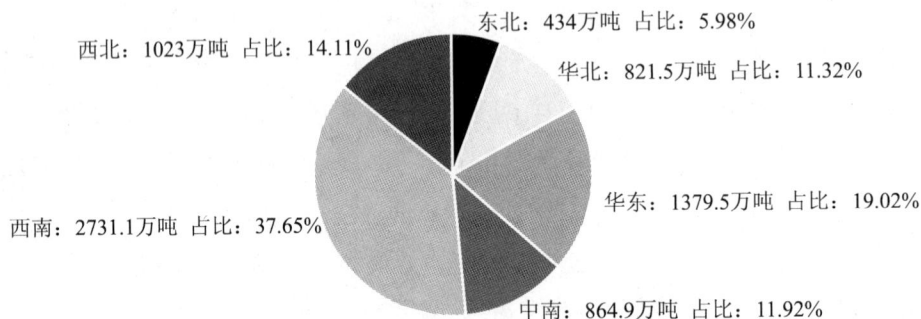

东北：434万吨　占比：5.98%
西北：1023万吨　占比：14.11%
华北：821.5万吨　占比：11.32%
华东：1379.5万吨　占比：19.02%
西南：2731.1万吨　占比：37.65%
中南：864.9万吨　占比：11.92%

图4　2014年各区域新增产能情况

（3）混凝土与水泥制品后来居上

根据国家统计局数据预计，2014年规模以上水泥制造业销售收入接近1万亿元，规模以上混凝土与水泥制品业销售收入超过1万亿元（见图5），混凝土与水泥制品业销售额超过规模以上水泥制造业，成为建材工业最大产业。而2000年规模以上混凝土与水泥制品业企业数量1757家，销售额只是同年规模以上水泥制造业销售额的27.6%。无疑是我国国民经济发展进入新常态以后，我国水泥工业结构调整和产业链延伸、建材工业乃至工业产业结构调整的一个突出亮点。

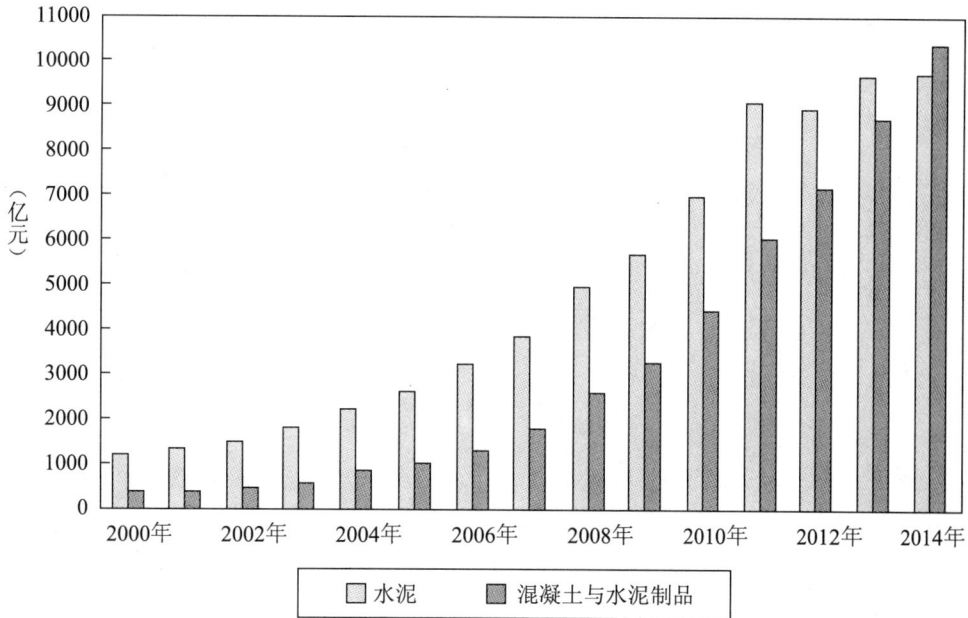

图 5　规模以上水泥制造业、混凝土与水泥制品业销售收入对比

据国家统计局数据显示，2014 年全国商品混凝土产量为 15.54 亿立方米，同比增长 11.39%，增速较 2013 年下降 11.1 个百分点；与商品混凝土产量不同，混凝土与水泥制品产量有升有降，除预应力混凝土桩出现产量同比下降以外，水泥混凝土压力管、水泥混凝土排水管及水泥混凝土电杆产量增速均由 2013 年的负值转为正值，其中水泥混凝土压力管出现 20.94% 的较大增幅（见表 2）。

表 2　　　　　　　　　　　水泥混凝土制品累计产量及同比增速

水泥混凝土制品	累计产量	累计同比（%）
水泥混凝土排水管（千米）	78616.82	4.71
水泥混凝土压力管（千米）	20763.7	20.94
水泥混凝土电杆（根）	13660279	8.26
预应力混凝土桩（千米）	331336.04	-2.25

在规模以上建材工业中，混凝土与水泥制品业体量最大，在 2014 年建材工业 10% 左右的增长率中，混凝土与水泥制品业的增长贡献了约 3 个百分点。这标志着建材工业延伸传统工业产业链，发展低能耗加工制品业，新型工业

化进程进入新阶段。

2. 玻璃行业形势依然严峻

中国平板玻璃产量持续 20 来占据年世界第一大水平，但中低端产品占 70%，深加工率占 30% 的比例。特种高端玻璃进口还占很大的比例，这种产品结构限制了其应用领域的扩展，被动的依赖单一行业。目前玻璃行业的需求结构变化不大，仍是以房地产建筑装饰装修为主，汽车和出口所占比例基本没有变化。2014 年，受下游房地产等行业对玻璃的需求减量过多和新增产能的冲击，玻璃行业全年整体表现为：价格走势低于预期，新增产能继续增加，区域间竞争加剧，酝酿新一轮整合行情。

2014 年全国房地产行业各个指标均有不同程度的降低。房地产投资增速、新开工情况持续下滑。低迷的房地产行业直接导致了 2014 年玻璃市场需求增速下滑，加上新增产能所带来的压力，2014 年玻璃行业形势十分严峻。据国家统计局数据显示，22% 企业处于亏损状态，亏损额超过了 37 亿元，增长 67%。

2014 年共生产平板玻璃 79262 万箱，同比增长 1.1%，增速比 2013 年下降了 10.1 个百分点（见图 6 和表 3）；完成主营业务收入 2404 亿元，同比增长 7.5%；规模以上企业实现利润 135.6 亿元，同比减少 15.2%。另外，低耗能低排放加工产品产量保持较快增速，2014 年全年生产钢化玻璃 4.2 亿平方米，同比增长 15.1%。这说明"两个遏制"开始取得成效，行业结构调整和转型升级已然起步。

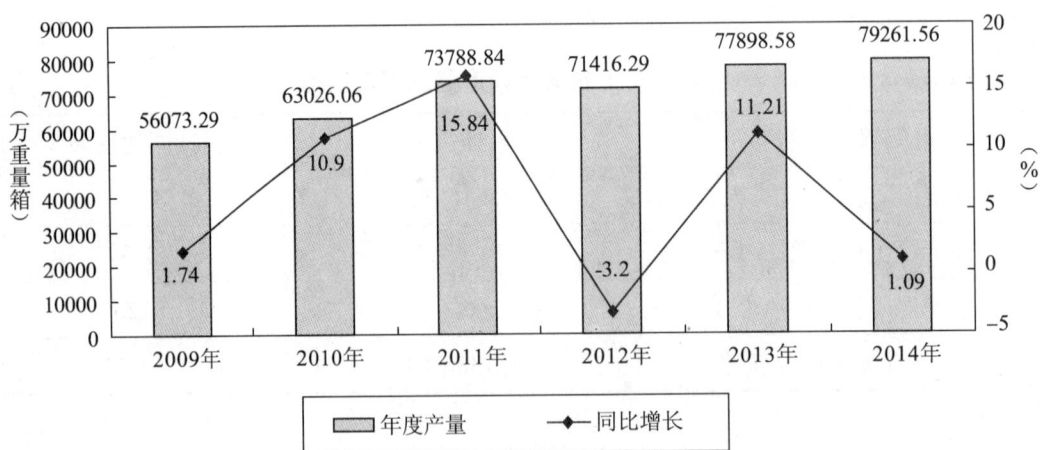

图6 2009—2014 年中国平板玻璃产量及增长率统计

表3　　　　　　　　　　2014 年全国平板玻璃产量分省市统计

地区	产量（万重量箱）	同比增长（%）
全国	79261.56	1.09
北京	40.88	28.99
天津	3284.67	48.43
河北	12292.63	−2.43
山西	1758.91	−14.83
内蒙古	629.31	20.64
辽宁	2529.81	−16.11
吉林	1190.46	226.69
黑龙江	415.50	−0.11
上海	—	—
江苏	5833.94	−3.76
浙江	3978.01	5.22
安徽	2544.96	−15.25
福建	5241.35	11.5
江西	512.98	−22.63
山东	7618.58	−4.1
河南	1455.97	28.6
湖北	9051.13	11.02
湖南	1208.22	−33.05
广东	8189.19	−4.63
广西	623.00	−2.37
海南	—	—
重庆	1460.25	−17.99
四川	3422.65	−14.79
贵州	603.92	65.6
云南	1082.35	8.56
西藏	—	—

续　表

地区	产量（万重量箱）	同比增长（%）
陕西	2283.01	24.22
甘肃	538.32	−10.29
青海	801.46	18.4
宁夏	—	—
新疆	670.10	53.79

　　纯碱作为上游原料端，均价在 2014 年总体呈现先升后降格局，价格较 2013 年小幅回升，在 2014 年全年销售整体不佳的情况下，原料价格上涨，玻璃厂的利润下降，全年行业利润为 15 亿元，下降 64.8%，平板玻璃产销率 96%，同比下降 2 个百分点。

　　抑制产能方面，自 2006 年，国家多个部委多次发文遏制玻璃行业的产能过剩问题，但效果并不明显。平板玻璃 2014 年新增浮法玻璃生产线减少 5 条，减少平板玻璃生产能力 1784 万重量箱，关停产能与新增产能相抵，平板玻璃生产能力增长基本停滞，产能利用率仅为 73.1%，为 2008 年以来最低。同时 12 月末，平板玻璃库存 4658 万重量箱，增长 8%，企业库存仍处于高位。可见，盲目新增产能势头有所减缓，但尚未真正遏制住。突出表现为：在建、复产仍然不断，产能过剩问题仍在持续；对已建成违规项目和在建生产线清理与处置乏力；一些违规在建项目未按国发 41 号文要求停建；列入淘汰目录的生产线仍未淘汰完毕，现有淘汰平板玻璃的标准较低，不利于进一步化解过剩产能。2014 年 9 月工信部发布的《平板玻璃行业准入条件（2014 年本）》中提出 "2017 年年底前，严禁建设新增平板玻璃产能的项目"。但文件效果最少到 2015 年中期才能显现。

　　综上所述，2014 年全年平板玻璃行业经济运行质量仍然处于较低水平，全面回升的基础仍非常脆弱。

　　3. 陶瓷行业运行总体平稳

　　2014 年我国建筑陶瓷和卫生洁具行业运行形势总体平稳，全年各地销售市场呈现 "前高后低，逐季回落" 的运行态势；多数建陶生产企业效益明显不如 2013 年，主要产品的产量稳步增长（个位数）；延续 10 多年 "出口高于内需增速" 态势出现逆转，中国产品在国际市场上性价比高的优势逐步削弱；节能减排环保治理的压力更大；市场需求减少和产能供给 "骤升" 导致产销失衡的矛盾突出;部分中小企业因资金链问题经营遭遇困难;行业"调结构、促升级"步伐加快;房地产发展回归常态,市场需求预期降温;优秀品牌和创新产品才能得到市场认可。

根据对全国 2724 家规模以上建筑陶瓷和卫生洁具企业统计,2014 年主营业务收入 6590 亿元,增长 10.19%,比 2013 年回落 7.12 个百分点,其中,1407 家建筑陶瓷企业营收 4255 亿元,增长 12.06%,回落 5.37 个百分点;310 家规模以上卫生陶瓷企业营收 572 亿元,增长 16.53%,回落 3.92 个百分点;971 家五金卫浴企业主营业务收入 1605 亿元,增长 4.24%,回落 11.83 个百分点;主要产品产量均有不同程度的增长,其中,陶瓷砖产量 2014 年首次突破百亿,达到 102.3 亿平方米,增长 5.57%;卫生陶瓷产量为 1.96 亿件,增长约 7.3%;各类建筑陶瓷与卫生洁具产品出口金额超过 193 亿美元,增长 8.0%,回落 14.82 个百分点。

随着房地产业发展步入新常态,建筑陶瓷与卫生洁具企业不同程度都遭遇到市场需求不足、产能供给过大,库存增加、拖欠严重,融资难、融资贵,环保压力和技改投入加大,劳资成本快速增加,企业盈利能力减弱、经营陷入困难等问题。2014 年春节过后各地陶瓷及卫浴市场需求延续 2013 年销售形势旺盛的好势头,进入下半年后全国各地无论是一二线城市还是是三四线市场都呈现出需求快速萎缩的行情,工程市场销售下滑幅度大于零售市场,进入三季度后部分陶瓷砖生产企业开始关停生产线以减轻库存压力。全国卫生洁具市场总体供需基本趋于平衡,陶瓷洁具类生产企业的产销形势好于五金洁具类生产企业。2014 年行业总体稳中有进但经济效益大幅度下滑,全行业规模以上企业实现利润 422.6 亿元,同比下降 0.68%,全行业平均利润率为 7.25%,下降 0.84 个百分点。其中,建筑陶瓷企业利润下降 0.03%(2013 年增长 24.55%),平均利润率为 6.74%,比 2013 年下降 0.86%;卫生陶瓷企业利润增长 18.74%(2013 年增长 13.67%),平均利润率为 7.76%,提高 0.06%;五金洁具企业利润下降 4.94%(2013 年增长 19.17%),平均利润率为 5.70%,比 2013 年下降 0.52%;2014 年行业效益数据相当难看(进入新世纪后最差的数据)一方面是因为市场竞争过于激烈销售利润确实不高,另一方面也是缘于 2013 年行业整体效益较好利润基数较高。

2014 年企业经营环境恶化,企业数亏损额大幅度增加,全行业企业亏损面为 6.61%,亏损额增长 46.81%,其中,建筑陶瓷亏损企业数量增加 27.1%,亏损额增加 32.06%;卫生陶瓷企业亏损数量减少 12.0%,但亏损额增长 28.16%;五金洁具企业亏损数量减少 17.8%,亏损额却增长 88.56%。

随着企业为转型升级做出的投入、节能减排要求提高增加的技术改造、劳动力成本攀升、管理费用增加等因素，2014年企业运营成本继续大幅度攀升，全行业主营业务成本平均增长11.7%，其中，建筑陶瓷企业提高13.6%，卫生陶瓷企业达到16.9%，五金洁具企业为5.3%。

2014年全国陶瓷砖产量102.3亿平方米，增长5.57%，增幅略低于2013年。在重要建陶产区中，广东、江西和四川产量有不同程度增长，福建、山东和辽宁等地产量小幅度下降；广西、陕西、河南等新兴产区产量增幅在两位数以上，其中，广西和陕西产量增长超过30%；内蒙古、重庆、宁夏、甘肃、新疆、湖北等地的建筑陶瓷产量出现不同幅度的下降，其中内蒙古、重庆、宁夏等降幅超过20%。

2014年全国卫生陶瓷制品累计生产1.96亿件，同比增长7.33%，增速比2013年回升4.34个百分点。2014年我国卫生陶瓷产量前三位的地区依然是河南、广东、河北。其中河南产量居全国首位，累计生产0.70亿件（同比增长27.47%），占全国卫生陶瓷产量（下同）的35.76%，与2013年同期相比，占比提高了7.93个百分点；广东累计0.53亿件（同比下降3.24%），占26.84%；河北累计0.24亿件（同比下降5.35%），占12.16%。从增速看，湖南、河南卫生陶瓷产量同比达到25%以上，领先于其他地区。出现负增长的有5个地区，分别是重庆、福建、河北、广西、广东。

从国内外市场来看，进入21世纪后"出口增速超过内需增长"的态势出现逆转。2014年欧美日等发达国家经济复苏缓慢，中国产品逐步丧失低价优势，我国建筑陶瓷与卫生洁具行业的出口增长呈现疲弱态势，建筑陶瓷类产品出口86.9亿美元，增长2.51%，回落24.14个百分点；卫生洁具类产品出口102.6亿美元，增长14.72%，回落5.08个百分点；陶瓷类产品出口增长13.75%，而五金塑料洁具产品出口不仅没有增长，反而略有下降。塑料浴缸、淋浴房、水箱及配件、陶瓷砖四类产品的出口有不同幅度的下降，卫生陶瓷、水嘴、陶瓷色釉料和其他建筑陶瓷产品出口额均创历史新高，其中卫生陶瓷产品出口量和出口额大幅度提高。

陶瓷砖是各类产品中出口额最多的产品，2014年共出口陶瓷砖约11.3亿平方米，同比下降2.0%，出口额78.1亿美元，同比减少1.0%，平均单价为6.93美元/平方米，比2013年提高0.7%。2014年全国出口卫生陶瓷约7680万件，同比增长26.1%，出口额32.05亿美元，增长61.2%，平均单价为41.72美元/件，提高27.82%。2014年由于美国经济复苏加快和美元走强，部分热钱撤离中国，前两年曾经出现过的利用陶瓷及卫浴产品出口贸易进行套利，导致外贸出口数据短期内高启偏离正常水平的现象似乎消失了。

面对"新常态"，2014 年"调整战略、重新布局、加速创新、升级换代"成为建筑陶瓷与卫生洁具企业的重要工作。为了适应市场的新变化，许多企业加大了研发创新投入，加快产品升级换代步伐，特别值得一提的是 2014 年陶瓷砖干法制粉成型技术取得突破性进展，国产技术装备在陶瓷砖和陶瓷瓦生产线上开始实际应用；许多企业在减员增效、提高劳动生产率和新技术应用方面大幅度增加投入。

2014 年全国各地各级政府加大了节能减排和环境治理工作的执行力度，福建泉州地区建筑陶瓷企业大部分完成了清洁能源的改造工程；山东淄博地区根据"淘汰一批、改造一批、提升一批"的政策规划，淘汰了 1/4 的建陶产能。在中国经济进入"新常态"的发展阶段，面对行业结构调整转型升级的严峻挑战，过剩产能与市场需求萎缩的矛盾现实，多数企业对未来的发展持谨慎观望的态度，对于企业投资扩张保持更清醒的认识。企业已经意识到仅仅靠低价竞争扩大市场份额的时代已经过去，必须采取各种措施提高品牌知名度和附加值、增加市场销售网络、加快产品和技术创新步伐，才能使企业活得更久、走的更远。

（二）2014 年建材家居市场发展回顾

全国建材家居市场是建材流通行业的主力军。其发展情况由商务部与中国建筑材料流通协会发布的"全国建材家居景气指数（BHI）"可以充分反映。

2014 年"新常态"下的经济环境助养着我国的建材流通业发生了更加深刻而又复杂的变化。宏观调控政策带来的不定变数，行业产能过剩和转型升级带来的难题和困惑，深化改革暗涌下建材流通企业的执着坚守，这些都让 2014 年的建材流通业表现的特别"韧性"。现将我国建材家居市场 2014 年的运行做一回顾。

纵观 2014 年全国建材家居市场总体走势较弱，全年景气度基本处于 2013 年之下。由商务部流通业发展司、中国建筑材料流通协会共同发布的全国建材家居景气指数（BHI）12 月数据为 105.86，环比下降 1.25 点，同比上升 4.00 点。全国规模以上建材家居卖场 12 月销售额为 1092.7 亿元，环比下降 0.18%，同比下降 0.18%。2014 全年累计销售额为 12062.1 亿元，同比下降 3.70%（见图 7 和表 4）。

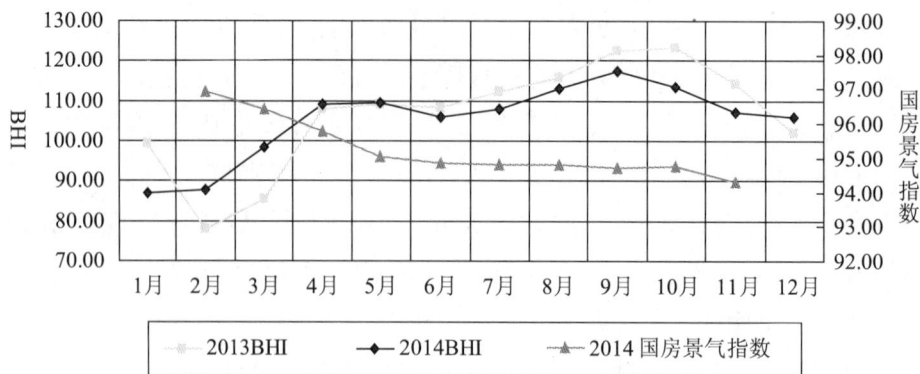

图7　2013—2014 年全国建材家居景气指数（BHI）与 2014 年国房景气指数对比图

表4　　　　　　　　　　2014 年 12 月 BHI 及其各项分指数数据分析

	BHI 分类数据	环比（点）	同比（点）
BHI	105.86	−1.25	4.00
BHI 分指数：			
人气指数	79.63	−7.46	−6.89
经理人信心指数	109.34	−17.38	38.65
购买力指数	124.75	10.49	9.73
销售能力指数	99.21	−0.17	−0.17
就业率指数	245.03	−1.59	−14.26
出租率指数	100.22	−0.04	0.95

　　首先从上游全国房地产市场走势分析，全国房地产市场在 2013 年达到顶峰之后，2014 年 2 月出现拐点。由国家统计局发布的国房景气指数从 2 月起逐月下滑，6 月开始下滑的幅度显然大幅缩小，7 月、8 月、9 月基本平稳，到 10 月受房贷新政、降息等宽松政策的影响，国房指数小幅提升 0.04，11 月仍然跌至历史最低点。全国房地产开发投资增速显著放缓，从 1—2 月的 19.3%，下降至 1—11 月的 11.9%；春节过后房价首现同环比"双收窄"，据国家统计局发布的 70 大中城市房价数据显示，环比上涨城市数量已从年初的 64 个下降至 11 月的无一上涨。这些均显示着 2014 年全国房地产市场整体低迷，开始进入市场调整期。作为下游的建材家居流通行业与房地产市场既息息相关又存在一定程度的滞后性，2014 年 BHI 全年走势与全国房地产市场走向基本相似，全年累计销售额同比下降 3.70%，全国建材家居市场整体低迷

于2013年。

从图7中可以看出，全年BHI最低点均为传统春节所在月份，这跟全国建材家居卖场春节放假歇业有关，而这也导致一季度2013年BHI走向较2014年起伏较大。二季度起BHI走势明显处于2013年之下，直至12月出现小幅反超。2015年春节较2014年晚将近50天，全国建材家居市场有充裕的时间发力于岁末的最后一轮促销热潮（圣诞、元旦节），加之受到全年房地产市场低迷的影响，压抑的房地产刚性需求终在岁末出现些微释放，最终导致在传统淡季影响下，12月BHI降幅收窄并能够反超2013年12月。虽然整体不如2013年，但也应该看到，2014年全年BHI走势相对平缓，国房指数走势趋向与BHI开始一致，说明房地产泡沫没有再增加，而因存量房产再次装修需求的比例却再增加，当房地产行业下跌到一定程度的时候，建材家居行业的下跌会止住。

虽然与房地产行业息息相关，但建材家居行业的景气程度也有自身的特点。我们知道在欧美国家，建材家居行业的推动很大程度上来源于存量房产的再次装修。国内房地产急速发展之后，大量消费群体会选择在存量房产的基础上进行装修，这部分市场一旦激活，市场容量巨大。同时，当下国内的"80后"、"90后"已经开始购房、装修并将逐渐成为行业消费的主要力量，只要选择了适合新型消费群体习惯和生活方式的经营和服务方式，行业仍会持续发展，并保持一定的稳定性。

我国目前建材家居市场大多数处于大而全的摊位租赁模式，标榜的是"一站式"采购，但随着房地产发展的变化，更多的"精装修房"、"全装修房"会逐渐替代"毛坯房"，消费者的装修模式及材料的采购方式也会随之变化，更年轻的一代消费者通过互联网进行采购的习惯也已形成，这就呼唤市场要适应这些变化。已经有超过半数以上的企业选择通过加强运营管理和保障服务、对市场定位进行精准梳理、加强对消费者的精准传播与客源积累等方式以适应市场的变化。说明多数企业已经意识到了自身挖潜革新的重要性，在行业快速发展期，行业内部深层次的问题和矛盾被掩盖，如今行业发展趋缓，原有问题和矛盾得以显现，这也是经济发展的必然规律，波浪式前进。因此，在"新常态"下，企业的转型升级势在必行。

二、2015年建材流通展望

实际上，2012年是整个建材流通行业的转折节点，随着全国固定资产投资增速的回落，消费拉动作用逐步增强，从2012年以后建材流通行业就已经从以往的高速增长进入平缓增长期。而进入2015年，经济新常态倒逼建材流通行业必须加快转型升级的步伐，客观上也要求建材流通行业应对需求不振，加强调整产业结构，实现转型升级。同时，2015是全面深化改革的关键之年，是全面推进依法治国的开局之年，也是全面完成"十二五"规划的收官之年，同时也是"十三五"美好蓝图的展望之年，行业仍有更多的动力和发展空间。

（一）2015年建材产品流通展望

1. 水泥下行压力较大，处于转型升级转折期

2015年一季度，全国水泥市场需求弱势开局，累计生产水泥4.28亿吨，同比下降3.4%，是本世纪以来首次在一季度出现负增长的年份。水泥市场价格也呈现逐月走低态势，一季度水泥市场价格同比降幅为13.5%，创下近7年以来同期新低。预计2015年二季度随着下游市场需求量环比温和提升，企业库存压力会得到缓解，利润有望小幅回升。预计全年产量在26亿吨左右。建议行业内大企业要发挥好区域市场的主导作用，调整营销策略，减少市场低价恶性竞争，对未来市场保持谨慎乐观的态度。

随着经济下行压力加大，"稳增长"预期有望持续强化。2015年3月末，社会融资规模存量为127.52万亿元，同比增长12.9%。其中，对实体经济发放的人民币贷款余额为85.09万亿元，同比增长14.0%。而"稳增长"重任预计仍会落在基建投资上。后续随着资金逐步到位和开工率提升，水泥需求有望得到一定支撑。再加上严控、化解产能过剩、煤炭、电力价格下行导致水泥企业成本的下降等有利因素综合影响，2015年水泥市场或低位趋稳，四季度或有周期反弹，但幅度预计有限。

在当前水泥行业产能过剩和经济运行下行双重压力下，建议企业把握好转型升级的转折点，维持效益，谋求创新。

一是投资转向兼并重组。新常态下，企业应该摒弃传统粗放的以单一新增产能投资的发展方式，投资转向兼并重组，实现市场集中度的提高。市场低价倾销的地区都是集中度偏低省份。

二是投资转向海外市场。有实力的大中型水泥企业走向海外寻求发展，是企业积极适应经济发展"新常态"的必要手段。关注"一带一路"战略"走出去"的企业，战略发展目标就是使企业由国内的大中型水泥公司向国际的水泥跨国公司转型。转型的过程既是国际市场竞争力的提升，也是公司管理水平提升的过程。

三是转变企业经营策略，争当区域市场主导企业。实践证明，在产能严重过剩和市场需求增量下行期间，仅靠增加市场销量的经营策略是无法给企业带来盈利增长的。集团对子公司的业绩考核重点要放在盈利水平上、成本降低上，传统的"量本位"思维，只会对市场带来更大的伤害，企业本身盈利水平会受到持续影响。每个省份的大企业要带头发挥市场主导企业的作用，维护市场公平竞争，追求量减利增。

四是行业企业通过产业链寻求新的经济增长点，包括海螺、华新、冀东、中建材等多个水泥企业在开展砂石骨料业务，上游实现矿产资源一体化，下游实现商品混凝土产业一体化。同时，在城市垃圾、污泥、危废的协同处置等方向已经取得了良好进展，下一步都必将成为企业新的利润增长点。

五是开发特种水泥市场，淘汰低标号水泥，优化产品结构。特种水泥作为水泥行业高端细分产品，具有较大的利润空间，长期看，随着越来越多的工程对水泥个性化的要求越来越复杂，未来对特种水泥需求也将逐渐增大。例如，海工水泥、核电水泥、道路水泥等，势必吸引大企业把目光投向特种水泥，为行业企业效益增长带来空间。

2. 玻璃行业形势依然严峻，机遇与挑战并存

2015 年，玻璃行业依然面临严峻的形势，机遇与挑战并存。从宏观方面来说，一方面由于国民经济发展步入新常态，经济下行的压力仍然较大。主要靠投资拉动的市场需求增长将非常有限，资源能源和环境约束倒逼行业转变发展方式，产能过剩制约发展质量效益提升。另一方面随着新"四化"同步推进，城镇化和工业化良性互动，"一带一路"、京津冀一体化、长江经济带等重大战略实施，基础设施建设投入加大，各项改革措施红利的释放，为玻璃行业创造了一定发展空间。

从需求看，作为玻璃行业最主要的市场，房地产下行的负面影响持续扩大。当前房地产周期仍处于下行阶段，尽管当前许多城市已经放松了限购，宽松的货币政策也有利于房地产行业，但房地产的快速发展期已经过去，地产企业也同样面临着内部结构调整和转型，地产对玻璃的拉动大大减弱。虽然据住建部数据，2015 年计划新开工建设保障性安居工程 700 万套，基本建成 480 万套。同时要基本完成林区、垦区棚户区改造任务。但数量基本与2014 年持平，故保障住房和棚户区改造难以弥补商品房的减量。

从短期价格走势上看，2015 年一季度浮法玻璃综合加权平均价格 55.68元/重量箱，环比每重量箱下降 0.04 元，同比每重量箱下降 6.81 元。各地区情况差异较大，其中华北区每重量箱环比无变化，同比下降 8.32 元；东北区

每重量箱环比上升20.02元，同比上升26.59元（部分低价位玻璃停产，高价位玻璃突显，导致波动较大）。预计二季度，下游房地产施工逐步恢复，玻璃加工企业逐步开工，整体需求有望增长，加之，重油、天然气、纯碱等原材料价格相对稳定，玻璃现货价格将趋于回升。全年来看，玻璃价格向下的趋势是必然的，即便是周期性的反弹，也将是小幅度和短时间的。

从中长期看，平板玻璃市场将进入由以扩大数量、规模为主转向以追求品质和功能的转型期，从快速增长转为平稳缓长，市场增长点主要体现在传统市场需求结构的升级以及电子和太阳能等新兴市场潜力的不断释放。但玻璃行业化解产能过剩矛盾、优化存量结构调整等方面的举措刚刚起步，加之在新兴产业、新产品开发方面缺乏储备，转型步伐不快，这些因素决定行业运行质量在近期难有根本好转。

因此，2015年乃至"十三五"期间，转方式、调结构成为玻璃行业发展的主线和必然要求。必须加快推进以"中国制造2025"为导向的玻璃行业技术进步步伐；必须引导行业企业积极开展以组织结构调整为重点的产业结构优化调整步伐；必须落实节能减排有关标准、政策和法规，大力发展深加工制品和推广应用进程，提高行业的整体素质和竞争能力，为使玻璃行业在"十三五"期间真正实现转型升级奠定基础。

3. 陶瓷绿色低碳发展是唯一出路

2015年是"全面建成小康社会、推进依法治国、从严治党，深化改革"的关键之年，也是完成"十二五"规划的收官之年。而保持建筑陶瓷与卫生洁具行业持续平稳增长仍面临很多困难和挑战。以提高经济增长质量和效益为中心，实施创新驱动战略，稳中求进，开拓创新，节能减排，全面推进建筑陶瓷与卫生洁具行业持续健康发展依然是2015年行业工作的重要内容，"稳中求进、改革创新"是行业发展的主基调。行业企业必须清醒地认识到新常态伴随着新问题、新矛盾，一些潜在风险渐渐浮出水面，市场需求增长后劲不足、企业去库存压力加大；除资金、用工、土地、运输成本上升外，节能减排压力与日俱增，企业在结构调整升级如环保、技改和节能减排等方面的投入明显增加；产能过剩、无序竞争严重制约着企业的生存环境；在一些财政增收压力较大的地方还存在收过头税等加重企业负担的现象。企业经营效益持续下降，部分企业经营困难等问题将更加突出，行业增长下行的压力和风险较大。

从2013年的兴旺火热到2014年的萧瑟沉寂，2015年行业发展将继续向"新常态"回归。预计2015年国内建筑陶瓷和卫生洁具市场需求将呈现"冷热不均、不温不火"的局面。全年将延续 2014 年下半年的态势，全国整体市场需求量基本维持在 2014 年的水平，预计建筑陶瓷产量基本维持稳定；卫生洁具等主要产品可实现 5% 左右的增长，行业主营业务收入增长 10% 左右，出口总额增长 10% 以下。面对环境承载能力已经达到或接近上限、国家环保政策越来越严格的严峻现实，推动绿色低碳发展是行业可持续发展的唯一出路。新技术、新产品、新业态、新商业模式的大量涌现，对传统陶瓷卫浴产业发展方式提出了新要求。

在国内外市场需求已达到或接近"天花板"背景下，建筑卫生陶瓷行业发展必须加速从规模速度型粗放增长转向质量效率型集约增长，加快兼并重组和淘汰落后产能步伐；企业发展应从增量扩能为主转向调整存量、做优增量并存的方向调整；企业经营要由过去主要靠产量扩张和价格竞争，逐步转向质量型、差异化为主的竞争发展态势；发展思路需要由扩大规模薄利多销转向练好内功创新发展；必须通过市场竞争实现优胜劣汰，通过创新发展推动产业升级；利润增长将更多依靠人力资本质量和技术进步；创新成为企业生存和发展的重要动力。

（二）2014 年建材家居市场流通展望

建材家居行业经过惨淡的 2014 年进入 2015 年，短期上还要从上游房地产的形势来看。房地产政策方面，在国家"稳增长"的框架下，"去行政"、"市场化"、"促消费"、"降成本"等一系列利好政策将会延续，调节回归市场化，长效机制逐步建立，会在 2015 年对楼市产生明显的利好效应。由于 2014 年房地产市场量价下行，库存高企，去库存将继续成为 2015 年市场的主基调。因此，2015 年全国建材家居市场仍有走弱趋势，据商务部流通业发展司、中国建筑材料流通协会共同发布的全国建材家居景气指数（BHI）数据显示，3 月全国建材家居景气指数（BHI）为 93.25，环比上升 8.33 点，同比下降 4.98 点。全国规模以上建材家居卖场 3 月销售额为 732.4 亿元，环比上升 16.1%，同比下降 9.2%。但与之形成反差的是，存量房产再装修的比例 2015 年仍会增加，能否达到高峰还要看居民收入和居民资产收入预期的变化，可见 2015 年建材家居市场走向仍存在变数，随着市场竞争的不断升级，不可否认传统的金九银十旺季效应越来越小，建材家居卖场仍将处于转型升级所带来的阵痛之中。

同时，我国建材家居行业现已走到转型升级的关键时刻，而转型是一个战略问题。对建材家居卖场而言，当自身的盈利模式和收入结构发生变化，完成主要盈利来源从"收租金"到"卖服务"的转变，转型就算成功了。换句话说，卖场不收租金，也能盈利，转型就成功了。现在很多卖场做体验馆，能否做成能让消费者真正在里面住两天，从而完成切切实实体验的旅馆。这样的话，建材家居卖场抢的是旅馆酒店业的蛋糕，实施的是跨界竞争。但要清醒的认识到，这是一个艰难、痛苦的过程。

转型升级的过程可能很痛苦，但前途无可限量。所以，它不是简简单单地喊口号，而是一个战略问题，需要谨慎推进，需要技术支撑，从现在形势看，线上独立发展已难以为继，线上线下融合发展是今后发展方向，即线上聚客、线下销售。消费者可在网上浏览商品、下单，体验、供货及安装等线下完成。卖场可以独立运作，或者与老牌电商合作，或者相互投资，做到线上线下价格一致化。过去的转型升级是资本驱动，结构不尽合理，而现在的转型升级是由创新驱动，利用市场的手段使结构调整达到合理化，并优化资源配置。

"一带一路"国家战略的提出和实施，必将对我国经济及政治生态产生重大影响，也为我国建材家居行业带来难得机遇和巨大挑战，同时也给我国建材家居流通业带来了很多新亮点。利用好"一带一路"建设契机，既可化解产能和资本过剩问题，又可发挥我国在传统设备制造的优势，还能有效规避某些国家对我国产品的贸易壁垒和反倾销，建材家居企业或许就此真正拉开转型升级的序幕。

长期来看，建材家居企业应该坚定信心，行业发展是有前途的。应当知道，只要有人类的地方就会有建材家居，很多人说我国年轻人的人口红利在逐步消减，但是社会人口老龄化仍有很大的商机。养老地产的发展，以租代买的别墅养老，等等，都等着我们去挖掘和完善这部分市场。

此外，我们的城镇化建设仍在进行，城镇化的体量和引发的产品需求仍然巨大，行业的发展还是大有前途的。最后，我国房地产存量非常庞大，再装修的潜力无穷，这是建材家居市场存在的根本，谁把这一块做好，谁就能立于不败之地。

（中国建筑材料流通协会　秦占学　尹月晓）

2014—2015 年木材与木制品流通回顾与展望

2014 年，面对错综复杂的国内外形势，我国政府保持定力，准确把握大势，坚持稳中求进的工作总基调，把改革创新贯穿工作各环节，科学统筹稳增长、促改革、调结构、惠民生、防风险，注重关键领域和薄弱环节的定向调控。经过国家进一步深化改革，中国经济发展进入新常态，社会组织管理制度进行了较大调整，未来社会组织将朝着市场化的方向发展。我国木材与木制品行业经受了严峻考验，国内经济增速放缓，国际经济持续衰退，尤其是与木业相关的房地产投资增速持续减缓，商品房屋交易量下滑，木材与木制品市场需求不旺，但在广大木业同人努力拼搏下，木材与木制品行业克服诸多困难，产业结构持续优化升级，生产、价格、进出口贸易等指标好于预期，呈现平稳发展、稳中提质的良好态势。

一、2014 年全国木材与木制品市场回顾

（一）市场运行整体平稳

2014 年，对我国木业行业来说是异常艰难的一年。无论是木材进出口贸易，还是木制品生产和销售企业，都受到经济增速放缓，市场需求不旺的影响，利润下滑，甚至部分企业严重亏损。

据中国木材与木制品流通协会对全国木制品制造业重点企业采购经理人调查问卷显示，12 月，木制品制造业生产基本稳定，产量与上期有下滑趋势；原材料采购量与上期有明显减少，主要原材料库存基本持平或小幅减少；国内订单量比上期下滑迹象明显；出口订单量比上期有小幅增加，出口市场低位徘徊；产品成品库存量较上期有小幅上升；原材料购进价格基本稳定或小幅下滑。调查结果表明，2014 年年末国内市场需求相当平淡，木材与木制品行业低迷且趋于下行，出口市场略有转暖。

（二）行业生产稳定增长

在全球经济复苏缓慢，新兴经济体低速增长，国内房地产萎缩，以及要

素成本不断上涨等多重因素作用下，2014 年我国木材与木制品行业在生产方面仍然呈现稳定增长态势。

据国家林业局统计数据显示，2014 年，锯材、人造板、地板等在内的木材加工及木竹制品制造业产值为 11028.95 亿元，占第二产业比重为 39.27%，主要木材与木制品产量数据，如表 1 所示。全国商品木材总产量略有减少，为 8233.30 万立方米。在全部木材产量中，原木产量 7553.46 万立方米，薪材产量 679.84 万立方米。东北、内蒙古国有林区木材产量比 2013 年减少 82.21 万立方米，商品木材产量持续调减。2014 年，锯材产量为 6836.98 万立方米，比 2013 年增长 8.56%。木片、木粒加工产品 4314.09 万实积立方米，比 2013 年增长 9.62%。

表 1   2013—2014 年主要木材与木制品产量

	单位	2014 年	2013 年	同比增减（%）
木材	万立方米	8233.3	8438.5	−2.43
其中：原木	万立方米	7553.46	7836.9	−3.62
薪材	万立方米	679.84	601.6	13.01
锯材	万立方米	6836.98	6297.6	8.56
木片、木粒	万实积立方米	4314.09	3935.53	9.62
人造板	万立方米	27371.79	25559.91	7.09
其中：胶合板	万立方米	14970.03	13725.19	9.07
刨花板	万立方米	2087.53	1884.95	10.75
纤维板	万立方米	6462.63	6402.10	0.95
其他人造板	万立方米	3851.6	3547.67	8.57
木家具	亿件	26345	2.36	−8.46
木门	亿元	1150	1040	10.58
木竹地板	亿平方米	7.60	6.89	10.30
其中：强化木地板	亿平方米	2.47	1.70	45.29
实木复合地板	亿平方米	2.43	2.58	−5.81
实木地板	亿平方米	1.50	1.31	14.50
竹地板	亿平方米	1.02	0.81	25.93
其他地板	亿平方米	0.18	0.48	−62.50

全国人造板总产量为 27371.79 万立方米，比 2013 年增长 7.09%。在全部人造板产量中，胶合板 14970.03 万立方米，比 2013 年增长 9.07%，占全部人造板产量的 54.69%；纤维板 6462.63 万立方米，与上年基本持平，占全部人造板产量的 23.61%，其中，中密度纤维板产量为 5682.57 万立方米；刨花板产量 2087.53 万立方米，比 2013 年增长 10.75%，占全部人造板产量的 7.63%；其他人造板 3851.60 万立方米（细木工板占 62%），比 2013 年增长 8.57%，占全部人造板产量的 14.07%。从分省情况看（见图 1），山东、江苏、广西、安徽、河南、河北、广东 7 省（区）产量均超过 1000 万立方米，7 省（区）人造板产量共计 21073.54 万立方米，占全国人造板总产量的 76.99%。

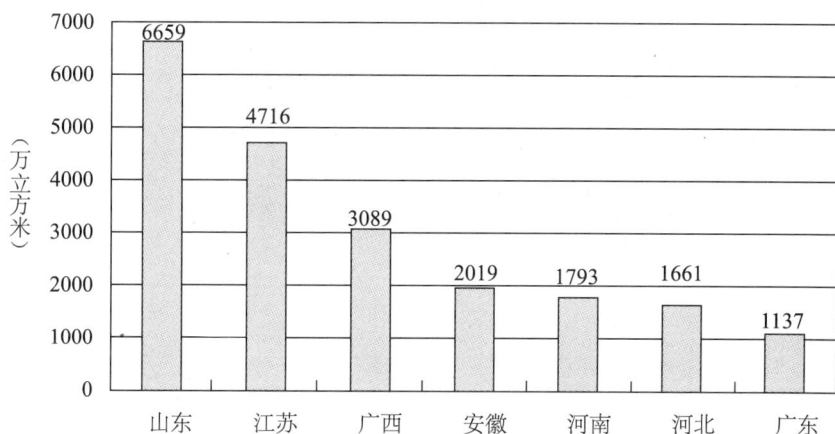

图 1 2014 年人造板产量位列前 7 名的省份

2014 年木竹地板产量为 7.60 亿平方米，比 2013 年增长 10.30%。在木竹地板产量中，实木地板 1.50 亿平方米，占全部木竹地板产量的 19.68%；实木复合地板 2.43 亿平方米，占全部木竹地板产量的 31.95%；强化木地板（浸渍纸层压木质地板）2.47 亿平方米，占全部木竹地板产量的 32.51%；竹地板 1.02 亿平方米，占全部木竹地板产量的 13.49%；包括软木地板、集成材地板等其他木地板 0.18 亿平方米。江苏和浙江两省是木竹地板产量最大的省份，产量分别达到 1.69 亿平方米和 1.20 亿平方米，江苏省主要以强化木地板为主，而浙江省主要以实木及实木复合地板为主。

据中国木材与木制品流通协会木门窗专业委员会统计数据，2014 年全年木制门行业总产销值约为 1150 亿元，同比增长 10.58%，增速与 2013 年大致相当。

（三）进出口贸易规模继续扩大

2014 年，国家稳增长政策力度加大，木材与木制品对外贸易企稳回升，我国木材进口与木制品出口贸易的增速呈现双双提升，木材与木制品进出口贸易总额达 759.38 亿美元，同比增长 13.67%，增速比 2013 年提升 4.91%。其中，进口额为 409.86 亿美元，同比增长 14.26%，增速比 2013 年提升 1.98%；出口额为 349.52 亿美元，同比增长 12.99%，增速比 2013 年提升 8.05%。

全年累计贸易逆差为 60.34 亿美元，比 2013 年增加 10.96 亿美元，同比增长 22.2%。2013—2014 年我国木材与木制品的月度进、出口增速，如图 2 所示。

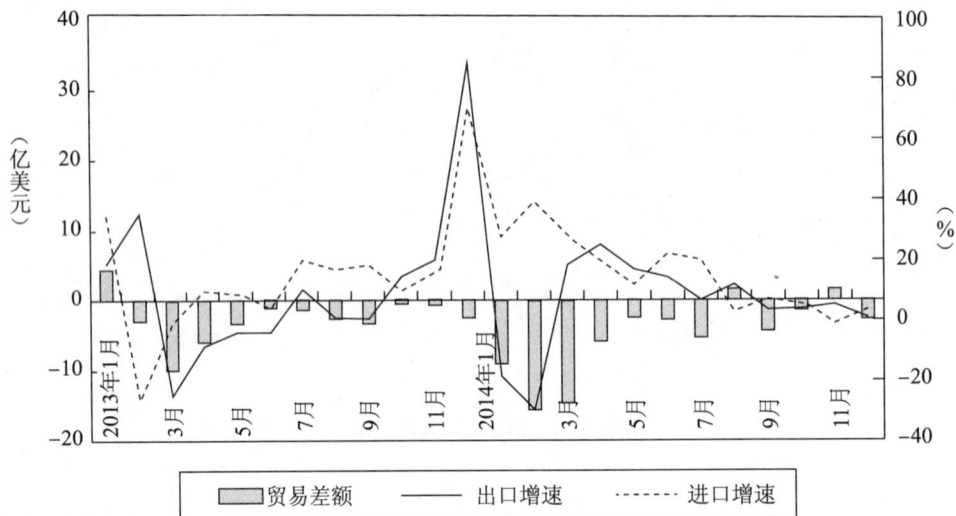

图2　2013—2014 年我国木材与木制品月度进出口增速

（四）主要木材与木制品市场表观消费普遍增长

2014 年，我国主要木材与木制品表观消费量普遍呈不同程度增长，木家具表观消费同比 2013 年大幅增长 20.81%。另外，原木、木家具、木质门、木地板消费量均创历史新高。

1. 原木市场消费状况

2014 年虽然我国原木生产量调减，但进口量增幅较大，因此，2014 年我国原木市场消费量仍然呈增长趋势，同比 2013 年增长 2.59%，但增速比 2013 年下降 6.88 个百分点。

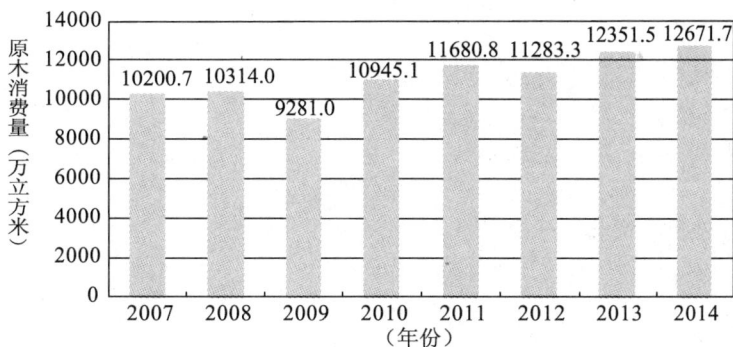

图3 2007—2014 年我国原木表观消费量

2. 木家具市场消费状况

2014 年，我国木质家具表观消费较大增长，同比 2013 年增长 20.8%，如图 4 所示。导致 2014 年我国木家具表观消费量较大增长的原因，一方面是木家具国内市场实际消费量在增长，另一方面是 2013 年年底市场木家具库存量小，而 2014 年市场存量较大，从而使得市场表观消费量呈现较大增长。

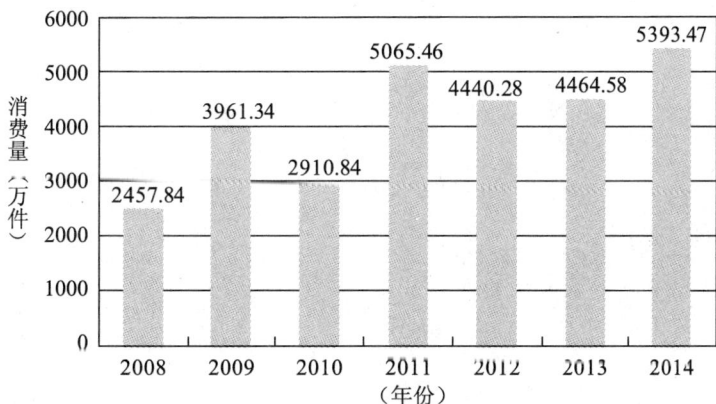

图4 我国木家具表观消费量

3. 木门市场消费状况

我国木门行业仍然处于快速发展期。从图 5 可以看出，2005 年以来我国木门市场消费呈持续增长趋势。但木门消费增长速度整体呈下降趋势，由2006年32.7%的增长速度下降到了2012年的6.93%。受大环境的影响，我国木门行业发展速度有明显减缓趋势。2014年，随着美国经济的逐渐回暖以及我国稳增长的国家经济形势，木门表观消费值达到1106亿元人民币，增速基本维持2013年水平。

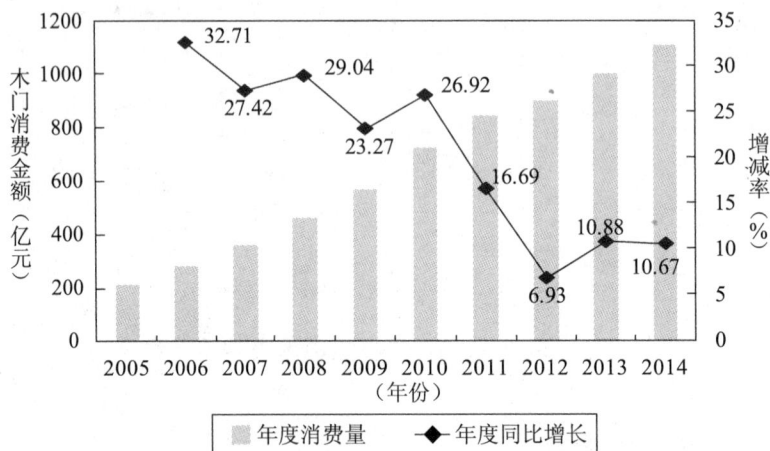

图5　我国木门表观消费量

4. 木地板市场消费状况

从图6可以看出，2014年我国木地板市场表观消费增长了7.36%，消费量再创市场新高，全年市场表观消费量约为3.6亿平方米。

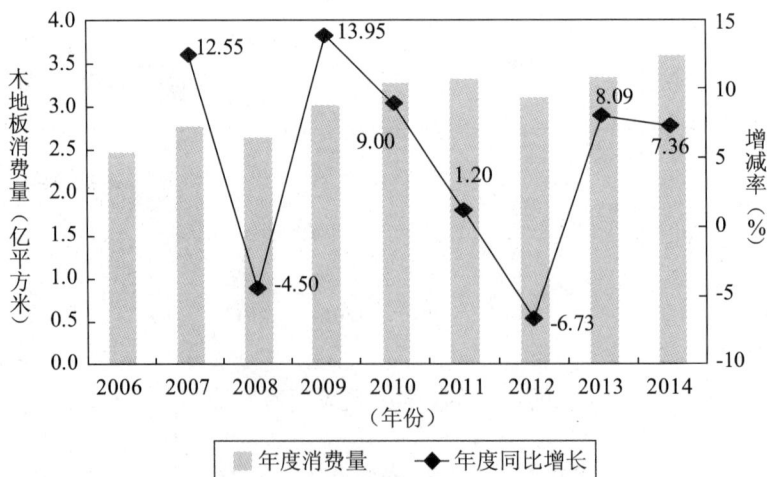

图6　我国木地板表观消费量

（五）木材与木制品综合平均价格涨跌互现

2014 年，全国主要木材与木制品综合平均价格涨跌互现，其中木材、竹材价格有所提高，木竹加工产品价格普遍提高。木材综合平均价格为每立方米 822 元，比 2013 年提高 10.78%，竹材综合平均价格为每根 10 元，比 2013年略有增长；锯材综合平均价格为每立方米 1359 元，木片综合平均价格为每实积立方米 847 元，木地板综合平均价格为每平方米 191 元，胶合板综合平均价格为每立方米 1679 元，硬质纤维板综合平均价格为每立方米 1913 元，中密度纤维板综合平均价格为每立方米 1607 元，刨花板综合平均价格为每立方米 1304 元。

2014 年我国木材进口价格综合指数和木材市场价格综合指数均呈先升后降趋势。木材进口价格指数 1—3 月呈上升趋势，4 月指数开始下滑；木材市场价格指数 1—4 月一直呈上升趋势，5 月开始回落。前几个月木材进口及市场价格指数均上涨，主要是由于 2013 年四季度木材市场需求稳定，价格坚挺，木材商市场信心较强及对 2014 年上半年中国木材市场预期较高，导致一季度木材价格延续上升趋势所致。但是，2014 年国内房地产萎缩，工程用量大幅减少，木制品制造企业原材料采购意愿不强，导致大量木材积压在港口，港口库存持续高位，国内木材市场呈现有价无市、严重滞销现象，4 月开始已有部分品种出现降价风潮，国外木材供应商也陆续下调价格。

据中国木材与木制品流通协会和商务部流通业发展司联合发布的中国木材价格指数报告显示，12 月木材进口价格综合指数为 116.2%，比年初 1 月下跌了 6.1 个百分点，比年内最高点 3 月的 130.0% 下跌了 13.8 个百分点（见图 7）；12 月木材市场价格综合指数为 118.4%，比 1 月略高 1.8 个百分点，比年内最高月份 4 月的 124.5% 下降了 6.1 个百分点（见图 8）。

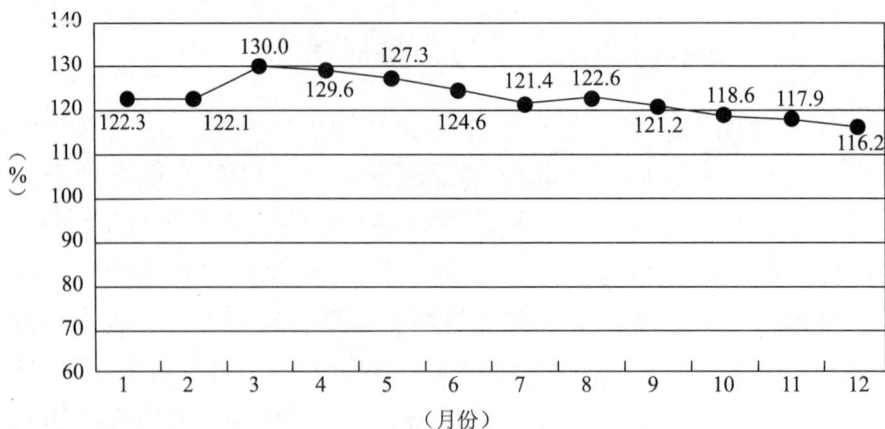

图7　2014年中国木材进口价格指数月度走势

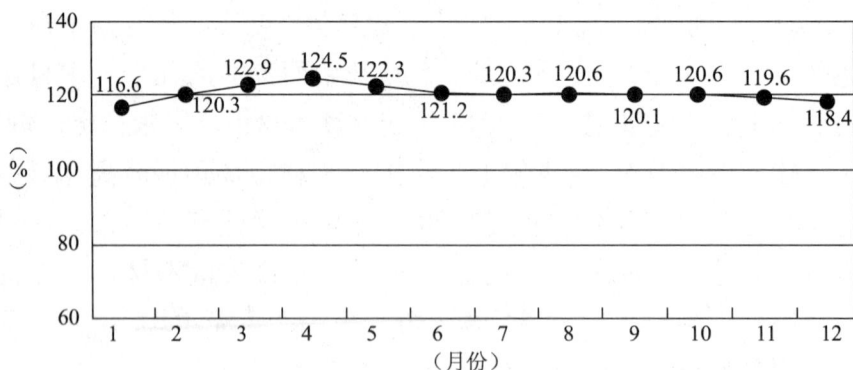

图8　2014年中国木材市场价格指数月度走势

（六）木材进口再创新高

2014年我国主要进口品种原木、锯材、木片、木浆、废纸及纸板等进口额比例见图9。与2013年相比，2014年我国原木进口比重扩大了2.77个百分点，达28.74%。锯材进口比重扩大了0.81个百分点，达19.72%。木浆、废纸及纸板进口比重减小了3.7个百分点，为42.48%。木片进口比重缩小0.58个百分点，为3.75%；其他木制品进口比重扩大0.7个百分点，达5.31%。

2014年，我国共进口木材（原木＋锯材）8762.53万立方米（折合原木材积），同比增长10.69%（见图10）。其中，原木进口5119.43万立方米，同比增长13.36%；锯材进口2565.56万立方米，同比增长7.13%。木片进口885.72万吨，比2013年减少3.19%。木浆、废纸及纸板进口4548.31万吨，同比微幅增长1.74%。预计2014年木材（原木、锯材）进口量将首次超过国内商品木材产量。

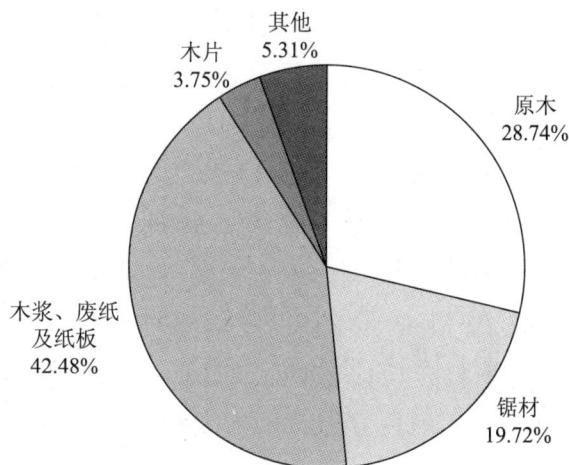

图 9 2014 年我国木材与木制品进口额比例图

注：基础数据来源于海关总署。

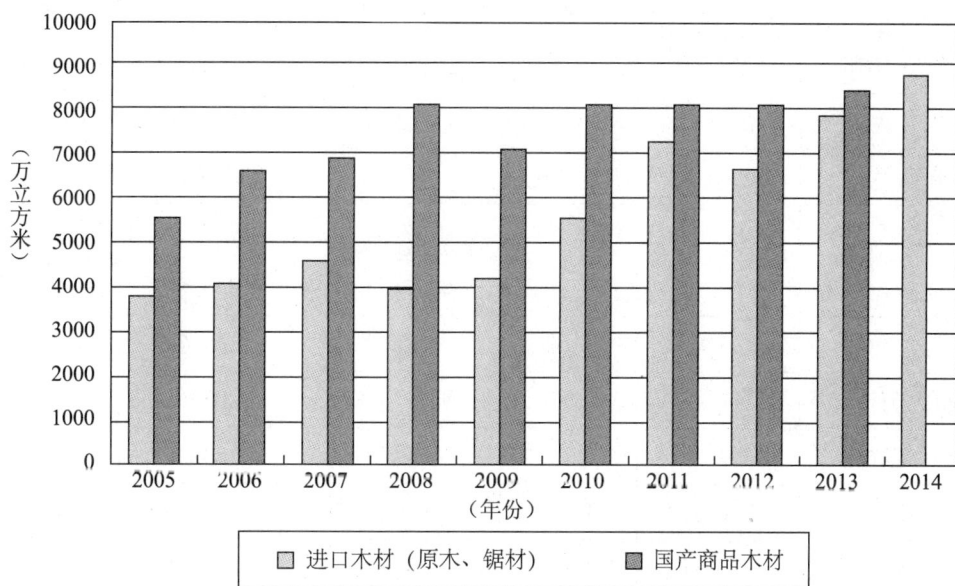

图 10 2005—2014 年木材进口量与国内木材产量对比

注：基础数据来源于海关总署。

2014 年，我国进口木材（原木＋锯材）的主要货源地及其所占比重，如表 2 所示。我国主要从俄罗斯、加拿大、新西兰、美国、巴布亚新几内亚等国进口木材，前 4 个国家的木材进口量占我国木材进口总量的 65.48%，其中俄罗斯木材进口量就超过我国木材进口总量的 1/4。与 2013 年相比，俄罗斯木材所占比重基本不变，加拿大木材和新西兰木材所占比重分别下降了 1.53 个百分点和 1.45 个百分点，美国材所占比重微降 0.23 个百分点，其他国家进口木材所占比重均有所提升，表明我国木材进口集中度在逐渐下降，木材进口市场往多元化方向发展。2014 年我国进口原木的主要货源地是新西兰、俄罗斯和美国，分别占进口总量的比重为 22.91%、22.22% 和 11.91%，与 2013 年相比，新西兰原木进口比重下降了 2.56 个百分点，其进口量与俄罗斯原木进口量旗鼓相当。2014 年我国进口锯材的主要货源地是俄罗斯、加拿大、美国和泰国，分别占进口总量的比重为 30.80%、25.86%、10.91% 和 8.69%，其中，俄罗斯锯材进口比重相比 2013 年上升了 1.46 个百分点，加拿大锯材进口比重下降了 2.8 个百分点，俄罗斯锯材进口规模不断扩大。

表 2　　　　2013—2014 年我国木材（原木和锯材）进口分国别统计

2014 年	进口量（万立方米）	占比（%）	2013 年	进口量（万立方米）	占比（%）
俄罗斯联邦	2259.69	25.79	俄罗斯联邦	2023.52	25.56
加拿大	1245.92	14.22	加拿大	1246.43	15.74
新西兰	1225.31	13.98	新西兰	1221.41	15.43
美国	1007.16	11.49	美国	927.75	11.72
巴布亚新几内亚	330.81	3.78	巴布亚新几内亚	275.87	3.48
泰国	316.87	3.62	泰国	269.37	3.40
澳大利亚	247.93	2.83	所罗门群岛	203.82	2.57
所罗门群岛	219.62	2.51	澳大利亚	184.17	2.33
乌克兰	171.81	1.96	乌克兰	142.81	1.80
智利	123.81	1.41	智利	117.48	1.48
其他	1613.60	18.41	其他	1303.82	16.47
总计	8762.53		总计	7916.45	

注：基础数据来源于海关总署。

从我国原木进口地区（见表 3）看，江苏省仍是我国原木进口最大省，2014 年其进口量占全国原木进口总量的 1/3，同比增长 18.7%。2014 年山东

省、上海市和北京市木材进口量减少，其中上海市减少了10.25%。对比2013
年，2014年广东省原木进口大幅增长，进口量增加83.67万立方米，增幅达
37.87%。内蒙古和黑龙江进口量在连续两年下降后出现了小幅反弹，分别增
长9.04%和17.13%。云南省和广东省原木进口单价最高，主要以进口非洲材
和东南亚材为主；内蒙古和黑龙江省进口单价最低，这除了这些地区主要以
进口价值较低的针叶材为主有关，可能还跟俄罗斯境内的非法采伐及边境交
换贸易有关。从我国锯材进口省份和地区，2014年我国锯材前5位进口省市
是广东省、内蒙古、江苏省、上海市和山东省，进口量均有较大增长，如表4
所示。广东省作为家具制造大省，进口锯材529万立方米，为全国锯材进口第
一大省，其进口平均价格也较高。内蒙古和黑龙江进口单价相对较低，主要
用作建筑口料和结构房屋，使用等级较低。

表3 2014年我国原木主要进口省份

省别	2014年（万立方米）	2013年（万立方米）	增减数量（万立方米）	对比增减率（%）
江苏省	1693.37	1426.40	266.97	18.72
山东省	701.02	750.93	-49.91	-6.65
内蒙古	524.30	480.85	43.45	9.04
福建省	442.38	374.38	67.99	18.16
黑龙江	437.73	373.71	64.02	17.13
上海市	348.40	388.21	-39.81	-10.25
广东省	304.62	220.95	83.67	37.87
浙江省	193.63	—	—	—
天津市	187.18	166.66	20.52	12.31
北京市	84.74	88.63	-3.89	-4.39
其他	202.06	245.17	-43.11	-17.58
总计	5119.43	4515.90	603.53	13.36

表4 　　　　　　　2014 年我国锯材主要进口省份

省别	2014 年（万立方米）	2013 年（万立方米）	增减数量（万立方米）	对比增减（%）
广东省	528.98	468.43	60.55	12.93
内蒙古	473.00	429.82	43.18	10.05
江苏省	330.24	277.85	52.39	18.86
上海市	274.29	259.11	15.17	5.86
山东省	174.01	163.42	10.59	6.48
浙江省	173.52	176.53	−3.02	−1.71
黑龙江	147.28	148.76	−1.48	−0.99
天津市	140.09	146.24	−6.15	−4.20
福建省	125.33	116.41	8.92	7.66
辽宁省	64.14	72.60	−8.46	−11.65
其他	134.70	134.81	−0.11	−0.08
总计	2565.56	2393.97	171.59	7.17

（七）木制品出口稳定增长

2014 年，木材与木制品出口总金额为 366.13 亿美元（不含纸及纸板、松香等林产品），同比增长 18.37%。木制品出口主要以木家具、木框架坐具和胶合板为主，其出口值占出口总值的比重分别为 38.36%、21.98% 和 15.88%，这三者出口值占总出口值的比重达 76.22%（见图 11），相比 2013 年，木家具、木框架坐具和胶合板出口值比重分别上升了 0.17 个百分点、0.2 个百分点和 0.36 个百分点，木地板和纤维板出口值比重分别下降了 0.23 个百分点和 0.5 个百分点。

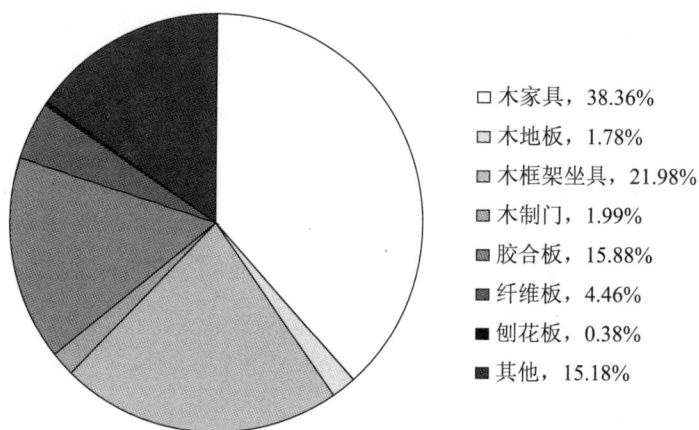

图 11　2014 年主要木制品出口额比重

注：基础数据来源于海关总署。

2014 年，我国木家具累计出口 2.17 亿件，同比增长 9.91%；出口金额达 140.46 亿美元，同比增长 13.46%，增速比 2013 年上升 9.53 个百分点。木框架坐具出口 9904.17 万件，同比增长 10.37%；出口金额达 80.47 亿美元，同比增长 13.96%，增速比 2013 年上升 3.97 个百分点。木地板出口量同比下降 2.96%，降幅缩小近 1 个百分点。人造板三板中刨花板出口同比增幅最大，其出口值同比增长近 60%，且出口量和出口额增速比 2013 年分别上升了 19.79 个百分点和 17.76 个百分点；胶合板出口量额同比大幅增长，分别同比增长 28.76% 和 15.50%，增速比 2013 年分别上升 26.46 个百分点和 10.54 个百分点；纤维板出口量额分别同比小幅增长 8.04% 和 2.12%，增速比 2013 年分别降低 14.58 个百分点和 6.48 个百分点。木制门出口额增速比 2013 年小幅上升 3.35 个百分点，价格涨幅同比上升了 4.15 个百分点。总体而言，2014 年我国主要木制品出口量额同比增幅大大上升，出口增速比 2013 年均有所扩大，这主要得益于美国经济转暖带动全球经济企稳回升，国外市场需求加大所致。2013—2014 年我国主要木制品出口情况，如表 5 所示。

表 5　　　　　　　2013—2014 年我国主要木制品出口量额

		2014 年	2013 年	同比增减率（%）
木家具	出口量（万件）	21726.34	19767.01	9.91
	出口额（亿美元）	140.46	123.80	13.46

		2014 年	2013 年	同比增减率（%）
木地板	出口量（万吨）	38.73	39.91	-2.96
	出口额（亿美元）	6.53	6.48	0.76
木框架坐具	出口量（万件）	9904.17	8973.52	10.37
	出口额（亿美元）	80.47	70.61	13.96
木制门	出口量（万吨）	36.01	34.17	5.36
	出口额（亿美元）	7.27	6.60	10.10
胶合板	出口量（万立方米）	1321.56	1026.34	28.76
	出口额（亿美元）	58.14	50.34	15.50
纤维板	出口量（万吨）	255.71	236.68	8.04
	出口额（亿美元）	16.31	15.97	2.12
刨花板	出口量（万吨）	24.67	16.98	45.33
	出口额（万美元）	13906.30	8836.15	57.38

2014 年，欧美市场经济有所转暖，我国主要木制品出口普遍增长，木家具出口量增长近 10%。美国是我国木家具第一大出口国，2014 年其出口量占我国木质家具总出口量的近 1/3。在出口市场渐暖的情况下，美国出口增长了 4.06%，欧洲主要出口国家德国和英国分别增长了 23.7% 和 16.03%（如表 6 所示）。第二大木质家具出口市场——日本，其出口量与 2013 年基本持平，所占市场比重比 2013 年下降了 0.75 个百分点。2014 年木家具出口香港地区大幅增长，增幅高达近 60%。

表 6　　　　　　　2014 年出口木制家具前 10 位出口国情况

国家（或地区）	2014 年（万件）	2013 年（万件）	增减数量（万件）	对比增减率（%）
总计	21726.34	19764.23	1962.11	9.93
美国	6812.54	6546.97	265.57	4.06
日本	1726.59	1717.89	8.70	0.51
英国	1285.52	1107.9	177.62	16.03
德国	1165.91	942.56	223.35	23.70

国家（或地区）	2014 年（万件）	2013 年（万件）	增减数量（万件）	对比增减率（%）
澳大利亚	971.71	969.53	2.18	0.22
中国香港	742.04	467.66	274.38	58.67
法国	706.89	669.14	37.75	5.64
荷兰	661.48	538.3	123.18	22.88
加拿大	599.30	664.87	-65.57	-9.86
沙特阿拉伯	464.16	—	—	—

　　2014 年我国木家具出口仍以广东为龙头，其出口量占全国总出口量的 31.7%（如图 12 所示），比重比 2013 年下降 0.2 个百分点；福建和山东发展较快，其出口量增长幅度在我国前 6 个出口省市中是比较大的，分别增长 12.94% 和 13.87%，占全国木家具出口比重分别上升了 0.5 个百分点和 0.4 个百分点。值得注意的是，2014 年河北省和安徽省木家具出口量同比分别增长了 35.24% 和 37.27%。目前，广东省不但木家具出口数量位居全国第一，其出口单价也相对较高，且还在逐年上升，2014 年广东省木家具出口平均单价比全国木家具出口平均单价高出 39.58 美元，比 2013 年高出 5.53 美元，表明广东省木家具出口附加值还在逐渐增加。

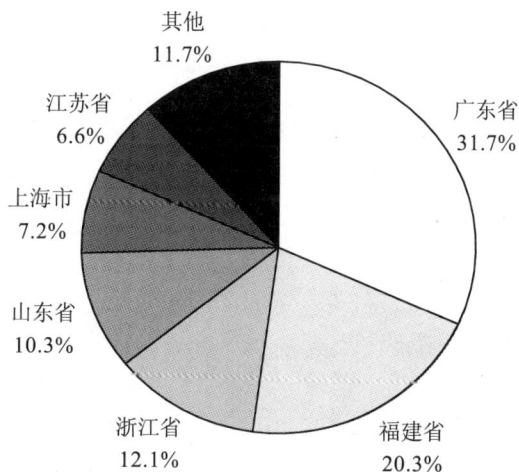

图 12　2014 年木家具分省市出口量比例

二、木材与木制品行业发展存在的主要问题

（一）物流成本过高

当前，木材流通过程中各地木材检查站重复办理木材运输证、检疫证，乱收费、乱罚款现象仍然很严重。这直接导致我国木材物流成本提高，不利于行业的健康发展。

首先，部分木材检查站设置、木材运输证办理不符合国家有关政策法规。目前木材检查站已经设在林区以外的木材流通领域，甚至有些地区还以方便木材经营者的名义，将木材检查站设在港口、木材交易市场内部。尤其是设在港口和木材交易市场内部的木材检查站，既没有悬挂有关部门核发的执照，也没有公开木材检查工作人员职责、木材运输检查监督内容、处理依据、处罚标准等。到处设置木材检查站，对进口木材也要按照国内林区木材实行运输证管理，不仅偏离实行木材运输证的目的，也增加了企业负担，提高了物流成本，不利于搞活木材流通，更不利于木材工业的健康发展。

其次，部分木材检查站重复办理木材检疫证，乱收费情况严重。办证范围无原则扩大、办证形式主义、收费标准不统一等一系列不良情况也出现在木材流通环节当中，现在市场上还出现了黄牛党办证，专门以帮人办证作为职业。办理木材检疫证的主要目的是防止森林疫情扩散，但是随意扩大检疫范围或在流通环节重复办理检疫证毫无意义，也给木业企业增加许多不应有的负担。

我们建议国家有关部门研究制定《构建全国木材与木制品流通绿色通道的意见》，清理现有木材运输证、检疫证、海关代征税、商检等不利于木材与木制品流通的相关制度规章，鼓励木材进口，构建全国木材与木制品流通绿色通道。

（二）木材交易市场秩序混乱

由于木材流通行业没有建立自己的市场产品质量监督检验检测体系，造成市场准入制度和市场质量监督体系缺失，以及进入市场的木材与木制品质量监控缺乏，导致目前木制品交易市场假货横行。就家装建材方面，由于大多数消费者对于家装建材知识并没有深度的了解，所以长期以来家装行业的暴利以及宰客、坑骗现象都非常普遍，红木作为高档消费品，红木市场经常

存在以假乱真、以次充好来谋取高额利润的欺诈行为，这些行为都严重扰乱了市场秩序。对于假冒伪劣木制品，市场应按照行业相关标准执法，严厉打击造假、坑骗行为。

（三）木材与木制品流通市场标准不完善

长期以来，缺乏规范标准成为制约行业发展的核心元素。木材、板材、木制品市场都在不同程度上面临标准缺失的问题，国家没有相应的严格标准，导致市面大量充斥全实木、纯实木、进口青皮等噱头与口号，现在市场上还出现了"新实木"这样的新名称。而这些所谓的概念和等级却缺乏权威机构的证据支持，导致一些终端销售商在某种程度上侵犯了消费者的真实知情权。这也是发生很多质量门事件的根本原因之一。

现行产品标准，不论是行业标准还是国家标准，大都是推荐性标准，没有太多的强制性要求。即使是已经有实施的行业标准，但是由于门槛过低，没有强制力，因此不能够有效限制不够格企业进入市场，净化市场的作用不大，木制品市场混乱的现状没能解决。

当前，我国要加快木材与木制品标准的制定，以规矩求方圆，突破木材与木制品国际贸易技术壁垒。对于加快木材与木制品标准的制定步伐，建议要重点加强对安全、节能、环保标准的研究，推动标准制定与科研同步，完善标准体系；要积极跟踪国家（际）标准，提高采标的科学性和有效性；要强化标准制定过程管理，提高监督管理水平；要加快标准化技术机构的建设和人才培养。

（四）缺失行业性的电子商务交易平台

随着人们的生活节奏日益加快，网络覆盖率的不断提高，网络购物的便捷性和扩张力得到了充分的体现，同时电子商务技术和物流网络的不断发展和成熟，木材与木制品完全可以通过网络途径进行销售，并通过物流直接配送至目的地，这样可以大大节约流通成本，对大宗木材商来说可以减少很大部分场地租赁费和库存费，对木制品企业来说，一方面可不用租赁昂贵的店面，即可通过网络将自己的产品完全的展示给消费者，另一方面可以通过电子商务平台进行销售，可大大提高企业的影响力，提高其品牌知名度。

目前，木材与木制品行业信息平台建设滞后。虽然电子商务发展很快，但大都是各自为战的小型交易平台，也没有行业统一的相应标准进行市场监督管理，因此，急需建立一个行业统一的大型电子商务交易平台，这有利于市场的健康有序快速发展。

（五）市场监管制度与信用体系建设落后

市场之所以时常出现假冒伪劣商品以及经营欺骗行为，究其原因就是市场监管缺失和信用体系建设落后。如目前市场上许多木制品，如红木家具等名贵家具、木地板、木门窗等木制品，商品标识含混不清，有些家具、人造板、地板等木制品甲醛超标比例也居高不下，侵害着消费者利益和人身健康。

三、2015 年木材与木制品市场现状与展望

（一）一季度木材市场情况

1. 进出口贸易规模窄幅缩小

2015 年一季度，我国木材与木制品进出口贸易总额为 168.3 亿美元，同比 2014 年微降 1.5%。其中，进口额为 89.48 亿美元，同比减少 11.37%；出口额为 78.82 亿美元，同比增长 12.75%，增速扩大 7.2 个百分点，如图 13 所示。

与 2014 年四季度相比，进出口贸易额下降 19.27%；其中出口额回落非常明显，降幅达 29.12%；进口额环比下降了 7.99%。

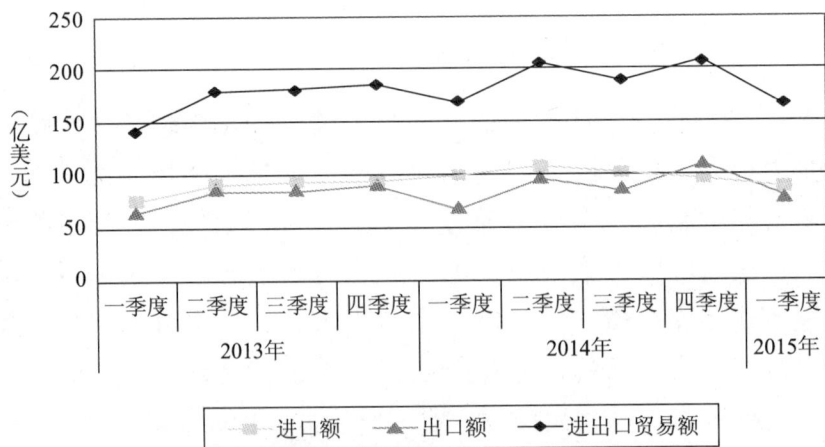

图 13　木材与木制品进出口贸易额分季度变化图

2. 主要进口木材产品进口量价下降明显

2015 年 1—3 月，我国木材（包括原木和锯材）进口量为 1874.25 万立方米，同比减少 8.86%。其中，原木进口 1069.78 万立方米，同比减少 15.17%；锯材进口 566.53 万立方米，同比增长 1.13%。薄板进口量同比增长了 51.08%，木片进口量增长 13.66%。1—3 月，主要进口木材产品原木、锯材、木片、木浆、纸及纸板进口价格均呈不同程度下跌，其中，原木进口平均单价同比下降了 18.94%，薄板价格下降了 32.25%，锯材进口单价也小幅下降了 3.11%。

一季度，我国原木进口量位居前五位的国家有俄罗斯联邦、新西兰、美国、巴布亚新几内亚和澳大利亚。其中，位居第一的俄罗斯原木进口量达到 280.72 万立方米，同比减少 8.34%，进口金额为 3.71 亿美元；新西兰原木进口量为 256.19 万立方米，同比减少 9.0%，进口金额为 3.35 亿美元；美国原木进口量为 74.02 万立方米，同比减少 48.04%，进口金额为 1.59 亿美元；巴布亚新几内亚原木进口量为 70.99 万立方米，同比减少 9.75%，进口金额为 1.63 亿美元；澳大利亚原木进口量为 60.74 万立方米，同比增长 1.18%；加拿大原木进口量为 51.58 万立方米，同比减少 28.6%，由上年的排名第 5 位降为今年的第 7 位。

锯材进口量位居前五位的国家有俄罗斯联邦、加拿大、美国、泰国和智利。其中，俄罗斯联邦锯材进口量达到 188.44 万立方米，同比增长 13.92%；加拿大锯材进口量为 116.74 万立方米，同比减少 21.83%；美国进口量为 71.81 万立方米，同比增长 2.53%；泰国锯材进口量为 61.47 万立方米，同比增长 43.2%；智利锯材进口量为 17.42 万立方米，同比增长 5.25%。

3. 主要木制品出口回升

1—3 月，主要木制品出口量值较大增长。木家具、木框架坐具、木制门出口量值同比增幅均在 10% 以上。胶合板出口量价增幅也在 5% 左右，出口值增长近 11%。刨花板出口量虽有小幅下降，但出口价格却上升较大，涨幅超过了 20%。今年一季度我国主要木制品出口情况，如表 7 所示。

表7　　　　　　　　2015年一季度主要木制品出口统计表

项　目		1—3月	同比（%）
木家具	出口量（万件）	4775.70	14.60
	出口额（亿美元）	29.40	13.64
	出口单价（美元/件）	61.55	−0.84
木地板	出口量（万吨）	7.36	−12.29
	出口额（亿美元）	1.23	−9.39
	出口单价（美元/吨）	1667.91	3.30
木框架坐具	出口量（万件）	2143.55	11.65
	出口额（亿美元）	17.70	14.42
	出口单价（美元/件）	82.56	2.48
木制门	出口量（万吨）	8.16	14.38
	出口额（亿美元）	1.68	15.13
	出口单价（美元/吨）	2058.82	0.66
胶合板	出口量（万立方米）	246.75	5.77
	出口额（亿美元）	12.44	10.94
	出口单价（美元/立方米）	504.15	4.89
纤维板	出口量（万吨）	52.05	−1.43
	出口额（亿美元）	3.20	−4.52
	出口单价（美元/吨）	615.33	−3.13
刨花板	出口量（万吨）	4.08	−6.06
	出口额（万美元）	2807.27	13.09
	出口单价（美元/吨）	688.47	20.38

4. 木材价格继续回落

据中国木材价格指数（TPI）报告显示，2015年一季度，木材价格仍然延续下降趋势。2015年3月，木材进口价格综合指数为110.4%，环比2月下跌4.9个百分点，同比2014年3月下跌19.6个百分点，比2015年1月下降了3.5个百分点。其中，原木进口价格3月同比下跌26.8个百分点，环比下跌8.3个百分点；锯材进口价格同比下跌5.0个百分点，环比下跌0.2个百分点。2014 年 3 月至 2015 年 3 月我国木材进口价格综合指数走势，如图 14 所示。

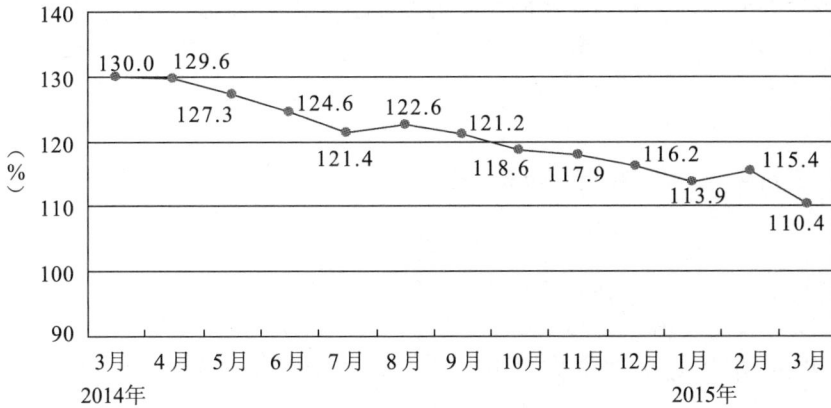

图 14　中国木材进口价格综合指数走势

（二）2015 年展望

2015 年我国进出口贸易面临的国际环境可能略有改善，但回升幅度有限，风险和不确定因素较为突出。国内房地产面临高库存，制造业面临去产能，基建面临资金瓶颈，木材与木制品行业也面临产能过剩、需求不足、融资困难的局面。受房地产销售影响，家具、室内装修、建筑装潢等消费放缓，同时受前期经济下行、流动性收缩后周期影响，预计 2015 年我国木材与木制品消费增速将继续放缓。

但长远来看，木材与木制品作为低碳、环保、可再生材料，市场需求必将刚性增加，其行业特点决定了我国木材与木制品行业仍面临较好的发展机遇。目前，我国人均木材消费量仅为 0.4 立方米/年，世界人均 0.7 立方米/年，要达到世界人均木材消费水平，行业规模亦将扩大近一倍。从宏观层面来看，未来较长时间内我国经济运行仍将保持在合理区间。因此，木材与木制品行业发展前景仍很乐观。

（中国木材与木制品流通协会　谢满华）

2014—2015 年农机流通回顾与展望

一、2014 年农机市场概述

（一）2014 年农机市场综述

2014 年农机市场发生重大变化，从基本面分析，主营业务继续保持快速增长，但利润出现小幅滑坡。农机市场各个子行业，如拖拉机、插秧机、低速汽车等多数市场出现滑坡，收获机行业中除玉米收割机市场出现大幅度增长外，小麦、水稻收割机也出现较大幅度下滑。

1. 耕种收综合机械化水平有望达到62%

中国农机化耕种收综合机械化水平近 10 年来一直保持年均两位数的增长，2014 年较之 2013 年提高 2 个以上百分点，达到 62% 以上，如图 1 所示。

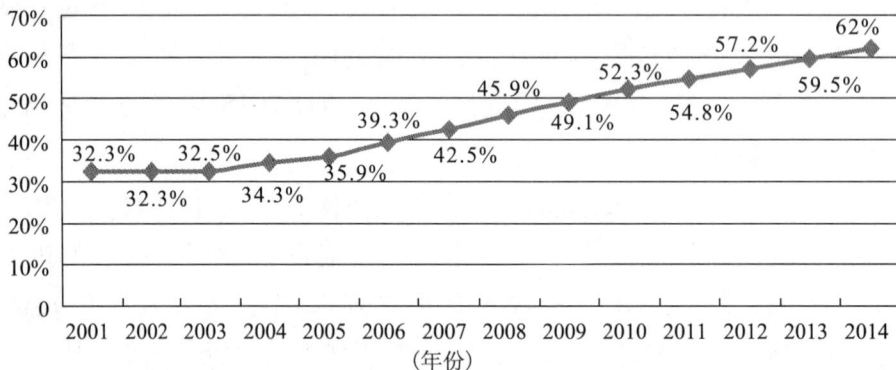

图1　2001—2014 年耕种收综合机械化水平走势

2. 调整—转型—升级

2014 年农机市场呈现出的一个突出特点表现为调整、转型与升级，市场增速调整，由往年大幅度增长调整至中低速增长，由业务与利润同步增长调整为业务增长，利润下滑；转型系指市场需求发生转移，表现为由传统大众化产品需求向小众产品转移，由围绕粮食作物的耕种收的农机需求向收获后处理机械转移，由与粮食作物相关联的农机需求向经济作物农机需求转移，由中低端产品需求向高端产品需求转移，由主机需求向农机具需求转移。升级主要指消费者需求升级。

十余年农机市场的高速运行，直接导致三大粮食作物的耕种收（除个别环节外）基本实现机械化，以此为中心形成的传统农机市场自然走到了尽头，由增量到存量、由低端到高端、自粮食至经济作物转变成为历史的必然。

3. 下滑—换挡

从对 2310 家农机企业的数据分析，呈现出下滑—换挡的特点：第一，增速明显趋缓，在七项指标中，增速同比均呈现下滑之势，利润大幅度下滑；第二，经营成本增幅下滑；第三，企业经营谨慎，扩张步伐明显放慢；第四，运营质量有所提高，应收账款和负债增幅下降（见表1）。

表1　　　　　　　　　　农机流通企业经营情况

企业数（2310 家企业）	2014 年（亿元）	2013 年（亿元）	同比（%）
主营业务收入	4180.6	3843.0	8.79
主营业务成本	3597.3	3276.0	9.81
销售费用（营业）	117.3	106.4	10.26
利润总额	234.9	243.2	-3.42
资产总计	2509.0	2200.9	14.00
负债合计	1270.8	1136.3	11.83
应收账款	363.5	305.1	19.11
产成品	178.2	161.2	10.56
流动资产合计	1406.4	1266.6	11.04

导致 2014 年企业利润下滑的主要原因：

第一，农机补贴单台额度下降，是导致利润下滑的一个重要因素；

第二，主营业务、财务成本尤其是劳动力成本居高不下，是导致利润下滑的关键因素；

第三，市场竞争激烈，许多企业去库存压力较大，导致利润缩水；

第四，产品同质化严重，低端产品泛滥，高端产品不足，导致企业缺乏核心竞争力，反应在市场上，采取低价竞争策略，利润获取能力低；

第五，农机企业众多，扎堆于一些传统产业，难以形成规模效益，拉低了整个行业的利润率。

4. 整合—抱团取暖

市场需求降温，加速了行业整合脚步，一些企业走向抱团取暖的道路，下属两家企业的整合反应了这种行业特点。

2014年1月23日，山东金亿机械制造有限公司与德国克拉斯集团在经历了2年7个月零21天的艰难谈判后终于修成正果。自此，克拉斯真正开始了他们的中国农机市场之旅，金亿转身成为一家合资股份公司。

异业联盟的抱团取暖。中联重科在工程机械市场连续数年不景气的背景下，出于战略发展需要，实现产业突围，伺机进入农机行业。而奇瑞重工经过多年艰难的创业，在多重因素影响下对产业重新定位。由此，国内最大的农机并购案浮出水面，即奇瑞重工、弘毅投资、中联重科联姻，重新组成中联重机。

5. 竞争加剧，洗牌加速

2014年，农机市场的竞争依然突出表现为集中度依然偏低。从我国农机市场竞争度分析，虽然诸如大中型拖拉机市场的竞争度较大，但并不能改变农机市场集中度偏低的现实，10000多家农机制造企业中每年生产不足4000亿元的农机工业产值，产值前五位的大型农机企业产值之和仅仅占22.9%。加之近年实施的农机补贴政策又在某种程度上削弱了竞争的强度，成为部分小型企业生存的最后一根稻草。随着农机市场环境的巨大变化，市场竞争将变得的更加充分，部分中小企业将在激烈的市场竞争中被淘汰出局，市场集中度的提高成为必然。激烈竞争的直接后果：加速行业洗牌。

6. 新常态化

（1）增速趋缓，利润下降。传统的大众农机产品产能严重过剩，刚性需求急剧走弱，商业利润大幅度缩水，一批小型企业开始逐渐退市或倒闭。

（2）市场下行压力较大，结构调整阵痛显现，企业生产经营困难增多，部分市场风险显现。

（3）生产小型化、智能化、专业化将成为产业组织新特征。

（4）竞争加剧，企业兼并重组、生产相对集中不可避免，竞争的焦点正逐步转向质量型、差异化为主的竞争。

（5）消费理性化，农村组织渐成主体。

（6）低成本比较优势发生了转化，同时出口竞争优势依然存在，高水平引进来、大规模走出去正在同步发生。

7. 出口趋稳，进口不振

2014 年，我国农机进出口贸易显示的最突出的特点：出口趋稳，进口不振。

从出口交货值分析，2014 年，我国 2310 家规模以上企业累计实现出口交货值 318.35 亿元，同比增长 2.92%。从 13 个子行业分析，除机械化农业及园艺机具制造、饲料生产专用设备制造、渔业机械制造 3 个行业出现不同程度的下滑外，其他行业均呈现出增长的态势（见表 2）。

表 2　　　　　　　　　　**2014 年出口交货值统计**　　　　　　　　单位：亿元

名称	同比分析			占比分析		
	2014 年	2013 年	同比（%）	2014 年	2013 年	增减（%）
合计	318.35	309.31	2.92	100.0	100.0	0.0
拖拉机制造	30.49	26.92	13.26	9.6	8.7	0.9
机械化农业及园艺机具制造	132.04	142.51	-7.35	41.5	46.1	-4.6
农副食品加工专用设备制造	22.69	19.98	13.56	7.1	6.5	0.7
营林及木竹采伐机械制造	0.14	0.01	1031.92	0.0	0.0	0.0
饲料生产专用设备制造	2.29	2.34	-1.95	0.7	0.8	0.0
畜牧机械制造	14.14	9.53	48.36	4.4	3.1	1.4
渔业机械制造	0.35	0.78	-54.42	0.1	0.3	-0.1
水资源专用机械制造	5.74	4.63	23.84	1.8	1.5	0.3
农林牧渔机械配件制造	7.87	6.94	13.47	2.5	2.2	0.2
其他农林牧渔业机械制造	2.32	1.94	19.46	0.7	0.6	0.1
其他未列明运输设备制造	32.44	31.00	4.65	10.2	10.0	0.2
农用及园林用金属工具制造	66.84	61.87	8.03	21.0	20.0	1.0
棉花加工机械制造	1.00	0.86	16.26	0.3	0.3	0.0

从我国进出口额分析，2014 年，我国累计实现进出口额 130.49 亿美元，其中进口额 24.82 亿美元，出口 105.66 亿美元，同比分别增长 9.38%、-2.75% 和 12.68%，高出我国机械工业平均出口增幅 1.31、-10.91、4.67 个百分点，实现贸易顺差 80.84 亿美元（见表 3）。

表3　　　　　　　　　　2014年农机进出口额一览表　　　　　　　单位：亿美元

项目分列	进出口额	同比（%）	进口额	同比（%）	出口额	同比（%）	差额
进出口总值合计	7254.85	8.07	3231.97	8.16	4022.88	8.01	790.91
农业机械行业	130.49	9.38	24.82	-2.75	105.66	12.68	80.84
内燃机械行业	193.51	9.16	100.62	4.62	92.89	14.55	-7.73
工程机械行业	222.59	3.79	40.75	-3.26	181.84	5.51	141.09
仪器仪表行业	863.72	7.56	505.20	6.5	358.53	9.09	-146.67
文化办公设备行业	433.33	-2.2	148.46	-6.38	284.87	0.13	136.41
石化通用行业	983.11	5.3	309.07	1.05	674.05	7.37	364.98
重型矿山行业	181.36	2.56	61.97	7.49	119.39	0.17	57.42
机床工具行业	281.31	15.54	172.48	12.52	108.83	20.67	-63.65
电工电器行业	1648.54	5.07	573.52	1.73	1075.02	6.95	501.51
机械基础件行业	397.68	9.41	165.02	7.36	232.66	10.91	67.63
食品包装机械行业	63.58	2.14	30.40	-4.64	33.18	9.26	2.78
汽车行业	1420.90	16.01	885.41	20.81	535.49	8.86	-349.92
其他	434.73	13.73	214.25	11.39	220.48	16.11	6.23

（二）农机市场区域分析

2014年，我国耕整机械市场累计销售169.83万台，同比下降25.6%。从区域市场分析，需求前10位的区域市场累计销售133.86万台，同比下降26.7%，占比下降1.2个百分点。2014年我国耕整机械市场主要集中的西南区域，云南、湖南、川渝市场位居前3位（见表4）。

表4　　　　　　　　　　2014年耕整地机械区域销售一览表　　　　　　　单位：万台

序号	省份	同比分析			占比分析		
		2014年	2013年	同比（%）	2014年	2013年	增减（%）
1	云南	21.97	20.21	8.7	12.9	8.9	4.1
2	湖南	20.81	18.63	11.7	12.3	8.2	4.1

序号	省份	同比分析			占比分析		
		2014 年	2013 年	同比（%）	2014 年	2013 年	增减（%）
3	川渝	18.58	53.62	−65.4	10.9	23.5	−12.6
4	广西	15.79	16.21	−2.6	9.3	7.1	2.2
5	贵州	11.17	20.52	−45.6	6.6	9.0	−2.4
6	陕西	10.49	7.85	33.7	6.2	3.4	2.7
7	江西	9.65	14.35	−32.8	5.7	6.3	−0.6
8	山东	9.07	11.12	−18.4	5.3	4.9	0.5
9	甘肃	8.57	10.60	−19.1	5.0	4.6	0.4
10	湖北	7.77	9.62	−19.2	4.6	4.2	0.4
小计		133.86	182.72	−26.7	78.8	80.1	−1.2
其他		35.97	45.49	−20.9	21.2	19.9	1.2
总计		169.83	228.21	−25.6	100.0	100.0	0.0

2014 年，我国畜牧机械市场出现小幅下滑，全年累计销售 46.92 万台，同比下降 3.6%。排在前 10 的区域，累计销售 42 万台，同比增长 12.5%，占比较之去年提高了 12.9 个百分点，市场集中度进一步集中，湖北依然占据着较大的市场份额（见表 5）。

表 5　　　　　2014 年畜牧水产养殖机械市场区域销售一览表　　　单位：万台

序号	省份	同比分析			占比分析		
		2014 年	2013 年	同比（%）	2014 年	2013 年	增减（%）
1	湖北	13.04	9.03	44.5	27.8	18.5	9.3
2	川渝	6.48	2.37	173.7	13.8	4.9	8.9
3	粤琼	5.14	5.89	−12.8	10.9	12.1	−1.1
4	苏沪	4.89	7.11	−31.3	10.4	14.6	−4.2
5	广西	2.96	1.16	154.6	6.3	2.4	3.9
6	甘肃	2.54	2.84	−10.6	5.4	5.8	−0.4

续　表

序号	省份	同比分析			占比分析		
		2014 年	2013 年	同比（%）	2014 年	2013 年	增减（%）
7	浙江	2.34	3.54	−34.0	5.0	7.3	−2.3
8	陕西	2.00	1.21	65.4	4.3	2.5	1.8
9	宁夏	1.59	0.75	111.1	3.4	1.5	1.8
10	福建	1.02	3.42	−70.1	2.2	7.0	−4.8
小计		42.00	37.32	12.5	89.5	76.7	12.9
其他		4.92	11.37	−56.7	10.5	23.3	−12.9
总计		46.92	48.69	−3.6	100.0	100.0	0.0

2014 年，我国排灌机械市场出现较大幅度下滑，全年累计销售 37.11 万台，同比下降 51%。排名前 10 的区域累计销售 34.36%，同比下降 10.8%，占比 92.6%，同比增长 41.8%。市场高度集中，年度需求稳定性较差。这个市场主要受偶然因素影响较大，年度波动性很大。2014 年市场下滑主要因为 2013 年市场受各种自然灾害影响，需求大增，形成市场高地，导致 2014 年同比下降（见表6）。

表6　　　　　　　**2014 年排灌机械市场区域销售一览表**　　　单位：万台

序号	省份	同比分析			占比分析		
		2014 年	2013 年	同比（%）	2014 年	2013 年	增减（%）
1	川渝	14.61	8.87	64.8	39.4	11.7	27.7
2	湖北	6.26	20.21	−69.0	16.9	26.7	−9.8
3	粤琼	4.45	3.31	34.2	12.0	4.4	7.6
4	陕西	3.55	0.62	470.6	9.6	0.8	8.7
5	辽宁	2.06	0.11	1768.5	5.6	0.1	5.4
6	苏沪	1.21	1.39	−12.7	3.3	1.8	1.4
7	山东	0.72	3.24	−78.0	1.9	4.3	−2.4
8	甘肃	0.56	0.49	13.8	1.5	0.6	0.9
9	新疆	0.47	0.13	269.2	1.3	0.2	1.1

序号	省份	同比分析			占比分析		
		2014 年	2013 年	同比（%）	2014 年	2013 年	增减（%）
10	广西	0.47	0.13	249.0	1.3	0.2	1.1
小计		34.36	38.50	−10.8	92.6	50.8	41.8
其他		2.75	37.26	−92.6	7.4	49.2	−41.8
总计		37.11	75.76	−51.0	100.0	100.0	0.0

（三）热点市场综述

1. 拖拉机市场分析

2014 年，拖拉机市场突然变脸，创下多年未有的最差业绩，大中小拖拉机全面下滑。市场调查显示，累计销售各种型号拖拉机 188.49 万台，同比下降 11.37%，其中，大中拖、小拖分别销售 47.36 万台、141.13 万台，同比分别下降 8.66%、12.24%。从拖拉机的月度走势看，同比在经历了 1 月、2 月小幅增长后，开始了长达 10 个月的下滑之旅（见图 2）。

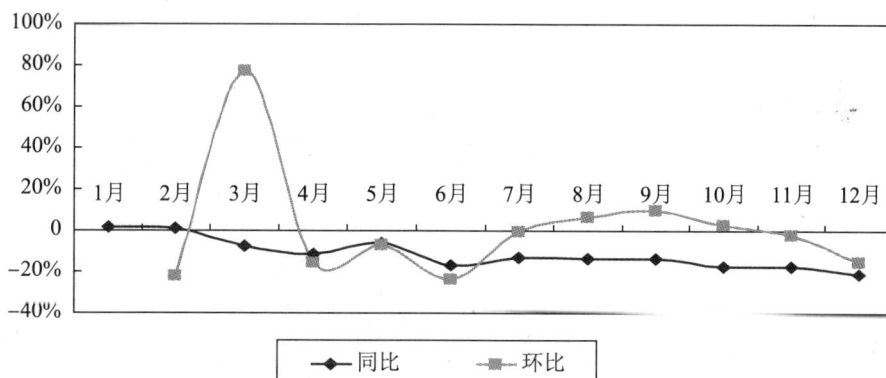

图 2　2014 年拖拉机销量月度走势

企业效益方面，2014 年，181 家规模企业经济统计数据显示，拖拉机效益大幅度滑坡，实现利润 24.26 亿元，同比下降 20.76%，实现主营业务收入 662.23 亿元，同比下降 0.24%。与之同时，负债与应收账款同比出现 13.03% 和 18.2% 的增长。应收账款与应付账款的增幅较之 2013 年缩小，反映出企业市场运作质量较之过去有所提高，许多企业在拖拉机市场大环境滑坡的情势下，都不约而同的选择了谨慎为先的操作理念（见表7）。

表7　　　　　　2014年拖拉机工业企业主要经济指标月报表　　　　单位：万元

名　　称	2014 年	2013 年	同比（%）
主营业务收入	662.23	663.83	-0.24
主营业务成本	578.72	581.77	-0.52
利润总额	24.26	30.62	-20.76
资产总计	533.52	472.03	13.03
负债合计	331.80	292.43	13.46
应收账款	83.12	70.32	18.20

出口方面，2014年我国拖拉机出口市场增势良好，海关统计显示，截至11月底，累计出口各种拖拉机16.3万台，实现出口额4.56亿美元，同比分别增长12.23%和-4.62%。出口额同比连续两年出现下降，出现量增额跌的原因主要是出口单价出现下滑，较之上年轮式拖拉机单台均价下滑了0.26万美元。说明2014年我国轮式拖拉机出口较2013年趋于小型化，预示着我国拖拉机出口呈现出新特点（见表8）。

表8　　　　　　　　2014年拖拉机出口额一览表

名称	出口数量			出口金额		
	2014 年	2013 年	同比（%）	累计金额（万美元）	累计金额（万美元）	同比（%）
履带式牵引车、拖拉机	166	63	163.49	595.45	118.04	404.45
轮式拖拉机	56881	47360	20.10	33891.88	37928.69	-10.64
其他拖拉机	466	210	121.90	334.37	105.88	215.80
手扶拖拉机	105975	98043	8.09	10754.99	9629.86	11.68
合计	163488	145676	12.23	45576.69	47782.47	-4.62

2. 收获机械市场分析

在行业跌声一片的大环境下，我国收获机械市场出现稳健推进，进退有据的发展局面。2014 年，我国累计销售各种型号的收获机械 74.03 万台，同比增长 8.41%。这是近三年来增幅最大的一年，是继 2013 年小幅增长后的再次较大幅度的攀升。其中，联合收割机销售 30.7 万台，同比小幅增长 4.86%。

收割机市场需求结构分析，在联合收割机全系列中，三大粮食作物收割机依然占据绝对数量，市场占有率达到 91.74%。三大粮食作物收割机"两降一升"，其中，小麦、水稻收割机销售 5.35 万台、7.02 万台，同比分别下降 3.2% 和 13.2%，自走式玉米收割机继续保持强劲增长势头，累计销售 8.15 万台，同比增长 17%，其他作物收获机械销售 1.7 万台，同比增长 22.42%，如图 3 所示。

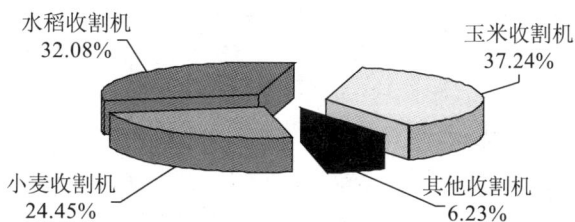

水稻收割机
32.08%

玉米收割机
37.24%

小麦收割机
24.45%

其他收割机
6.23%

图 3　2014 年收割机市场需求结构

2014 年收割机市场主要需求区域集中在山东、安徽等省，市场调查显示，排在前 10 位的需求区域占 78.46%。

（1）集中度提高，市场竞争凸显新特征

我国收获机械领域广泛，品种众多，直接影响市场集中度。但在现阶段，收获机械市场竞争主要还是集中在以三大粮食作物相关联的收获机械市场展开。其他收割机市场领域近年虽有较大的增长，但对收获机械市场整体竞争态势的影响还是微乎其微，基于此，2014 年，我国排名前 6 位的主流品牌累计销售各种型号的收获机械 14.72 万台，同比增长 6.95%。占全部市场的 47.96%，较之 2013 年同期提高了 0.97 个百分点，如图 4 所示。

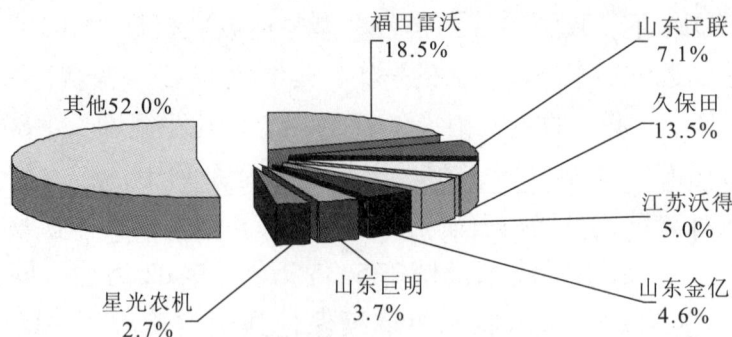

图 4 2014 年联合收割机市场竞争态势

（2）进出口冰火同炉，农机外贸呈现新变化

2014 年收割机出口表现出良好的发展态势，出口量与出口额双双出现两位数增长，海关统计显示，2014 年累计出口各种收获机械 8507067 台，实现出口金额 97342.12 万美元，同比分别增长 19.5% 和 16.6% 。从各个出口品类的出口量分析，除其他草坪、公园或运动场地割草机同比出现小幅增长外，其他同比增幅均达到两位数，甘蔗和棉花收获机械甚至达到了三位数增幅。从其对应的出口额分析，棉花采摘机、其他未列明收割机和其他草坪、公园或运动场地割草机出现了不同程度的下滑，这种量增额降的现象说明这三类出口收获机小型化趋势突出。

在我国各类出口收获机械中，割刀水平旋转草坪、公园或运动场机动割草机、其他草坪、公园或运动场地割草机、联合收割机分别占据着 55.5% 、24.7% 和 17.9% 的份额，占全部出口额的 98.1% ，说明我国收获机械出口依然以小型为主。

3. 低速汽车市场分析

我国低速汽车市场呈现出稳健小幅增长的特点，市场调查显示，2014 年我国累计销售各种低速汽车 292.35 万辆，同比增长 0.88% 。

从月度走势看，全年上半年出现较大波动，进入下半年，基本处在上升通道中。从季度走势看，在经历二季度的下滑之后，自第三季度开始走高，第四季度除 10 月出现小幅滑坡，11 月、12 月再度出现反弹行情。

（1）低速货车

2014 年，我国累计销售低速货车 42.26 万辆，同比增长 5% 。低速货车月度同比走势呈现出较为稳定的发展趋势，一季度月度同比起伏较大，二季度均在下滑通道中运行，三季度开始复苏，呈现逐月增长的特点，第四季度开始沿上行通道运行。

从低速货车区域市场分析，市场需求主要集中在前 9 个市场，占比 70.26%，较之 2013 年同期降低了 2.9 个百分点。从个案分析，河南、云南、四川、山东同比出现不同程度的增长，其中，云南同比增幅高达 102.65%，占比较 2013 年同期提高了 4.96 个百分点，成为成长性最好的市场。另外，江西、山西、湖北、河北、内蒙古出现不同程度的下滑，其中湖北与内蒙古下滑幅度达到 10.89% 和 16.87%，成为前 9 大市场中下滑幅度最大的市场。

低速货车市场排名前 8 的企业累计销售 31.87 万辆，同比增长 2.8%，占比 75.4%，较之 2013 年同期下降了 1.6 个百分点，市场集中度基本稳定。从各个品牌的表现看，除山东东方曼、北汽福田同比出现 48.6%、33.4% 的大幅度下滑外，其他品牌均呈现出不同程度的上扬。其中，山东五征同比增幅 47.9%，成为成长性最好的品牌。由此说明，低速货车市场前 8 名的竞争依然十分激烈。

（2）三轮汽车

2014 年，我国累计销售三轮汽车 250.09 万辆，同比增长 0.2%。从月度走势分析，除 3 月、4 月出现不同程度的下滑外，其他月度均呈现出不同程度的增长，呈现出企稳向上的发展特点。从月度环比分析，月度起伏较大，尤其 4 月，出现大幅度滑坡，之后进入较为稳定的轨道。

从三轮汽车区域市场分析，排名前 10 的市场，占比 90.86%，较之 2013 年小幅下滑 0.66 个百分点。从前 10 大市场的个案分析，河南、山东、山西、陕西、辽宁、江苏市场出现不同程度的增长，河南市场成为增幅最大的市场，同比增长 7.68%，其他市场均小幅上扬；其他市场出现不同程度的下滑，河北市场下滑幅度达到 10.52%，成为下滑幅度最大的市场。

从三轮汽车市场竞争特点分析，排名前 10 的品牌累计销售 247.61 万辆，同比增长 0.6%，占比 99%，较之 2013 年同期增长了 0.3 个百分点。说明三轮汽车市场集中度很高，并且进一步强化了这种竞争趋势。

从各个品牌的表现分析，山东时风以 39.4% 的份额占据着绝对的市场份额，2014 年同比与占比均小幅下降。五征依然保持着快速增长的发展态势，同比增长 16.1%，占比提高了 4.7 个百分点，成为前 10 大品牌中最具成长性的品牌。

4. 插秧机市场分析

2014 年插秧机市场销售 6.2 万台，同比下滑 25.8%。手扶式插秧机市场 4 行机出现大幅度下滑，同比下降 42.32%；与之相反，6 行、8 行机出现较大幅度增长，同比分别增长 203.85% 和 38.08%。乘坐式插秧机也出现类似现象，4 行机下滑幅度高达 62.87%，6 行、8 行机同比分别增长 29.2% 和 18.34%。插秧机市场需求大型化趋势特点突出。

从 2014 年插秧机市场的区域需求分析，需求前 10 的区域市场累计销售 58830 台，同比下降 23.9%，占比为 95%，较之 2013 年提高了 2.4 个百分点。从主力市场分析，苏沪、"两湖"区域依然是我国主流需求区域，苏沪区域市场出现 11.1% 的滑坡，湖南市场出现 33.3% 大幅度下滑，湖北出现小幅增长。

二、2015 年农机市场现状与展望

（一）一季度农机市场综述

1. 效益稳健运行，利润走出低谷

2015 年一季度，农机行业在全国 13 个子行业中，利润增幅排名第四位，高出平均增幅 7.64 个百分点。主营业务收入增幅排名第六位，高出平均增幅 0.75 个百分点，如表 9 所示。

表 9　　　　　机械行业 2015 年一季度经济效益对照表　　　　单位：亿元

序号		主营业务收入			利润总额		
		2015 年	2014 年	同比（%）	2015 年	2014 年	同比（%）
	全国合计	49694.8	47525.2	4.57	3140.1	3096.0	1.42
1	食品包装机械行业	156.2	137.7	13.41	8.4	6.3	32.71
2	机床工具行业	2215.3	2039.5	8.62	127.0	107.6	18.08
3	仪器仪表行业	1744.6	1594.8	9.39	115.1	105.3	9.26
4	农业机械行业	943.7	896.0	5.32	53.8	49.3	9.06
5	其他民用机械行业	2801.7	2699.6	3.78	144.3	136.5	5.75
6	重型矿山行业	2567.3	2529.3	1.50	130.4	124.0	5.17
7	文化办公设备行业	408.5	425.5	-4.00	14.3	13.7	4.23
8	电工电器行业	11466.6	10845.7	5.72	584.7	561.3	4.17
9	机械基础件行业	4214.4	3964.9	6.29	234.3	226.7	3.34
10	石化通用行业	4624.0	4454.0	3.82	271.3	270.1	0.42
11	汽车行业	16915.7	16129.0	4.88	1373.1	1378.6	-0.40
12	内燃机行业	517.7	516.9	0.15	37.4	39.4	-4.94
13	工程机械行业	1119.2	1292.2	-13.39	46.0	77.1	-40.40

2. 主营业务小幅上扬，利润总额回暖

2015 年一季度，我国农机行业呈现新常态下的鲜明特征，各项经济指标均呈现出稳步发展小幅上扬的特点。2372 家规模企业统计显示，过去三个月，累计实现主营业务收入 943.68 亿元，利润 53.78 亿元，同比分别增长 5.32% 和 9.06%。尤其是利润回暖，结束了 2014 年主营业务增长，利润负增长的尴尬局面，如表 10 所示。

表 10　　　　2015 年 1—3 月农机工业企业主要经济指标月报表　　　单位：亿元

名　称	2015 年	2014 年	同比（%）
主营业务收入	943.68	896.00	5.32
主营业务成本	807.53	769.43	4.95
利润总额	53.78	49.31	9.06
资产总计	2419.86	2242.70	7.90
负债合计	1281.45	1166.54	9.85
应收账款	335.90	329.14	2.05
流动资产合计	1352.31	1297.09	4.26

3. 农机行业内冷热不均

从 13 个子行业看，一季度，主营业务收入有 10 个子行业出现不同程度的增长，拖拉机制造、其他农、林、牧、渔业机械制造、棉花加工机械制造三个子行业出现下滑。10 个子行业的利润总额同比出现不同程度的增长，饲料生产专用设备制造、棉花加工机械制造、其他农、林、牧、渔业机械制造出现不同程度的滑坡。在这些下滑的子行业中，其他农、林、牧、渔业机械，棉花加工机械制造两个行业出现主营业务与利润双双下滑的情况，而拖拉机行业主营业务下滑，利润增长；饲料生产专用设备制造与之相反。

4. 农机出口增势良好，进口出现小幅下滑

一季度，我国农机进出口呈现出稳健发展的态势，海关统计显示，前三个月累计实现进出口额 34.13 亿美元，其中进口 5.19 亿美元、出口 28.95 亿美元，同比分别增长 6.32%、-4.96% 和 8.64%。分别高出平均增幅 6.59%、2.79%、2.79%。出口顺差 23.76 亿美元，在 13 个子行业中，农机出口排名第六位。

（二）全年展望

2014年我国农机市场进入转型深水区，传统产品诸如拖拉机、收获机械、插秧机均出现不同程度的下滑。其他子行业将进入转型期，即向大型、高端需求转化，向经济作物、收获后处理机械、山区丘陵机械等转化，这种转化将经历一个漫长的发展过程。2015年，将继续延续这种发展态势。

1. 拖拉机市场预测

2014年大中型拖拉机市场面临多年未有的严峻形势，刚性需求降低，市场趋于饱和。我国大中型拖拉机市场在农机补贴政策的刺激下，连续多年保持高位运行。年度需求量从2001年的3.5万台猛增至2013年的42.1万台，尤其自2004年之后，年度需求量逐年提高，年度同比增幅最高达91.4%。大中型拖拉机保有量也随之快速增长，截至2014年，我国大中型拖拉机保有量高达527.02万台，同比增长8.6%。机耕水平也随之攀升至76%，在平原区域基本实现耕作机械化。拖拉机市场需求动力由刚性需求逐渐过渡到市场更新的拉动。

大型拖拉机从需求量判断，今后几年增幅会在12万台左右徘徊，内部需求结构继续向大马力方向发展，由于大马力拖拉机的增量有限，同时又消化了部分70~100马力段的数量，决定了未来几年或将呈现出企稳走势。预计2015年或将出恢复性增长，并逐年递增。

中型拖拉机市场主要受市场周期性需求影响，呈现出规律性的变化。2015年或将出现小幅反弹，降幅收窄，预计销量达到25万台左右，增幅徘徊在5%上下。

2014年小型拖拉机受整体环境的影响，全年销售达到170万台左右，同比下降16%左右；2015年或将出现小幅反弹，达到175万台，增幅在3%~5%。

2. 收获机械市场预测分析

2015年上半年，我国收割机市场主要受小麦收割机以及南方双稻区等市场的拉动，加之2014年市场的大幅度下滑，为2015年市场的反弹提供了较为充足的动能。

从主要农作物收获机械的保有量看，稻麦保有量达到113.4万台，已经完全满足市场需求；玉米收割机保有量近年呈现快速增长态势，预计3年左右的时间也将进入饱和期。而牧草、花生等经济作物的保有量偏低，尤其甘蔗、棉花、甜菜、蔬菜等种植面积较大的经济作物，其保有量更低，由此可以得出这样的结论：未来的收割机市场向经济作物转移成为一种必然，也将成为政府政策扶持的重点。

从我国近年联合收割机市场走势分析，市场在 2011 年之后增幅趋缓，2013 年已经进入平台期，增幅逐年下降。预计 2015 年，增幅会进一步下降，估计销量在 50 万台左右，增幅在 5% 上下。

3. 插秧机市场预测

2015 年，插秧机市场克服了某些不利因素后，或将出现强势反弹，估计销量可望达到 8.5 万台，增幅在 10% 左右。

4. 低速汽车市场预测分析

2015 年一季度我国低速货车市场受春节因素影响或将出现下滑，二季度进入农忙季节，依然会对市场产生利空因素影响，预计其市场同比或将小幅波动，但稳健推进依然是市场的主调。

三轮汽车市场进入 2015 年一二季度或将出现大幅度波动，尤其是 2 月，受春节因素影响或将出现较大幅度下滑，3 月降幅会收窄，4 月或将出现反弹，但二季度受农忙的影响，市场或将调头下行。

5. 2015 年农机出口交货值预测

基于对 2014 年农机出口环境及农机出口交货值走势规律，2014 年出口交货值 318.4 亿元，同比 2.9%。2015 年，我国出口形势利好因素强烈，可望实现 380 亿元出口交货值，增幅在 10% 左右。

三、农机流通行业发展现状、趋势和政策建议

（一）农机流通行业基本情况

2004 年以来，随着农机化促进法的出台和农机购置补贴政策的实施，迎来了新的发展机遇期。实施购机补贴政策十年来，农机流通得到了长足的发展，流通主体覆盖面更广，流通方式创新不断加快，流通活力不断增强，服务理念不断更新，形成了保障供应、满足需求、优质服务的行业属性，在服务农业生产、增加农民收入、促进农村经济发展等方面发挥着重要作用。

十年来，随着农机购置补贴政策对农机市场的拉动，农机流通行业队伍不断扩大。农机流通企业 2003 年为 5558 家，2013 年达到 11375 家，2013 年比 2003 年翻了一番，年均增幅达 7.62%；农机经销点数量增长速度相对较慢，2003 年 70114 家，2013 年为 85342 家，年均增幅为 3.02%。农机流通从业人员，2003 年为 195471 人，2013 年达 281138 人，年均增长 4.38%。其中，

农机流通企业从业人员 2003 年为 58866 人，2013 年突破十万，达到 100098 人，年均增长 7.02%；农机经销点从业人员 2003 年 136605 人，2013 年达到 181040 人，年均增长 2.88%。

农机流通行业已形成了以民营和股份制企业为主体的流通格局，国有企业零零星星，屈指可数。主流品牌产品普遍实行销售服务一体化的专营专卖模式，即厂商在相应地区选择经销商，设置一级代理、二级代理。因此，连锁、代理等是农机行业现行的主要流通方式，农机专营店、农机品牌店、农机连锁店、农机交易市场比较普遍。

1. 大型化、品牌化、诚信好的农机流通企业，形成了行业的骨干力量

农机流通企业数量多，有许多是单一的销售企业，但那些实行销售服务一体化的企业才是农机流通的中坚和骨干。这些企业经营管理好，售后服务能力强，经营规模大，覆盖面较广，以经营一拖东方红、福田雷沃重工、久保田、迪尔等品牌产品为主，一般是某个或者多个主流品牌产品在某地区的一级经销商、代理商，有的还形成了区域性的流通服务品牌，甚至是全国品牌。这些企业普遍销售过亿，大的几十亿上百亿。

2. 农机连锁企业发展速度趋缓

农机连锁经营是农机流通的新兴模式，初始发展较快，近两年在发展中遇到一些困难，比如购机补贴回款较慢，资金占用多，而实行全额购机后，农民购机需求延缓，同时受农机产业结构调整的影响，市场有所回落，包括厂商对连锁企业无特殊的经销代理优待政策等制约因素，连锁扩张的速度处于调整和求稳状态。最大的有 200 多家直营店的连锁企业吉峰农机连锁有限公司，2013 年和 2014 年连续两年亏损。在 2013 年巨亏之后，吉峰农机开始调整店面，2014 年半年报显示，吉峰农机战略转型与业务调整，加快"关、停、并、转"优化工作，现有基层直营店中，已注销 7 家，停止经营待注销 31 家，主要分布于四川、云南、广东、广西等南方区域。江苏苏欣农机连锁有限公司、江苏利华农机连锁有限公司发展较稳，目前前者有连锁店 40 多家，后者近 20 家，连锁店都主要分布在其本省区域内。江苏三农农业装备有限公司已经放弃了上市的打算，停止了连锁扩张。从这几个农机连锁企业发展状况看，基于农机产品的特性，全国连锁的难度较大，区域性的连锁比较稳健。

3. 推动农机品牌店发展

随着农机化的发展，农机产品市场集中度逐步提高，高性能、大中型农机产品不断增多，农机生产企业和流通企业重视品牌战略，重视销售终端形象和服务质量，着力农机品牌店建设。为了引导和规范农机品牌店发展，商

务部制定了《农业机械品牌经销店技术规范和等级划分》行业标准，规定了农业机械品牌店的基本要求、经营服务要求及其等级划分，对整机销售、配件供应、售后服务、信息反馈、技术培训"五位一体"功能，从硬件到软件均提出了具体的规范和要求。该标准 2014 年 3 月 1 日正式实施。农机品牌店营销模式的推广和发展，增强了企业的品牌形象和竞争力，使农机销售服务向规模化、专业化、专营化、标准化方向发展，对于改善流通环境、增强企业售后服务能力、规范农机维修配件市场经营秩序起到了重要的作用。

4. 推动农机交易市场建设升级换代

农机交易市场是农机流通行业的重要业态。随着农机需求的变化和结构的调整，目前存在两个突出问题：一是一些新建市场有场无市，入驻经销商寥寥无几。如安徽阜阳农机大市场、安徽宿州农机大市场、河南长葛新农机市场。有的是可行性分析未做好，所在地农机市场容量较小，农机经销商少且规模小；有的是缺乏强有力招商措施包括政府规划和干预措施；有的是前期设计没跟上农机发展趋势，市场规划和建筑形态适合经销配件和小型机具，而不适合经销中大型机具。因此新建市场选址和定位很重要。新建的固原农机物流园、新疆农机产业园等市场，在选址、规划、定位、招商等方面做的比较好，发展比较稳健。二是老市场基础设施陈旧落后，要持续发展，需要升级改造，适应商户的新需求。如河北庞口汽车配件城和大陆村农机市场准备进行扩建改造。有些原先较兴旺老市场因市场影响和服务管理跟不上等因素，如辛集农机市场、南京金苏皖物资城、山东庆云农机市场等目前遇到一些困难。合肥裕隆农机大市场 2014 年在定位上作出战略转型，重点向工程机械交易市场方向发展。总之，优胜劣汰，适者生存，近几年农机交易市场出现了新的变化，有的稳步向前，有的艰难前行。目前，发展较好的二十大市场基本情况，如表 11 所示。

表 11   **二十大农机交易市场基本情况**

序号	市场名称	营业面积（万平米）	商户数（个）	年交易额（亿元）
1	庞口汽车农机配件城	25	2000	200
2	黑龙江省汽车农机大市场	6	200	38
3	金三角现代物流市场·西北农资城	7.5	300	36

序号	市场名称	营业面积（万平米）	商户数（个）	年交易额（亿元）
4	河南省长葛市金桥农机商贸市场	12	400	22
5	湘中农机机电大市场	3.33	500	22
6	大陆村农机市场	3.8	1100	20
7	银地·徐州农机汽车大市场	10.2	276	18
8	安庆青园农机五金机电城	3.5	360	18
9	江西省农机大市场	5	150	15
10	好顺路农机市场	3.3	125	15
11	黄冈青园国际农机机电大市场	4.2	1180	12
12	新疆天兴汽配城	6	800	11
13	常州农机机电市场	5.6	160	10
14	中机（长春）物流科技园	6	240	10
15	湖北农机市场	2.2	98	10
16	固原农机物流园	12.5	256	8
17	平度市农机及配件市场	8	98	7
18	新疆农机产业园	2.6	14	5
19	运城市农机大市场	5.26	16	3.2
20	山西省长治市农业机械总公司农机大市场	7.5	20	2.45
	合计	139.49	8293	482.65

（二）农机流通新动向

目前，农机流通除了农机连锁模式、品牌店专卖模式、大市场（交易市场）模式外，随着农业生产方式的改变、客户群体的变化、互联网的广泛应用等，农机流通出现了新动向，孕育或萌生一些新模式，如金融租赁、电子商务、大客户直销等。

1. 金融租赁模式

中国农机市场面对的消费者以及对大型农机具的需求决定了该营销模式

的产生。大型农机具能大幅度提高生产效率对农民产生了很大的吸引力,潜在需求大,但农民是低收入阶层,购买力低,制约了需求的实现。为了刺激市场需求,激发市场潜力,诸如中国一拖、福田雷沃、约翰迪尔、凯斯纽荷兰等一大批企业引入金融机制,使金融与农机市场融合更加密切,银行、融资租赁、金融信贷、信用担保等大批的金融机构进军农机行业,使农机营销模式创新成为可能,金融作为撬动现代工业重要手段,正成为推动农机行业转型的重要力量。2015 年中央一号文件及时提出,推进农村金融体制改革,开展大型农机具融资租赁试点,将会促使农机金融租赁模式有更好的发展。

2. 农机电子商务模式

农机电子商务的经营模式在我国农机领域正处于广泛关注和探索中。虽然农机的特性和消费群体的属性增加了开展农机电子商务的难度,其过程也许还相当漫长,但仍然对电子商务在农机流通领域发挥更大的作用寄予希望。从长远来看,农村市场将是电子商务的蓝海,淘宝、京东、苏宁易购等传统的电商巨头已经开始布局农村市场,相信随着农村用户消费观念的改变,和农村物流的迅速发展,农机行业的电子商务也会在不久的将来成为电商领域一颗璀璨的新星。

早些年,很多企业拥有自己的网站,开展宣传活动,主要以信息发布和宣传为主,但还没有实现网上购物的功能。近两年,电子商务与农机生产经营的嫁接与应用,已有部分企业付诸实施。诸如号称第五代电子商务市场——东北农机大市场,就开设了东北最大的农机电子商务交易平台——东北农机网。该平台开通了 400 农机服务热线,消费者可足不出户完成农机咨询,网上订购,送货上门的商务交易新模式。又如中国农业机械化信息网推出的河北庞口农机配件市场,经营农用车、收割机等 6 大类 20 万余种农机配件,年成交额达 20.3 亿元。河南长葛也开始筹建农机零部件采购的电子商务市场。目前我国一些农机专业网站也开始打造网上电子商务平台,这将进一步推动农机电子商务的发展。

3. 基于大客户的直销与体验试营销模式

随着农机市场竞争的加剧,各个生产企业更加注重与市场终端的高度融合,一些大型企业首先在企业内部的组织结构上进行了改进,成立的大客户部,以适应不断发展的农机合作社、农机大户、家庭农场等。更有一些企业直接与农机大客户结成联盟,市场销售直插终端。

由于直销直接面对客户,减少了仓储面积并杜绝了呆账,没有经销商和相应的库存带来的额外成本,因而可以保障公司及客户利益,加快成长步伐。

体验式营销与直销模式密切相关。近年，随着农机消费对象的理性化消费的增强，体验式营销模式进入一些农机生产企业的法眼，福田雷沃成为该营销模式的突出代表和践行者。过去一年，他们分别在全国不同区域召开用户代表会议，实现与用户的直接互动，为客户造就"难忘的体验"，以赢得用户的忠诚，维持企业长远发展。将来国内会有越来越多的优秀农机企业会直接转入体验式营销。

4. 农场营销模式

农机生产企业直接经营或参股经营农场，这两年成为一个新的潮流。福田、中联、常林等厂家在农场营销模式上已经迈出了较大步伐。这种模式的出现，核心是在转换农机制造商和农机使用者的身份。对农机生产企业来说既是一种营销上的有效创新，也是一种企业发展战略的巨大挑战。

（三）政策建议

1. 制定《农机流通管理办法》

贯彻中共中央《关于全面推进依法治国若干重大问题的决定》中关于"依法加强和改善宏观调控、市场监管，反对垄断，促进合理竞争，维护公平竞争的市场秩序"精神，加快农机流通行业立法进程，制定《农机流通管理办法》，依法加强农机流通行业管理，规范经营，促进发展，服务"三农"。《农机流通管理办法》要确立农机流通企业基本要求、农机销售服务规范、农机销售和维修责任、企业信息公开公示等制度，要求农机流通企业必须按照《农业机械化促进法》《农业机械安全监督管理条例》上位法的要求，建立健全农机销售服务体系，满足农民用户的需求，保障用户的人身财产安全。

2. 制定《农机销售代理技术规范》行业标准

目前，国内大多数农机生产企业产品销售实行的是经销商代理制度，产品以生产企业为起点，中间环节是经销商，终点是用户。经销商分一级代理、二级代理。但生产企业在营销管理上存在不规范现象。一是市场营销缺乏规划，为争夺市场，四面八方开花设立经销商；二是担心大经销商难以控制失去话语权，而在同一区域设立多个经销商，制约经销商做大做强。三是不乏因区域销售主管私人关系或为寻租而随意设立经销商。销售代理制度的不规范，代理区域不明确，造成经销商数量过多，市场秩序往往容易混乱。因此有必要制定《农机销售代理技术规范》，规定农机销售代理制的有关要求，明确经销商选择的条件、代理范围的设定、销售代理规则和约定、销售和服务要求、客服费用核定等技术规范。

3. 支持农机流通基础设施建设，发展农机品牌店

通过农机品牌店的建设，农民用户深受其益。软件方面，企业在配件供应、维修服务、培训服务等方面水平和能力的提高，受益的是农民用户；硬件方面，企业店面形象和各种条件的改变，为用户创造了良好的购物环境；良好的仓储条件，农机免受风吹日晒，防尘防绣防蚀，能保持出售机具良好的外观和性能，农民用户也受益。因此，希望政府能切实落实国务院有关文件精神，支持农机流通基础设施建设，加快推进农机品牌店建设发展。

（中国农业机械流通协会　李贵元　张华光）

2014—2015 年汽车流通回顾与展望

2014 年，世界经济形势错综复杂，发达国家经济复苏进程缓慢，新兴市场国家经济增速放缓，我国经济下行压力加大。

目前我国正处于经济增长速度换挡期、结构调整阵痛期、前期刺激政策消化期的"三期叠加"阶段。在经济运行"新常态"下，流通作为国民经济的先导性产业和基础性产业，在国民经济中发挥着重要作用，而汽车流通产业也在指导汽车生产、引导汽车消费等方面，为国民经济发展做出了应有的贡献。

一、2014 年我国汽车市场发展总体概述

（一）新车市场增速放缓

在经历了 2011 年、2012 年低速增长与 2013 年的恢复性增长之后，2014 年的汽车市场呈现出先抑后扬的态势，如图 1 所示。

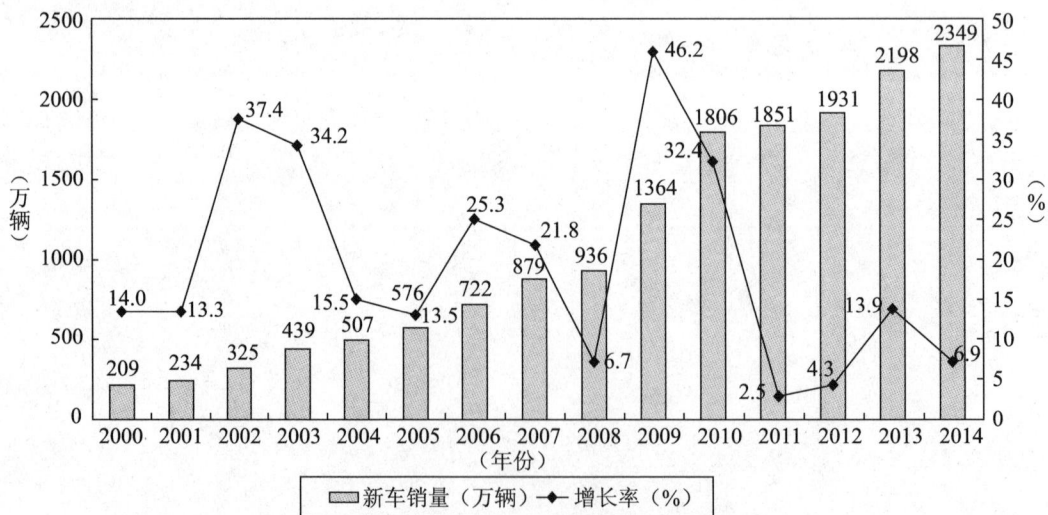

图 1　2000—2014 年汽车销量及增长率

　　2014 年，我国全年累计生产汽车 2372.29 万辆，同比增长 7.26%，销售汽车 2349.19 万辆，同比增长 6.86%，产销同比增长率较 2013 年分别下降了 7.5 和 7.0 个百分点。其中，乘用车产销 1991.98 万辆和 1970.06 万辆，同比分别增长 10.15% 和 9.89%，产销同比增长率较 2013 年分别下降了 6.35 和 5.82 个百分点；商用车产销 380.31 万辆和 379.13 万辆，同比分别下降 5.69% 和 6.53%，同比增长率较 2013 年分别降低 13.25 和 12.93 个百分点。2014 年分车型产销情况为，基本型乘用车（轿车）产销增速均为 3.1%；运动型多用途乘用车（SUV）产销增速分别为 37.7% 和 36.4%；多功能乘用车（MPV）产销增速分别为 49.4% 和 46.8%；交叉型乘用车产销分别下降 20.6% 和 18.1%（见图 2）。

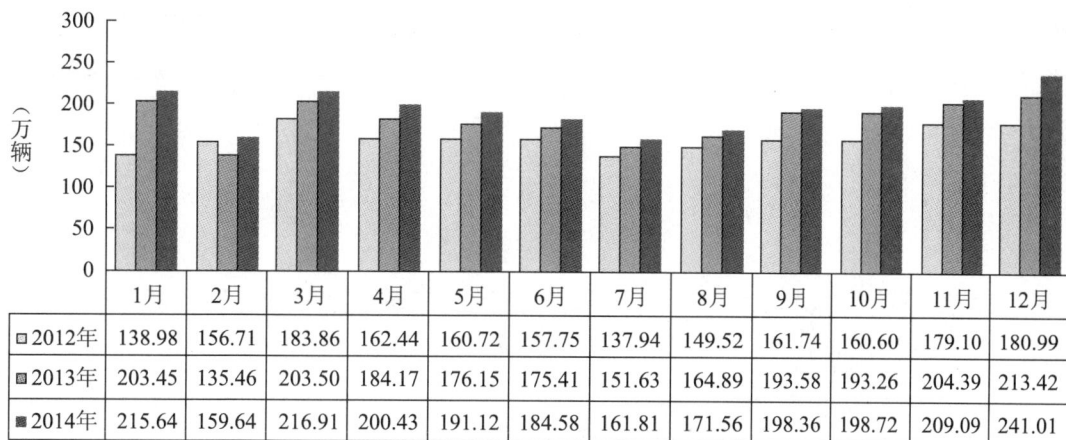

（万辆）	1月	2月	3月	4月	5月	6月	7月	8月	9月	10月	11月	12月
2012年	138.98	156.71	183.86	162.44	160.72	157.75	137.94	149.52	161.74	160.60	179.10	180.99
2013年	203.45	135.46	203.50	184.17	176.15	175.41	151.63	164.89	193.58	193.26	204.39	213.42
2014年	215.64	159.64	216.91	200.43	191.12	184.58	161.81	171.56	198.36	198.72	209.09	241.01

图 2　2012—2014 年月度汽车销量

　　2014 年各细分市场呈以下特点：

　　1. 新能源汽车发展取得重大进展

　　建立健全了新能源汽车推广的组织领导统筹协调机构，完善了新能源汽车扶持政策体系。建立由工业和信息化部牵头、18 个部门参加的节能与新能源汽车产业发展部际联席会议制度。国务院办公厅印发了《关于加快新能源汽车推广应用的指导意见》，相关部门出台了免征车购税、充电设施建设奖励、推广情况公示、党政机关采购等一系列政策措施，实施了新能源汽车产业技术创新工程，发布了 78 项电动汽车标准，提振了汽车行业发展新能源汽车的信心。2014 年，300 多款新车型上市，全年生产 8.39 万辆，同比增长近 4 倍，其中 12 月生产 2.72 万辆，创造了全球新能源汽车单月产量最高纪录。2014 年，我国新能源汽车产业发展从导入期进入成长初期。

2. 1.6升及以下排量乘用车市场稳定发展，节能环保乘用车市场快速增长

2014年，1.6升及以下排量乘用车市场占有率基本持平，小排量汽车市场占有率逐步回升。2014年，1.6升及以下排量乘用车共销售1314.60万辆，同比增长10.25%；占乘用车销售市场的66.73%，较2013年增长0.22个百分点；占汽车销售市场的55.96%，较2013年增长1.75个百分点。

2014年9月，发改委、工信部、财政部发布了《节能产品惠民工程节能环保汽车（1.6升及以下乘用车）推广目录》（第一批），共163款车型。据机动车整车出厂合格证统计，9—12月，共生产56.7万辆。

3. 乘用车自主品牌市场份额下降

2014年，自主品牌乘用车销售757.33万辆，同比增长4.1%，占乘用车销售市场的38.4%，市场份额同比下降2.1个百分点。其中自主品牌轿车销售277.44万辆，同比下降17.4%，占轿车市场的22.4%，市场份额同比下降5.6个百分点（见图3）。

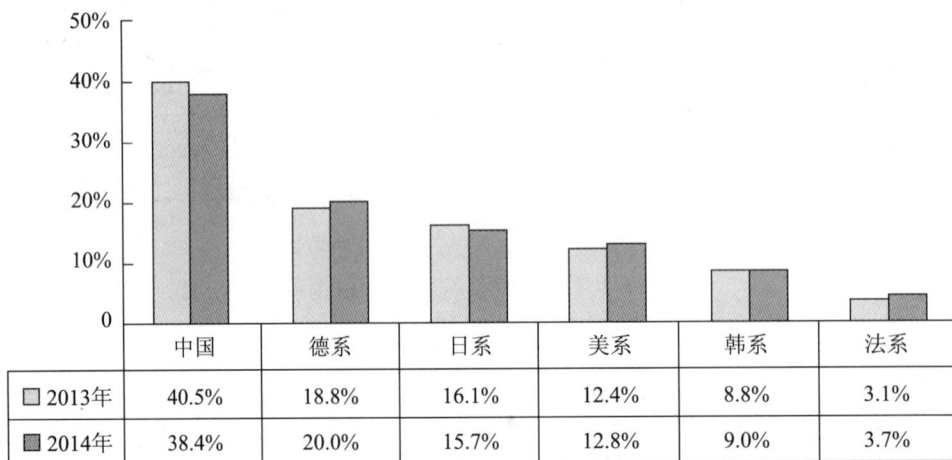

	中国	德系	日系	美系	韩系	法系
2013年	40.5%	18.8%	16.1%	12.4%	8.8%	3.1%
2014年	38.4%	20.0%	15.7%	12.8%	9.0%	3.7%

图3 2014年乘用车各系别市场份额

4. 汽车生产企业经济效益持续向好

2014年汽车工业重点企业（集团）主要经济指标快报显示，主要指标呈现较快增长态势，其中工业总产值、营业收入和实现利税总额比上年同期均呈现10%以上的增长。

5. 大型汽车工业企业集团产业集中度进一步提高

2014年，6家汽车生产企业（集团）产销规模超过100万辆，其中上汽

销量突破 500 万辆，达到 558.37 万辆，东风、一汽、长安、北汽和广汽分别达到 380.25 万辆、308.61 万辆、254.78 万辆、240.09 万辆和 117.23 万辆。前 6 家工业企业（集团）2014 年共销售汽车 1859.33 万辆，占汽车销售总量的 79.2%，汽车产业集中度同比增长 2.6%，如图 4 所示。

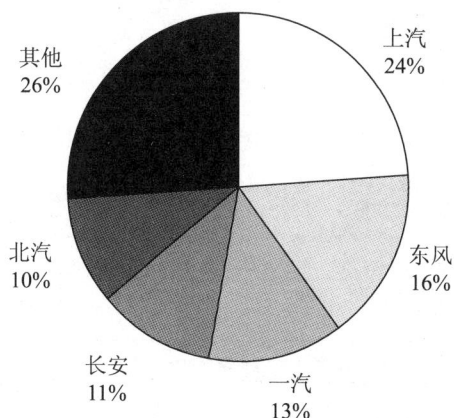

图 4 2014 年国内汽车销售市场占有率

我国汽车销量前十名的汽车工业企业集团共销售汽车 2107.65 万辆，占汽车销售总量的 89.7%，汽车产业集中度同比增长 1.7%。

6. 汽车整车出口同比下降

2014 年，我国汽车整车累计出口 90 万辆，同比下降 2.7%，出口车总额为 775 亿元。

（二）二手车市场保持高速增长

2014 年我国二手车市场继续保持高速增长，增速超过新车。据中国汽车流通协会对全国 500 余家重点二手车交易市场统计，2014 年全国共交易二手车 605.29 万辆，累计同比增长 16.33%。从二手车市场的主要交易品种上看，1—12 月共交易二手轿车 351.43 万辆，同比增长 15.25%；客车 90.27 万辆，同比增长 16.63%；载货车 76.74 万辆，同比增长 14.85%；越野车 20.33 万辆，摩托 12.76 万辆；其他车型共交易 53.76 万辆，如图 5 所示。

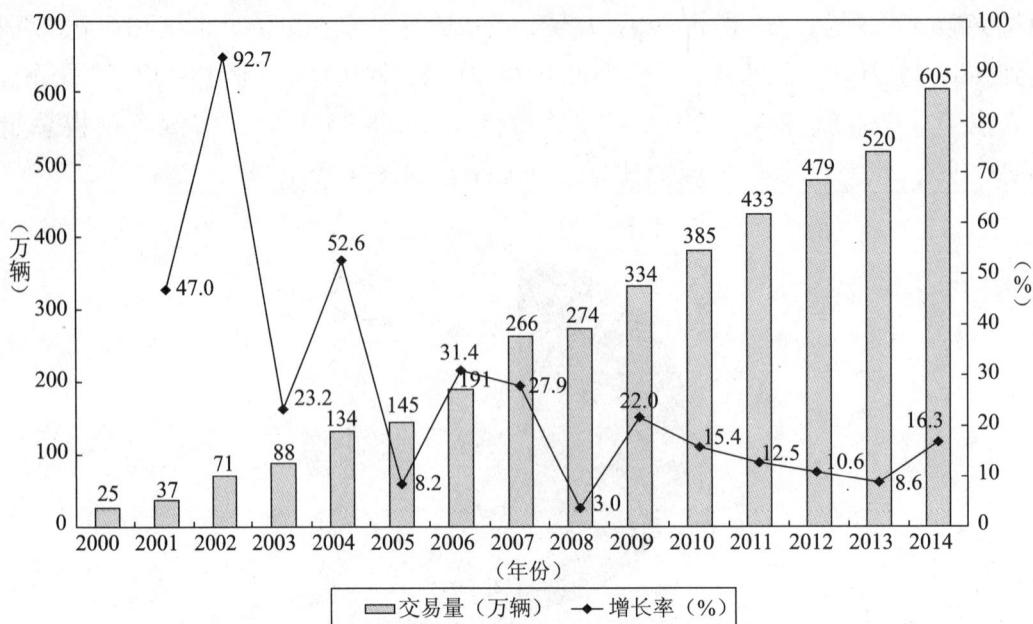

图5　历年二手车市场交易数据

纵观2014年二手车市场发展，主要呈现以下特征：

1. 二手车交易车型结构相对稳定，乘用车仍为主流

从各车型交易量占总交易量的比例变化情况来看，2014年二手MPV、SUV以及二手客车占交易总量比例与2013年同期相比有所上升，分别增加了0.29个百分点、0.15个百分点与0.04个百分点。其中二手乘用车交易量占比为68.04%，乘用车仍为二手车交易主流（见表1）。

表1　　　　　　　　2014年各车型占总交易量的份额表　　　　　　单位：%

车型分类	乘用车				商用车		其他车	低速载货车汽车三轮汽车	挂车	摩托车
	基本型乘用车	多功能型MPV	运动型多用途SUV	交叉型乘用车	货车	客车				
2014年	58.06	4.61	3.36	2.01	12.68	14.91	1.50	0.16	0.61	2.11
2013年	58.61	4.32	3.21	1.60	12.84	14.87	1.45	0.20	0.87	2.03

从二手车市场的结构特点来看，2014年二手私人用车依然占据市场主要地位，共交易556.26万辆，其中轿车占58.06%。1—12月二手车市场共交易国产车568.47万辆，进口车36.82万辆，二手车市场交易依旧以国产车为主体。从车龄分布状况看，3～10年车型共交易了429.23万辆，占总交易量的

70.91%，目前，二手车市场成交车型车龄构成基本稳定（见表2）。

表2　　　　　　　　　　2014 年二手车交易类型份额表　　　　　　　单位：%

年份	直接交易比例	委托交易比例	异地转移登记比例	本地交易比例	私家车比例	国产车比例	3 年以内比例	3～10 年比例	10 年以上比例
2014	77.36	22.64	21.92	78.08	77.76	93.76	22.55	70.13	7.29
2013	72.26	27.74	19.59	80.41	90.34	93.62	21.07	72.53	6.40

2. 二手车市场集中度同比提高

2014 年二手车交易量排名在前 5 位的省市交易量之和占全国总交易量的 53.77%，集中度相比去年同期增加 2.4 个百分点；排在前十位省市的交易量占全国总交易量的 76.17%，集中度与去年同期相比增加 0.19 个百分点。

2014 年二手车交易量位列前十的省市市场变化情况，如表 3 所示：

表3　　　　　2014 年二手车交易量前十名省市交易量与同比增长率

省市	2014 年交易量（辆）	同比增长率（%）
广东	1076608	27.46
四川	673438	37.22
北京	548546	12.19
山东	508253	10.23
河南	447529	17.39
上海	430778	11.22
浙江	357759	10.65
云南	206207	9.04
重庆	183059	23.43
陕西	178314	20.90

3. 二手车市场交易额大幅增长

2014 年我国二手车市场交易额为 3675.65 亿元，相比 2013 年增长 26.03%。其中乘用车交易额 2264.21 亿元，客车交易额 452.89 亿元，载货车交易额 334.76 亿元，SUV 交易额 300.17 亿元（见图6）。

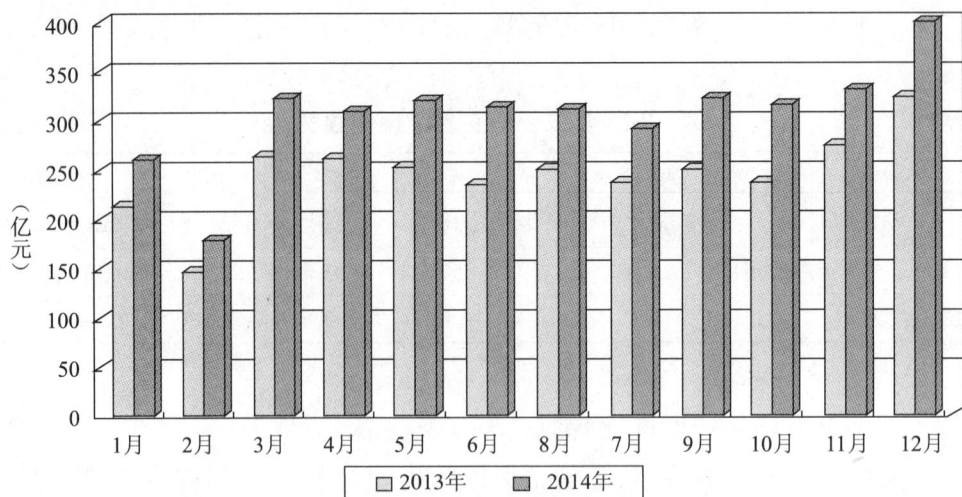

图6　2013年、2014年二手车月度交易额变化情况

4. 二手车平均交易价格（静态）变化情况

2014年全国二手车平均交易价格为6.07万元，比2013年同期增长了0.46万元。基本型乘用车（轿车）平均交易价格为6.44万元，比2013年同期增长0.7万元；客车平均交易价格为4.72万元，比2013年同期增长0.51万元；货车平均交易价格为4.36万元，比2013年同期增长0.26万元；运动型多用途SUV平均交易价格为14.76万元，与2013年同期相比下降1.4万元（见图7）。

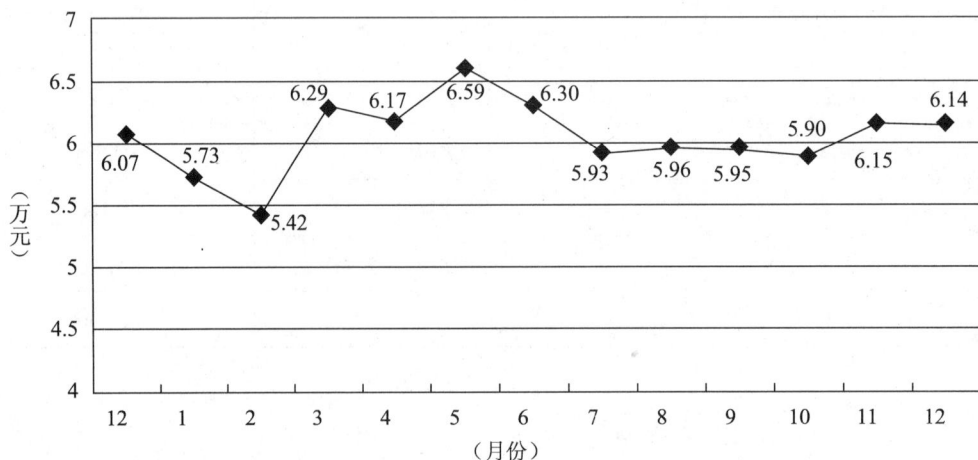

图7　2013—2014年二手车交易月平均价格

5. 二手车市场引起资本高度关注

2014 年二手车市场发展中资本参与度上升，O2O（线上到线下）模式、汽车经销商集团＋汽车服务网站＋交易平台模式的合作模式成为主流。

6. 二手车经营模式多元化，交易手段多样化

随着我国二手车市场的逐步发展，二手车经营模式也呈多元化的发展趋势，由过去单一的场内交易，逐步演变为目前有形市场、经销商集团二手车业务、品牌二手车、二手车独立经销商、网上拍卖与交易服务平台等多种经营模式相结合的态势，并随之带来互联网直接交易、网上交易服务平台、二手车寄售寄卖、二手车检测鉴定评估服务等交易手段的丰富。

总体看来，我国二手车发展已经呈现出经营服务品牌化、多种业态相互融合等特点。

（三）进口汽车市场增速放缓，面临全面调整

2014 年我国累计进口汽车 142.3 万辆，同比增长 21.6%，2012 年、2013 年进口总量的同比增速分别为 8.8% 和 7.3%。虽然进口总量同比增长，但销售量不容乐观。2014 年进口车累计终端销量为 115.75 万辆，比 2013 年增长 13.2%。供给和需求的不平衡导致了库存深度持续加深，11 月、12 月库存深度达 4.2 个月，超过了 2012 年的库存高峰值。

2014 年经销商普遍经营压力增大，从 2010 年前七成经销商盈利到目前仅三成盈利。中国汽车流通协会发布的数据显示，41.48% 的经销商利润在正负 5% 之间，其中有 9.87% 的经销商严重亏损，仅有 20% 经销商对 2014 年企业经营状况表示满意。

从车型来看，进口车销量排名前 10 位中有 9 款 SUV 车型，SUV 依然是进口车市场绝对主导车型，市场份额从 2013 年的 61.9% 增加到 2014 年的 63.3%，且仍保持着 24.5% 的高增速。

二、2014 年汽车流通行业特点

2014 年对于我国汽车市场来说，是极不平静的一年。在国家宏观调控的大背景下、在外部环境与内在因素的多重作用下，汽车市场发生了重大的变化。而政府部门出台了一系列政策、措施，也将对汽车市场的格局产生重大的影响，对目前的汽车流通模式带来巨大的变化。

由于我国汽车产销处于总量较高的阶段，市场虽然保持中速增长，但已

出现由单一的新增需求驱动，逐步转变为新增需求与置换需求的两轮驱动特征，买方市场开始显现。

在这样背景下，2014年我国汽车流通行业运行呈现以下特点：

一是汽车流通行业资源进一步整合，行业集中度继续提高。

2014年发布的"中国汽车流通行业2013年度百强排行榜"数据表明，2013年百强企业营业收入同比增长16.5%，高出GDP增长近9个百分点，超出汽车类商品零售增长6个百分点。2013年汽车类零售值占限额以上零售总额的26%，其中百强企业的零售额占汽车类的39%，成为汽车零售的主力。

相比2009年，营业收入达百亿元的经销商集团从11家增长到2013年的31家，500亿级集团数量从无达到4家，排名第一的经销商集团收入从355亿元增长到超过800亿级规模。

2013年百强企业中品牌经销商数量为4954家，同比增长13.8%，而同期全国品牌经销商数量为22518家，同比下降6.5%；新车销量为514万台，增长17.1%，而同期全国新车销量为2198万台，同比增长13.8%。百强企业的品牌经销商数量和新车销量增长均高于全国水平，显示出百强企业的行业集中度进一步提高。

二是我国汽车市场已经告别高增长时代，将步入低速增长或微速增长时期。汽车市场已经由卖方市场转变为买方市场格局，市场开始走向成熟。汽车市场整体供大于求，汽车生产厂家产能过度释放与市场需求相对不足成为市场主要矛盾。受目前我国汽车产销体制影响，汽车经销商普遍库存高企，亏损面增大。

三是汽车流通行业企业社会贡献度不断提高。

汽车产业作为国民经济的支柱产业，对我国社会经济发展做出了杰出贡献。随着汽车流通行业近年来的高速发展，行业内企业的社会贡献度也同步提高。

以作为汽车流通行业企业代表的百强企业为例，2013年度百强企业纳税总额再上新台阶。2013年百强企业纳税总额达510亿元，同比增长34.2%，全国财政税收同比增长9.8%，超出全国水平24个百分点。2013年度百强企业吸纳就业人数增长迅速。2013年百强企业吸纳就业人数同比增长9%，年人均收入超过全国城镇人均收入的60%，就业人数和人均收入均创新高。

四是我国经济运行进入了新常态，汽车市场与汽车流通行业也迎来了新的、更多的机遇和挑战。

第一，政策层面。2014年，汽车行业政策频发，将对行业未来发展产生重要影响。国家政府部门在汽车行业的反垄断调查、停止汽车总经销商、授权经销商工商备案制度、汽车品牌管理办法的修订、落实汽车三包规定专项活动、二手车鉴定评估技术规范国家标准的实施、国家鼓励新能源汽车的政策出台、十部委关于汽车维修方面文件的颁布等，在汽车流通行业引起了强烈反响。这些新政的出台，对汽车产业、汽车市场、汽车流通行业的格局将带来一定的影响和变化。也将有利于引导市场公平有序竞争，有利于行业的规范发展和行业的诚信自律建设，有利于消费者合法权益的保护，有利于产业的技术进步和零供关系的构建，更有利于行业实现市场主体多元化、市场业态多元化的发展，行业的活力将进一步得到激发和释放。

第二，新产品、新技术带来的市场结构改变。以新能源汽车为代表的新产品、新技术将会改变当前汽车市场结构，也将为市场带来更多机遇。

第三，互联网技术为汽车行业带来变革。互联网，特别是移动互联网正在逐渐渗透社会生活的各个领域，并改变着消费者的消费习惯，也势必为汽车行业带来更多的挑战与机遇。

三、2015 年我国汽车市场展望

（一）2015 年乘用车销量保持稳定增长

2015 年一季度我国汽车产销增速稳中趋缓。一季度，汽车产销分别完成620.16 万辆和 615.30 万辆，比 2014 年同期分别增长 5.3% 和 3.9%，增幅比2014 年同期分别回落 3.9 和 5.3 个百分点。

一季度乘用车产销分别完成 531.01 万辆和 530.51 万辆，比 2014 年同期分别增长 10.7% 和 9%。乘用车四类车型产销情况与上年同期相比，SUV 产销继续保持高速增长，分别为 48.6% 和 48.8%；MPV 产销增速超过 10%，分别为 14.6% 和 19.3%；轿车生产增长 2.4%，销售下降 0.4%；交叉型乘用车产销分别下降 15.1% 和 17.8%。

一季度商用车产销分别完成 89.15 万辆和 84.79 万辆，比 2014 年同期分别下降 18.4% 和 19.5%。分车型产销情况看，客车产销比 2014 年同期分别增长 7.4% 和 3.4%，货车产销比 2014 年同期分别下降 21.8% 和 22.7%。

一季度新能源汽车生产 27271 辆，销售 26581 辆，同比分别增长 2.9 倍和2.8 倍。其中纯电动汽车产销分别完成 16113 辆和 15405 辆，同比分别增长3.8 倍和 3.7 倍；插电式混合动力汽车产销分别完成 11158 辆和 11176 辆，同比增长均为 2.1 倍。

一季度中国品牌乘用车共销售 229.22 万辆，同比增长 20.8%，市场占有率比 2014 年同期提升 4.2 个百分点。中国品牌轿车共销售 71.04 万辆，同比下降 2.3%，市场占有率比 2014 年同期下降 0.5 个百分点；中国品牌 SUV 共销售 72.89 万辆，同比增长 108.3%，市场占有率比 2014 年同期提升 16.1 个百分点；中国品牌 MPV 共销售 52.79 万辆，同比增长 24.7%，市场占有率比 2014 年同期提升 3.9 个百分点。

预测，2015 年中国汽车全年销量为 2513 万辆（其中包括出口量 86 万辆），增速为 7%。

（二）2015 年二手车市场有望实现新跨越

2015 年二手车市场有望实现高速增长，二手车交易规模将突破千万辆并有望以接近 20% 的增长率使交易量接近 1100 万辆，我国二手车市场即将步入千万辆时代。

在此基础上，未来五年内二手车相对于新车市场的附属地位将得到改变，二手车市场与新车市场平分秋色，并达到新车销量与二手车销量 1∶1 的比例关系，中国汽车市场整体将步入成熟期。

（三）政策环境将进一步促进新能源汽车发展

由于政策的延续性，2014 年出台的一系列促进新能源汽车发展的政策措施会继续对 2015 年的新能源车市场产生影响。

第一，目前工信部出台的三批《免征车辆购置税的新能源汽车车型目录》和对用电实施价格上的优惠会对新能源车的消费起到促进。

第二，《政府机关及公共机构购买新能源汽车实施方案》要求 2014—2016 年，公务车采购中新能源车比例不低于 30%，逐年提高。充电接口与新能源汽车数量比例不低于 1∶1。因此公务机构的新能源汽车购买也会对整体市场起到推动。

第三，《节能与新能源汽车产业发展规划（2012—2020）》要求 2015 年纯电动车和插电式混合动力汽车产销达到 50 万辆，政府已经把新能源汽车作为重点支持的新兴产业。

预计 2015 年我国的新能源汽车销量将继续保持高速增长。

（四）进口车市场增长速度将进一步放缓

2015 年 1—3 月累计进口汽车 25.8 万辆，同比负增长 17.1%；1—3 月经销商交付客户进口车同比负增长 19.4%；1—2 月进口车市场销售上牌 22.3 万辆，同比下滑 2.9%；行业及经销商库存再现严重情况，2 月进口车行业库存 4.8 个月，经销商库存 3.4 个月。

2015 年，进口车企业将快速引入畅销车型进行国产，也将影响到进口车的整体销量。2015 年进口车市场将有 60 款新车投放，但交易量较大的全新车型数量有限。相反，由进口转国产的车型数量却在进一步扩大，进口车市场的销量规模在今年还会进一步缩小。

预计 2015 年进口汽车市场需求增速将进一步放缓，行业结构调整将继续深化。

（五）自主品牌在 SUV 和 MPV 市场表现值得期待

2014 年 SUV 车型销量达到 408 万辆，同比增长 46.4%；MPV 车型销售 191.43 万辆，同比增幅高于乘用车其他车型，达到 46.79%。我国自主品牌表现在经历"12 连降之后"，2014 年下半年逐渐企稳回升，尤其是在 SUV 和 MPV 两个细分市场上，自主品牌的销量增长率分别达到了 50.9% 和 48.0%，增速高于汽车市场整体增速。2014 年，有 4 款自主品牌车型进入 SUV 销量前十，12 款车型进入销量前二十。SUV 和 MPV 成为 2015 年自主品牌最值得期待的细分市场。

（六）汽车维修市场格局有望改变

国家十部委联合印发了《关于促进汽车维修业转型升级提升服务质量的指导意见》（以下简称《意见》），《意见》的出台表明了政府促进市场充分竞争的立场，可以预见汽车经销商将在未来面临更大的挑战，同时也将获得更多的发展机遇。

2015 年是我国汽车市场深入改革的一年，是汽车流通行业继续转型升级的一年。预计我国新车市场销量将保持 7% 左右的增长速度；二手车市场增速将会达到 15% 左右，交易量将突破 1000 万辆；新能源汽车市场将继续呈现高速增长态势；进口汽车市场增长率将会保持个位数的低速增长。

（中国汽车流通协会　肖政三）

2014—2015 年煤炭流通回顾与展望

2014 年由于我国煤炭产能建设超前，生产规模持续快速增长，进口总量依然较大，相关下游行业市场需求不旺，煤炭市场供大于求矛盾突出，全产业链各环节库存长期维持高位，市场价格几乎逐月下滑，企业效益下降，大量煤企陷入经营困境。

展望 2015 年，我国经济增速将进一步放缓，国家调控能源消费总量，提高非化石能源在一次能源消费中的比重，大幅度降低单位 GDP 能耗，降低大气污染物排放，降低煤炭占一次能源消费比重，能源结构将进一步得到优化，煤炭需求强度进一步降低。

一、2014 年煤炭市场概述

2014 年注定将成为煤炭行业政策年，这一年，发改委召集能源局和相关行业协会等部门召开了 18 次协调会，出台限制产能、规范煤炭进口，建立小煤矿退出机制，清理和规范煤炭行业各种收费基金，加大金融支持，加大税费改革力度，进出口关税调整等 37 项相关对策和措施。在政府大力扶持下，随着相关政策落地实施，四季度市场出现了一些积极变化，煤炭价格逐渐止跌回升，库存小幅企稳，但行业整体运行形势依然严峻。

（一）煤炭产量回落，产能过剩

随着国家为"救市"而连续出台的限产、限制进口政策逐步落地消化，煤炭产量及进口量双降，对于供过于求的市场来说，无疑是个利好消息。即有助于煤炭市场去库存，消化过剩的产能，也有利于进一步优化供需关系。据煤炭运销协会测算全年我国煤炭产量累计约完成 38.5 亿吨，同比下降 2.5% 左右，是自 2000 年以来的首次下降。煤炭协会统计数据显示，2006—2014 年国内煤炭产量增幅在 2011 年达到最高，全年增产 2.85 亿吨。行情自 2012 年开始急转直下，2013 年煤炭产量仅有 1% 的增幅，2014 年煤炭产量出现负增长。

（二）需求持续低迷

2014 年，煤炭需求之所以整体疲软，国内经济增速放缓，工业产能严重过剩和房地产市场持续降温是主要原因。2014 年我国主要耗煤行业产品产量增幅下降。其中，电力、钢铁、建材三个行业耗煤同比下降 3.4%、1.4% 和 1.1%。同时随着科技进步，国家大气环境治理力度加大，全国单位 GDP 能耗在 2013 年下降 3.7% 的基础上，2014 年又下降 4.8%。2014 年全年重点发电企业耗煤 12.4 亿吨，下降 7.5%，全国煤炭消费 35.1 亿吨，同比下降 2.9%。

2014 年全国煤炭开采和洗选业固定资产投资为 4682 亿元，同比下降 9.5%，降幅较 2013 年显著扩大 7.5%，与"十一五"时期年均增速 26.7% 相比回落了 36.2 个百分点，反映出因产能过剩和需求疲软导致的投资不景气。由于煤炭行业黄金十年投资的大量产能依然处于释放期，因此未来几年我国煤炭行业仍将面临较大的去产能压力，煤炭行业固定资产投资规模有望继续收缩。

2014 年我国全社会用电量 55233 亿千瓦时，同比仅增长 3.8%，为近十年来的新低。据煤炭工业协会数据显示，2014 年全年重点发电企业耗煤 12.4 亿吨，同比下降 7.5%。2014 年全年我国发电量累计完成为 54637.6 亿千瓦时，同比增长 3.2%，其中火电发电量累计完成 42049.3 亿千瓦时，同比下降 0.4%；水电发电量累计完成 9439.5 亿千瓦时，同比增长 18%。

钢铁、水泥等其他相关下游主要耗煤行业产量同比均维持在 5% 以内的低速增长，有的工业产品产量甚至是同比下降的走势，大幅降低了耗煤量和耗电量。其中冶金行业产量回落明显，生铁产量全年累计完成 71159.9 万吨，同比仅增长 0.5%；粗钢产量累计完成 82269.8 万吨，同比增长 0.9%；钢材产量累计完成 112557.2 万吨，同比增长 4.5%。建材行业，水泥产量全年累计完成 247619.1 万吨，同比增长 1.8%。化肥产量全年累计完成 6933.5 万吨，同比下降 0.7%（见表 1）。

表1　　　　2014 年与煤炭相关的部分工业产品产量生产完成情况

品种	单位	累计	累计（±%）
火力发电量	亿度	42049.3	-0.4
粗钢	万吨	82269.8	0.9
水泥	万吨	247619.1	1.8
化肥	万吨	6933.5	-0.7

数据来源：国家统计局。

（三）市场价格持续下行，四季度略显好转

2014年我国煤炭市场化进程不断深入，煤炭供应商和终端用户的中长协合同逐步实现了季度与月度定价相结合的模式，市场现货交易价格参照环渤海动力煤价格指数作为结算价格。从指数价格走势看，全年煤炭价格不断刷新历史新低，煤炭价格呈现为急速下跌、缓慢爬升、深度探底及回暖攀升四个阶段。截至2014年年底，环渤海动力煤价格指数5500K的价格为525元/吨，比年初的610元/吨下跌85元/吨。

自2014年新年伊始大型煤企一季度中长协价格执行590元/吨，已远低于2013年年底的631元/吨，随后煤炭市场煤炭价格呈现断崖式急速下跌，环渤海动力煤价格指数接连跳水。截至2014年3月底，5500K煤炭价格价格为530元/吨，较2013年年末下跌100元/吨，跌幅达16%。进入二季度后，随着夏季用能的季节的到来，煤炭消费量有所放大，为企稳市场释放了积极信号，提振了煤炭市场价格，随后两期环渤海动力煤价格指数连续两期上涨，煤炭市场现货价格恢复性反弹。到5月底，环渤海动力煤价格指数为537元/吨，较3月的530元/吨，上涨7元/吨，涨幅1%。二季度末，煤炭市场现货价格在下降通道中继续走低，环渤海指数由6月初的534元/吨跌至8月的478元/吨。夏季用煤高峰过后，相关部门先后出台多项政策助力煤炭市场脱困，主力供应商也积极调整销售价格，在多重因素推动下，煤炭市场价格结束了下跌态势，从三季度末开始，煤炭市场价格回升，环渤海指数由9月482元/吨上涨至12月526元/吨，煤炭价格反弹较为明显。据中国物流信息中心监测，全年国内煤炭市场平均价格累计同比下降10.85%。其中，烟煤、无烟煤累计同比分别下降10.96%和10.44%。

2014年大型煤企的调价，对煤炭市场价格波动起到了推波助澜的作用。在市场广泛预期煤价将在3月止跌企稳的情况下，神华集团在2月最后一天宣布，将各煤种下水煤挂牌价下调20元左右。7月，神华又连续四周下调下水煤价格。神华之所以带头下调煤价，一方面是因为害怕进口煤大量挤占国内市场，另一方面也与当时国内煤炭市场严重供大于求不无关系。但结果表明神华的降价并不成功，反而使国内外煤炭陷入成本比拼，两败俱伤，市场价格轮番下跌。

2014年12月末，全国市场交易煤炭平均报价577.3元/吨；其中焦肥精煤平均报价为907.1元/吨，中等动力煤平均报价496元/吨。12月31日，秦皇岛港5500大卡/千克山西优混煤价格525元/吨。

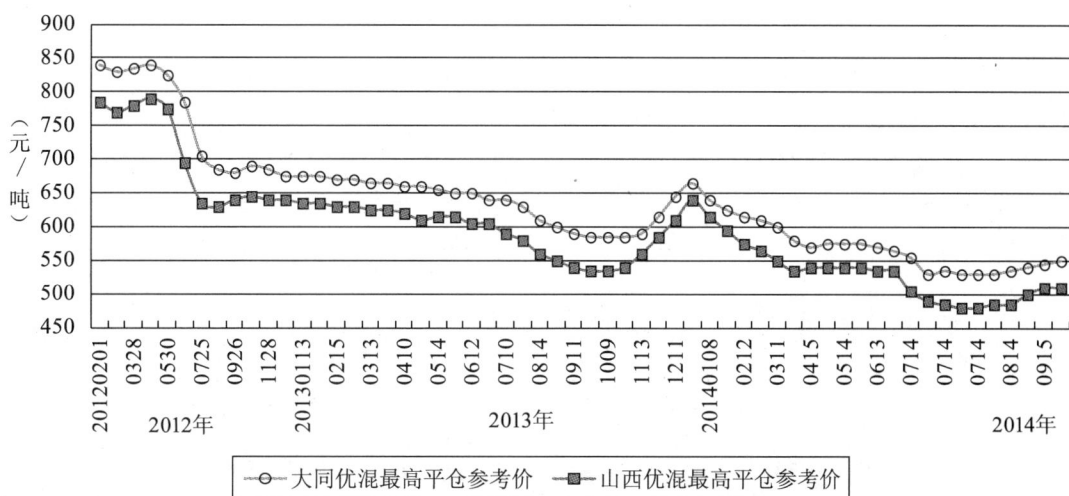

图1 2012—2014年秦皇岛港口煤炭品种价格走势

表2　　　　　　　　　　　　2014年12月流通环节煤炭价格指数　　　　　　　单位:%

	当　月			累　计	
	比上月	比去年同期	比年初	比去年同期	比年初
原煤	102.69	84.97	81.84	89.15	83.18
烟煤	102.77	84.55	81.25	89.04	82.54
无烟煤	102.38	86.53	84.06	89.56	85.62

　　国际煤价方面，全年来看也是基本处在下行通道。截至12月28日，澳大利亚纽卡斯尔港动力煤价格报收64.81美元/吨，比年初下跌17.49美元/吨，下降21%。南非理查德港动力煤价格指数报收65.11美元/吨，比年初下跌20.71美元/吨，下降24%。欧洲ARA三港市场动力煤价格指数报收69.01美元/吨，比年初下跌16.84美元/吨，下降19%（见图2）。

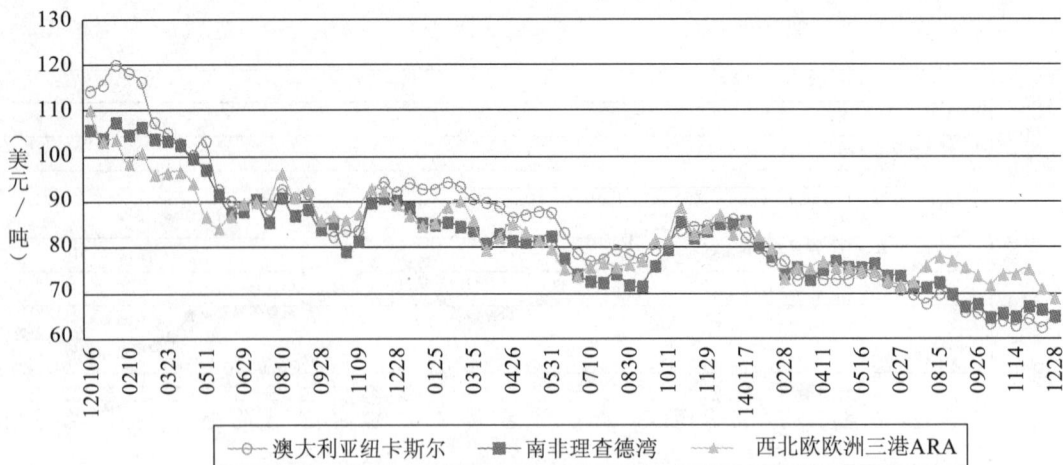

图2　2012—2014年主要国际港口动力煤现货价格走势

（四）煤炭进出口不断下降

2014年下半年，先是有关部门要求各大国有发电集团适当减少煤炭进口量，并初步定下了全年减少煤炭进口5000万吨的目标，其中后四个月总共减少4000万吨，而主要电力企业将减少2000万吨的煤炭进口量。之后相关部门又取消了零进口暂定关税，恢复了3%～6%的最惠国税率，年底时又降低了煤炭出口暂定关税。虽然全年减少进口煤炭5000万吨的目标很难实现，但事实证明，一系列煤炭进出口管理措施还是取得了一定成效。9—11月，分别进口煤炭2116万吨、2013万吨和2103万吨，合计较2013年同期减少1621万吨。

在此背景下，2014年我国煤炭进出口量出现了同比双降。其中，2014年12月，我国煤及褐煤的进口量为2722万吨，同比下降23.2%，连续六个月同比下降，仅次于1月进口量的3590万吨，成为11个月以来的最高水平。全年我国煤炭进口总量为29122万吨，同比下降10.9%，煤炭进口总金额为222.5亿美元，同比下降23.5%，这是我国自2009年转变为煤炭净进口国以来年度煤炭进口总量第一次同比下降（见图3）。

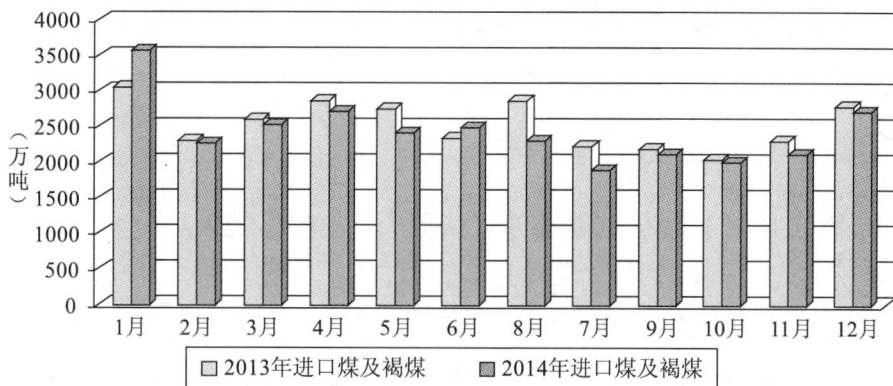

图3 2013—2014 年我国煤炭进口量月度变化情况

从 2002 年开始，融合国内煤炭需求大幅提高，出于能源战略安全的考虑，基本每隔两年就会有出口调整的相关政策出台，2004 年我国出台煤炭出口配额制的相关政策，开始了对煤炭出口的控制；2006 年 11 月 1 日，焦煤出口开始征收 5% 的出口暂定关税；2008 年 8 月 20 日，炼焦煤出口税率由 5% 提高至 10%；其他烟煤等征收出口暂定关税税率为 10%。煤炭出口关税的上调在一定程度上削弱了对我国煤炭在国际市场上的竞争力。自 2003 年创下 9385 万吨历史最高水平以后，我国煤炭出口量在过去 10 多年逐年下降。

2014 年全年，我国煤炭出口总量为 575 万吨，同比下降 23.5%，煤炭出口总金额达 6.95 亿美元，同比下跌 34.5%。全年我国煤炭累计实现净进口28547 万吨，同比减少 3400 万吨，下降 10.7%，这是自 2011 年以来连续四年净进口量超过 2 亿吨（见图 4）。

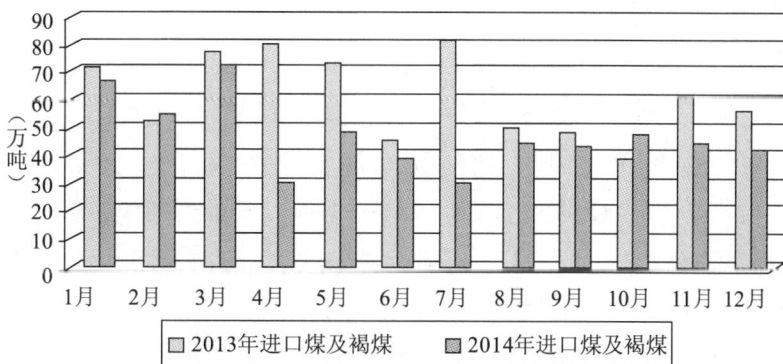

图4 2013—2014 年我国煤炭出口量月度变化情况

从近两年的煤炭进出口当月均价走势来看，基本上进出口价格都是持续下行的格局，2014 年以来，进口均价继续下滑，而出口均价在 5 月、6 月有小幅上涨波动后，又开始掉头下行。

（五）港口煤炭发运量略有增长

2014 年，我国主要发煤港口累计发运煤炭 6.81 亿吨，同比增加 1292 万吨，增长为 1.9%。其中内贸煤发运 6.75 亿吨，同比增长 2.2%，外贸煤发运 592 万吨，同比下降 21.5%。海运费方面，截至 12 月 31 日，秦皇岛到上海 4 万~5 万吨级船舶为 21.1 元/吨，秦皇岛到宁波 1.5 万~2 万吨级船舶为 26.8 元/吨，秦皇岛到广州 5 万~6 万吨级船舶为 29.7 元/吨。

2014 年，环渤海港口煤炭发运能力有所提高，运输能力高于下游实际需求水平。而沿海煤炭运输总趋势是：船舶跟着资源走，格局由铁路来主导。因此，环渤海港口加强了与铁路、煤矿等方面的联系，努力增加优质煤炭的调进数量，增加有效库存，以优质货源吸引用户。

2014 年，秦皇岛港实际发运煤炭 2.37 亿吨。曹妃甸港主要通过迁曹线来分流大秦线运量，全年累计完成煤炭吞吐量 7573 万吨，同比减少 286 万吨。京唐港的煤炭资源主要来自中煤和山西地方煤企，全年完成煤炭吞吐量 8123 万吨，同比减少 52 万吨。黄骅港为神华集团自有煤码头，是朔黄铁路的主要下水港，完成煤炭吞吐量 1.37 亿吨，同比增加 523 万吨。天津港完成煤炭吞吐量 7837 万吨，同比增加 1352 万吨。12 月全国主要港口煤炭转运量 5034 万吨，同比下降 20.7%，日均量比 11 月下降 14.8%；全年累计转运量 68148 万吨，同比增长 1.9%。

（六）社会库存居高不下

2014 年年末，全社会煤炭库存已连续 37 个月在 3 亿吨以上。全国煤炭企业存煤量约 8700 万吨，较年初的 8483 万吨增加 217 万吨，比年初增长 2.6%；重点发电企业存煤 9455 万吨，比年初增加 1409 万吨，增长 17.1%，可用 24 天。全国主要发运港口煤炭库存 4219 万吨，同比增加 776 万吨，增长 22.5%。分流通环节看，12 月末煤矿、中转地存煤高于正常水平，煤矿存煤天数 8.9 天，比正常水平高 22%；主要港口存煤天数 26 天，比正常水平高 45.9%，其中秦皇岛港比正常水平高 37.6%。终端用户存煤水平表现不一，重点电厂存煤天数 26.7 天，比正常水平高 60%；重点监测钢厂炼焦煤存煤天数 14.7 天，比正常水平高 4.34%。

二、2014 年影响煤炭市场发展的主要因素

1. 有利因素

面对国内煤炭行业日益加深的困境，2014 年下半年以来，国务院、国家发改委各级领导分别对煤炭脱困工作作出重要批示，张高丽副总理更是亲自主持煤炭脱困会议，国家发改委召集能源局和相关部门召开了 18 次协调会，这次救市行动规格之高、动作之大历史罕见。自 8 月开始，国家陆续出台限产令、出台限制产能，规范煤炭进口，建立小煤矿退出机制，清理规范煤炭行业各种收费基金，加大金融支持，加大税费改革力度，进出口关税调整等 37 项相关政策和措施。神华及中煤等大集团率先限产 20%、恢复进口煤炭关税、资源税改革以及国家发改委约谈五大电力公司要求减少四季度进口电煤数量等，在政府大力扶持下，随着相关政策落地实施，四季度市场出现了一些积极变化，但整个行业运行形势依然严峻。

2. 不利因素

（1）煤炭需求减少。一是主要耗煤行业消费下降。经济增速放缓，主要耗煤行业产品产量增幅下降。根据主要耗煤产品产量测算，电力、钢铁、建材三个行业耗煤同比下降 3.4%、1.4%、1.1%；二是能源结构不断优化。据国家能源局预测，2014 年非化石能源占一次能源消费比重预计从 2013 年的 9.8% 提升到 11.1%，煤炭比重从 66% 下降到 64.2%，减少了煤炭消耗；三是能源消耗强度降低。随着科技进步，国家大气环境治理力度加大，全国单位 GDP 能耗在 2013 年下降 3.7% 的基础上，2014 年又下降 4.8%。

（2）产能严重过剩，去库存需要时间。2006 年以来，煤炭采选业固定资产累计投资 3.27 万亿元。截至 2013 年年底，累计新增产能 26 亿吨，在建产能超过 11 亿吨，产能释放的压力进一步加大。据粗略估算，包括在建产能，我国煤炭产能已超 40 亿吨，导致煤炭市场供需失衡，去库存任务艰巨。煤炭市场实现供需平衡仍需时日。

（3）宏观经济影响。2014 年由于国民经济和通胀增速双双下行，从大的经济周期看，我国工业经济进入紧缩期，下游经济产业对上游经济产业的生产资料煤炭能源需求不旺。

（4）煤炭进口规模依然保持高位。2014 年，受世界煤炭市场产能过剩，国际煤价大幅下降的影响，我国煤炭进口继续保持了较大规模，自 2011 年以来已连续四年净进口量超过 2 亿吨，占国内煤炭消费的 8% 左右。

三、2014 年煤炭流通企业发展状况

2014 年煤炭市场持续低迷，煤炭价格逐月下滑，需求不旺，对燃料流通企业造成直接冲击。燃料流通企业因煤炭市场低迷整体上销售收入下降，企业效益下滑。面对如此严峻的形势，各燃料流通企业控风险，谋发展，调结构，强改革，增活力，提效益。大部分燃料流通企业较好完成年初制定目标，也有部分企业业务单一，在大环境下发展受阻，企业经营困难。

北京金泰集团有限公司面临错综复杂的经济形势，以"改革调整、转型升级"为主线，深化"专业化"经营、"实体化"管理，实现了效益和质量的同步提升。2014 年，金泰集团公司实现收入 125.8 亿元，完成考核指标的 126%；实现利润 2.5 亿元，完成考核指标的 176%；资产总额达到 149 亿元，较去年初增长 18%。集团公司燃料物流公司履行政治职责，适应新环保要求，还北京一片蓝天，严控高硫、高灰煤流入北京，圆满完成市府燃煤燃油储备、民用煤保供、"减煤换煤"等各项政治任务。发挥国企主渠道作用，市场占有率 43.9%；转变经营模式，向产业链上游延伸，减少采购环节，降低物流成本，在资源地建设储煤基地项目，山西五寨，河北张家口分公司月均增加销量近 21 万吨。燃料物流公司全年销售煤炭 706 万吨，同比增加 340 万吨，增长 92.2%。实现销售收入 37.9 亿元，占公司的 30.1%；集团公司交易型物流实现销售收入 35.8 亿元，占公司的 28.8%；汽贸物流实现销售收入 13.5 亿元，占公司的 10.7%；旅游饭店实现销售收入 25 亿元，占公司的 19.9%；物业经营实现销售收入 7 亿元，占公司的 5.6%。

浙江环保能源股份有限公司上下严格遵循物产集团"效益为上控风险，转型升级优结构，深化改革增活力，转变作风提素质"的工作方针，严格控制库存当量，在市场价格的变化中，加强销售力度，做好上下游对接，较好地落实了年初制定的"贸易模式转型，热电稳健扩张，新能源起好步，激活力增效益，风控落实到位，素质全面提升"的工作思路。公司全年实现煤炭销售 3212.85 万吨，供电 7.5 亿度，供汽 298.99 万吨。

神华海运全年实现货运量 69.82 万吨，实现 50 航次。全年实现营业收入 182 亿元，利润 1.22 亿元。进出口总额实现 1.72 亿美元。2014 年以来围绕质量和效益，公司以"购销对接、以销定进、锁定风险"为基本思路，切实从原有简单库供、买断式贸易的传统模式，向集购分销与自购自销相结合、供应链服务、煤炭加工、代理业务、物流集成运作，期现结合等模式转型。集

购模式使得公司议价能力得到提升，同时获得了有利的结算方式，体现量大优势。在供应链业务操作过程中公司利用银行授信，嵌入供应链金融，创新金融产品，稳定了供应链业务。同时，通过进出口业务的开展，进一步改善融资结构、降低融资成本。同时公司通过并购将外部资源与现有热电产业嫁接并有效重组，把资源配置到新能源产业培育上，提升了核心盈利能力。把新能源、清洁能源领域作为转型方向，积极向光伏发电、天然气等行业拓展。

江苏省燃料总公司面对不利的宏观经济环境，紧紧围绕公司年初确定的工作目标和中心任务，着力在拓市场、创效益、推改革、控风险、促和谐等方面做了大量扎实有效的工作，努力在困境中求生存谋发展。按照年初既定的方针目标，扎实开展各项工作，在深化企业改革，实施"两大战略"，构建"两大体系"，打造"三大核心能力"，建设"群众路线长效机制"等方面取得了一些成效，实现公司稳步发展。2014年公司本部销售煤炭809万吨；油品11.61万吨；钢材42万吨。全年销售收入57.89亿元；全年实现利润总额895万元；全年缴纳各项税费2370万元。同时公司牢牢把握"以人为本"这个核心，以建立"以人为本，以能聘人，以德育人，以事留人，以情感人，知人善任"的人才战略体系为目标，认真开展公司年度人才培训计划，公司领导班子成员参加省委组织部组织的专题培训；组织员工参加"爱岗敬业"系列培训活动，各类培训的开展，激发广大干部职工进一步解放思想，转变观念，树立担当意识，坚定发展信心不动摇，激励困境发展正能量。

随着产能过剩情况加剧，资源方正在不断地将他们的销售阵地前移，直接面对市场终端用户，进一步挤压着公司的盈利空间。面对严峻的市场形势，激烈的市场竞争，公司唯有"以变应变"，以适销对路的产品结构，以主动灵活的定价机制，以细致周到的售后服务，以敏锐的市场应变能力，形成先发优势，抢占市场先机，巩固扩大市场份额，维持市场地位。一是及时把握市场机遇，当前严峻的形势不可能在短期内好转，过去的经营思路和办法已经不足以摆脱我们面临的极其困难的局面，因此促使我们必须保持清醒的头脑，时刻关注市场出现的细小变化，认真研判市场趋势，积极应对市场变化，主动作为，制定行之有效的销售策略，快人一步地开展经营工作；二是构建有效的信息共享平台，公司相关职能部门密切关注国家宏观经济运行状况，研究分析相关的产业政策变化与调整对公司主业经营的影响，及时发布信息，为经营提供参考；经营部门在一线密切关注价格变化动态，市场存量变化动态，综合资源方与用户方的信息，在公司内部进行充分交流与共享；三是开展差异化营销，充分利用目前市场资源丰富的有利条件，根据客户对原材料的使用特点和使用习惯，为客户提供个性化的产品配送服务，形成战略合作联盟。如供应分公司、石油分公司、物资分公司、炉料公司、金属一部、金属二部等部门均在销售过程中将客户需求放在首位，增加服务的差异化水平并不断提高服务的响应度、效率和质量，通过为客户带来价值的同时提高自身的竞争力。坚持"集中调运，个性配送"的原则，进一步优化物流资源配置，充分发挥区位优势，建立以供应链管理为核心的物流配送体系，为客户提供增值服务。

广州燃料集团有限公司面对困难，坚定信心，始终围绕"改革创新、转型升级、持续发展"的工作主题，继续强化风险防控，优化经营模式，规范企业管理，推进与集团主营业务对接工作，在2013年实现经营总收入23.09亿元的基础上，攻坚克难，稳健经营，经过公司上下的共同努力，2014年，实现经营总收入24.1亿元，完成年度预算的100.44%，同比增长4.39%；利润总额4439万元，完成年度预算的99.71%，同比增长3.47%；归属于母公司所有者净利润3366万元，完成年度预算的101.42%，同比增长3.35%；剔除非经营损益的净利润2535万元，完成年度预算的101.40%，同比减少1.21%。从2012年开始，煤炭市场彻底结束了"黄金时期"，市场呈现疲软的态势，煤炭价格持续下降，加上环保压力增大、能源结构调整等因素影响，给煤炭企业造成严重的经营压力。面对严峻的市场环境，煤炭分公司努力转变经营观念、改进经营模式，合理地调整了原有的业务结构和客户结构。①努力实现经营转型，逐步转变旧有的经营模式，根据市场实际情况，审慎开拓业务，逐步淘汰信用差、效益低的客户，把经营的重点向实力较强的具体终端企业发展，加强对销售客户的信用评估工作，尽量避免风险。2014年主要开拓了珠电、粤电、华能、华电、寿光、大唐、酒泉国电等大型电厂。②逐步改变过去依赖合作方采购的经营模式，实行自己采购或主动参与采购，逐步建立自己的采购渠道，降低采购成本和经营的风险。如2014年与宝丽华电厂的业务中融入此种经营模式，探索自主的采购渠道。③进一步改善客户的结构，2014年煤炭经营客户共35家，其中终端客户28家，占80%，销售量81万吨，占72%。与去年39家客户中终端客户只有21家、销售量63万吨相比，终端客户大幅增加，从客观上降低了经营风险。

山东黑马集团有限公司面对复杂的情况和激烈的竞争，科学判断形势，紧跟市场，确定了"内挖潜力，盘活资产，勇于创新"的指导思想。2014年集团销售收入同比增长8.83%；实现利润同比增长27.78%，上交税金6322.62万元。今年，经济形势复杂严峻，国内产能过剩，竞争加剧。公司领导层审时度势，再次强调"以销定建"，要求加快推进"盘活存量"，尽快使"资产回家，资金到账"。房地产新开工项目适度慢下来，快慢有度，张驰结合，科学把控，有效规避了风险，确保了项目本身的自我良性循环发展。2014 年，黑马地产实现的良好业绩，彰显了企业实力和品牌影响力，有力地带动了集团的发展。农贸公司提出"挖潜、创新"的指导思想，实施动态管理，转变思路，对摊位宜租则租，实现了资产的增值保值。担保公司顺势而为，调整经营思路，转变经营方式，适度增加资金业务的比重，将增收的重点放在资金业务上，有效控制风险的同时，实现利润同比增幅达 71.74%。宝马驾校抢抓新国标验收机遇，在全市率先投资对驾校进行改造升级，届时将成为市区唯一一所能够培训大型车、并与考试场地完全一致的综合类国家二级驾校。三农公司顺应市场要求，积极改造升级香油生产加工车间与工艺，为今后发展打下了基础。

济南燃料集团公司面临困难，审时度势，统揽全局，明确方向，坚定信心，抓机遇、求发展，打造燃料集团的新常态。多年来总公司一直承担着政府保民生供应职能，对稳定民用煤供应市场起到了不可替代的主渠道作用，从原料煤的采购到蜂窝煤生产加工直至销售各环节都严格按行业标准进行严格管理，坚持优质服务，确保了民用煤的储备供应。以质量信誉优势占据了济南市民用煤市场的较大份额，2014 年没有出现一例因质量问题的投诉，实现民用煤销售 1.6 万余吨。根治严重的环境污染和雾霾天气，还民于蓝天，总公司强强联合与济南绿聚新能源技术有限公司、济南邦世商贸有限公司，按照行业标准利用新技术联合开发研制出了洁净型煤新品种，并在济南市长清开发区建立了年生产能力 50 余万吨清洁型煤配送中心基地，形成了集生产、配送为一体的供应体系，开拓了新的效益增长点，为济南市治理雾霾，节能减排做出自己的贡献。联合研发的"绿聚高能洁净污泥型煤燃料及其技术"，通过了山东省科技厅科学技术成果鉴定。其技术能够有效地处理城市污泥，工业废矿渣，节约煤炭资源，降低居民和企业费用，具有广阔的推广应用前景。

广东省燃料公司面对 2014 年的行业颓势，煤炭业务谨慎经营，以"质量效益年"的目标要求，努力调整经营结构，立足控亏，提高业务质量，在危机中抓机遇、谋求转型。一是收缩进口、持续亏损及托盘代理这三类风险高、效益低的业务。二是大力发展自营港口地销煤业务。通过选择适销煤种，提高服务质量，扩大在广州港和高栏港区的市场影响，巩固对供应链条较短的中间商和终端用户的煤炭供应。2014 年公司自营煤炭销售占煤炭总销售比例突破七成。三是做好大项目经营。2014 年与粤电集团的合作，在履行年度国内煤供应合同基础上，发挥珠海高栏港铁路运输优势扩大对粤电下属电厂的供应。与国内煤炭行业下游有实力的大型客户的合作，保证我司业务稳定的同时也提升了经营质量。2014 年营业收入 38.69 亿元，其中销售煤炭 520 万吨，收入 22.4 亿元；销售石化产品 29 万吨，收入 16.2 亿元，石化产品占经营比重上升到 42%，企业经营管理保持持续稳健发展。

天津物产国际能源发展有限公司明确公司经营定位与发展思路，着力调整经营结构，努力转变发展方式。形成了以发展目标为导向，以创新思维为动力，以业务转型为主线，以供应链为主要经营模式，以提高经济效益为核心，以提升运行质量为根本的发展战略，经营业态与经济运行质量得到全面提升，职工队伍凝聚力和战斗力不断增强。克服经济下行的不利因素，大力调整经营结构，积极推进经营品种向高端、高附加值延伸，贸易产业链向上下游延伸，主营业务向传统能源清洁化延伸，创新煤炭、油品业务发展模式，精心培育清洁能源板块优势业务，挖掘稳定、高效的利润增长源，建立科学规范的业务流程与管控机制，全面提升公司经济运行质量与经济效益，圆满完成全年各项工作任务。公司全年实现销售收入 265 亿元，实现利润 6201 万元，实物量 2080 万吨，进出口额完成 10.9 亿美元。

天津港交易市场深化产品创新，强化市场开发。根据市场变化环境，交易市场与国内主要资源商签署了年度焦炭采购协议，拓宽了主营货类上游采购资源。随着市场的开发能力的增强，交易市场已逐步建立了多层次、各货类的核心客户群。为确保货物监管的有效控制，交易市场移动终端远程监管业务管理系统已上线运行。按照专业化原则，实施前中后台业务流程管理模式，即前台为业务营销和市场部门；中台为商务结算、资金运营、模式研发等部门；后台为风险管理、业务监督与数据处理及咨询等审查与控制部门，前中后台职能清晰分离而又相互衔接，实现了资源的集成优化。同时修订完善了《供应链管理业务项目准入评审管理办法》《业务保险管理办法》《远程监管系统管理规定》，为有效控制风险提供了制度保障。

四、2015 年煤炭市场展望

随着利好煤炭市场的煤炭限产令、进口关税恢复、清税立税等一系列救市政策出台，今后一段时期内我国煤炭供需严重失衡的矛盾会有所缓解，但由于全球经济复苏低迷，我国经济下行压力依然存在，因此，2015 年我国煤炭市场走势仍会在谷底徘徊。

（一）一季度煤炭市场情况

2015 年一季度我国煤炭经济运行仍不见起色，市场持续低迷，产量下降，需求疲软，煤炭价格呈现一种"过山车式"波动下行的态势。目前，国内煤炭产能过剩、下游需求不足、港口和铁路运输能力提高过快、煤炭大量积压，促使当前煤炭市场出现严重的供大于求现象，全国煤炭经济自 2012 年 5 月以来已经连续 35 个月波动下行。煤炭价格的持续下跌，使企业经营愈加困难，同时煤矿安全生产和矿区稳定的压力也越来越大，目前煤炭经济低位运行的态势短期内仍难以改变。除神华、部分上市公司外，其他煤炭企业全面亏损，亏损面已经达到了 80% 以上。

1. 国内煤炭产量和进口量同步下降

根据国家统计局公布的相关数据显示，2015 年一季度煤炭开采与洗选业固定资产投资 400 亿元，同比下降 21.2%，煤炭固定资产投资已经连续 2 年下降，2013 年同比下降 2%，2014 年同比下降 9.5%。民间固定资产投资数据显示，一季度，民间对于煤炭的投资热情继续下降，煤炭开采与洗选业民间固定资产投资 237 亿元，同比下降 23%。全国煤炭行业产能过剩，需求疲软，价格下滑，利润收窄甚至亏损，煤炭企业经营压力加大，这些都是导致煤炭行业固定资产投资持续下滑的因素。在国家相关政策的限制下，在国内需求疲弱的形势下，减少了资金支持的煤炭市场一季度煤炭产量呈现下行走势。

维护煤炭的产、需平衡必须控制产量，减少市场供应，降低库存来实现。2014 年以来，国家出台政策帮助煤炭行业脱困，不定期召开联席会议。并强力压减产能，神华、中煤等大煤炭企业带头限产保价，还通过商品煤质量管理办法减少进口劣质煤。虽然一季度煤炭产量有所下滑，但煤炭价格依然没有止跌，产能过剩没有根本改观。

据煤炭运销协会数据显示，3 月我国煤炭产量完成 30500 万吨，同比下滑 4.1%，一季度煤炭产量累计完成 84743 万吨，比 2014 年同期下滑 3.5%。前 3 个月我国煤炭累计新增资源总量 89650 万吨，同比下滑 6.8%（见表 3）。

表3　　　　　　　　　　　2015年3月我国煤炭资源情况

品种	时期	国内生产	同比（±%）	进口	同比（±%）	出口	同比（±%）	新增资源	同比（±%）
煤炭	本月	30500.0	-4.1	1702.6	-32.5	31.5	-57.1	32202.6	-6.2
	累计	84743.00	-3.5	4907.0	-41.5	97.7	-50.4	89650.0	-6.8

数据来源：煤炭运销协会，国家海关总署

进口方面，主要煤炭进口国需求减缓，国际煤炭市场供应过剩，竞争更加激烈，加之国际油价大幅下降，货币汇率变化等影响，国际煤价持续处于低位，增加了我国控制煤炭进口的难度。而2014年10月15开始恢复煤炭进口关税，2015年年初以来新实施《商品煤质量管理暂行办法》，煤炭协会和发改委去年曾多次约谈大型煤企和电企，意在通过削减供给支撑煤价。但从目前的效果来看，对进口煤的限制较为明显，2015年一季度煤炭进口量大幅下滑。政策端的限制和国内疲弱需求格局下，国内煤炭产量和进口量同步下降。

3月我国煤炭进口量继续呈下降走势，进口量1702.6万吨，同比下降32.5%，一季度累计进口煤炭4907万吨，同比下降41.5%。3月煤炭进口金额为10.7亿美元，同比下降45.9%，当月进口均价为62.7美元/吨，同比下降15.5美元/吨；一季度煤炭累计进口金额32.3亿美元，同比下降52.5%，累计进口均价为65.9美元/吨，同比下降15.3美元/吨。

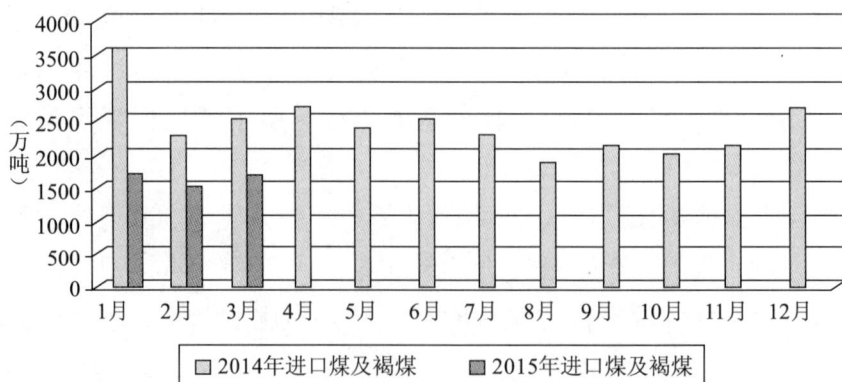

图5　2014—2015年我国煤炭进口量月度变化情况

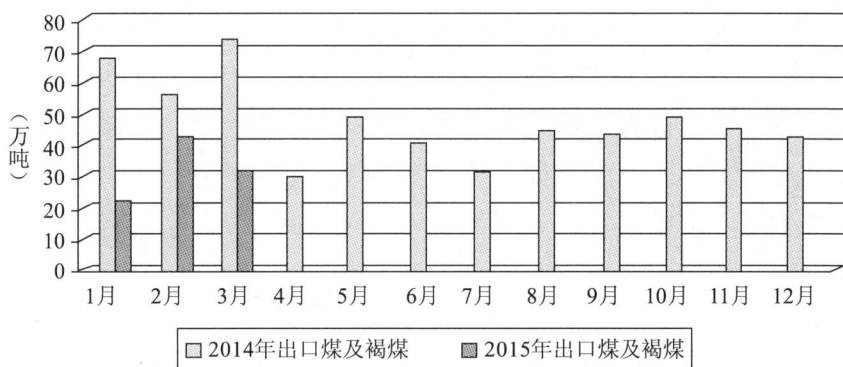

图6　2014—2015 年我国煤炭出口量月度变化情况

出口方面，3 月当月我国煤炭出口量仅为 31.5 万吨，同比下降 57.1%，一季度，煤炭出口总量为 97.7 万吨，同比下降 50.4%。当月出口金额为 3481.8 万元，同比下降 63.8%，当月出口均价为 110.4 美元/吨，比 2014 年同期下降 20.4 美元/吨；累计出口金额为 10935 万美元，下降 57.4%，累计出口均价为 111.9 美元/吨，同比下降 18.4 美元/吨。一季度，我国煤炭已累计实现净进口 4809.3 万吨。

从近两年的煤炭进出口当月均价走势来看，基本上进出口价格都是持续下行的格局，2015 年一季度，进口均价继续下滑态势明显，而出口均价则有趋稳走势。

2. 市场总体依然是供大于求，煤炭需求疲软

2015 年一季度，煤炭市场持续低迷，下游需求不旺，电厂日耗处于低位；加之水电、核电、特高压等清洁能源对火电冲击继续加剧，造成市场外部环境不断恶化，港口存煤保持高位。下游方面，受需求不足、日耗偏低影响，电厂积极消耗自身库存，存煤量不断下降，但可用天数依然在高位，影响了煤炭采购的积极性。截至 3 月 31 日，全国重点电厂存煤数量已经降至 2011 年 9 月以来的最低水平。从年初至今，全国重点电厂存煤就始终处于下降态势，但由于国内经济保持平稳，日耗煤数量偏低，存煤可用天数一直居高不下。从煤炭行业分析及市场研究报告显示，针对高位的库存，电厂对煤市保持观望，不急于购买煤炭，而是等待煤价再次下跌时再采购。因此，一季度消耗库存成为了电厂的首要任务，对北方港口煤炭只保持刚性拉运，造成采购数量不足，港口发运量走低。

可以断定，煤炭需求疲软依然是宏观经济增长放缓，房地产萎靡，焦化和钢铁行业产能过剩，电价下调，新能源替代效应等原因造成的，换而言之，

主要耗煤行业用煤需求的低迷，成为拉动煤炭市场整体下行的主要原因，火电、生铁、粗钢、水泥等主要耗煤行业产品产量增速均呈现负增长。其中主要呈现出两种趋势，首先，电煤价格的下降是因为以火电为基础的发电行业正在走向多元化发展，以此来降低节能减排环境的压力。再者，以房地产为拉动的中国经济增长模式在转型造成冶金煤价格下降。这两种趋势从数据上反映非常明显。

表4　　　　　3月与煤炭相关的部分工业产品产量生产完成情况

品　种	单位	3月	累计	3月（±%）	累计（±%）
火力发电量	亿度	3497.2	10468.7	-9.4	-3.7
粗钢	万吨	6948.3	20010.1	-1.2	-1.7
水泥	万吨	16138.5	42791.6	-20.5	-3.4
化肥	万吨	635.3	1731.3	3.9	5.8
生铁	万吨	6024.7	17654.4	-2.4	-2.3
钢材	万吨	9756.0	26640.1	3.6	2.5

数据来源：国家统计局

一季度我国煤炭销量累计完成8亿吨，同比下降4.7%。其中，火电行业一季度累计完成发电量10468.7亿千瓦时，同比下滑3.7%，电力行业在2015年前几个月已经出现明显负增长的趋势，以前有7%、8%的增长，突然从7%、8%、10%，直接降到0，甚至出现负增长。冶金行业产量回落明显，其中生铁产量一季度累计完成17654.4万吨，同比下降2.3%；粗钢产量累计完成20010.1万吨，同比下降1.7%；钢材产量累计完成26640.1万吨，同比仅增长2.5%。建材行业，水泥产量一季度累计完成42791.6万吨，同比下滑3.4%。化肥一季度产量完成1731.3万吨，同比增长5.8%。库存方面，截至3月末，煤炭企业存煤9000万吨，较年初增加343万吨，增长了4%；主要电厂存煤6281万吨，同比下降了9.6%。截至4月初，北方主要发运港存煤2688万吨，较年初增长了13.9%。全社会存煤情况仍居高不下。

3. 煤炭市场运行欠佳，市场价格又有下跌

2015年一季度已经过去，但煤炭市场却依旧毫无起色，无论是焦煤市场还是动力煤市场。不管从澳大利亚等煤炭生产国还是日本等进口国的合同价格来看，煤炭价格都在承受更多下行压力。虽有大秦线检修这一有利于煤价

企稳因素做支撑，但港口空泊、拉煤船舶剧减、煤炭持续压港，促使煤价继续其下跌之旅。春节过后，煤炭企业连续降价促销，进一步加剧了市场观望情绪，并给中小发煤户造成了成本压力。目前在秦皇岛港和曹妃甸港，除了电厂专用场地以外，其余煤炭交易几乎停滞，给港口煤炭运量带来严重影响，沿海煤炭运输出现梗塞。加上淡季到来、民用电负荷下降等不利因素，支持煤炭价格上扬的动力不复存在，煤炭价格可能要继续下滑，煤炭企业的生产经营形势将进一步恶化，煤炭市场的低迷还将延续。

港口运输方面，曹妃甸港煤二期、京唐港新煤码头将先后投产，北方运煤港口能力空前提高，堆存能力大幅增加，但北方港口实际运输能力已经远远超过下游实际需求水平，加剧了市场供大于求压力。北方港口受挂牌价高位影响，神华的准混、同煤的大友、平朔的平混在一季度出现严重滞销。数据显示，3月底，在环渤海港口，大友、平混、准混、神混煤合计压港达1300万吨，促使3月北方港口大量压煤，码头出现大面积空泊现象。对此，神华、中煤、同煤等各大煤企不得不出台一系列优惠促销政策来缓解港口存煤压力，至4月初，采购活动逐渐恢复，办船数量略有增加，北方港口煤炭发运量有所回升，存煤略有下滑。

秦皇岛煤炭网数据显示，环渤海动力煤价格指数与实际交易价格差距逐渐拉大。截至4月1日一周，环渤海动力煤价格指数为469元/吨，与春节前的一周相比下降33元，降幅达到6.6%。在秦皇岛港，发热量5500大卡，环指报价为460～470元/吨，而山西部分发煤户实际交易价格仅为430～440吨，与环指报价差距为30元/吨；发热量5000大卡煤炭，环指报价为395～405元/吨，而部分发煤户的实际交易价格仅为360～370元/吨，价格差距在25元/吨。从煤种结构上看，下游用户采购发热量5000大卡、含硫0.6以下的环保煤种较多，因此，北方港口下水的"力量－2、兴煤－1、塔优－1、麻友、伊泰"等煤种比较走俏，尤其低硫蒙煤相比山西煤具备很大的质量优势。北方港口的后续预报船舶显示，市场需求仍然以5000大卡低硫煤炭为主拉煤种。

据中国物流信息中心监测，3月流通环节煤炭价格指数月环比下降4.66%，同比下降11.17%，累计比年初下降4.29%。其中烟煤环比下降4.84%，同比下降11.27%，累计比年初下降4.45%；无烟煤环比下降3.97%，同比下降11.26%，累计比年初下降3.70%（见表5）。

表5		2015 年 3 月流通环节煤炭价格指数				单位:%
	当　月			累　计		
	环比	同比	比年初	同比	比年初	
原煤	95.34	88.73	92.04	87.45	95.71	
烟煤	95.16	88.73	91.75	87.36	95.55	
无烟煤	96.03	88.74	93.14	87.80	96.30	

数据来源：中国物流信息中心

国际煤价方面，欧洲市场动力煤需求低迷，南非动力煤价格也继续承压，三大港口煤价继续年初开始的整体震荡下行走势，均维持在 80 美元/吨以下。截至 3 月 27 日，澳大利亚纽卡斯尔港动力煤价格指数 59.60 美元/吨，较上周下跌 0.96 美元，跌幅为 1.59%；南非理查德港动力煤价格指数 59.48 美元/吨，较上周小幅上升 0.18 美元，涨幅为 0.31%；欧洲 ARA 三港市场动力煤价格指数 59.23 美元/吨，较上周下跌 0.79 美元，跌幅为 1.32%。

（二）全年展望

2015 年世界经济复苏疲弱态势难有明显改观，国际金融市场和大宗商品价格波动以及地缘政治等非经济因素的影响在不断加大。我国经济正在向形态更高级、分工更复杂、结构更合理的阶段演化，经济发展进入新常态，正从高速增长转向中高速增长，经济发展方式正从规模速度型粗放增长转向质量效率型集约增长，经济结构正从增量扩能为主转向调整存量、做优增量并存的深度调整，经济发展动力正从传统增长点转向新的增长点。煤炭行业也将进入需求增速放缓期、过剩产能与库存消化期、环境制约增强期和转方式调结构攻坚期。

从供应看，一方面，我国煤炭产能已经超过 40 亿吨，在建规模 10 亿吨以上，煤炭产能释放压力加大，全球煤炭市场产能过剩，煤炭进口仍将保持较大规模；另一方面，国家严格治理违法违规煤矿生产建设、治理不安全生产、超能力生产和限制劣质煤生产与消费，煤炭产量盲目增长的势头将得到遏制。

从需求看，2015 年，我国经济增速将进一步放缓，国家调控能源消费总量，提高非化石能源在一次能源消费中的比重，大幅度降低单位 GDP 能耗，降低大气污染物排放，降低煤炭占一次能源消费比重，能源结构将进一步得到优化，煤炭需求强度进一步降低。2015 年煤炭市场形势，预计消费总量或超过 39 亿吨，导致产能增速明显大于需求增速，产能过剩的局面将继续加剧，煤炭需求走弱的情况下，煤价将继续承压。

二是国家调整煤炭进出口政策，限制高硫分、高灰分劣质煤进口。恢复征收进口煤炭 3%～6% 关税，预计 2015 年煤炭进口总量将有所回落。为缓解煤企困局，2015 年煤炭出口关税税率由 10% 下调至 3%，改变煤炭出口配额管理，将在一定程度上对我国煤炭市场形成支撑。随着我国煤炭市场调控措施的进一步落实，将缓解目前供需失衡的矛盾。

三是国家遏制煤炭产量盲目增长，全国煤炭产量过快增长势头得到控制。目前国内各省区大都落实了煤矿限产政策，且执行力度大于往年。2014 年 9 月以来，全国重点产煤省份平均限产力度超过 10%，预计 2015 年全国控制超产产量不低于 3 亿吨，将缓解目前国内煤炭市场供需失衡的矛盾。

四是随着煤炭市场供求关系逐步改善和煤炭价格到达底部，预计 2015 年国内煤炭价格波动幅度 5%～10%，将远低于 2014 年 20%～30% 的宽幅震荡。

2015 年我国煤炭市场供求关系将逐步得到改善，但受多重因素影响，市场供大于求的态势还难以根本性改变，企业经营压力依然较大，煤炭行业经济运行形势依然严峻。预计 2015 年我国煤炭市场煤炭消费量可达 39 亿吨，煤炭供应量可达 40 亿吨；2015 年煤炭市场的供应量明显大于需求量，产能过剩局面仍将延续，市场价格将继续承压。

（中国物流信息中心　张喆　陈林

中国燃料流通协会　李会军

中国煤炭城市发展联合促进会　袁远）

2014—2015 年石油流通回顾与展望

2014 年，国际油价高台跳水，遭遇"腰斩"之痛，国内成品油价格也大幅下跌。回顾 2014 年，国际油价前高后低。受伊拉克动荡局势影响，2014 年 6 月，国际油价创出全年最高点，纽约油价达到每桶 107.26 美元，布伦特油价达到每桶 115.06 美元。可到下半年油价高台跳水，不断探底却迟迟难见底。截至 2014 年 12 月 31 日收盘，纽约油价跌至每桶 53.27 美元，较年内高点下跌了 49.7%；布伦特油价跌至每桶 57.33 美元，较年内高点下跌了 50.2%。国际油价遭受"腰斩"之痛背后原因错综复杂，但其根源还在于市场供需失衡。在需求不佳的大背景下，产油国为了争取市场份额拒绝减产，甚至发起"价格战"。这对油价暴跌进一步"推波助澜"。除了基本面的失衡，资本市场结构性的变化也使得原油这一最重要的大宗商品"失宠"。

一、2014 年石油产品市场运行基本特点

（一）资源供给保持增长，增速继续回落

据国家统计局发布数据显示，2014 年我国原油产量为 21142.92 万吨，同比增长 0.7%，增速较 2013 年回落 1 个百分点，连续 5 年保持 2 亿吨以上，整体呈稳中有升态势；原油加工量 45642 万吨，增长 2.8%，成品油产量 28491 万吨，增长 4.4%；成品油表观消费量 26928 万吨，增长 2.0%，其中汽油增长 8.3%，柴油下降 3.9%。

2014 年全国主力油田产量保持稳定增长。大庆、胜利、渤海、长庆、延长、新疆、辽河七大油田产量均超过 1000 万吨。大庆油田石油产量连续 12 年保持 4000 万吨以上，胜利油田连续 14 年保持 2700 万吨以上，长庆油田油气当量快速攀上 5568 万吨的新高峰。渤海海域、长庆油田、新疆油田、辽河油田原油产量分别达到 2611 万吨、2505 万吨、1180 万吨、1122 万吨，保持稳中有升。

2014 年全国主要石油生产企业生产情况为：中石油石油产量 11364 万吨，净增长 104 万吨，同比增长 0.9%。中石化石油产量 4378 万吨，与 2013 年持

平。中海油石油产量3955万吨，同比增长1.1%。延长石油石油产量1255万吨，同比下降0.6%。

（二）价格不断走低

从2014年6月下旬开始，国际油价不断暴跌，尤其是自11月底OPEC决定不减产以来，油价跌势几乎势不可当，纽约和布伦特油价2014年全年跌幅分别高达46%和48%。原油价格的暴跌主要是由周期性的供需博弈和产油国之间的产能博弈导致的，在这些问题得到解决前原油价格仍难以恢复高位。

1. 周期性供需矛盾引发油价下跌

2009年时，国际市场原油价格在金融危机影响下，从146美元/桶曾跌至46美元/桶，但仅过了半年的时间便爬升至80美元/桶以上，此后原油价格就持续高位盘整，特别是北海布伦特原油IPE价格多数时间都位居100美元/桶以上。那一轮暴跌主要源自经济危机导致的产出下降以及投资者出于避险目的的迅速逃离，并不是由于长期供需失衡所致。原油需求的颓势仅从2008年三季度到2009年三季度持续了一年左右的时间便恢复了正增长，而原油期货价格显然反应更加迅速。原油需求的迅速恢复得益于世界各国快速推出的经济刺激政策。

在此后的几年中，因需求旺盛和价格持续高位徘徊，越来越多的石油供应商增加石油的供给，即使开发成本更高的深海油田和页岩气也变得有利可图。近些年，包括中国在内，深海石油勘探和发掘都取得长足进展，与此同时美国页岩油的开采技术也日臻成熟，在页岩气价格低迷的情况下页岩油产量不断扩大。自2008年至2013年，美国石油产量增加了48%，而沙特、俄罗斯和中国的产量却仅仅增加了6%、8%和9%。

总体来看，全球对原油的需求增长远远赶不上石油生产商在100美元/桶的价格下制定的供给增长目标，加之全球原油库存在经历油价下跌后已经趋于饱和，未来需求可能进一步走弱。

2. 产油国产能博弈加剧原油跌势

全球产油国众多，大休可以分为OPEC产油国和非OPEC产油国。自20世纪70年代石油危机之后，OPEC原油产量占比不断下降，而非OPEC成员国产量不断增加，到2013年世界五大产油国中，仅产量位居第一位和第五位的沙特阿拉伯和伊朗是OPEC成员国，位居第二、第三、第四位的俄罗斯、美国和中国均不是OPEC成员。非OPEC成员国不受OPEC组织关于产量的种种限制，因此往往在OPEC成员国限产保价的时候增加产量扩大市场份额。这引起了以沙特为首的 OPEC 成员国的不满。

2014 年原油价格出现下跌使得 OPEC 成员国与非成员国之间，以及 OPEC 成员国内部在原油产量方面的博弈进一步加剧。如果 OPEC 在油价下跌中选择减产保价，尽管可以实现稳定油价的目标，但是由于非 OPEC 成员国的产量增加，会使得 OPEC 的市场份额进一步降低。同理，尽管在 OPEC 内部部分成员国希望减产保价以稳定国内财政状况，但是由于为首的沙特不同意减产，希望保价的成员国为了不丧失市场份额也只能跟随。而以沙特为代表的 OPEC 成员国强势态度无非是为了逼迫美国等非 OPEC 成员国减产。

实际上，OPEC 此次压低油价的意图并不止于此，除了打击非 OPEC 成员国的疯狂生产以外，通过压低原油价格，使得目前很多的石油生产项目变得无利可图，从而减少未来数年的原油供给，另外，低廉的油价也促使发展中国家增加需求，降低在清洁能源方面的投入，由此可见，OPEC 虽然会有一时的损失，但其通过打压产能提高需求的方式可以换来未来更高的利润和市场份额。

（三）进出口分析

据海关总署公布的数据，2014 年我国共计进口原油 3.0838 亿吨，比 2013 年同期增长了 9.5%。不过，2014 年我国进口石油金额为 1.4 万亿元人民币，仅比 2013 年增长 2.5%，原油进口平均价格下跌 6.1%（见表 1）。

表1　　　　　　2011—2014 年我国原油进出口情况

年份	进口		出口	
	进口量（万吨）	同比（%）	出口量（万吨）	同比（%）
2011	25377.95	6.05	251.71	−16.9
2012	27101.93	6.79	243.21	−3.27
2013	28195.22	4.03	161.73	−33.5
2014	30837.41	9.45	60.02	−62.89

2014 年中国进口 308374104 吨（3.08 亿吨）原油，同比增加 9.45%，是历年来最高的；3.08 亿吨原油花费 2280.87 亿美元，每吨原油购买费用为 739.65 美元，相当于 100.91 美元/桶；2014 年中国出口 600193 吨原油，仅为进口量的 0.2%；中国原油出口收入费为 4.91 亿美元，相当于 818.07 美元/吨或 111.60

美元/桶；明显高于进口价格。

2014 年度向中国出口原油的主要国家依次是沙特阿拉伯、安哥拉、俄罗斯联邦、阿曼、伊拉克和伊朗六个国家，占进口总量的 68%。历年来，这个顺序变化比较小。中东国家对中国出口原油占 48%（见表 2）。

表 2　　　　　　2014 年度向中国出口原油数量前 15 位国家

序号	国家	数量（万吨）	占比（%）
1	沙特阿拉伯	4966.59	16.11
2	安哥拉	4064.90	13.18
3	俄罗斯	3310.69	10.74
4	阿曼	2974.36	9.65
5	伊拉克	2857.82	9.27
6	伊朗	2746.25	8.91
7	委内瑞拉	1378.62	4.47
8	阿联酋	1165.21	3.78
9	科威特	1061.88	3.44
10	哥伦比亚	1009.13	3.27
11	刚果（布）	705.10	2.29
12	巴西	701.91	2.28
13	南苏丹	644.37	2.09
14	哈萨克斯坦	568.64	1.84
15	赤道几内亚	324.91	1.05

（四）原油对外依存度继续增长

2014 年我国石油表观消费量（当年生产量加上净进口量）超过 5.19 亿吨，实际消费增速维持低位。但石油进口继续增长，全年石油净进口为 3.08 亿吨，同比增长 5.7%。石油对外依存度达到 59.28%，较 2013 年上升 1.89 个百分点（见表 3）。

表3　　　　　2005—2014 年我国原油出口、进口及对外依存度　　　单位：万吨

年份	产量	原油出口	原油进口	表观消费量	对外依存度
2005	18083.89	806.69	12708.32	29985.52	39.69%
2006	18367.59	633.72	14518.03	32251.90	43.05%
2007	18665.69	382.92	16317.55	34600.31	46.05%
2008	18972.82	373.34	17889.30	36488.78	48.00%
2009	18948.96	518.40	20378.93	38809.50	51.17%
2010	20301.40	304.22	23931.14	43868.33	53.72%
2011	20364.60	252.20	25254.92	45367.32	55.11%
2012	20747.80	243.00	27102.00	47606.80	56.42%
2013	20812.87	162.00	28195.00	48845.87	57.39%
2014	21142.92	60.02	30837.41	51920.31	59.28%

数据来源：国家统计局

（五）当前石油产品行业面临的形势和问题

一是全球经济复苏缓慢，国内经济增长放缓，对石油化工产品需求减弱，经济下行压力仍在持续。二是我国石化行业产能结构性过剩矛盾凸显，传统产业进入低利润时代，转型升级和结构调整的任务十分艰巨。三是资源环境的约束达到上限，节能减排、绿色发展呈刚性约束，传统发展方式面临严峻挑战。四是国际和国内竞争更趋激烈，技术创新成为行业和企业发展的最大变数。缺乏竞争力的企业生存压力加大，可能面临新一轮洗牌。

二、2015 年展望

当前原油市场的调整仍没有结束，预计未来几年内全球原油市场供应过剩的状态仍会持续。2015 年全球原油过剩产能可能达到 40 万桶。未来全球原油市场的供需再平衡是一个长期而又艰难的过程。在供需失衡的状态下，2015 年，原油市场可能呈现前低后高的走势，与 2014 年相比，原油年均价将大幅下滑。

原油价格在 2015 年很难回归 90 美元以上的高位。一方面，不断增加的产

能和增长有限的需求重新恢复平衡需要一段较长的时间。世界经济复苏仍在进程之中，原油需求有待释放；而原油供应商即使无利可图短期内也较难大幅降低产量，这些都决定了原油价格从根本上企稳仍需时日。另一方面，OPEC 国家特别是沙特阿拉伯与美国等非 OPEC 成员国关于产量的博弈也将持续。美国把页岩气和页岩油视为国家战略产业，不会由于原油价格的下跌而轻易放弃，但是如果低油价持续页岩油生产商也将背负极大的负担。美国需要在低油价获得经济增长动能和页岩油行业的亏损之间找到平衡点。

（生产资料市场专业委员会　代官飞）

2014—2015 年再生资源流通回顾与展望

一、行业发展基本状况

2014 年，我国经济发展进入新常态，受国内外市场环境影响，主要品种再生资源价格持续下跌，再加上原材料、劳动力成本上涨较快，再生资源回收企业经济效益低迷，行业发展环境日益严峻。

（一）总体分析

1. 回收总量基本情况

截至 2014 年年底，我国废钢铁、废有色金属、废塑料、废轮胎、废纸、废弃电器电子产品、报废汽车、报废船舶、废玻璃、废电池十大类别的再生资源回收总量约为 2.45 亿吨，同比增长 5.0%。其中，增幅最大的是报废船舶，同比增长 109.6%。如表 1 所示。

表1 2013—2014 年我国主要再生资源类别回收利用

序号	名　称	单位	2013 年	2014 年	同比增长（%）
1	废钢铁[①]	万吨	15080	15230	1.0
	其中：大型钢铁企业	万吨	8570	8830	3.0
	其他行业	万吨	6510	6400	-1.7
2	废有色金属[②]	万吨	666	798	19.8
3	废塑料	万吨	1366.2	2000	46.4
4	废纸	万吨	4377	4419	1.0
5	废轮胎	万吨	375	430	14.7
	其中：翻新	万吨	50	50	0.0
	再利用	万吨	325	380	16.9
6	废弃电器电子产品				

序号	名　称	单位	2013 年	2014 年	同比增长（%）
	数量	万台	11430	13583	18.8
	重量	万吨	263.8	313.5	18.8
7	报废汽车				
	数量	万辆	187.5	220	17.3
	重量	万吨	274.4	322	17.3
8	报废船舶				
	数量	艘	65	142	118.5
	重量	万轻吨	52	109	109.6
9	废玻璃	万吨	849	855	0.7
10	废电池（铅酸除外）	万吨	9.3	9.5	2.2
11	合计（重量）	万吨	23307.5	24470.6	5.0

注①：鉴于 2013 年以前公布的废钢铁回收量数据主要是大型钢铁企业的数据，自 2014 年起，将中小型钢铁企业回收的废钢铁、铸造和锻造行业使用的废钢铁数量纳入统计范围。

注②：鉴于 2013 年以前公布的废有色金属回收量中没有统计热镀锌渣、锌灰、烟道灰、瓦斯泥灰中废锌的相关数据，自 2014 年起，将从热镀锌渣、锌灰、烟道灰、瓦斯泥灰中回收的废锌数量纳入统计范围。

2. 回收总值基本情况

2014 年，我国十大品种再生资源回收总值为 6446.9 亿元，同比下降 0.4%。其中废纸降幅最大，同比下降 17.2%；报废船舶增幅最大，同比增长 91.2%。如表 2 所示。

表 2　　　　2013—2014 年我国主要再生资源类别回收价值

序号	名　称	单位	2013 年	2014 年	同比增长（%）
1	废钢铁	亿元	3392.6	3122.15	−8.0
2	废有色金属	亿元	1131.2	1324.68	17.1
3	废塑料	亿元	888	1100	23.9
4	废纸	亿元	744.1	616	−17.2
5	废轮胎	亿元	75.8	68.8	−9.2

序号	名　称	单位	2013 年	2014 年	同比增长（%）
6	废弃电器电子产品	亿元	69.8	78.4	12.3
7	报废船舶	亿元	11.4	21.8	91.2
8	报废汽车	亿元	60.4	66	9.3
9	废玻璃	亿元	28.87	25.7	−11.0
10	废电池（铅酸除外）	亿元	19.2	19.8	3.1
11	回收总值	亿元	6421.4	6446.9	−0.4

3. 主要品种进口基本情况

2014 年，我国废钢铁、废有色金属、废塑料、废纸、报废船舶五大类别的再生资源共进口 4132.4 万吨，同比下降 8.9%。其中降幅最大的是报废船舶，同比下降 57.1%。只有废塑料进口略有增长，增幅为 4.7%。如表 3 所示。

表3　　　　　**2013—2014 年我国主要再生资源进口情况**

序号	名称	单位	2013 年	2014 年	同比增长（%）
1	废钢铁	万吨	380	256	−32.6
2	废有色金属	万吨	687	618.1	−10.0
3	废塑料	万吨	788.2	825.4	4.7
4	废纸	万吨	2923.6	2752	−5.9
5	报废船舶	万轻吨	198	85	−57.1
6	合计（重量）	万吨	4537.1	4132.4	−8.9

注：1. 废有色金属进口是指含铝废料、含铜废料、含锌废料。

　　2. 我国进口废有色金属实物量按 36% 的比例折算。

（二）行业发展特点

1. 创新型回收模式不断涌现

近年来，随着再生资源回收行业的快速发展，企业着力创新回收模式，提高回收水平。如杭州富伦生态科技有限公司通过与火车站合作回收废弃物中复合纸包装减排垃圾，实现了回收人员、火车站、利用企业多方共赢的创新回收模式；深圳泰力废旧电池回收技术有限公司与笔记本电脑、手机制造商合作，通过快递公司上门回收，执行废旧电池回收认证方案模式；上海燕龙基再生资源利用有限公司三级回收网络回收废玻璃模式；武汉格林美资源循环有限公司采用回收箱、回收超市相结合的废旧电池多渠道回收模式；上海森蓝环境资源有限公司废弃电器电子产品"5H"回收模式；北京盈创再生资源回收有限公司将物联网技术与再生资源回收体系相结合，通过自主研发的饮料瓶智能回收机，开创了中国首例将物联网技术与再生资源回收体系结合的先例。

2. "互联网"思维日益渗透

近期，"互联网"思维成为公众讨论热点。传统再生资源回收产业，通过嫁接互联网进行升级改造，不仅可有效减少行业中间环节，使信息更加透明化，还有助于降低企业经营成本，提高资金使用效率。随着再生资源产业的不断发展，产业转型升级迫在眉睫，在各种回收和交易模式的演变过程中，涌现了一批并走在时代前端的互联网企业。如深圳淘绿信息科技有限公司将互联网思维融入传统回收行业，构建了专注于再生资源行业（废旧手机）的回收服务第一平台，集线上回收交易平台、二手商城平台、拆解物交易平台、积分系统为一体的三大平台一个系统。

3. 兼并重组加剧，产业集中度进一步提高

再生资源资本市场风起云涌，并购重组相继发生，东江环保股份有限公司发布公告收购并增资湖北天银循环经济发展有限公司后，中国再生资源开发有限公司重组秦岭水泥也已获得证监会核准通过，桑德环境资源股份有限公司发布公告称收购电子废弃物处置优质企业湖南省同力电子废弃物回收拆解利用有限公司70%股权，电子废弃物处置行业龙头企业深圳市格林美高新技术股份有限公司以及首创环境控股有限公司、珠海格力电器股份有限公司，通过资本力量整合，目前共形成了6家与电子废弃物处置行业相关的上市企业。目前，在上海、深圳和香港上市的再生资源企业主要包含格林美、桑德环境、东江环保、华宏科技、山鹰纸业等15家企业。随着兼并重组加剧，行业集中度进一步提高，推动行业向规范化、有序化方向发展。

4. 再生资源价格普遍下跌，企业利润呈下降趋势

受国内外经济环境和市场需求持续低迷的影响，2014年主要品种再生资源价格一直呈下行走势。以重型废钢铁平均采购价为例，第一季度平均价格为2470元/吨，第二季度平均价格为2360元/吨，环比下降110元/吨，降幅

4.5%；第三季度平均价格为 2260 元/吨，环比下降 100 元/吨，降幅 4.2%；第四季度平均价格为 2050 元/吨，环比下降 210 元/吨，降幅 9.3%。2014 年全年平均价格为 2290 元/吨，比 2013 年下降 350 元/吨，降幅 13.3%。

此外，受经济下行压力影响，生产企业减少再生资源消耗，造成前期投资几千万或几个亿建设的再生资源回收加工企业经营规模缩减，产能无法全部释放，经济效益下滑，再生资源回收加工量减少。大批中小型企业处于停产或半停产的状态，一些大型企业的开工率也不足 60%。据调查，2014 年京津冀 17 家大型废钢铁加工企业回收加工量大幅减少，其中四家企业全年停止废钢铁经营业务。目前，再生资源回收企业盈利情况不断恶化，再生资源回收行业在艰难的环境中运行。

5. 从业人员结构发生变化，拾荒流动人员增多

2014 年，伴随着新型城镇化的建设，人口城镇化和生态环境城镇化水平的不断提升，产业发展的劳动成本和环境保护成本提升，导致人工成本的大幅上涨，正规回收业经营困难，部分回收企业投资引进机械化回收分拣线替代工人的手工劳动，造成部分分拣线上的工人分流。此外，还有部分回收企业转投其他行业，也造成一部分从业人员分流。而随着废弃物产生量的持续增加，大批非正规再生资源回收者（拾荒者）活跃于再生资源回收领域，再生资源从业人员结构发生变化。据不完全统计，从业人员数量从去年的约 1800 万人减少到约 1500 万人，而城镇拾荒人员新增 200 多万人。

（三）各主要品种分析

1. 废钢铁回收情况分析

2014 年，全国粗钢产量 82270 万吨，同比增长 5.6%。同年，我国回收废钢铁为 15230 万吨，同比增长 1.0%。其中，重点大型钢铁企业回收废钢铁 8830 万吨，同比增长 3.0%；其他行业回收废钢铁 6400 万吨，同比下降 1.7%。

受国内外经济环境和钢材市场持续低迷的影响，2014 年废钢铁价格一直呈下行走势，下半年的降幅高于上半年，反映废钢铁市场运行态势日趋低迷。钢铁企业废钢铁应用量下降的局面并未扭转，实现多吃废钢，精料入炉的目标任重道远。

2. 废有色金属回收情况分析

2014 年我国十种有色金属产量为 4417 万吨，同比增长 7.2%，再生有色金属工业主要品种（铜、铝、铅、锌）总产量约为 1153 万吨，同比增长

7.5%。其中再生铜产量约 295 万吨，同比增长 7.3%，占精铜产量的 37%；再生铝产量约 565 万吨，同比增长 8.7%，占原铝产量的 23%；再生铅产量约 160 万吨，同比增长 6.7%，占铅产量的 38%；再生锌产量 133 万吨，同比增长 3.9%，占锌产量的 23%。

2014 年国内主要废有色金属回收量约为 798 万吨，占再生金属原料供应量 60% 以上，其中废铜回收量约为 135 万吨，废铝回收量约为 370 万吨，废铅回收量约为 160 万吨，锌回收量约为 133 万吨。

2014 年，中国共进口含铜废料 387.5 万吨（实物量），同比下降 11.4%，金额为 110.8 亿美元，同比下降 19.7%，连续两年大幅下降。进口含铝废料 230.6 万吨（实物量），同比下降 7.9%，金额为 34.6 亿美元，同比下降 11.6%，自 2011 年以来已连跌四年。含铜废料和含铝废料主要来自美国、香港、澳大利亚、马来西亚、日本、德国等国家和地区，主要从广州、宁波、杭州、天津、青岛等关区进口。

3. 废塑料回收情况分析

2014 年，我国塑料加工业仍位于合理区间运行，稳步增长，塑料制品产量为 7387.78 万吨，同比增长 7.44%，塑料表观消费量达到 9325.4 万吨，国内塑料使用量约为 6785.37 万吨。据估算，我国 2014 年塑料回收再生利用量达到 2825.43 万吨，国内废塑料回收利用量约为 2000 万吨，同比增长 46.4%。

随着环保法实施，塑料行业转型升级，企业需要投入更多的物力与财力来提高自身技术、装备以及管理水平，无形中增加了再生塑料加工成本。据了解再生塑料企业利润持续走低，由 2012 年的 500 元/吨左右降至 2014 年的 200 元/吨左右。再生料由于环保频频施压生产成本逐步提高，新料因原油暴跌价格大幅下行，两者价差进一步缩小，迫使部分企业放弃或减少再生料使用，再生塑料行业发展更是举步维艰。

4. 废纸回收情况分析

2014 年，我国生产机制纸及纸板 1.18 亿吨，同比增长 2.80%，全国制浆造纸及纸制品业企业数量比 2013 年同期减少 5% 左右，工信部公布的两批各地淘汰落后的 460 万吨造纸产能中大部分是瓦楞原纸和箱纸板企业。2014 年纸及纸板产量与 2013 年基本持平，由于我国各类商品出口增速下降，箱纸板和瓦楞原纸市场需求减弱。

2014 年废纸市场是近几年来行情较为低迷的一年，废纸价格上半年震荡下跌，下半年基本稳定。受环保政策及综合成本要素等因素影响，2014 年国产原生纸浆产量减少，各类商品纸浆进口量增加，同时废纸进口减少，国内回收废纸的利用比例有所提高。2014 年，国内回收利用废纸 4400 万吨，同比增长 0.5%。

5. 废轮胎回收情况分析

2014 年全国轮胎产量超过 5.62 亿条，其中子午线轮胎产量超过 5.11 亿条（全钢胎 1.12 亿条、半钢胎 3.99 亿条），子午化率 90%。

我国废轮胎回收利用行业主要是旧轮胎用于翻新，废轮胎制造再生橡胶、橡胶粉和热裂解。旧轮胎翻新是废旧轮胎综合利用的首选，2014 年，我国废旧轮胎年产生量约 1000 万吨，无害化利用率约 60%，其中翻新轮胎约 1400 万条，由于国家标准《机动车运行安全技术条件》（GB 7258）和"三不包"（不包修、不包换、不包退）轮胎的影响，轮胎翻新企业近 70% 处于停产或半停产状态，给企业造成很大的经济损失。

受天然橡胶价格的影响，造成再生橡胶的需求量大大降低，又由于再生橡胶生产受环保的制约，大、中型企业引用环保的再生脱硫设备，小的不规范的再生橡胶企业处于停产整顿或倒闭的状态。2014 年，再生橡胶产量约 350 万吨，橡胶粉产量约 30 万吨，其中用于生产改性沥青 15 万吨。

我国废旧轮胎回收利用设备由原来的引进到现今基本实现国产化，已达到国际先进水平，并出口到美国、俄罗斯、澳大利亚等国家。

6. 废弃电器电子产品回收情况分析

2014 年中国家用电冰箱产量为 9337 万台，同比下降 0.04%；生产房间空气调节器 1.57 亿台，同比增长 11.46%；洗衣机产量 7114.33 万台，同比下降 1.2%；生产微型计算机 3.51 亿台，同比下降 0.8%；彩电产量 15541.94 万台，同比增长 10.8%。2014 年家电业主营业务收入为 1.41 万亿元，增幅达到 10%，共完成利税总额 1407.3 亿元，利润总额 931.6 亿元，分别比 2013 年增长 19.5% 和 18.4%。

2014 年，我国五种主要废弃电器电子产品的回收量约为 13583 万台，约合 313.5 万吨。其中废电视机回收量为 5860 万台；废电冰箱回收量为 1332 万台；废洗衣机回收量为 1420 万台；废房间空调器回收量为 1961 万台；废微型计算机回收量为 3010 万台。

2014 年 6 月，财政部发布第四批获得废弃电器电子产品处理基金补贴企业名单。至此，全国一共有 106 家处理企业具有废弃电器电子产品处理基金补贴资格。废弃电器电子产品不属于危险废物，可以跨省收集和运输。废弃电器电子产品处理企业间的竞争主要集中在原料的竞争。从 2014 年下半年开始，废弃电器电子产品的回收价格在僧多粥少的情况下继续上涨，导致处理企业的处理成本不断增加，利润空间越来越小。

7. 报废汽车回收情况分析

根据国家统计局发布的《2014 年国民经济和社会发展统计公报》，2014 年年末全国民用汽车保有量达到 15447 万辆（包括三轮汽车和低速货车 972 万辆），同比增长 12.4%。为推动各地加快黄标车的淘汰工作，环境保护部联合发展改革委、公安部、财政部、交通运输部、商务部六部门印发了《2014 年黄标车及老旧车淘汰工作实施方案》，并自 2014 年下半年开始，实行黄标车和老旧车淘汰工作月调度制度，每月通报各地淘汰任务进展。各地纷纷出台相关配套政策措施，有力地推动了淘汰工作。2014 年我国回收拆解报废汽车 220 万辆，其回收量占汽车保有量的 1.42%。

2014 年我国报废汽车回收拆解行业发展稳步推进，全国获得拆解资质的企业数量达 597 家，同比增加 3.65%；隶属回收网点 2432 个，同比增长 1.4%。报废汽车回收网点已覆盖全国 80% 以上的县级行政区域。

8. 报废船舶回收情况分析

2014 年，我国拆船业在船舶拆解量上继续稳居世界前两位。大量的废旧船舶得到安全环保拆解，为加速国内老旧运输船舶淘汰、消解过剩运力、促进航运节能减排提供了有力支持，拆船业贡献了良好的社会效益。但受国内经济增速放缓，内需拉动有限，制造业景气度下滑，钢铁产业结构性过剩，废钢及拆船下游市场需求不旺且价格持续下跌等因素影响，拆船业的经济效益则表现不佳，企业拆船物资大量积压，资金周转困难，用工和财务成本大幅增长，已经导致连续三年处于亏损状态。

2014 年，国内拆船企业拆解国内外各类废船 251 艘 193 万轻吨（约合 830 万载重吨），同比下降 22.4%。其中，国内废船 109 万轻吨，同比增长 111.8%；进口废船 85 万轻吨，同比下降 57.2%。

9. 废玻璃回收情况分析

2014 年我国生产平板玻璃 79262 万箱，同比增长 1.1%，日用玻璃器皿及包装容器产量 2500 万吨左右。我国玻璃企业主要分布在辽宁、河北、山东、江苏、浙江、广东、福建等中东部地区。废玻璃产生渠道主要有两个方面：一是玻璃生产企业生产过程中产生的边角料、企业定期停产产生的废玻璃；二是人们日常生活中丢弃的玻璃包装瓶罐及打碎的玻璃窗碎片。2014 年，我国废玻璃回收量为 855 万吨，同比增长 0.7%。

10. 废电池回收情况分析

2014 年我国电池产量约 476.8 亿只，其中，锂离子电池累计完成产量 52.87 亿只，同比增长 10.9%；原电池产量 312.5 亿只，同比增加 0.15%。电池出口总量 296.3 亿只，进口电池总量 47.4 亿只，电池消费量 227.9 亿只。

2014 年废电池（铅酸电池除外）回收量约为 9.5 万吨，其中：废一次电池回收量约为 3 万吨，废二次电池回收量约为 6.5 万吨。

二、行业发展存在的问题

（一）行业整体水平较低

目前，再生资源回收行业 80% 以上从业企业是"夫妻店"、"小作坊"，规模化企业数量少，缺乏现代管理制度和现代化经营组织方式。行业内技术研发普遍投入不足，大多数企业以手工拆解、简单拆解为主，设备简陋、技术落后，行业整体技术装备水平不高；多数企业对优质再生资源的加工利用水平差，分拣加工产生的产品附加值低，产品结构单一，科技含量少，增值水平低，同质化现象明显。回收企业出于逐利考虑，对回收品种"利大抢收，利小不收"，废纸、废金属等价值较高的品种回收率可达 70%，废玻璃等价值低的品种回收率仅 20% 左右，大量可用资源无人问津，造成严重浪费。

（二）政策环境不完善

近年来，各部门、各级地方人民政府出台了一系列促进循环经济发展的政策措施，但由于缺乏统筹性和系统性设计，政策没有形成合力。同时，我国缺乏对回收环节的政策激励机制，大多数政策仅针对资源综合利用企业，回收行业多次提出财税政策支持弱、企业用地难、回收车辆进城难等问题，一直没有妥善解决。此外，再生资源回收企业不公平竞争的问题依然存在，2011 年再生资源回收行业增值税优惠政策取消后，各省份的增值税地方留成返还比例不一致，甚至有地区对企业实行包税制，导致各地企业的实际税负不一样，企业不能在同一起跑线上公平竞争，为了生存就会出现跨省流动，不利于行业的健康有序发展。

（三）法律体系不健全

发达国家的基本经验是在生产、回收、利用多个环节均有法可依，依法管理。而我国虽有一些循环经济、节能环保领域的法律法规，但法规体系不完善，针对回收环节的专门性法律文件仅有一部部门规章《再生资源回收管理办法》，法律效力低、规范力度小，部分条款已不适应行业发展的需要；生产、利用环节的相关法律法规中，也缺乏鼓励再生资源回收与利用的较为系统的规定。我国除对废弃电器电子产品初步建立起生产者责任制度以外，其他品种的生产者、销售者、消费者责任制度尚未建立，政府、企业、个人各方责任义务也未划分清楚，造成废弃物产生、回收、利用、监管无人负责、责任不明的局面。

三、行业发展趋势分析

（一）对行业发展环境及相关因素分析

1. 我国经济下行压力对行业发展提出挑战

当前，世界经济正处于深度调整之中，复苏动力不足，地缘政治影响加重，不确定因素增多，推动调整结构成为国际社会共识。展望 2015 年，我们认为由于全球经济复苏基础仍然较弱，房地产调整远未到位，一些领域存在较大的金融风险，我国经济下行压力还在加大，发展中深层次矛盾凸显，2015 年面临的困难可能比 2014 年还要大。我国发展面临"三期叠加"矛盾，资源环境约束加大，劳动力等要素成本上升，高投入、高消耗、偏重数量扩张的发展方式已经难以为继，我国经济发展进入新常态。新常态不仅意味着经济增长转向中高速，而且伴随着深刻的结构变化、发展方式变化和体制变化。而结构、方式和体制的变化不断推进、显现，正是新常态下中国经济新动力所在，机遇所在。

2. 国家宏观调控带动再生资源行业发展

2015 年国家将再取消和下放一批行政审批事项，全部取消非行政许可审批，建立规范行政审批的管理制度。2015 年政府将坚持有保有压，化解过剩产能，支持企业兼并重组，在市场竞争中优胜劣汰。2015 年国家将继续实行结构性减税和普遍性降费，进一步减轻企业特别是小微企业负担。完善出口退税负担机制，增量部分由中央财政全额负担，让地方和企业吃上"定心丸"。新环保法实施按日计罚、行政拘留、引咎辞职等新处罚制度，增加了再生资源回收利用企业的不环保经营的"违法成本"。铁矿石资源税征收比例下调，废钢铁行业将受到较大影响。推进社会信用体系建设，建立全国统一的社会信用代码制度和信用信息共享交换平台。积极发展循环经济，大力推进工业废物和生活垃圾资源化利用。2005 年年底前注册营运的黄标车要全部淘汰。制定"互联网＋"行动计划，推动移动互联网、云计算、大数据、物联网等与现代制造业结合，促进电子商务、工业互联网和互联网金融健康发展，引导互联网企业拓展国际市场。上述的国家宏观调控措施将带动再生资源行业发展。"一带一路"的建设，也将有利于各国共建国际大通道和经济走廊，对经济、产业、资本市场都有重大利好，也将推动我国再生资源的产业发展。

3. 出台一系列政策法规助力行业回收水平提升

2011 年国务院办公厅发出的《关于建立完整的先进的废旧商品回收体系的意见》（国办发〔2011〕49 号，以下简称《意见》）。《意见》中提出，坚持市场主导与政府引导相结合；循环发展与科技创新相结合；多渠道回收与集中分拣处理相结合；全面推进与因地制宜相结合。到 2015 年，初步建立起网络完善、技术先进、分拣处理良好、管理规范的现代废旧商品回收体系，各主要品种废旧商品回收率达到 70%。2015 年 1 月 26 日，商务部、发展改革委、国土资源部、住房城乡建设部和供销合作总社制定的《再生资源回收体系建设中长期规划（2015—2020 年)》（以下简称《规划》）发布。《规划》中介绍，到 2020 年，在全国建成一批网点布局合理、管理规范、回收方式多元、重点品种回收率较高的回收体系示范城市，大中城市再生资源主要品种平均回收率达到 75% 以上，实现 85% 以上回收人员纳入规范化管理、85% 以上社区及乡村实现回收功能的覆盖、85% 以上的再生资源进行规范化的交易和集中处理。培育 100 家左右再生资源回收骨干企业，再生资源回收总量达到 2.2 亿吨左右。行业规模化经营水平大幅提升，技术水平显著提高，规范化运行机制基本形成。根据我国有关部门的相关政策指引，我国再生资源的回收利用将进入系统化、规范化阶段，政策的指引有望带动再生资源回收市场的迸发。

（二）行业整体及各品种趋势预测

2015 年是"十二五"规划收官之年，也是我国经济平稳转入新增长阶段的关键时期。宏观政策需要顺应目前调整的趋势，并对短期意外冲击保持警惕，将经济波动控制在较小范围内。综合国内外条件，2015 年政府消费退出、房地产及其相关消费增速快速下降后，新消费热点的培育将进一步加强。包括新能源汽车在内的汽车产业正处于较快发展阶段，国家加大对汽车生产和消费领域的支持。进一步加大信息化基础设施投资，降低信息消费门槛，以信息消费带动传统商业和产业的信息化改造升级。

2015 年是规划年，而且"十三五"规划具有"承上起下"的重要作用。"十三五"时期是实现第一个 100 年目标的冲刺阶段。着力推动中国经济由中低端向中高端转换。积极推进科技创新和体制创新，显著提高一些战略性产业（汽车、节能环保产业）的自主创新能力。支持已形成一定新的优势产业（如高铁、光伏产业、造船业和支线飞机）继续做大做强。钢铁、煤炭、平板玻璃、水泥、电解铝、光伏等行业产能过剩严重，控制增量优化存量，积极稳妥推进产业转型升级，淘汰落后产能工作也在有序推进，如河北省削减钢铁产能达数千万吨。

预计 2015 年我国再生资源回收总量将小幅增长；部分再生资源价格将继续维持震荡下跌趋势；传统再生资源企业经营将更加困难，一些具有创新型商业模式的再生资源回收企业将不断出现；企业间的兼并重组将进一步加快，对于化解产能过剩将起到积极的促进作用；"互联网＋"思维将给传统再生资源回收注入新的活力。具体分品种看。

1. 废钢铁回收趋势预测

2015 年，国内经济运行对钢材消费强度减弱，钢材市场供大于求，低价位、低效益的局面仍会延续。废钢铁产业发展的外部条件不会发生大变化。我国废钢铁产业的发展将继续在"消耗下降的低谷期、价格下滑的低迷期、企业生存发展调整期"的新常态阶段运行。

2015 年，粗钢产量小幅增长，废钢铁消耗总量略有提升，废钢铁价格小幅下降的走势仍将延续，钢铁企业废钢铁消耗下降局面很难改观，废钢铁加工企业经营状况日趋艰难。

2. 废有色金属回收趋势预测

在经济步入"新常态"，国内有色金属产能延续过剩的格局下，2015 年中国再生有色金属的需求量不会有显著增加，市场价格也不会有明显提高。加之近年进口含铜、铝废料价格持续倒挂，史多采用国内回收废有色金属将是接下来几年中不可逆转的趋势。

国内有色金属制品的消费量和社会积蓄量不断增加，初步估算，2015 年国内废有色金属回收量将继续保持稳定，大幅增长的可能性较小。

随着政府进一步加大简政放权力度，2015 年，有色金属回收利用市场环境有望进一步优化。《资源综合利用产品及劳务增值税优惠政策目录》即将修订出台，更多有色金属再生利用企业有望享受到增值税优惠政策，有利于提高企业竞争力；《再生资源回收体系建设中长期规划（2015—2020 年)》的颁布，也将加速我国的废旧商品回收体系建设，对采用国内废料生产的再生金属企业的发展将起到积极作用。

3. 废塑料回收趋势预测

2015 年塑料市场需求不足，塑料加工业下行压力加大，将直接影响废塑料再生利用量的增长。但是 2015 年国家实施新的经济政策，塑料加工业将受惠于重点领域项目建设而有所作为。近期石油价格低位运行，塑料原料价格大幅回落趋于稳定，其他影响企业经营的因素变化不明显，可为塑料加工企业带来短期利好。

未来几年，亚洲特别是中国将继续担当全球聚合物市场增长的引擎，持续的城市化进程和经济发展将加快塑料的需求增长步伐。这些国家正以繁荣的国内及再出口市场为后盾，积极提升再生塑料加工能力。日本、韩国等成熟市场的再生塑料生产商将通过提升产业链，进军细分的差异化市场，逐渐让出低端市场份额。

4. 废纸回收趋势预测

由于经济发展放缓，需求增长下降在短期内难以得到有效改善，造纸行业景气度不会快速回升，加上部分产品存在结构性、阶段性产能过剩问题，预计 2015 年国内制浆造纸及纸制品行业生产和消费情况将会延续 2014 年的态势，废纸回收行业总体会保持平稳，但市场不会有太大起色，整体表现应会略好于 2014 年。

5. 废弃电器电子产品回收趋势预测

2015 年，我国废弃电器电子产品中首批目录产品（四机一脑）的理论报废量将继续增长。而黑白电视机的理论报废量仍将持续下降。由于首批目录产品中，电视机处理量巨大、且补贴标准高，导致处理基金收支严重失衡。目前，财政部正在研究调整处理基金征收和补贴标准。预计 2015 年，在新的基金征收和补贴标准下，首批目录产品的回收处理数量较 2014 年持平或略有下降。

随着财政部第四批获得处理资金补贴的企业名单的发布，绝大部分具有资质的处理企业已经进入废弃电器电子产品回收处理行业。处理企业间的原料竞争将进一步加剧。此外，随着人工成本和管理成本的不断增加，处理行业的利润空间将不断缩小。企业间的兼并重组将更加活跃。

6. 废轮胎回收趋势预测

2015 年，我国废旧轮胎年产生量约 1100 万吨，受国家标准《机动车运行安全技术条件》（GB 7258）和"三不包"（不包修、不包换、不包退）轮胎的影响，轮胎翻新企业近 70% 处于停产或半停产状态，轮胎翻新数量预计将同比减少 50% 以上。由于受天然橡胶价格和环保的影响，造成再生橡胶的需求量大大降低，再生橡胶生产将比 2014 年下降 30% 左右，规模大管理规范的企业将受到国家的支持。橡胶粉产量约 35 万吨，其中用于生产性沥青 15 万吨。

2015 年我国旧轮胎的进口在原有试点数量的基础上，扩大试点的数量，以缓解国内胎体紧张的局面。

7. 报废汽车回收趋势预测

2015 年，国内宏观经济增速继续减弱，市场需求复苏动力不足，尤其是我国钢铁行业仍在进行结构调整，导致钢材产能下降，废钢价格低迷不振，也将对报废汽车回收拆解销售产生不利影响。但 2015 年又是报废汽车回收拆解行业面临经营困难与发展机遇并存的一年，预计报废汽车回收量可达到 280 万辆，同比增长 27.3%，企业经济效益也会进一步提升。

对报废汽车回收拆解行业产生利好最大影响的因素：一是 2015 年是政府实施强制淘汰黄标车的关键一年，将促进报废汽车回收拆解行业发展；二是拆解材料市场价格低位回升，拆解可回用零部件再利用率有望提升，拉动报废汽车回收拆解企业经济效益增长。

8. 报废船舶回收趋势预测

2015 年，世界经济增长动力不足的局面依旧难以改变，国际环境依然充满复杂性和不确定性。从废船供应市场分析，近几年国内外航运业仍然是低迷徘徊，运力过剩状况难以扭转，加上香港公约（HKC）、欧盟拆船法案（EU SRR）、船舶能效设计指数（EEDI）的生效以及新船交接等影响，国际老旧船舶退出市场的脚步短时间内不会停止。在我国，加速老旧运输船舶淘汰等政策的继续实施，2015 年地方航运企业依旧会有大量的废船面临淘汰拆解。

预计国内拆船业 2015 年废船拆解量仍将继续呈现下滑的态势，预计将回落 20% 以上。

9. 废玻璃回收情况分析

回顾 2014 年玻璃现货市场走势，整体表现为"价格走势低于预期，新增产能继续增加，区域间竞争加剧，酝酿新一轮整合行情"。目前，玻璃现货价格和年初大部分业内人士所预测的大相径庭，主要原因是下游房地产等行业对玻璃的需求减量过多和新增产能的冲击。据国家统计局公布的数据显示，玻璃行业经济运行形势严峻，22% 企业处于亏损状态，亏损额超过了 37 亿元，增长 67%。由此可见，2015 年玻璃行业行情不容乐观。2015 年，国内规模以上日用玻璃生产企业工业总产值将达到 2000 亿元左右，总产量将达到 2800 万吨左右。预计 2015 年废玻璃回收量较 2014 年将小幅下降，回收价格将震荡下跌。

10. 废电池回收情况分析

2014 年新能源汽车生产 78499 辆，销售 74763 辆，比 2013 年分别增长 3.5 倍和 3.2 倍。其中纯电动汽车产销分别完成 48605 辆和 45048 辆，比 2013 年分别增长 2.4 倍和 2.1 倍；插电式混合动力汽车产销分别完成 29894 辆和 29715 辆，比 2013 年分别增长 8.1 倍和 8.8 倍。预计 2015 年的新能源汽车销量能够翻番，达到 15 万辆。新能源汽车产销两旺带动了锂离子电池产量将大幅提高，2015 年废电池回收量将与 2014 年基本持平。

（中国物资再生协会　崔燕）

2014—2015 年橡胶流通回顾与展望

2014 年，全球天然橡胶处于增产周期，国内基建、地产投资增速持续回落，产业链供需失衡致使沪胶延续振荡下行态势。沪胶主力合约从年初的19670 元/吨跌至年末的 12500 元/吨附近，降幅高达 36.45%。具体来看，2014 年年初，受国内经济数据低于预期、美国量化宽松政策（QE）减量、橡胶库存不断攀升的共同影响，天然橡胶期价大幅下跌。但进入第二季度后，随着国内宏观形势阶段性好转，以及欧洲央行开启负利率时代，天然橡胶期价跌势减缓，出现盘整迹象。第三季度，中国输美轮胎再遭双反调查，泰国抛售老胶，QE 结束等利空接踵而至，天然橡胶期价持续下行，一度跌破12000 元/吨整数关口。进入四季度后，随着国内降息、房地产政策松动，阶段性供应压力缓解，天然橡胶期价呈现低位盘整。2014 年天然橡胶价格继续下行的主要原因是供需失衡局面仍未改观。

一、2014 年国内天然橡胶行情回顾

（一）新增资源保持增长，增速明显放缓

据中国物流信息中心统计测算，2014 年天然橡胶累计新增资源 345.5 万吨，同比增长 4.3%，增幅较 2013 年下降 7.4 个百分点。

国内产量增速明显放缓。2014 年，我国天然橡胶产区天气状况良好，第三季度台风"威马逊"和"海鸥"对部分沿海地区割胶造成一定影响，但损失不大。由于全年天然橡胶市场利空云集，供应过剩，需求不足，价格持续下跌，胶园主利润空间越来越小，甚至出现亏损，部分地区减少割胶频率。海南一些市县橡胶种植区已出现农户弃割弃管现象，个别地方甚至砍掉橡胶树改种其他作物。因此，2014 年国内天然橡胶产量增速大幅低于 2013 年。初步统计，全年天然橡胶累计产量约 85 万吨，同比增长约 1.5%，增速较 2013年下降约 5 个百分点。

进口同比增幅一季度持续处于高位，随后呈回落走势，第四季度由正转负。据海关统计，2014 年天然橡胶进口量为 261 万吨，同比增长 5.6%，增幅

比 2013 年下降 7.9 个百分点，增速明显放缓。从全年来看，受国内产量、季节需求和社会库存等因素影响，进口量大致呈现出"两头高，中间低"的走势。同比增幅在年初受春节和冬季备货影响达到 36.5% 的高点，随后持续走低。6 月受 2013 年同期基数较低影响，出现暂时回升。第三季度增幅继续波动下行，第四季度已降为负增长，11 月达到 -18.7%，为近几年来的最低点。进口量同比增幅持续下降固然受 2013 年同期基数的影响，但主要还是因为国内天然橡胶市场需求不旺，库存居高不下，如图 1 所示。

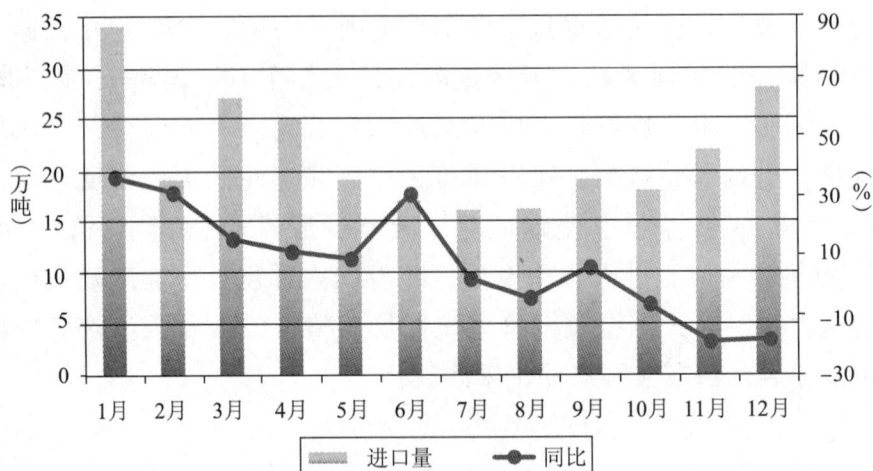

图 1　2014 年我国天然橡胶进口情况

2014 年，合成橡胶市场受行业产能过剩、终端需求疲弱以及天然橡胶价格暴跌的多重打压，市场价格不断下调。企业生产压力明显增大，不断降低开工率。据测算，2014 年前 11 个月，国内合成橡胶产量为 484 万吨，同比增长 10.6%，增幅较 2013 年有小幅下降。进口量也不及 2013 年同期，全年累计进口 148 万吨，同比下降 2.8%。分月来看，进口量走势大体平稳，同比增幅波动下行。其中，除 2 月、4 月、7 月及 9 月进口量同比上升外，其他月份较 2013 年同期均有不同程度下降，如图 2 所示。

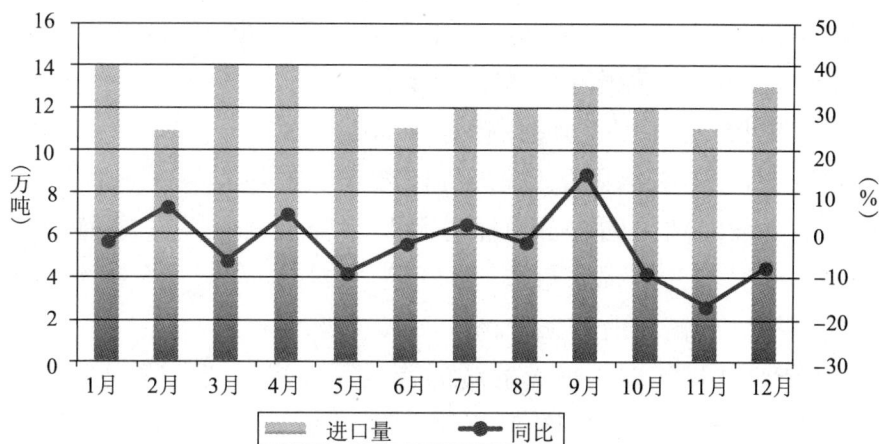

图2 2014年我国合成橡胶进口情况

（二）消费需求持续低迷

2014年国民经济运行进入"新常态"，房地产结束了长达15年的繁荣期，进入调整期，同时带动投资增长明显下滑，再加上工业增速继续呈逐年下降态势，导致经济下行压力明显增大、通货紧缩风险不容忽视。在此背景下，大宗商品市场需求偏弱，加之受国际原油大幅下跌影响，价格持续下行。与经济低速增长相适应，国内橡胶需求持续低迷。

从主要下游行业来看。轮胎行业方面，产能过剩、库存积压，形势不容乐观。受2013年轮胎市场利润偏高及乐观预期影响，盲目投资抬头，导致轮胎行业产能结构性过剩十分严重。据估算，2014年新增全钢胎生产能力1500万套及半钢胎1.5亿套。年初轮胎厂普遍加大产出，库存率提高，导致生产企业库存普遍达到一个半月到2月的生产量，比正常值高出50%左右。另据《每日经济新闻》采访发现，部分代理商的库存已经远远偏离3000条左右的正常库存数量，普遍在8000条以上。轮胎产能过剩、库存居高不下导致大多中小轮胎企业开机率都在70%以下，对天然橡胶需求造成不利影响。

与此同时，美国对我国出口的乘用车及轻卡轮胎发起反倾销和反补贴调查。美国是我国轮胎最主要的海外市场，其进口轮胎约占我国出口轮胎总量的1/3。美国实施"双反"，对我国轮胎市场影响巨大。11月24日，美国商务部公布初裁结果，认定自中国进口的乘用车和轻型卡车轮胎存在补贴行为，拟对此类产品征收反补贴税，税率为11.74%~81.29%。2015年1月21日，美国初裁结果认定中国出口到美国的乘用车和轻型卡车轮胎存在倾销行为，反倾销税税率为 19.17%~87.99%。资料显示，在 2009 年特保案期间，我国轮胎对美出口量一度下降超过 60%。据预测，此次"双反"案件的持续时间或将比特保案更长，预计最终关税将达到 60%。此外，后期还可能引起连锁反应，导致欧盟、日本、印度、澳洲等国效仿。虽然预期悲观，但由于距离真正实施还有一段时间，国内部分企业计划在美国海关清关之前尽可能多的出口至美国，同时将其他国家订单暂时推迟。也有部分厂家在暂时维持美国市场的同时，极力开拓其他国家市场，如东南亚、欧洲等。

在 2014 年整体经济增长继续放缓的背景下，汽车消费难现亮点，低速增长成为汽车行业的新常态，如图 3 所示。据汽车工业协会数据，全年汽车产销分别完成 2372.3 万辆和 2349.2 万辆，较 2013 年分别增长 7.3% 和 6.9%，增速分别下降 7.5 个百分点和 7 个百分点。其中，商用车产销 380.3 万辆和 379.1 万辆，同比下降 5.7% 和 6.5%，出现负增长。商用汽车尤其是重卡，其轮胎对天然橡胶的需求量极大。2014 年，由于国四升级后提前透支需求，国内重卡销量呈现"前高后低"走势，如图 4 所示。国四标准升级从 2013 年开始在部分城市执行，此项政策出台导致很多用户提前进行采购。因此，在 2013 年和 2014 年上半年，重卡销量仍然保持增长，增速逐步放缓。而 2014 年下半年，由于 2013 年同期基数较高、经济下行压力较大、产能过剩、终端需求不振等因素影响，重卡销量出现下跌走势，并且跌幅持续扩大。至 12 月，跌幅已近三成。根据最新数据显示，2014 年，我国重卡市场整体销车 74.4 万辆，同比下降 3.9%。商用车及重卡销售市场的惨淡情况导致天然橡胶的需求遭受较为严重的打击。

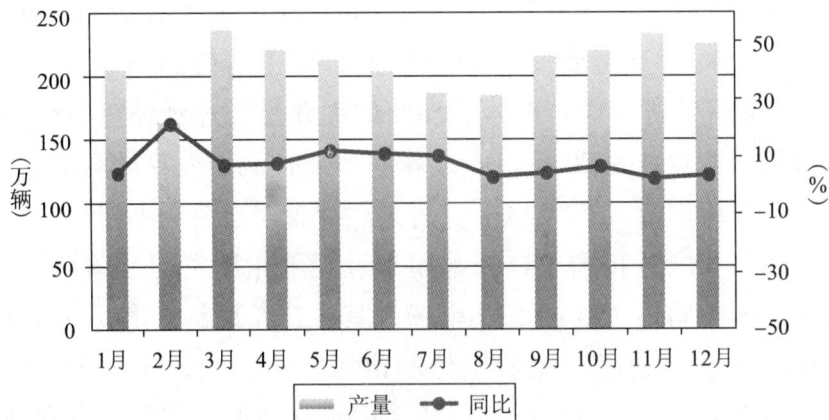

图 3　2014 年我国汽车生产情况

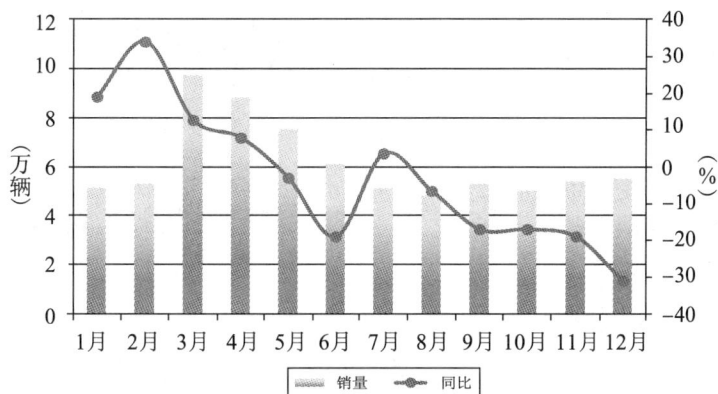

图4 2014 年我国重卡市场销售情况

（三）市场价格全年持续震荡下行

2014 年，我国天然橡胶市场价格延续 2013 年跌势，继续震荡下行。据中国物流信息中心市场监测，2014 年我国天然橡胶累计平均价格较 2013 年同期下降 26.98%，降幅较 2013 年扩大 4.78 个百分点；合成橡胶累计平均价格较 2013 年同期下降 6.13%。如图 5 所示。

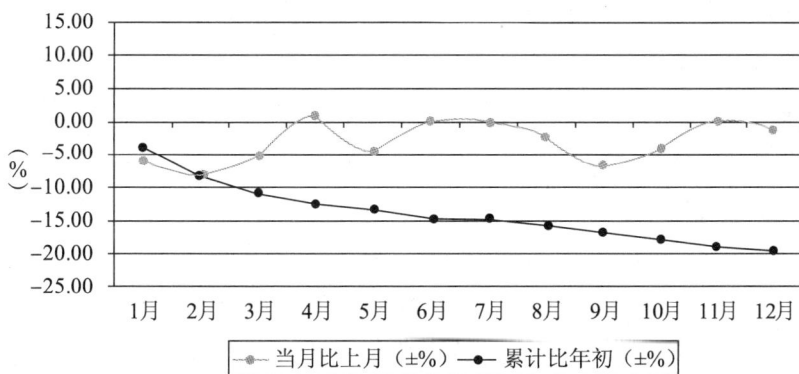

图5 2014 年我国天然橡胶价格指数走势

从全年价格走势来看。年初，受国内经济数据低于预期、美国量化宽松政策（QE3）减量、天然橡胶进口量大幅增加、库存不断攀升等因素共同影响，天然橡胶价格大幅下跌。进入第二季度后，随着国内宏观形势阶段性好转及欧洲央行开启负利率时代，天然橡胶环比价格微幅回升。第三季度，美国双反调查、QE3 结束、泰国抛售国储胶、越南降低橡胶出口关税、国内停止对进口丁苯胶征收反倾销税等利空接踵而至，天然橡胶价格持续下行，一度跌破 12000 元/吨关口。进入第四季度后，为应对天然橡胶价格的大幅下滑，国家采取了一系列政策保护措施：上调天然橡胶进口关税、制定《复合橡胶通用技术规范》国家标准、国家储备局收储 12.85 万吨国产一级全乳标胶等，加之受国内基建投资加快、国外主产区遭受特大洪水自然灾害、国内季节性供应压力缓解等因素影响，国内天然橡胶市场价格跌势趋缓，在低价区域窄幅波动。

　　具体来看，国内主产区：国产标准胶（SCRWF）海南电子商务中心销售平均价格为 13302 元/吨，同比下跌 6090 元/吨；云南电子商务中心销售平均价格为 13318 元/吨，同比下跌 4433 元/吨；上海市场平均价格为 13528 元/吨，同比下跌 6459 元/吨，最高价为 17900 元/吨，最低价为 10800 元/吨；青岛市场平均价格为 13438 元/吨，同比下跌 6391 元/吨，最高价为 17900 元/吨，最低价为 10700 元/吨；天津市场平均价格为 13628 元/吨，同比下跌 6393 元/吨，最高价为 18000 元/吨，最低价为 10900 元/吨。国外主产区：泰国 RSS3 平均价格为 1979 美元/吨，同比下跌 801 美元/吨，最高价为 2480 美元/吨，最低价为 1530 美元/吨；印尼 SIR20 平均价格为 1728 美元/吨，同比下跌 782 美元/吨，最高价为 2270 美元/吨，最低价为 1415 美元/吨；新加坡期货市场的到期 RSS3 现货月平均价格为 1960 美元/吨，同比下跌 820 美元/吨，最高价为 2485 美元/吨，最低价为 1500 美元/吨。

（四）天然橡胶供需分析

1. 天然橡胶供给分析
（1）天然橡胶主产国供应情况

　　每年的 9 月开始的 4 个月时间里，基本上是天然橡胶主产国供应的高峰季，而该阶段的天然橡胶产量基本占全年总产量的 40%。然而由于 2014 年天然橡胶市场行情长期低迷，市场价格基本处于单边下滑走势，这直接对主产国产量、出口等方面造成影响。

　　作为全球最大的天然橡胶生产国泰国，其 2014 年 11 月天然橡胶产量同比下滑明显，下滑幅度达 19.3%。这主要由于胶价低迷导致胶农割胶积极性受挫，因此，产量预估明显下挫。而越南、柬埔寨、菲律宾等国家由于近几年种植面积扩张，天然橡胶产量仍然处于稳步增长。但中国、印尼、印度及马来西亚产量均出现下滑，其中印度官方报道，受价格低迷影响，大约有 9.6 万公顷的胶林被弃割，割胶面积预计将下降至 43.8 万公顷。

（2）天然橡胶主产国出口情况

国外主产国海关数据显示，泰国、印尼、越南出口量不断增长，截至2013年年底，泰国出口量已经达到347万吨，同比增长11.5%；印尼272万吨，同比增长7.3%；越南出口量累计105万吨，同比增长2.6%；马来西亚出口量134万吨，同比增长0.1%；而2014年以来各大主产国进口增速都有明显的回落趋势。

ANRPC数据显示，2014年以来主产国出口增速大幅放缓，ANRPC主产国合计出口量732万吨，同比仅仅微增0.1%，较2013年同比增长7%的速度大幅放缓。

2. 天然橡胶需求分析

回顾国内市场表现，下游企业备货、岁末年初贸易商投机性备货及融资贸易的升温，催生了上半年中国橡胶进口量的激增，市场呈现出新一轮的增库存周期。

轮胎行业发展状况。由于2013年大幅的扩产周期，2014年部分新的装置投产，导致2014年轮胎产量仍保持高速增长态势。但值得关注的是，轮胎的整体开工率还是出现回落，由于扩产基数过大，整体总量仍保持增势，但下游订单需求受到一定打压。自2014年起，产能利用率在70%左右，半钢胎开工率在80%，平均开工率较2013年下降5个百分点。

2014年中国轮胎行业的总体情况是产量增长而销售收入下降，出口交货量增长而出口交货值下降，库存高位，利润率走低，开工率不足，产能扩张大大减缓。2014年全国轮胎总产量5.62亿条，同比增长6.2%。其中，子午胎产量5.11亿条，增长7.3%，子午化率90%；斜交胎0.51亿条，下降3.7%。子午胎中，全钢胎产量1.12亿条，增长4.6%，半钢胎3.99亿条，增长8.1%。

2014年，受宏观经济下行压力影响，国内轮胎市场需求一直低迷不振。虽然原材料天然橡胶价格走低，为行业带来一定的利好，但由于各企业为抢占市场竞相压价，加上人工、能源、环保、物流等生产成本上涨，使轮胎企业的经营压力不断增大，行业利润并不理想。

（五）天然橡胶进口数据分析

2014年全球天然橡胶行业再次经历深幅度下跌的洗礼，天然橡胶价格持续暴跌引发了行业格局一系列变化，而中国作为全球最大的消费国在经济增速放缓，业内资金链紧张以及行业金融监管等一系列因素的影响下，进口增速大幅放缓。2014年我国进口天然橡胶261万吨，增长5.6%；进口额49.5亿美元，下降22.5%。进口复合橡胶160万吨，增长4.0%；进口额32.58亿美元，降低24.0%。

1. 全球天然橡胶进出口的主要格局

天然橡胶主要的产地分布在亚洲、非洲和南美，而亚洲地区占据总产量的93%，其中东南亚主要产胶国占据全球总产量的90%的产量，全球主要的产胶国有泰国、印尼、越南、中国、马来西亚和印度。而从主要的消费区域来看，亚太地区占据消费总量的70%，而中国在亚太地区的消费份额近一半，中国在整体的天然橡胶消费领域有着主导地位。而中国天然橡胶进口依赖度一直在高位，2014年中国天然橡胶产量85万吨左右，进口依赖度依然高达80%以上。

2. 中国天然橡胶总体进口情况

按月份来看，2014年中国天然橡胶进口增速呈现出了两头高、中间低的特点。尽管和传统进口季节性有较为一致的规律，但是两头特别高，中间特别低还是一大不同。1月、2月进口增速达到最高44.5%的增速，两个月平均进口增速达40.3%；不过随着胶价的快速下跌，以及银行对融资监管趋严的影响，进口增速进入低迷期，尤其是4月、5月进入谷底，增速最大一度下滑12.8%。另外值得注意的是12月进口增速再度大涨至24%，12月的进口量大增主要来自于复合胶的增长，由于复合胶标准调整，市场赌政策的情况下，12月进口大量的复合胶整体推动12月进口的大增。

3. 中国天然橡胶主要品种进口情况

按照品种来看，2014年中国天然橡胶进口量不同胶种的比例并未发生明显变化，复合胶在12月进口大增情况，使得复合胶占进口量的比例仍然保持在42%，而烟片小幅下滑至8%，标准胶维持50%。

（1）烟片进口情况分析

2014年烟片进口量增速整体下降了4.41%，而2013年增速还维持56.7%的高增长水平，反差较为明显。2014年全年烟片胶套利窗口并未有效打开有直接关系，使得烟片成为唯一的一个进口下滑的主要品种。按照国别来看，进口自泰国的烟片2014年的占比进一步提升到了77.71%，但是进口量却下滑9.2%，显示烟片市场整体进口形势的低迷。从月度增速来看，第二季度和第四季度进口低迷期。如图6所示。

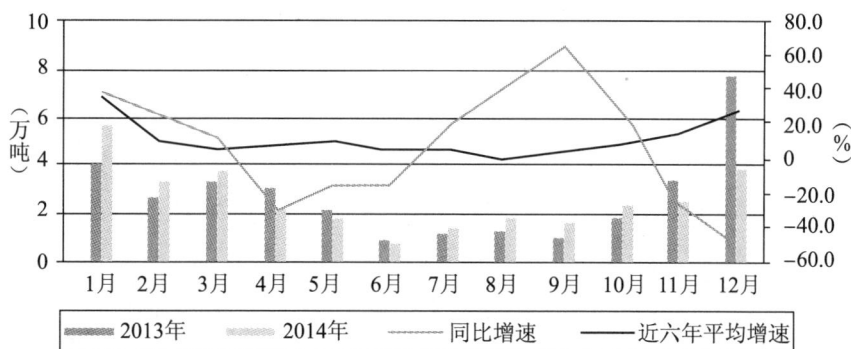

图6 2014 年烟片胶月度进口情况

（2）标准胶进口情况分析

2014 年标准胶的月度进口特点也较为鲜明，2014 年月度进口增速曲线在第四季度和近六年平均增速曲线有所分化。按国别来看，进口自泰国的标胶份额由过去的 43.5% 提升到了 51.71%，印尼和马来变化不大。从主要标胶出口国来看，2014 年泰国进口增速 16.7%，增速稍有加快，带动整体标胶进口增长 6.71%。如图 7 所示。

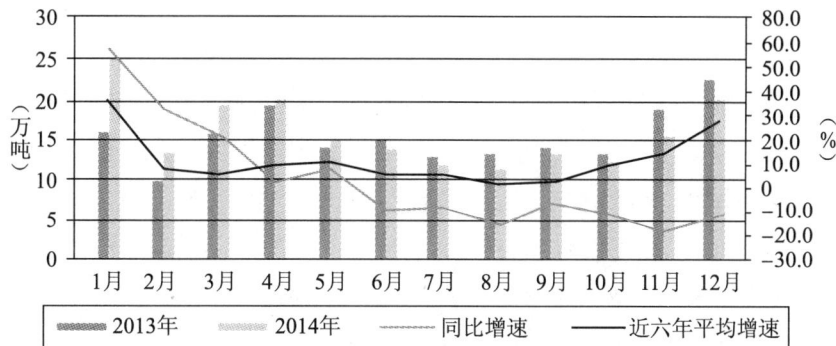

图7 2014 年标准胶月度进口情况

（3）复合胶进口情况

2014 年复合胶的月度进口特点也较为鲜明，2014 年月度进口增速曲线呈现出前低后高的走势，尤其是第四季度进口增速增长明显。上半年复合胶受到融资监管趋严以及行情低迷等因素影响，复合胶进口量持续低位，青岛保税区复合胶库存一度下降至两万吨，但随着复合标准调整政策的出台，赌政策等因素造成了复合胶后来逆袭。全年进口量增速 5.56%，但相对 2013 年的同比增速 19.6% 回落依然明显。如图 8 所示。

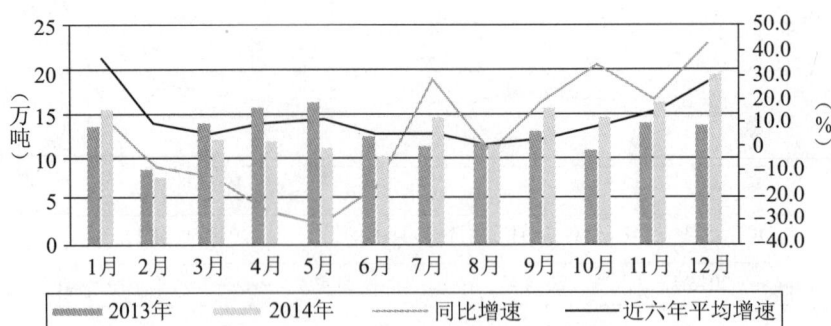

图8 2014 年复合胶月度进口情况

4. 中国天然橡胶进口趋势展望

由于国内产胶量相对有限，中国天然橡胶进口依赖度高的状况短期内很难改变，而中国仍然需要大量的进口天然橡胶，尽管如此，未来进口形式受各种因素影响依然不能再过度乐观。

（1）轮胎行业深陷困境不利于进口量增长

轮胎行业直接进口比例较大，同时轮胎行业占据 70% 的消费量，轮胎行业的发展状况对进口影响较大。2014 年开始轮胎行业遭遇了开工率下降，成品库存高企，利润率大幅下降，资金链紧张等萎靡表现，同时又来自于美国的双反对中国轮胎出口形成打击，轮胎行业整体面临内外交困的局面，轮胎行业过剩局面日益严重，未来走出去以及产品升级寻求新的市场开拓将是主旋律，预计在中国经济增速放缓大背景下下游行业低迷局面难以改变，从这个角度而言不利于中国天然橡胶进口发展。

（2）复合胶标准调整政策对中国进口将形成打击

国家出台复合胶标准原胶比例不得超过 88% 这样的政策，新的标准将在 2015 年 7 月 1 日开始正式执行。而新标准实施后预计复合胶将面临"生死劫"，国内复合胶用胶企业尽管会采购标准胶以及国产胶代替之前复合胶，但是国内资源有限，实际刚需下仍然会大量进口标准胶，对进口而言可能并不会产生过大的影响。但是复合胶融资胶的背景将发生改变，过去几年复合胶融资量逐渐增加，尽管没有具体数据显示融资胶的规模，但复合胶标准调整后对这部分融资需求的进口将是巨大打击。

（3）行情低迷贸易商操盘积极性不高影响进口

天然橡胶经过持续的下跌行情很多贸易商已经被清理出橡胶市场，根据不完全统计 2012 年美金胶贸易商数据在 700 多家，而 2013 年缩小到 400 多家，预计2014年贸易商数据仍将较大幅度下降。而业内人士也普遍认为2015年天然橡胶供需端依然处于弱势局面，熊市行情依然延续，悲观情绪浓厚，这样的行情下进口前景不能乐观。

二、2014年橡胶行业经济运行情况

1. 行业经济低位运行总体平稳，稳中有忧

据统计，2014年工业总产值同比增长2.54%，销售收入增长1.50%。据测算，2014年，全国轮胎产量完成5.62亿条，增长6.24%。如表1所示。

表1　　　　　　　**2012—2014年全国主要橡胶制品生产情况**

年份	2012	2013	2014
轮胎产量（亿条）	4.47	5.29	5.62
增长（%）	3.07	12.55	6.24
其中：子午胎产量（亿条）	4.14	4.76	5.11
增长（%）	4.02	14.98	7.35
半钢胎（亿条）	3.19	3.69	3.99
增长（%）	3.6	15.7	8.1

2. 行业利润增幅走低，胎类产品利润负增长

2014年，主要原材料橡胶价格低位运行，据统计上半年实现利润增长7.72%，全年增长0.09%；销售收入利润率下降0.08个百分点。其中，轮胎行业上半年实现利润增长5.27%，全年则下降4.41%；销售收入利润率下降0.21个百分点。轮胎行业利润下降4.4%，其中内资企业下降9.7%，外资企业增长16.7%；销售收入利润率下降0.21个百分点。轮胎产成品库存货值增长20.41%。

3. 市场波动，橡胶原材料价格、橡胶产品价格攀附下行

2014年，橡胶原材料价格呈低迷波动态势，给轮胎等橡胶制品企业盈利创造了条件，同时也给产品销售价格带来不确定性，产品价格重心不断下移，企业利润减少。

4. 出口实现增长，贸易摩擦严重

据统计，2014年，行业出口交货值增长7.4%，增长6.6个百分点；出口

率（值）为29.1%，提高了1.3个百分点。

2014年，据统计轮胎出口量增长22.6%，出口率（量）44.9%；出口额增长3.5%，出口率（值）33%。出口量升价跌。美国对我乘用车及轻型卡车轮胎"双反"，涉案产品产品金额33.37亿美元；俄白哈关税同盟对我卡客车轮胎启动反倾销调查，涉案产品金额近5亿美元，将对我国轮胎出口造成巨大影响。如表2所示。

表2   **2012—2014年全国轮胎出口情况**

项目	2012年	增长（%）	2013年	增长（%）	2014年	增长（%）
出口轮胎（万吨）	441	9.6	499	13.3	565	13.2
其中：轿车胎（万吨）	151	6.1	176	16.5	188	6.8
卡客车胎（万吨）	233	13.1	267	14.4	315	17.9
出口轮胎金额（亿美元）	159	7.6	162	1.7	165	1.9
其中：轿车胎（亿美元）	59	5.7	62	5.2	61	-1.6
卡客车胎（亿美元）	81	8.9	81	0.9	85	4.9

注：表中数据为海关统计数据。

5. 橡胶行业面临的形势

在"新常态"下，新老问题交织，有利条件和不利因素并存，结构性与周期性矛盾相互影响，行业发展呈现出一系列重要的趋势性变化，既面临严峻挑战，也面临新的机遇。

行业发展面临的困难和挑战主要表现在：传统产品需求增速下降，产能过剩和同质化重复建设矛盾突出，要素驱动力日益减弱和创新能力弱的矛盾，行业面临原材料供应和产品市场两头受阻的挑战，资源环境约束进一步强化。

行业发展面临的新机遇主要表现在：全面深化改革进一步激发市场活力，给行业经济运行注入新动力；工业化、信息化、城镇化和农业现代化深入推进，为行业发展创造新的市场空间；"一带一路"、京津冀协同发展、长江经济带三大战略全面实施，给行业带来一系列新的机遇，将激活国内和国际两个市场；国企改革、价格改革、扶持中小企业、优化企业兼并重组等政策措施的落实，将改善市场环境，增强企业竞争能力，为行业发展增添新的动力。

三、2015 年橡胶行业展望

(一) 一季度天然橡胶市场运行情况

2015 年一季度，受国际市场油价震荡走高、美元走势回调、重卡销量持续下滑、青岛保税库天然橡胶库存增加等因素影响，国内天然橡胶市场价格仍然保持小幅震荡下跌走势。据中国物流信息中心市场监测，1—3 月，天然橡胶累计平均价格同比下降 20.86%，比年初下降 0.4%。

1. 新增资源量同比下降

1 月、2 月，国内天然橡胶主产区处于停割期。进入 3 月，国内云南和海南天然橡胶主产区陆续开割，有零星产量。而东南亚天然橡胶主产国仍处于割胶淡季，资源供应量减少。另外，国内天然橡胶进口增速较 2014 年明显回落。据海关总署统计，3 月天然橡胶进口 22 万吨，环比回升 22.2%，同比下降 18.5%。3 月合成橡胶进口 14 万吨，环比回升 55.6%，同比回升 2.9%。3 月各类橡胶共计进口 36 万吨，环比增加 33.3%，同比减少 12.2%。2015 年一季度各类橡胶共计进口 98 万吨，同比减少 17.7%。

2. 消费需求未有明显起色

从橡胶市场的宏观环境来看，一季度 PMI 指数平均为 49.9%，略低于 2014 年同期。指数有所回落，主要是由企业自我调整引起。一季度企业为谋求新年新开局，往往会结合 2014 年经营状况和经济环境变化，对自身生产经营活动做出调整。同新常态经济形势相适应，2015 年企业自我调整步伐快、动作大，由此导致指数较 2014 年回落。但从趋势上看，PMI 指数连续小幅回升。二季度随着国家稳增长的着力点持续加力，经济发展中的热点、亮点不断显现，经济运行将由稳中趋缓逐渐走向缓中趋稳、稳中趋升。

虽然宏观数据有向好趋势，但橡胶市场下游行业情况未有明显起色。据中国汽车工业协会统计分析，2015 年一季度，汽车产销增速稳中趋缓，汽车产销分别为 620.16 万辆和 615.30 万辆，同比增长 5.26% 和 3.90%。其中乘用车产销分别为 531.01 万辆和 530.51 万辆，同比增长 10.66% 和 8.95%；商用车产销分别为 89.15 万辆和 84.79 万辆，同比下降 18.44% 和 19.48%。重卡市场情况更加惨淡。一季度重卡产量共计 154889 辆，下降 31.6%；销量共计 134625 辆，下降 33.7%。轮胎方面，春节过后，企业开工率稳步回升。但遭受"双反"打击后未能完全恢复，需求低迷的态势仍在继续。截至 3 月底，青岛保税区橡胶总库存较中旬增加近4000吨，增长约2%。显示下游采购量不足，消费不旺，库存的增长给天然橡胶价格带来压力。

3. 天然橡胶市场价格小幅震荡下跌

受国内外天然橡胶主产区资源供应量有限及国内重型卡车销售疲弱、市场需求不振等因素影响，国内天然橡胶市场价格继续震荡下行。据中国物流信息中心市场监测，2015年3月，国内天然橡胶综合平均价格环比下降0.84%，降幅较2月扩大0.64个百分点；同比下降16.23%。合成橡胶综合平均价格环比回升1.18%，同比下降4.81%。1—3月，天然橡胶累计平均价格同比下降20.86%，比年初下降0.4%。

具体来看，国内市场方面，3月份，国产标准胶（SCRWF）云南电子商务中心销售平均价格为12764元/吨，环比上涨759元/吨。上海市场平均价格为11943元/吨，环比下跌215元/吨，最高价为12400元/吨，最低价为11700元/吨；青岛市场平均价格为11843元/吨，环比下跌174元/吨，最高价为12300元/吨，最低价为11600元/吨；天津市场平均价格为12047元/吨，环比下跌220元/吨，最高价为12500元/吨，最低价为11800元/吨。

国际市场方面，3月，泰国RSS3平均价格为1752美元/吨，环比下跌46美元/吨，最高价为1840美元/吨，最低价为1720美元/吨；印尼SIR20平均价格为1424美元/吨，环比下跌13美元/吨，最高价为1440美元/吨，最低价为1400美元/吨；新加坡期货市场的到期RSS3现货月平均价格为1743美元/吨，环比下跌55美元/吨，最高价为1835美元/吨，最低价为1705美元/吨。

（二）全年展望

从宏观层面来看，美元指数3月上旬一度突破100大关，触及十余年高位。美国就业市场在美元飙升背景下的大幅下挫，3月非农就业数据出人意料地惨淡，甚至连1月和2月的就业数据也被大幅下调。美元走势强劲为美国经济和全球大宗商品价格带来威胁。国内方面，一季度PMI指数平均为49.9%，略低于2014年同期，这主要是由企业自我调整引起的。企业为谋求新年新开局，往往会结合2014年经营状况和经济环境变化，对自身生产经营活动做出调整。同新常态经济形势相适应，2015年企业自我调整动作较大，由此导致指数较2014年回落。但从一季度趋势上看，PMI指数连续小幅回升，且回升幅度在扩大，表明经济态势转稳。二季度随着国家稳增长的着力点持续加力，经济发展中的热点、亮点不断显现，经济运行将由稳中趋缓逐渐走向缓中趋稳、稳中趋升。

原油方面,供需因素仍是主导油价走势的主因。目前原油产量仍然较大,库存处于高位,供大于需的态势仍未改变,整体来看原油价格仍将保持震荡格局。但短期内受地缘政治因素影响,原油价格或将继续上涨。3月,受原油价格上涨影响,合成橡胶价格有所反弹。目前合成橡胶与天然橡胶的价差依然较大,合成橡胶的替代作用继续有效。后期如果原油继续反弹,或将使两者价差进一步缩小,从而有利于天然橡胶价格回升。

供给方面,全球橡胶供应过剩将萎缩。泰国、越南、马来西亚等地胶农在2006年前后胶价大涨时扩种面积过大,近年产量集中释放,而需求增长乏力,导致橡胶价格持续过低,迫使胶农弃割或转向种植其他经济作物,主产国橡胶产量有所下降。据天然橡胶生产国协会(ANRPC)最新公布的月报显示,占全球橡胶产量90%的主要产胶国2014年橡胶产量同比减少3%,至1083.5万吨。因此,2015年全球天然橡胶供应过剩幅度将收窄。据国际橡胶研究组织(International Rubber Study Group)预测,2015年全球天然橡胶供应过剩将减少46%。2015年预计将供应过剩20.2万吨,而2014年为37.1万吨,2013年为65万吨。国内主产区也面临同样情况,由于2014年胶价继续下跌,胶农割胶意愿不强,加工厂生产热情不高,国产胶数量与2013年相比增速明显下降。2010—2013年,每年国产胶产量增幅在3%~12%,而2014年同比增幅仅为1.5%左右。

在胶价持续下跌的背景下,泰国、越南、印尼等橡胶主产国陆续出台了相关的救市政策。例如,近期泰国政府计划通过在多个橡胶种植省份建立橡胶交易中心,在两个月内将橡价推至65泰铢/千克。但由于下游成品库存高企,开工率下降,部分企业提前进入停工期,需求因素继续压制胶价,保价措施收效不大。我国为应对天然橡胶价格的大幅下滑,在2014年四季度采取了一系列政策保护措施:从2015年1月1日起天然橡胶标准胶和烟片胶进口关税每吨增加300元、浓缩胶乳增加180元;2015年7月1日起执行复合橡胶中的生胶含量不得高于88%的国家标准。这两项措施将有利于稳定天然橡胶市场价格。

2015年4月国内各天然橡胶主产区将陆续全面开割,而泰国北部及南部产区也将在4月中下旬进入开割期,后期的供应压力或将逐步增加。国际货币基金组织(IMF)预测,2015年全球天然橡胶需求将增长3.1%,达到1230万吨,该预测增幅较2014年下降了1.4个百分点。

需求方面,轮胎行业受欧美车市复苏带动,2014年前三季度总体产销仍较为稳定。但从第四季度开始,行业运行环境及经营状况快速滑坡。此外,企业库存高企，产品价格走低，开工率保持较低水平，资金吃紧，经营困难。而2015年更是各种利空消息云集，形势十分严峻。一是轮胎行业产能结构性过剩，特别是低端同质化轮胎过剩严重。产能过剩导致激烈的竞争，且易引发混乱无序，进而导致轮胎价格大幅走低。二是美国"双反"案预计将于2015年4月做出终裁。如果结果为肯定性终裁，美国海关将正式开征反补贴税和反倾销税，严重影响我国轮胎出口。三是复合胶标准调整和橡胶进口关税调整。这两项措施虽然有利于促进国内天然橡胶消费从而达到支撑其价格的目的，但是对东南亚天然橡胶出口十分不利，可能会引起一系列商务违约和市场混乱，也会使国内轮胎企业成本上升。随着轮胎出口受阻、开工下降、库存高企，后续市场将以去库存化为主，轮胎的产能释放或进一步受到抑制，对天然橡胶的需求带来不利影响。此外，复合胶新标准将于2015年7月1日开始实施，2015年上半年可能出现复合胶集中大量进口，预计保税区库存将会持续回升，对国内天然橡胶市场造成冲击。

汽车行业方面，宏观经济的持续低迷降低了消费者收入水平及未来收入预期，使得汽车行业步入下行趋势。汽车限购政策也对汽车销量起到抑制作用。重卡市场方面，2014年年底批复的大量铁路、公路和基础设施建设项目为2015年重卡市场需求提供了一定保障。但从长远来看，GDP、投资等关键指标增幅的不断放缓仍将对重卡需求带来负面影响。预计未来重卡市场将保持平稳低速发展并步入"微增长"时期。

此外，国储局2014年收储计划已经完成，收储量为12.85万吨。然而此次收储价格偏低，流拍不少，导致市场悲观情绪十分浓厚。收储对市场的提振作用越来越弱，在供求失衡的格局下，收储只能暂时把供需矛盾推迟，长期来看，弱势难改。2009年收储的全乳胶已经接近保质期，未来需关注国储局是否可能抛储。如果抛储出现，供求失衡局面将进一步加剧。

消息方面，利好较多。印尼拟在基建项目中增加天然橡胶消费量，以提振内需。美国暂停对2015年3月31日之后进口的中国乘用车及轻卡车轮胎征收反补贴税。政府从国家层面对美国轮胎"双反"非常关注，将就轮胎"双反"起诉美国商务部。

综合来看，美元回调、原油上涨、进口增速放缓、轮胎企业开工率提升、美国暂停"双反"等影响因素对天然橡胶价格产生利好，但随着国内外主产区陆续开割，资源供应将有所增加，对天然橡胶价格继续施压。预计2015年天然橡胶价格或将会有短期反弹，但整体来看仍将以低位震荡走势为主。中国橡胶行业运行基本平稳，主要经济指标维持低位。主要产品产量将保持增长，增幅低于上年；主要产品出口保持增长，量值增幅均将降低；橡胶消耗基本稳定，天然胶、合成胶应用比例接近。

1. 主要产品产量将保持增长

2015 年，困难和挑战将大于 2014 年，主要产品产量增幅均面临下调压力。高附加值、市场需求潜力大的新产品增幅较大，市场竞争激烈程度也将进一步加剧。结构调整，创新运营模式和思维方式至关重要。

2. 2015 年行业进出口形势

我国橡胶工业对外贸易依存度高，天然橡胶进口依存度超过 80%，轮胎出口量占产量的 40% 以上，对外贸易在橡胶工业经济增长中具有重要作用。

2014 年受全球经济增长放缓和内需萎缩的影响，我国进出口增速双双下降，今年行业的外贸形势依然不容乐观。一方面，虽然美国经济表现强劲，但欧洲和日本经济处于衰退边缘，新兴市场经济体经济增速也纷纷放缓，外部需求改善有限。另一方面，各国货币竞争性贬值令人民币被动升值，我国产品出口竞争力下降，同时人民币贬值预期也会使进行套利的虚假贸易减少。

为稳定和拓展出口，一是调整出口结构，提高出口产品的科技含量和附加值；二是创造新的比较优势，采取有效措施开拓国际市场；三是加快走出去步伐，加强行业自律，减少贸易摩擦。

3. 橡胶消费不确定性增多

预计 2015 年全国生胶消耗增长 4% 左右，达到 910 万吨以上。天然橡胶、合成橡胶消费比例接近。对主要原材料天然胶而言，应抓住价格低迷的有利时机，扩大进口，增加橡胶资源储备，努力实现全年进出口增长 6% 的政策目标。但复合胶标准和天然胶关税的调整，又使行业受到困扰。

四、橡胶资源循环利用行业发展面临的问题与建议

(一) 橡胶资源循环利用行业面临的问题

1. 法律法规亟待完善

由于相关的法律、法规和产业政策不够完善，国家标准和行业标准也不够健全，致使废旧轮胎的回收、加工处理、再利用处于自由发展态势，导致了行业的无序发展和企业的运营困难。这也是造成我国橡胶资源浪费和二次环境污染的主要原因。

2. 废旧轮胎回收体系不健全

目前我国还没有建立规范的废轮胎回收体系，90% 以上废轮胎是由民间个体自发收购自由交易。废轮胎回收后不能完全进入正规加工处理企业，给土法炼油和小再生橡胶生产提供了原料来源；而回收经营者的无序竞争，一方面使得有限的废轮胎资源得不到规范、合理地回收利用，另一方面层层倒卖和转运既浪费了运输资源，又推高了废轮胎回收的市场价格。

3. 生产经营方式粗放，节能减排指数较低

受市场和利益的驱动，"三小"企业（小翻胎、小再生橡胶、小橡胶粉）依靠落后的生产技术和工艺，采取低成本、低价格和低附加值的粗放式生产经营方式，形成了高能耗、高排放的现状，对市场秩序形成冲击，特别是土法炼油生产屡禁不止。

4. 产品结构性过剩矛盾突出，低水平重复建设没有得到根本抑制

中国轮胎产品结构性过剩已存在多年，严重困扰了行业的发展。产品同质化和企业之间趋同性更加严重，高端产品稀缺，低端产品过剩，产品技术附加值低，行业竞争无序，销售收入大幅下降，影响了企业可持续发展。

5. 企业创新能力弱，缺少品牌附加值

由于行业整体利润率偏低，导致企业研发投入不够，高端技术人才缺乏，技术储备少，新产品推出慢，自主知识产权不多，企业在品牌维护和营销渠道建设方面没有大投入，品牌效应较低。

（二）发展战略与政策建议

1. 加强监督管理，规范市场秩序

进一步推动废旧轮胎综合利用的相关立法工作，加快制定废旧轮胎综合利用有关的规章和措施，以及实施《汽车轮胎翻新行业准入条件》《废轮胎综合利用行业准入条件》《轮胎行业准入条件》等产业政策，将轮胎综合利用纳入法制化轨道。加快推进全行业社会信用评价体系建设，引导企业良性发展。如果这些政策能够得到有效执行，对淘汰落后产能，规范市场和产业升级都将起到积极的引导和促进作用。

2. 进一步深化改革，夯实基础

提升核心技术水平和生产自动化水平，改造传统轮胎工业，轮胎企业要从依靠劳动力转向依靠智力，提高生产效率和产品质量，降低资源、能源消耗，实现绿色制造。真正把轮胎品质做到卓越和创新；实现营销增值销售，扩大品牌影响力，使消费者满意。

3. 实施创新驱动发展战略，促进行业转型升级

经过多年的发展，我国已建起比较完整的橡胶循环利用工业体系，已成为全球最大的橡胶消费大国，但不是橡胶工业强国。发展中不平衡、不协调、不可持续的问题仍然突出，主要表现在企业规模小而且分散，产品结构不尽合理，经济发展方式比较粗放，产能过剩，低价倾销，税赋过重，企业效益低，技术开发能力不强，综合竞争能力弱等深层次问题。国内外环境新变化，要求把推动发展的立足点转到产品结构调整和经济转型上来。新形势下产品结构调整的核心是提升产品技术含量和产品附加值，由以往的成本和价格竞争，转向质量、技术、品牌和服务为核心的竞争，由主要依靠资源要素的大规模投入转向创新驱动。

4. 实现橡胶行业绿色发展

目前，绿色发展、低碳发展已成为重要的国际潮流，绿色经济、低碳技术在世界科技和产业结构变革中扮演着越来越重要的角色。面对日趋强化的环境约束，我们必须强化危机意识，坚持绿色发展，建设资源节约型和环境友好型企业是行业转型升级的必然选择。

（中国轮胎循环利用协会　李树仁

中国物流信息中心　董昱）

2014—2015 年散装水泥流通回顾与展望

2014 年，面对国内外经济增速放缓和经济下行压力增大等错综复杂的局面，国家保持宏观政策连续性和稳定性，创新宏观调控思路和方式，有针对性进行预调微调，扎实做好各项工作，实现了经济社会持续稳步发展，全年主要目标和任务较好完成，经济运行处在合理区间，经济结构调整出现积极变化，深化改革开放取得重大进展。

全国水泥产业在全社会固定资产投资增速放缓、基本建设规模下降的形势下，坚持遏制新增产能、遏制经济效益下滑的以"两个遏制"为全行业的工作重点，以"错峰生产"为抑制产能和节能减排的有效手段，努力克服产能过剩、效益严重下滑的不利因素，依然保持了良好的发展势头。全年水泥产量低速增长，遏制新增产能取得新成效，产能集中度继续提高，实现了利润总额历史第二个高位年。

全国散装水泥绿色产业扎实推进散装水泥、预拌混凝土和砂浆及散装水泥、预拌混凝土下乡等重点工作，在水泥行业实施水泥产业结构调整以及水泥产量增长率大幅下滑的情况下，仍保持了全国散装水泥供应量的增长率继续高于水泥产量增长率的良好态势，预拌混凝土产量平稳增加，预拌砂浆产量快速增长，农村散装水泥使用稳步增长，全国水泥平均散装率持续提高，由散装水泥、预拌混凝土、预拌砂浆"三位一体"构成的绿色产业发展取得十分显著的社会和经济效益。

一、2014 年全国散装水泥绿色产业发展情况

（一）全国水泥行业和散装水泥产业总体发展概况

2014 年度全国水泥年生产量为 24.76 亿吨，同比增长 0.43 亿吨，比 2013 年增长量 2.11 亿吨减少 1.68 亿吨（增长量仅为 2013 年增长量的 20.4%）；年增长率从 2013 年的 9.6% 下滑至 1.8%，同比下降了 7.8 个百分点，增速为 24 年以来最低值。

2014 年，水泥行业投资下降 18.7%，有效地抑制了产能过剩的进一步发

展，年度新增水泥熟料产能较 2013 年减少 2400 多万吨，下降 25%。自 2013年以来共计减少 58 条新增熟料生产线，淘汰落后水泥产能 8100 万吨。国内排名前 10 家水泥集团熟料产能 9.16 亿吨，产能集中度为 52%。全行业实现主营业务收入 9792.11 亿元，比 2013 年增长 0.92%；实现利润总额 780 亿元，为历史第二高位。这主要是近两年煤炭价格偏低、实施错峰生产和推进节能减排等因素实现了降本增效的结果。

2014 年全国散装水泥累计供应量为 14.24 亿吨，受水泥总产量增幅下降的影响，散装水泥年增长量仅达到 0.75 亿吨，比 2013 年增长量 1.68 亿吨减少了 0.93 亿吨，下降了 55.3%；散装水泥的年增长率也降为 5.56%，比 2013年增长率 14.19% 回落了 8.63 个百分点，是 27 年来最低值。但相比水泥年产量的增速而言，散装水泥供应量的增长 5 年来首次超过水泥产量的增长，超量达 0.32 亿吨；散装水泥供应量年增长率也高于水泥年产量增长率 3.79 个百分点。对比数据表明，全国散装水泥供应量保持了持续稳步增长。

2014 年年末全国平均水泥散装率达到 57.58%，比 2013 年年末 55.94%提高 1.64 个百分点。距离实现国家散装水泥"十二五"规划的全国平均水泥散装率达到 58% 的目标仅差 0.42 个百分点（见表 1 和图 1、图 2）。

表 1　　　2010—2014 年全国水泥、散装水泥发展指标汇总　　　单位：万吨

指标 年份	水泥产量	同比增长（%）	散装水泥供应量（万吨）	同比增长（%）	散装率（%）	散装率同比提高点（%）
2010	186691.30	14.66	89805.83	19.27	48.10	1.83
2011	206180.30	10.44	106753.95	18.87	51.78	3.68
2012	218213.00	5.84	118129.94	10.66	54.14	2.36
2013	241439.60	9.60	134897.87	14.19	55.94	1.80
2014	247619.36	1.77	142392.66	5.56	57.58	1.64

注：1. 全国水泥生产量由国家统计局提供（含西藏区）。

2. 全国水泥产量同比增长量、率的同期数据采用国家统计局调整后的数据。

3. 为了全国平均水泥散装率的准确性，故在计算散装率时，将西藏水泥产量扣除（下同）。

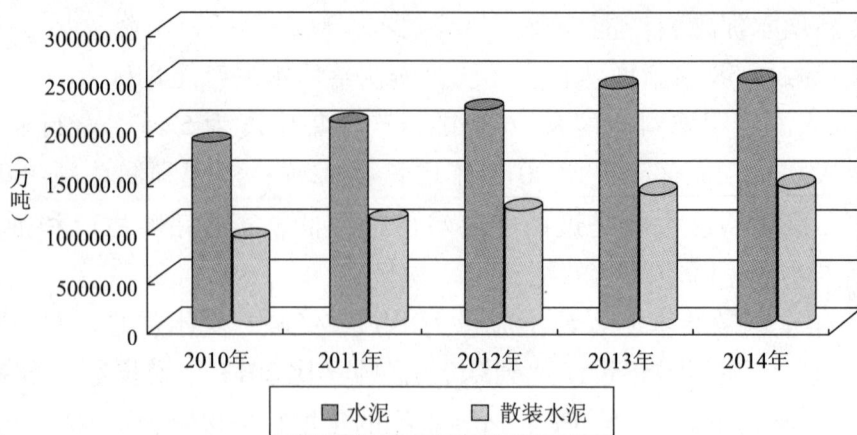

图1　2010—2014 年全国水泥产量、散装水泥供应量

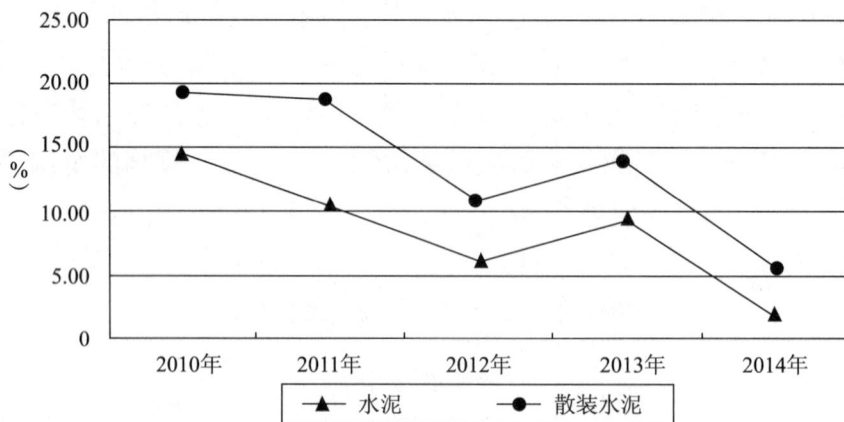

图2　2010—2014 年全国水泥、散装水泥增长率

（二）分区域（三部区、六地区）散装水泥发展情况

1. 三部地区水泥、散装水泥发展速度均回落

2014 年三部区水泥、散装水泥发展的各项指标（见表2 和图3）。

表2　　　　　2014 年度全国三部地区水泥、散装水泥发展情况对比

地区	水泥产量（万吨）	同比增长（%）	散装水泥供应量（万吨）	同比增长（%）	占全国比重（%）	散装率（%）	散装率同比提高点（%）
全　国	247619.36	1.77	142392.66	5.56	100.00	57.58	1.64

续 表

地区	水泥产量（万吨）	同比增长（%）	散装水泥供应量（万吨）	同比增长（%）	占全国比重（%）	散装率（%）	散装率同比提高点（%）
东部地区	91560.59	-0.18	64016.23	2.85	44.96	69.92	1.69
中部地区	76240.28	1.86	43472.09	7.94	30.53	57.02	2.55
西部地区	79818.49	4.01	34904.34	7.80	24.51	43.92	1.30

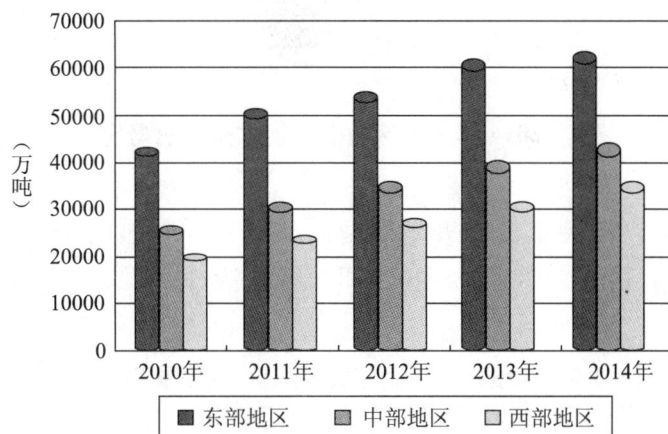

图 3   2010—2014 年三部区散装水泥供应量

2014 年东、中、西三部区散装水泥年增长量分别为：1772、3198、2525 万吨，其中：东部增长量比 2013 年减少最多为 4983 万吨，占全国减少总量 9273 万吨的 53.73%。主要是该部区水泥同比增长总量呈负增长。该部区 11 个省市中有五个地区散装水泥为负增长，其中河北省年增长量同比就减少 1244 万吨，为本部区减少量的 24.97%。中、西部散装水泥年增长量分别比 2013 年减少 1682、2608 万吨。东、中、西三部区年增长率分别为 2.85%、7.94% 和 7.8%，分别比 2013 年增长率下滑 9.32、5.85、11.04 个百分点，其中东部年增长率为 2.85%，大大低于全国平均增速水平；西部增长率同比下降已达到两位数。从三部区散装水泥量占全国总量的比重看：东部地区所占比重由 2013 年的 46.14% 缩至 44.96%，而中、西部区比重则由 2013 年的 29.86%、24% 又分别增大了 0.67 及 0.51 个百分点，达到 30.53% 和 24.51%，西部所占比重呈逐年增大的态势。

东、中、西三部地区平均水泥散装率为 69.92%、57.02%、43.92%，分别比 2013 年提高 1.69、2.55、1.30 个百分点。东部水泥散装率仍超过全国平均水泥散装率 12.34 个百分点（见图 4）。

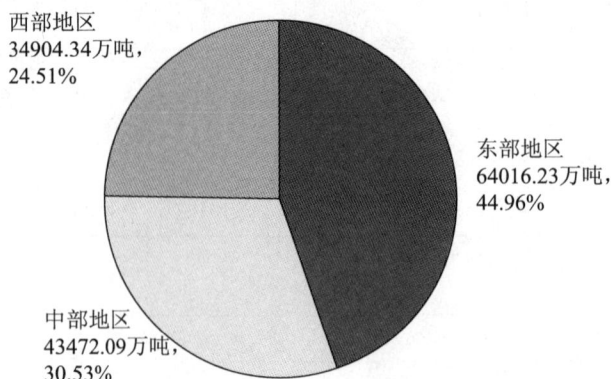

图 4　2014 年三部区散装水泥占全国总量比重

2. 全国六地区散装水泥发展呈现南高北低差异明显的特点

2014 年六地区散装水泥发展的各项指标见表 3。

表 3　　　　　　**2014 年度全国六地区水泥、散装水泥发展情况对比**

地区	水泥产量（万吨）	同比增长（%）	散装水泥供应量（万吨）	同比增长（%）	占全国比重（%）	散装率（%）	散装率同比提高点（%）
全　国	247619.36	1.77	142392.66	5.56	100.00	57.58	1.64
华北地区	23092.74	−10.04	14003.18	−7.12	9.83	60.64	2.45
东北地区	14126.43	−3.78	7035.58	−1.42	4.94	49.80	0.70
华东地区	79311.10	1.42	56585.26	5.50	39.74	71.35	1.38
中南地区	68184.70	4.78	36908.48	9.00	25.92	54.13	2.18
西南地区	40469.36	7.80	17948.38	15.91	12.61	44.73	3.08
西北地区	22435.03	1.28	9911.78	2.14	6.96	44.18	−0.54

2014 年我国北方的华北、东北地区的水泥、散装水泥年增长量、年增长率均为负增长，西北地区的水泥、散装水泥增速也仅为 1.28%、2.14%（见图 5）。

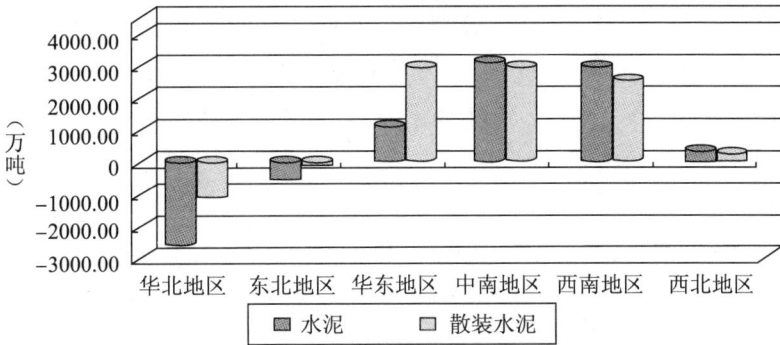

图5　2014年六地区水泥、散装水泥增长量

华北、东北、西北地区散装水泥年供应量增长量分别为 - 1074、 - 101 和 207 万吨；增长率分别为 - 7.12% 、 - 1.42% 和2.14% ，分别比 2013 年下滑 17.32、7.96、27.3 个百分点。这三个地区的 13 个省（自治区、直辖市）中除天津、吉林、陕西、甘肃、青海和新疆 6 个省区外，其余 7 个省区均为负增长（见图6）。

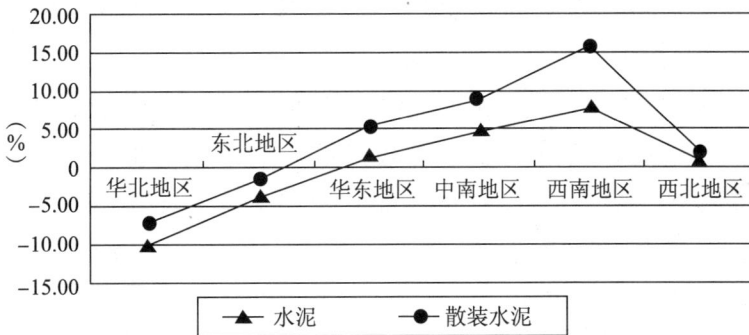

图6　2014年六地区水泥、散装水泥增长率

三个地区水泥产量的年增长量分别为 - 2578 万吨、 - 555 万吨和284 万吨；年增长率为 - 10.04% 、 - 3.78% 和1.28% 。尤其华北地区 5 个省全部为负增长。

2014 年中南、西南和华东地区散装水泥年增长量为：3047 万吨、2464 万吨和2952 万吨；年增长率为 9 % 、15.91% 和5.5% ，同比虽分别下滑4.7、2.5、7.66 个百分点，却仍高于东北、华北和西北地区。

西北地区平均水泥散装率呈负增长。由于西北地区散装水泥供应量较 2013 年的增长幅度较小，则本地区 2014 年的水泥散装率仅为 44.18% ，较

2013 年 44.72% 下降了 0.54 个百分点，是全国六地区唯一呈负增长的地区。

中南、西南地区的散装量占全国总量的比重分别为 25.92% 和 12.61%，上升了 0.82 和 1.13 个百分点。其余 4 个地区的比重均有不同程度的减缩（见图 7）。

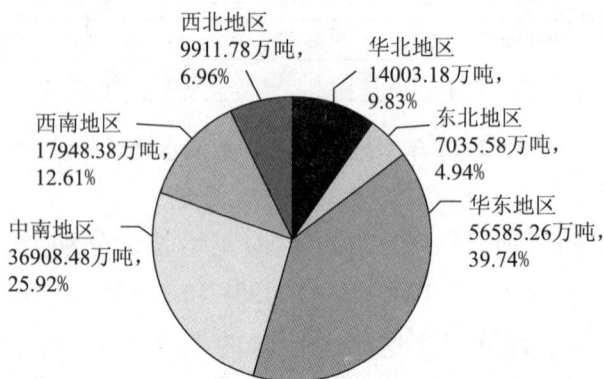

图 7　2014 年六地区散装水泥量及占全国比重

3. 全国各省（自治区、直辖市）水泥及散装水泥发展情况

（1）2014 年全国水泥生产量及同比增长率只有广东、贵州、江苏、四川、湖南、江西、重庆、陕西、甘肃、云南、湖北、河南、安徽、海南、吉林 15 个省（市）为正增长。其他半数省（区、市）均呈负增长。

（2）受全国半数省（区、市）水泥总产量下降的影响，散装水泥供应量年增长量和增长率均呈负增长的有浙江、上海、辽宁、宁夏、山西、北京、黑龙江、河北、内蒙古 9 个省（区、市）。

（3）超过全国水泥平均散装率 57.58% 的有北京、上海、天津、江苏、浙江、河北、安徽、山东、福建、新疆、湖南、辽宁 12 个省（区、市）；其余 18 个省（区、市）中有 12 个省的散装率未达到 50%，而其中的云南、甘肃、陕西、内蒙古的散装率仍低于 40%。

（三）农村散装水泥发展情况

2014 年农村使用水泥总量为 6.86 亿吨，其中散装水泥使用量为 3.24 亿吨（包括：农村预拌混凝土使用 1.26 亿吨，水泥制品使用 0.65 亿吨），同比增加 0.36 亿吨，增长 12.4%，使用率为 47.21%，比 2013 年 44.06% 提高 3.15 个百分点。占全国散装水泥供应量 14.24 亿吨的 22.76%。

2014 年年末，全国农村散装水泥销售点已达到 8550 家（其中水泥生产企业建网点 4975 个，其他投资建点 3575 个）同比增加 775 家，增长了 9.97%。其中东部地区有销售点 3029 个，同比增加 60 个；中部地区有 4484 个，同比增加 683 个；西部地区 1037 个，同比增加 32 个。散装水泥销售网点年销售散装水泥共计 18753.77 万吨，同比增加 426.1 万吨，增长了 2.32%（见表 4、图 8）。

表 4　　　　　2010—2014 年农村水泥、散装水泥使用量发展情况

年份	水泥用量（万吨）	散装水泥用量（万吨）	增长率（%）	散装水泥使用率（%）	使用率提高点（%）
2010	47638.43	17381.98	41.10	36.49	4.98
2011	55112.91	21359.70	22.88	38.76	2.27
2012	61154.46	24868.56	16.43	40.67	1.91
2013	65432.84	28831.94	15.94	44.06	3.39
2014	68641.85	32405.91	12.40	47.21	3.15

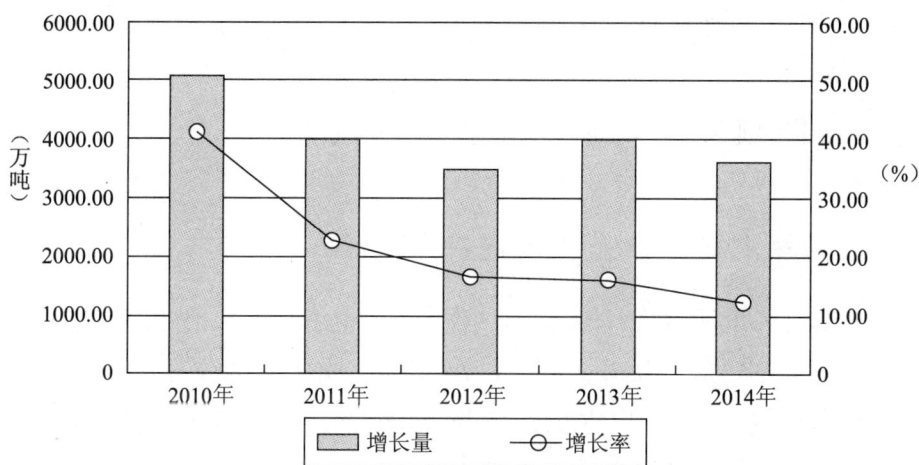

图 8　2010—2014 年全国农村散装水泥使用增产量、增长率

（四）散装水泥物流设施装备发展情况

2014 年年末全国拥有散装水泥发放库 17069 个，同比减少 421 个，下降 2.41%；库容量 5588.3 万吨，增加了 346.6 万吨，增长 6.61%（这主要是由于水泥工业结构调整、淘汰落后水泥产能所致）；中转库 1873 个，比年初增

加了 58 个，增长 3.2%，库容量 408.5 万吨，增加了 12.2 万吨，增长 3.09%；固定接收库 32563 个，同比增加 1722 个，增长 5.58%；库容量 1587.5 万吨，增加 120.53 万吨，增长 8.22%。

2014 年年末全国拥有散装水泥专用汽车 48902 辆，同比增加 1808 辆，增长 3.84%，设计装载量为 168 万吨，增加 6.9 万吨，增长 4.28%；随着混凝土和砂浆"禁现"力度的加强，以及预拌混凝土和预拌砂浆在建筑工程中的应用，建筑工程直接应用散装水泥逐步减少，建筑工地使用的散装水泥储罐也呈下降趋势，现拥有散装水泥罐 100793 个（其中农村拥有量为 27522 个），比年初减少 3985 个，下降 3.8%，设计装载量为 446.8 万吨，减少 1 万吨，下降了 0.23%；拥有散装水泥专用运输船 3151 艘，当年增加 52 艘，增长 1.68%，设计装载量为 350 万吨，增加 8.7 万吨，增长 2.55%。

2014 年全国拥有散装水泥铁路运输专用罐车 4176 节（其中自备车 815 节，路用车 3361 节）同比减少 182 节（其中自备车比年初增加 139 节，路用车减少 321 节）；由于水泥生产企业布局日趋均衡，水泥长途运输量日益减少，铁路散装水泥集装箱运输呈下降趋势。据铁路有关部门统计，2014 年年末全国铁路散装水泥运输集装箱 3060 只，实际使用 1208 只，使用率只有 39.48%，全年运输量为 51.9 万吨，同比减少 11.4 万吨，下降 18.04%。

二、全国预拌混凝土产业发展情况

（一）预拌混凝土产业基本概况

2014 年年末全国拥有预拌混凝土生产企业 10140 个，比 2013 年年末增加 1040 个，增长 11.43%；从业人员 51.74 万人。年设计生产能力 64.7 亿立方米，同比新增产能 11.9 亿立方米，增长 22.62%。全年生产预拌混凝土 19.9 亿立方米，比 2013 年 19.2 亿立方米增加 0.7 亿立方米，增长 3.66%，比 2013 年增长率 16.53% 回落 12.87 个百分点，年增长率为 1998 年以来最低。据测算，全年预拌混凝土主营业务收入达 6000 多亿元，实现利润总额约 400 亿，主营业务收入与利润增速均低于 2013 年，行业盈利为历史最低水平。预拌混凝土企业应收账款回收难的现象普遍，并且由此形成的风险越来越大，应收账款甚至能占到企业营业收入的一半左右。

2014 年全国有 11 个省预拌混凝土产量同比下降，其中负增长量最多的是江苏、山东和河北三省，分别为 −1789 万立方米、−1599 万立方米和 −1316

万立方米,三省合计为 –4704 万立方米;负增长率达到两位数的有内蒙古、宁夏、河北、山西、山东和新疆六个省区,分别下降 23.61% 、15.94% 、14.53% 、12.15% 、10.72% 和 10.66% 。

全国预拌混凝土年产能利用率为 30.74% ,比 2013 年 36.36% 下降 5.62 个百分点。如表 5、图 9 所示。

表5　　　　　　2009—2014 年全国预拌混凝土年产量发展情况

年　份	2009	2010	2011	2012	2013	2014
生产量（万立方米）	82899.19	112883.66	147873.66	164519.06	191718.94	198738.17
年增长量（万立方米）	15139.74	29984.47	34990.00	16645.40	27199.88	7019.23
增长率（%）	22.34	36.17	31.00	11.26	16.53	3.66

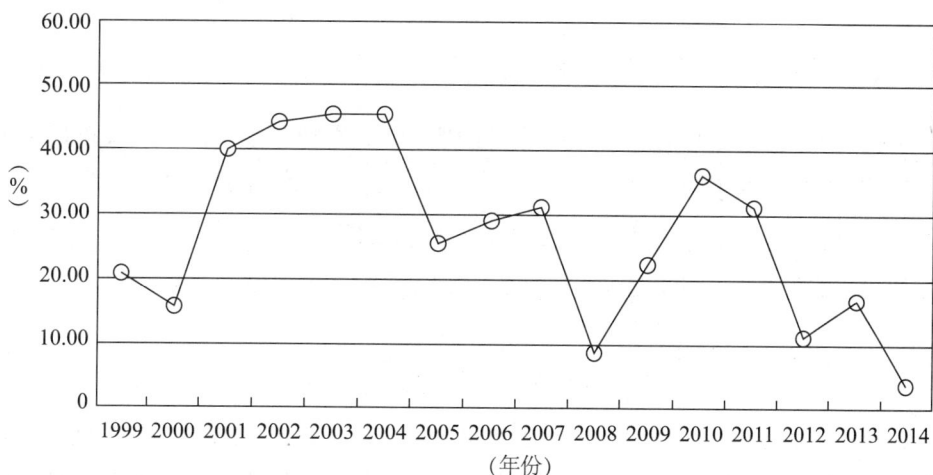

图9　1999—2014 年全国预拌混凝土年增长率

全国生产预拌混凝土使用散装水泥 6.29 亿吨,同比增加 0.21 亿吨,增长 3.39% ;利用固体废弃资源 3.18 亿吨,同比增加 5197.44 万吨,增长 19.53% 。

全国预拌混凝土产量中,东部地区生产量为 11.11 亿立方米,同比减少 0.16 亿立方米,下降 1.38% ;中部地区为 4.83 亿立方米,同比增加 0.56 亿立方米,增长 13.15% ;西部地区为 3.94 亿立方米,增加 0.3 亿立方米,增长 8.12% 。三部区产量分别占全国总量的 55.88% 、24.31% 、19.81% 。由于东部区产量为负增长,所以比重缩减了 2.85 个百分点,中、西部区分别提高 2.04、0.81 个百分点。

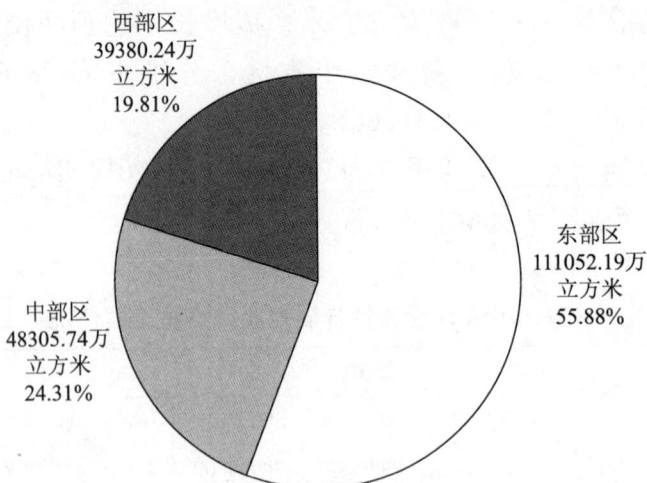

图10　2014年三部区预拌混凝土产量及占全国比重

（二）预拌混凝土物流装备情况

2014年年末全国拥有预拌混凝土搅拌车158406辆，同比增加15331辆，增长10.7%，设计搅拌容量155万立方米，增加16.5万立方米，增长11.87%。有混凝土泵车30897辆，同比增加2171辆，增长7.6%；设计泵送能力238.5万立方米，增加19.1万立方米，增长8.72%。

（三）预拌混凝土行业存在的主要问题

全年经济增速回落、固定资产投资增速减缓、房地产投资增速下降、预拌混凝土产业投资和产能增长仍然较快，因市场低迷和企业受应收账款持续增加且收款难等压力而只得采取阶段性停产等措施，导致预拌混凝土产量增速大幅回落、产能利用率下降。

预拌混凝土产业在全国绝大部分地区产能过剩问题日益突出，市场普遍存在恶性竞争，长期存在上下游企业拖欠账款，使企业经营陷入困境。因此，提升和优化产业结构，加强政府职能部门的监管，强化行业自律是规范行业发展的当务之急。

三、全国预拌砂浆行业发展情况

（一）预拌砂浆产业发展概况

预拌砂浆产品通常分为"普通"和"特种"两大类，而预拌"普通"砂浆又可分为"干混"砂浆和"湿拌"砂浆两个品种。有关情况是：

（1）干混砂浆发展概况

2014 年年末全国 29 个省、区、直辖市（除甘肃、西藏外）有规模以上干混砂浆生产企业 803 家，比 2013 年年末 687 家增加 116 家，增长 16.89%；年设计生产能力达到 2.74 亿吨，新增产能 5767 万吨，增长 26.64%，比 2013 年增长率 32.6% 下滑 5.96 个百分点。全年生产干混砂浆 5077 万吨，比 2013 年 3392 万吨增加 1685 万吨，增长 49.66%，比 2013 年 51.66% 回落 2 个百分点。

表6   2010—2014 年全国预拌砂浆产量发展情况

年份	砂浆产量（万吨）	干混砂浆		湿拌砂浆		
		年产量（万吨）	增长率（%）	年产量（万吨）	增长率（%）	占砂浆产量合计比例（%）
2010	1200.79	838.25	57.80	362.54	−8.78	30.19
2011	2241.96	1545.97	84.43	695.99	91.98	31.04
2012	2742.86	2236.69	44.68	506.17	−27.27	18.45
2013	4122.34	3392.21	51.66	730.13	44.25	17.71
2014	6202.49	5076.92	49.66	1125.57	54.16	18.15

注：干混砂浆、湿拌砂浆的换算比例：1 立方米湿拌砂浆 =1.75 吨干混（普通）砂浆。

其中：东部地区生产干混砂浆 3319 万吨，同比增长 1014 万吨，增长 43.99%；中部地区生产 723 万吨，同比增长量为 278 万吨，增长 62.6%；西部地区生产 1035 万吨，同比增长量为 393 万吨，增长 61.05%，三区产量分别占全国总量的 65.37%、14.24%、20.39%。东部区比重同比有所下降，中、西两部区比重同比逐步扩大。

西部地区
1035.44万吨
20.39%

东部地区
3318.78万吨
65.37%

中部地区
722.7万吨
14.24%

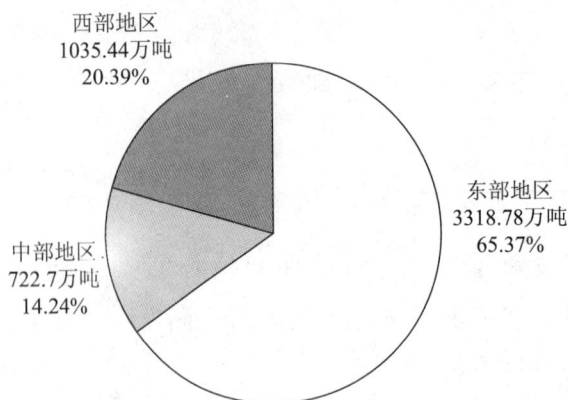

图11　2014年三部区干混砂浆产量占全国总量比重

全国干混砂浆年产能利用率为18.52%，比2013年15.67%提高2.85个百分点。

（2）湿拌砂浆发展情况

2014年全国有19个省生产湿拌砂浆1125.57万吨（643.18万立方米），比2013年同期增加395.44万吨（225.97万立方米），同比增长54.16%，比2013年增长率44.25%提高9.91个百分点。湿拌砂浆占全国预拌砂浆生产总量的18.15%，其中：广东省生产596.52万吨（340.87万立方米），占全国湿拌砂浆产量的53%。

2014年全国生产预拌砂浆的总量（干混＋湿拌），为6202.49万吨，共使用散装水泥1115.43万吨，比上期854.48万吨增加260.95万吨，增长30.54%。

全年生产预拌砂浆综合利用固体废弃物1098.25万吨，同比增加327.83万吨，增长42.55%。

（二）全国预拌砂浆物流装备情况

2014年年末全国拥有干混砂浆运输车3588辆，同比增加732辆，增长25.63%；设计装载量为9.99万吨，同比增加1.76万吨，增长21.45%；有干混砂浆移动筒仓3.6万个，增加1.11万个，增长44.46%，设计容量107万吨，增加33万吨，增长44.19%；有干混砂浆背罐车475辆，同比增加116辆，增长32.31%，设计容量6135吨，同比增加921吨，增长17.66%。

表7 干混砂浆装备发展情况

年份	干混砂浆运输车			干混砂浆移动筒仓			干混砂浆背罐车		
	数量（辆）	增量（辆）	增长率（%）	数量（个）	增量（个）	增长率（%）	数量（辆）	增量（辆）	增长率（%）
2010	491	297	153.09	5211	3165	154.69	125	51	68.92
2011	933	442	90.02	10865	5654	108.50	190	65	52.00
2012	1330	397	42.55	16236	5371	49.43	270	80	42.11
2013	2856	1526	114.74	24912	8676	53.44	359	89	32.96
2014	3588	732	25.63	35989	11077	44.46	475	116	32.31

（三）影响预拌砂浆产业发展的有关问题

目前预拌砂浆产业从业人员约6万人。据测算，2014年全国预拌砂浆实现产值约180亿元，比2013年有较大幅度增长，已成为节能减排、保护环境、保障建筑工程质量的重要绿色产业之一。但预拌砂浆产业发展仍然存在诸多制约因素。一是产能利用率较低。其主要原因是砂浆"禁现"政策落实不到位、建筑工程使用环节有阻力，造成市场应用不足致使预拌砂浆产量跟不上产能的增长，产业发展速度较为缓慢。二是地区发展不平衡。目前各地预拌砂浆的发展差距大，东部地区预拌砂浆发展较快，中部发展相对迟缓，而西部个别地区预拌砂浆产业几乎是空白。三是预拌砂浆产品税赋问题。目前预拌砂浆产品增值税仍为17%，没有参照同品质的预拌混凝土执行3%的简便税率，从而使产品销售成本增加，加重了企业的负担，建筑施工单位对偏高的价格难以接受。四是预拌砂浆机械化施工的技术难题制约了预拌砂浆高效施工效率的充分体现。五是预拌砂浆生产企业的利润率普遍很低，也出现了上下游企业间拖欠账款的现象，使企业陷于困境。

因此，各级政府及有关部门对预拌砂浆这一新型的绿色产业给予关注和扶持，切实落实砂浆"禁现"政策，降低预拌砂浆税率，解决预拌砂浆机械化施工技术难题，规范行业发展等是当前促进预拌砂浆产业发展的工作重点。

四、全国散装水泥产业推广发展情况

多年来，散装水泥产业推广发展的重点已从单纯的水泥生产环节逐步延伸到预拌混凝土、预拌砂浆等应用领域。2005 年，国务院在《国务院关于做好建设节约型社会近期重点工作的通知》（国发〔2005〕21 号）中就明确提出："落实发展散装水泥的政策措施，从使用环节入手，进一步加大散装水泥推广力度。"目前，随着散装水泥产业链的不断延伸，散装水泥、预拌混凝土、预拌砂浆"三位一体"协调发展的模式业已形成。

2014 年全国散装水泥供应量为 14.24 亿吨。其中，生产预拌混凝土使用量为 6.29 亿吨，增长 3.39%，占散装水泥供应总量的 44.15%；预拌砂浆生产使用 1115.43 万吨，增长 30.54%，占总量的 0.78%；另外，水泥制品生产使用 2.15 亿吨，增长 6.93%，占总量的 15.08%；分散用户使用 4.41 亿吨，增长 2.09%，占总量的 30.97%；其他使用量为 1.28 亿吨，占总量的 9.02%。

散装水泥"三位一体"产业已成为国家生态文明建设和促进循环经济发展战略的重要组成部分。散装水泥的推广应用有力地推动了建筑业施工现代化和水泥产业结构优化升级，减少大气雾霾污染，促进节能减排和废弃资源的综合利用。按 2014 年全国散装水泥供应量 14.24 亿吨测算，可节约标准煤 3271.61 万吨，减少粉尘排放 1431.05 万吨，减少二氧化碳排放 8506.25 万吨（相当于面积近 5300 个天安门广场大小的阔叶林林区一年的二氧化碳吸收量），减少二氧化硫排放 27.81 万吨，实现综合效益 640.77 亿元，经济和社会效益十分显著。

另据测算，如果将 2014 年全国散装水泥供应总量转换为包装水泥，以塑编袋为例，则浪费石油资源达 640.77 万吨，约占大庆油田年产量的 1/6，可供 280 万辆家用轿车行驶一年。

我国经济发展的趋势性变化，说明了我国经济正在向形态更高级、分工更复杂、结构更合理的阶段转化，经济发展进入新常态，正从高速增长转向中高速增长，经济发展方式正从规模速度型粗放增长转向质量效率型集约增长，经济结构正从增量扩能为主转向调整存量、做优增量并存的深度调整，经济发展动力正从传统增长点转向新的增长点。认识新常态，适应新常态，引领新常态，是当前和今后一个时期我国经济发展的大逻辑。面对我国经济发展新常态，中央经济工作会议已经作出了决策部署，观念上要适应经济发展新常态，加快转变经济发展方式，促进工业结构转型升级，推进节能减排和保护生态环境，积极培育并发展新的经济增长点，保持经济平稳发展。

随着国家生态文明建设和环境保护力度的空前加强，基础设施建设的持续推进和房地产政策的微调，以及新"四化"同步推进，城镇化和工业化良性互动，"一带一路"、京津冀一体化、长江经济带等重大战略的实施，"互联网+"行动与行业的融合创新，水泥工业结构调整的持续深入，水泥过剩产能的遏制、淘汰落后水泥产能和低标号水泥的退出，水泥生产集中度的不断提高，预拌混凝土、预拌砂浆产业发展政策的不断完善，散装水泥产业链的不断延展，业已构成并不断优化升级的全国散装水泥绿色产业在 2015 年仍将继续保持平稳发展，并有望超额完成发展散装水泥"十二五"指导意见的目标。

（商务部流通业发展司
中国散装水泥推广发展协会　孙岩）

2014—2015 年有色金属流通回顾与展望

2014 年，有色金属价格整体下降，我国有色金属行业主要产品产量、收入水平增速均为历史低值，行业整体盈利水平进一步下滑，行业进入低速增长期。展望 2015 年，从需求面看，行业缓慢复苏的进程仍将延续。国内经济步入新常态阶段，在经济整体消化产能、去杠杆趋势下，短期不会出现大规模经济刺激政策。预计 2015 年有色金属需求增速进一步下降，行业需求进入低速增长阶段。

一、2014 年有色金属市场回顾

（一）产量平稳增长

2014 年，我国十种有色金属生产整体呈现平稳增长的局面，但增速放缓。从历年情况来看，春节过后冶炼厂将逐渐开启，3 月、4 月国内冶炼企业开工率应会有所上升，产品产量明显增长，但 2014 年以来生产企业生产意愿并不不强，部分行业反而出现新增减产检修量超过复产量的情况。出现这种情况主要是受三方面的因素影响：一是产品价格未出现明显反弹，持续疲弱的价格水平令企业生产继续处于亏损区间；二是春节复工后，部分产品沪伦比值低，进口矿远离进口平衡点，加之国内矿山企业推迟开工，精矿供应趋紧，在冶炼企业的原料库存本就较低的情况下，开工受影响较大；三是国家对环保的力度越来越大，有色金属冶炼行业均属重污染行业，受制于环保压力，开工受限。在开工率整体偏低的情况下，2014 年前 4 个月国内有色金属产品产量增长有限。但 5 月开始，在保 GDP 暖风频吹之下，之前连续数月的炼厂减产嘎然而止，随着产品价格走强，利润空间加大，冶炼厂为顺利完成全年产量目标而加大生产，开工率明显回升，部分炼厂甚至重启了部分闲置产能，受此影响，除 7 月受天气因素影响略有减少外，其余月份均呈现环比增加的态势。

国家统计局数据显示，2014 年，规模以上有色金属企业工业增加值增长 11.2%，比 2013 年增幅回落 2.1 个百分点，但比全国的增幅高 2.9 个百分点。

我国十种有色金属产量为 4417 万吨，同比增长 7.2%，增幅比 2013 年下降 2.7 个百分点。其中，精炼铜产量 795.9 万吨，增长 13.7%，增幅比 2013 年扩大 0.1 个百分点；原铝产量 2438.2 万吨，增长 7.7%，增幅比 2013 年下降 2 个百分点；铅产量 422.1 万吨，下降 5.5%；锌产量 582.7 万吨，增长 6.9%，增幅比 2013 年下降 4.3 个百分点。氧化铝产量 4777 万吨，增长 7.1%，增幅比 2013 年下降 7.5 个百分点。六种精矿金属含量 1064.0 万吨，下降 0.8%。其中，铜精矿金属含量 192.3 万吨，增长 5.7%，增幅比 2013 年回落 0.6 个百分点；铅精矿金属含量 297.6 万吨，下降 6.1%；锌精矿金属含量 540.9 万吨，下降 0.4%。

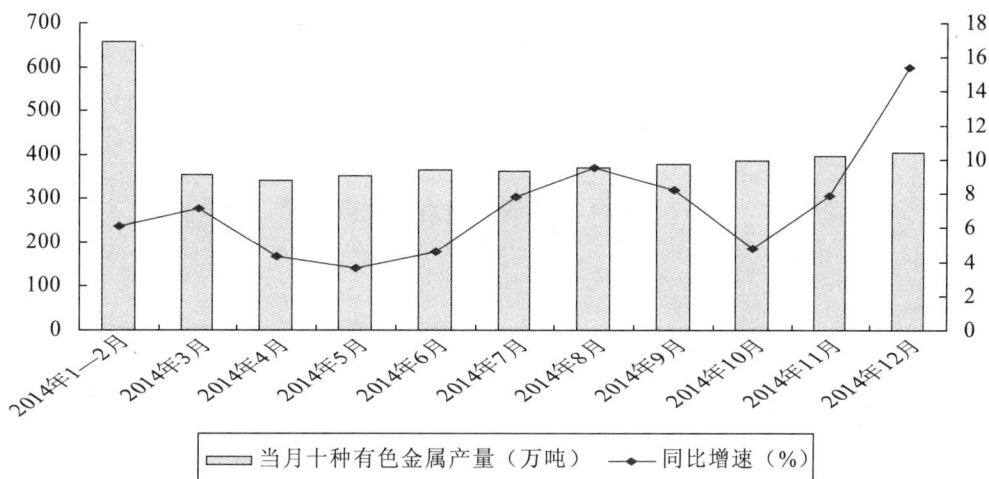

图1　2014 年我国十种有色金属月度生产情况

（二）终端消费低迷

当前，国内经济由高速增长阶段转入中高速增长阶段的新常态，投资增速下行，最近三年，经济增速已经从上个十年 10% 左右回落到 7% ~8% 的新常态。2014 年全年我国 GDP 增速为 7.4%，这是 1990 年以来的最低增速。2014 年城镇固定资产投资同比增 15.7%，创 2001 年以来新低。在宏观经济整体下行的压力下，2014 年国内有色金属行业消费增速出现明显回落。

初级消费：从加工材产量来看，全年产量继续保持较快增长，但增速出现明显回落。据国家统计局数据显示，2014 年全年国内铜材产量为 1783.7 万吨，同比增长 13.3%，增速较 2013 年大幅回落 11.9 个百分点。2014 年 12 月，国内铜材产量突破 160 万吨，达到创纪录的 168.2 万吨，同比增长

10.7%；2014 年全年国内铝材产量为 4845.8 万吨，同比增长 18.6%，增速较 2013 年回落 5.4 个百分点。从各月产量来看，从 4 月开始持续保持在 400 万吨的水平之上。

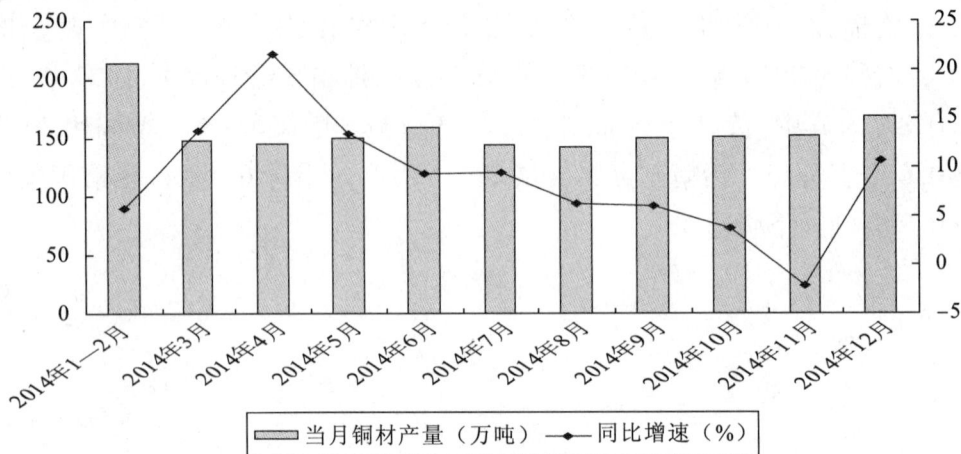

图2　2014 年我国铜材月度生产情况

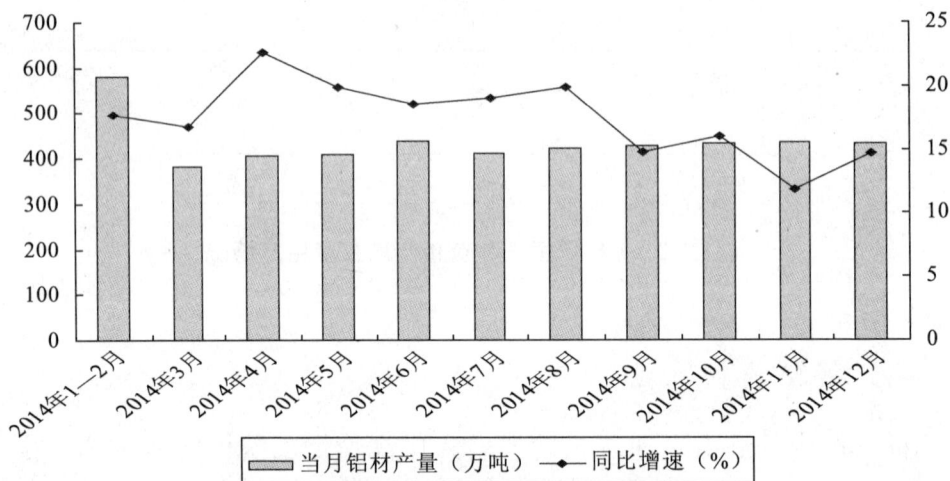

图3　2014 年我国铝材月度生产情况

终端消费：

（1）房地产市场调整幅度加大

由于史上最严厉的房地产调控政策执行到了 2014 年，房地产市场的调整范围开始由局部地区调整蔓延到全国，国房景气指数一再下滑，一二线城市也开始进入调整状态。与此同时，投资增速持续放缓，且大大低于 2013 年同期，销售额和销售面积均呈现负增长，且增幅不断扩大，房价下降趋势也不断从三四线扩展到一二线，从新建住宅扩展到二手房。据国家统计局数据显示，2014年，全国房地产开发投资95036亿元，比2013年名义增长10.5%（扣除价格因素实际增长9.9%），比2013年回落9.3个百分点；2014年，商品房销售面积120649万平方米，比2013年下降7.6%，降幅比1—11月收窄0.6个百分点，2013年为增长17.3%。

（2）汽车行业回归理性增速

2014年，我国汽车市场延续了2013年的发展态势，保持平稳增长，但增速有所回落。其中乘用车行业与宏观经济相背离而仍然保持了10%左右的良好增速，商用车行业由于其生产资料属性而陷入低迷状态。据中国汽车工业协会统计，2014年，我国汽车行业销量达到2349.19万辆，但增速已由2013年的13.87%回落至6.86%，乘用车与商用车市场分化加剧，销量分别同比增长9.88%和下降6.51%；2014年，我国全年累计生产汽车2372.29万辆，同比增长7.3%，增速较2013年回落7.46个百分点。

（3）家电产销增速有所放缓

在房地产市场景气度下降的背景下，2014年国内家电市场产销增速均出现明显的回落。据国家统计局的数据显示，2014年，全国限额以上企业家用电器和音像器材类商品零售额同比增长9.1%，增速较2013年回落5.4个百分点；2014年，家电行业产销率96.2%，较2013年下降0.1个百分点。另据中华全国商业信息中心的统计数据，2014年全国百家重点大型零售企业家电零售额同比下降1.6%，与2013年增速相差12.1个百分点，其中12月零售额同比下降2.2%，7月以来连续六个月零售额同比负增长。

（4）电力建设投资增速减缓

2014年，受宏观经济下行压力影响，我国整体电量增长乏力，部分区域市场，尤其是大东北地区需求严重不足，全年全社会用电量55233亿千瓦时，同比增长3.8%，但比2013年回落3.8个百分点。受电力消费增速放缓的影响，全年电力建设投资增速也呈现减缓态势。据中电联发布的数据显示，2014年，全国主要电力企业电力工程建设完成投资7764亿元，同比增长0.5%，增速较2013年减缓2.45个百分点。其中，电源工程建设完成投资3646亿元，同比下降5.8%；电网工程建设完成投资4118亿元，同比增长6.8%。2014年，全国基建新增220千伏及以上输电线路长度和变电设备容量分别为3.61万千米和2.24亿千伏安，分别同比少投产2842千米和多投产2563万千伏安。

（三）进出口大幅下降

受国内宏观经济"新常态"发展、全球经济缓慢复苏的影响，我国有色金属产业处于调整期，产量持稳增长，淘汰落后产能积极推进，但业内依然存在冶炼能力过剩、矿山资源保证不足和产能过剩问题。调整期下，2014年我国有色金属进出口由2013年的大幅增长逆转为大幅下降。2014年，我国有色金属进出口1.33亿吨，较2013年减少5600万吨，下降28.65%，增速较2013年下降55.96个百分点。2014年，我国有色金属进出口呈现如下特点。

（1）进出口较2013年放缓，月度增速呈巨大起伏

2014年，我国有色金属进口1.24亿吨，较2013减少5700万吨，下降30.6%，增速较2013年下降58.6个百分点。出口906.66万吨，较2013年增长100多万吨；增长14.04%，较2013年下降2.06个百分点。

从月度来看，除1月进口达1890.51万吨外，其余11个月均徘徊在1000万吨。出口量相对有限，除12月达101.10万吨外，其余月份均低于100万吨，不足进口量的11%。从增速来看，进出口增速呈两极分化态势。有色金属进口除1月飞增43.28%，其他11月均呈现负增长，4月达最大降幅，下降50.15%。出口方面，2月增速下降24.69%，与12月相比，增速大幅下滑66.87个百分点。

（2）出口平均价格持稳，进口价格增势显著

2014年，我国有色金属出口平均价格为每吨22540.3元人民币，小幅下降3.21%。从月度出口平均价格看，2月我国有色金属出口平均价格达年度最高，攀升至每吨26522.2元人民币，11月跌至每吨20622.2元人民币，为年度最低价格。进口平均价格增长显著，10个月份的增长均超过28%。其中，4月进口平均价格达每吨7317.10元人民币，增长109.10%，价格和增速均达年度最高。

（3）一般贸易占据主导，进口降出口增，海关特殊监管区域进出口保持增长

2014年，我国以一般贸易方式进口有色金属1.24亿吨，下降34.54%，占同期我国有色金属进口总量的85.57%。同期，以海关特殊监管区域方式进口1041.35万吨，增长10.46%，占比8.42%；2014年，我国以一般贸易方式出口有色金属906.66万吨，增长12.65%，占同期我国有色金属进口总量的60.55%。同期，以海关特殊监管区域方式出口118.61万吨，增加6.45%，占比13.08%。

（4）国内需求放缓，镍矿砂及其精矿、铝矿砂及其精矿等矿砂类商品进口大幅下降，主要出口商品未锻轧铝及铝材保持快速增长

受国内经济增速放缓、需求下降影响，有色金属矿砂类商品进口呈现大幅下降。2014 年，我国进口镍矿砂及其精矿 4780.91 万吨，下降 32.90%，在我国全部有色金属进口中的占比 38.67%。进口铝矿砂及其精矿 3623.39 万吨，下降 48.44%，占比 29.31。两类矿砂类商品占全部有色金属进口总量的近 9 成。出口方面，未锻轧铝及铝材出口 433.54 万吨，增长 19.19%，占有色金属出口总量的 47.82%。未锻轧锌及锌合金出口 13.27 万吨，增长 23.60 倍。

（四）供应压力减缓

从 2013 年开始，全球市场就开始疯狂地演绎一场从伦敦到上海"搬运"有色金属的戏码：各有色金属产品库存不断从伦敦金属交易所（LME）被"挪移"到上海期货交易所（SHFE）以及上海保税区，加之国内市场资金紧张，有色金属价格持续下跌，2 月春节后补库需求不明显，旺季不旺淡季更淡导致 2014 年以来国内各主要有色金属产品库存延续增长态势。不过，从 4 月开始，随着人民币的持续贬值和国内资金价格的下行，包括内外价差扩大，都显著提升了有色金属融资的成本，导致融资库存逐步流出，上期所铜、铅、锌库存出现连续下降的趋势。而进入下半年以后，随着全球经济的回暖，工业金属的需求大幅提升，加之主要冶炼商减产，库存开始不断下降，现货供应出现紧张。截至 2014 年 12 月 31 日，LME 铜、铝、锌库存较 2013 年年末分别减少 198700 吨、1251100 吨和 199525 吨，而铅库存则较 2013 年年末增加 7050 吨。国内市场方面，截至 2014 年 12 月 26 日，上期所铜、铅、锌库存较 2013 年年底分别减少 20372 吨、25843 吨和 154966 吨，铝库存则较 2013 年年末增加 27959 吨。

世界金属统计局（WBMS）最新公布的报告显示，2013 年全球铜市供应过剩 10.5 万吨，2013 年全年铜市供应过剩 38.7 万吨；2014 年全球铝市供应短缺 84.9 万吨，2013 年全球铝市则为供应过剩 110.2 吨；铅市供应过剩 3.05 万吨，2013 年则为供应短缺 31.9 万吨；2014 年全球锌市供应短缺 26.2 万吨，2013 年则为供应过剩 7.8 万吨；2014 年全年锡市供应过剩 7300 吨，2013 年为供应短缺 4000 吨；2014 年全球镍市供应过剩 19.7 万吨，与 2013 年基本持平。

（五）投资结构优化

据国家统计局初步统计，2014年，我国有色金属工业（不包括独立黄金企业）完成固定资产投资额6912.5亿元，增长4.6%，增幅比2013年回落了15.2个百分点；比全国固定资产投资增幅低11.1个百分点。其中，有色金属矿采选完成固定资产投资1187.2亿元，下降4.3%；有色金属冶炼完成固定资产投资1914.7亿元，下降7.3%；有色金属压延加工完成固定资产投资3810.7亿元，增长15.4%，增幅比2013年同期回落了25.4百分点。其中，民间投资5836.9亿元，增长10.8%，所占比重达84.4%。2014，铝冶炼完成固定资产投资618.6亿元，下降17.8%，电解铝投资热有所缓解，但投资规模依然较大；铜冶炼项目投资231.8亿元，比2013年下降3.6%；铅锌冶炼项目投资为170.6亿元，比2013年下降8.8%；铝压延加工项目投资1965.1亿元，比2013年增长25.1%；铜压延加工项目投资463.3亿元，比2013年下降11.9%。自21世纪以来，我国有色金属固定资产投资增幅首次低于全国增幅，也首次低于5%。

（六）企业经营困难

1. 实现利润总额基本持平

2014年，8646家规模以上有色金属工业企业（不包括独立黄金企业，下同）实现主营业务收入52301.6亿元，同比增长9.0%；主营业务成本48282.8亿元，同比增长9.7%，比主营业务收入增幅高0.7个百分点；实现利税3006.4亿元，同比增长2.2%；实现利润总额1719.5亿元，同比下降0.3%；实现主营活动利润1674.2亿元，同比下降10.8%。

2. 亏损企业户数及亏损额增加

2014年，8646家规模以上有色金属工业企业中亏损企业为1515家，比2013年增加148家，亏损面为17.5%。亏损企业亏损额396.5亿元，同比增长21.2%。

3. 财务费用依然偏高

2014年，规模以上有色金属工业企业财务费用为707.0亿元，同比增长19.8%，比主营业务收入增幅高10.8个百分点；其中利息支出634.4亿元，同比增长18.8%。有色金属工业企业的利息保障倍数为3.7倍。规模以上有色金属工业企业管理费用为981.9亿元，同比增长6.7%，比主营业务收入增幅低2.3个百分点；企业营业费用为462.4亿元，同比增长13.2%，比主营业务收入增幅高 4.3 个百分点。

4. 应收账款持续偏高

12 月末，规模以上有色金属工业企业应收账款 2818.5 亿元，同比增长 10.5%，比主营业务收入增速高 1.5 个百分点；2014 年，应收账款周转天数为 18.4 天。企业产成品库存货款 1649.7 亿元，同比增长 9.8%；2014 年，企业产成品库存周转天数为 11.7 天，比同期全国规模以上工业企业周转天数 13.3 天快 1.6 天。应收账款增速持续高于主营业收入增速、周转天数较多，表明有色金属企业回款能力不强，企业间账款拖欠现象较为明显。

5. 百元主营业务收入中的成本高于全国平均水平，主营业务收入利润率低于全国平均水平

2014 年，每百元主营业务收入中的成本 92.3 为元，比全国平均水平 85.6 元多 6.7 元。主营业务收入利润率为 3.3%，比全国平均水平 5.9% 低 2.6 个百分点。资产利润率为 4.9%，仍明显低于银行的平均贷款利率。

6. 年末资产总额增长 10%

2014 年年末，规模以上有色金属工业企业资产总额达到 37157.1 亿元，比 2013 年增长 10.3%；负债合计 23406.2 亿元，比 2013 年增长 10.1%；资产负债率为 63.0%，比 2013 年下降了 0.1 个百分点。

（七）节能水平提升

随着节能减排技术的广泛应用，2014 年，我国铝锭综合交流电耗为 13596 千瓦时/吨，减少了 144 千瓦时/吨，节电 35.1 亿千瓦时；铜冶炼综合能耗下降到 251.8 千克标准煤/吨，减少了 48.7 千克标准煤/吨；铅冶炼综合能耗下降到 430.1 千克标准煤/吨，减少了 27.9 千克标准煤/吨；电解锌冶炼综合能耗下降到 896.6 千克标准煤/吨，减少了 9.1 千克标准煤/吨。

（八）价格震荡回落

2014 年有色金属价格走势跌宕起伏，整体处于下跌态势中，全年走势基本分为三个阶段：1—3 月中旬几乎处于下跌通道；3 月下旬至 8 月呈现震荡上扬状态；9—12 月又处于大幅走跌的状态。从各主要品种价格走势来看，2014 年国内外市场有色金属价格走势分化，LME 的六种基本金属价格三降三升，镍、锌、铝价格上升，铜、铅、锡价格下降；国内市场四种基本金属价格三降一升，铜、铝、铅价格下降，锌价格上升。可见各金属品种之间，国内外市场之间价格走势均出现分化，特别是铝价国际市场上升，国内市场下降。据

中国物流信息中心市场监测，2014 年有色金属价格累计下跌 4.08 个百分点，年末较年初累计下跌 1.41 个百分点。

表1　　　　　　　　　　2014 年 12 月生产资料市场价格指数

	12 月				累计	
	环比	同比	比年初	比 2000 年 12 月	同比	比年初
有色金属	98.08	96.99	96.97	144.66	95.92	98.59
铜	96.96	90.96	90.52	222.73	91.83	95.53
铝	97.80	93.99	94.41	81.72	93.47	95.61
铅	97.49	95.30	94.81	225.51	97.81	99.27
锌	98.99	111.08	110.94	133.96	106.02	105.66

数据来源：中国物流信息中心。

从各主要品种走势来看：

铜：2014 年铜价整体呈下跌态势，但波动较大。2014 年年初在悲观预期下，国内铜价在 52000 元/吨左右开始震荡下行、3 月超日债违约事件直接造成了铜价的暴跌，随后在国内经济数据企稳、国内收储以及大型铜冶炼商停产检修等系列因素影响下，铜价在二季度出现了明显的持续回升；进入三四季度，随着印尼铜精矿出口事件的解决、前期投产的大型矿山的放量，国内经济下行以及美元持续升值的情况下，铜价出现了连续的震荡下行，11 月底更是受到油价暴跌也出现了大幅的下跌，到 12 月下旬国内铜价在 45500 元/吨位置维持弱势震荡。

2014 年年末，LME 三月期铜收盘价格 6300 美元/吨，比 2013 年年末收盘价 7360 美元/吨下降 14.4%；2014 年，LME 三月期铜平均价为 6825 美元/吨，下降 7.2%；2014 年年末，上海有色金属交易所三月期铜收盘价格 45800 元/吨，比 2013 年年末收盘价 52280 元/吨下降了 12.4%；2014 年，国内市场铜现货平均价为 49207 元/吨，下降 7.8%；

铝：2014 年伦铝触底反弹。年初虽然美国经济向好，但欧元区经济萎缩，打压铝价下跌。1 月底美联储缩减购债规模更使得伦铝价格急速下挫并于 2 月初跌至年内新低，三月期伦铝价格最低跌至 1671 美元/吨，为 4 年来的最低位。铝价跌至新低，低迷的铝价最终使得国内外冶炼厂不得不大幅减产，新投产计划放缓，铝价逐步反弹，并回到 1700 美元/吨以上水平。进入二季度，国际铝市供应出现短缺，推升铝价，三月伦铝价格最高一度触及1900美元/吨，不过美联储继续缩减购债规模再次打压铝价，4月下旬至5月中旬，伦铝价格跌至1800美元/吨以下。因前期减产，加上美国需求强劲，国际原铝供应短缺加剧，5月下旬至9月初，伦铝价格持续振荡攀升，三月期伦铝价格最高涨至2119.5美元/吨。欧洲经济的不景气加上美国加息的预期，伦铝价格在9月至10月回调，伦交所三月期铝最低回调至1885美元/吨。随着铝供应短缺加剧，伦铝现货升水扩大，拉动期货铝价回升，10月初至11月，伦铝价格再度反弹，最高至2079美元/吨，11月中下旬铝价振荡盘整。进入12月伦铝现货升水转为贴水，加上欧洲经济前景悲观，铝价逐步下滑。而沪铝在国内产能持续释放、下游消费不足的情况下，一直维持低位盘整。

国内市场方面，2014年全年铝价呈现先跌后涨再跌走势。由于2013年四季度新产能大量投产，一季度原铝供应大增，但经济增速进一步放缓，铝消费受挫，造成现货铝锭库存持续攀升，铝价也延续去年年底的跌势，迅速跌破14000元/吨，并于3月末跌至最低12340元/吨。进入二季度，部分电解铝厂亏损加剧纷纷减产，二季度原铝供应下降，铝价得以止跌回升。但由于消费迟迟未见好转，铝锭价格在5月迅速跌回至13000元/吨上下水平。之后下游加工厂销售订单有所增加，拉动对原铝的消费，铝价重回13200元/吨水平，与此同时，虽然西北地区产量增速较快，但运力不足，而其他地区原铝向中间产品转化率上升，造成现货市场铝锭库存的大幅下降，另外外盘的连续上涨，带动国内铝价在7月飙涨至14000元/吨。8月底，新疆信发铝厂发生爆炸的消息再次推涨铝价，现货铝价在数日内从14000元/吨以下急速攀升至15000元/吨，但随着炒作资金的离场，9月初至10月中旬铝价连续跳水，一度跌至13500元/吨。而减产产能的复产也加剧的了铝价的下跌。四季度，国内原铝供应大幅增加，而维持低迷状态，铝价进入振荡下行态势，期间虽然因现货市场铝锭库存持续下跌及国外供应短缺加紧铝价短暂反弹，但下行趋势不改，尤其是进入12月，铝价跌势加剧。

2014年年末，LME三月期铝收盘价格1853美元/吨，比2013年年末收盘价1800美元/吨上涨2.9%；2014年，LME三月期铝平均价为1893美元/吨，上升0.3%；2014年年末，上海有色金属交易所三月期铝收盘价格13060元/吨，比2013年年末收盘价14305元/吨下降8.7%；2014年，国内市场铝现货平均价为13546元/吨，下降6.9%。

铅：2014年国内外铅价总体来看是个下行的过程，欧元区、日本、中国经济增长显疲弱令市场忧虑基本金属需求前景，全球铅市供应过剩，中国铅下游需求疲弱，铅蓄电池企业成品库存高企，拖累铅价总体呈震荡回落态势。2014年铅价走势也分为三个阶段：第一阶段为1—3月，伦、沪铅震荡小幅下跌。其中，沪铅主力合约自年初的14350元/吨一线跌至3月底的13750元/吨一线，并于3月14日创下阶段性低点13495元/吨；伦铅自年初的2250美元/吨一线跌至3月底的2050美元/吨一线，并于3月12日创下阶段性低点2013.5美元/吨。在2014年的第一季度随着总理的上限下限论，经济政策由之前的偏宽松转为偏紧张，中、美公布的经济数据不佳，国内铅下游需求较弱，上期所铅库存处于年内高位，令铅价走势承压；第二阶段为4—7月，伦、沪铅震荡大幅反弹。其中，沪铅主力合约自4月初的13750元/吨一线涨至7月底的最高15500元/吨一线；伦铅自4月初的2050美元/吨一线涨至7月底的最高2300美元/吨一线。美国公布的经济数据持续向好，中国经济增长在二季度略有回升，中国微刺激政策陆续推出，1—6月全球铅市供应小幅短缺，中国铅市供需相对乐观，由于前期的亏损，以及白银价格的下行导致铅冶炼企的生产积极性进一步下降，上期所铅库存下降，此前锌价强势上涨，7月国内铅酸蓄电池消费旺季开始，推动铅价大幅反弹；第三阶段为8—12月，伦、沪铅自年内高点大幅下跌。其中，沪铅主力合约自月初的14850元/吨一线跌至12月中下旬的12300元/吨一线，并于12月19日创下上市以来的新低11800元/吨；伦铅自8月初的2250美元/吨一线跌至12月中下旬的1850美元/吨一线，并于12月18日创下逾四年低点1836美元/吨。美国经济持续改善及美联储缩减QE推动美元指数大幅走强，中国、欧元区公布的经济数据疲弱令市场忧虑基本金属需求前景，中国铅下游需求疲弱，铅蓄电池企业成品库存高企，上期所铅库存止跌企稳，拖累铅价大幅走低。

2014年年末，LME三月期铅收盘价格1858美元/吨，比2013年年末收盘价2219美元/吨下降16.3%；2014年，LME三月期铅平均价为2112美元/吨，下降2.1%；2014年年末，上海有色金属交易所三月期铅收盘价格12420元/吨，比2013年年末收盘价14315元/吨下降13.2%；2014年，国内市场铅现货平均价为13860元/吨，下降2.7%。

锌：2014年，精锌成为明星品种，全年整体呈现上扬趋势，价格在供给收缩预期驱动下，出现一波快速拉升，伦锌从2013年底1812美元涨至2014年7月最高2359美元，随后一路震荡下行至2171美元。国内现货锌价在上半年维持震荡格局，6月中下旬开始大幅直线飙升，重心整体上移，8月初之后继续维持震荡走势。整体来看，全年走势也分为三个阶段：第一阶段为1—3月。这段时间影响锌价走低的主要原因是中国经济面临着越来越严峻的下行风险，尤其是中国房地产风险积聚，固定资产投资增速下滑，市场对中国需求前景预期悲观。而同期发生的超日债违约事件更成为压垮骆驼的最后一根稻草，沪铜一泻千里，在此背景下沪锌难以独善其身，亦出现了较大跌幅。第二阶段为4—7月。这一阶段从外围市场看，全球锌市维持缺口状态，国际锌矿短缺的忧虑在市场蔓延，从供应端推动锌价走高；从国内市场看，中国政府频频出台维稳措施，一方面，包括增加铁路投资、棚改和减税在内的一揽子措施来稳定经济增长和拉动就业；另一方面，央行两次定向降准，为实体经济注入流动性，同时也传递出了明确的"稳增长"信号。受此提振，期锌大幅攀高，沪锌主力合约一度上扬至17480元/吨。第三阶段为8—12月。在经历了6—7月疯狂的上扬行情后，锌市在8月后重归平寂。一方面，欧洲经济不振，中国面临较大的下行压力，特别是以房地产为主的经济支柱产业风险加剧、投机放缓，锌市需求陷于疲软；另一方面，锌市维持供应缺口，同时对于中国出台经济刺激政策的预期强烈，锌价下方获得支撑。这一阶段沪锌主力合约基本上维持在万六和万七之间的箱体横盘整理，上下两难。

2014年年末，LME三月期锌收盘价格2178美元/吨，比2013年年末收盘价2055美元/吨上涨6.0%；LME三月期锌平均价为2164美元/吨，上涨11.6%；2014年年末，上海有色金属交易所三月期锌收盘价格16780元/吨，比2013年年末收盘价15195元/吨上涨9.3%；2014年，国内市场锌现货平均价为16855元/吨，上涨6.2%。

锡：2014年，锡价整体走势可以用小幅冲高大幅回落来形容，其中，高点出现在二季度，外盘位置在23849美元/吨，国内现货达到142000元/吨以上，而自二季度下半段时间开始，锡价承压下行，低点不断刷新。一季度，锡价出现上扬，主要是因为春节前后，供应短缺较为明显。从基本面上改观的锡市场，上扬动力较足。国内现货市场表现更为坚挺，价格持续在141000元/吨左右。进入二季度，前半段时间，锡价跟走一季度的步伐，实现上扬，在4月下旬出现年度高点23849美元/吨，但随后，锡价受到供需基本面皆弱的影响，开始出现窄幅的偏弱震荡，之后，国际局势动荡加剧，俄乌地缘冲突以及中东战局蔓延全球，市场避险情绪升高，整体交投减少，最终锡价开始有下行趋势。三季度以后的锡价走势不论是外盘还是国内，都是较为明显的一路走低，分析起原因，无非是宏观消息面利空，供需基本面较弱。首先是中欧数据的不断下跌，尤其是欧洲数据，成为近几年的低迷期，就连欧元区的主干力量德国，在三季度的经济数据中，无一利好，中国数据方面表现较为疲软，虽然好于欧洲数据，但与预期差距较大，导致市场情绪不是很高。

其次是美元一路走强，在第三季度的三个月中，美元指数一路飙升至85附近，成为年度高位，这样的美元走势很难不拖累基本金属市场。最后，锡市场的供需基本面毫无改观，2014年的市场死气沉沉，交投偏弱，下游厂商大都按需采购，无法带动市场。12月25日，LME三个月期锡收于19050美元/吨，其中当日伦锡一度触及2012年8月以来的最低18345美元。

2014年年末，LME三月期锡收盘价格19400美元/吨，比2013年年末收盘价格22350美元/吨下降13.2%。2014年，LME三月期锡平均价为21898美元/吨，下降1.8%。

镍：2014年镍价涨跌互现，上半年可以用"妖镍"来形容，从3月中下旬至5月上旬，镍价大幅飙涨，且5月9日镍价暴涨，涨幅高达9.69%，创近四年以来的单日涨幅新高。下半年镍价震荡走跌，11月有所反弹，但12月又跌下来，2014年4月1日至12月30日国内金川镍价累积下跌7000元/吨，不过总体来看，跌多涨少。

从具体走势来看，自3月中旬开始，镍价暴涨。印尼禁止出口镍矿于2014年1月12日正式生效，印尼开始禁止出口原矿，受出口禁令的影响，印尼镍供应受限，镍外盘价格大涨，国内现货镍价亦随之暴涨。国际镍研究组织公布的数据显示，2014年2月镍供应过剩量降至16300吨，为2013年10月以来的最低水准。国内浙江等部分地区出现囤镍现象，此前国内出现囤镍现象还发生在2009年。海关数据显示，2014年3月我国共进口镍矿229万吨，环比减少128.8万吨，降幅为35.9%；同比减少250.4万吨，降幅达52.1%。其中，从印尼进口90万吨，环比减少219.8万吨，同比减少201.7万吨，同比降幅为70.06%。港口镍矿库存出现了明显下滑，截至5月4日，港口镍矿库存为1930万吨，较2014年年初的2580万吨缩减了650万吨。镍是制造不锈钢的重要原料，国内镍下游不锈钢市场需求较前几个月有一定的好转，下游终端纷纷入市询盘，中国钢铁厂目前的镍库存量有所下降。巴西淡水河谷表示，由于发生污水泄露，已将在新喀里多尼亚（New Caledonia）的镍生产暂停80%，并计划在周五稍晚全部关闭，该项目镍产能为6万吨。该消息进一步激励人气。此前印尼出口禁令以及对另一主要生产国俄罗斯供应的担忧扶助镍价上涨。5月中下旬镍价大幅跳水，镍价的大幅飙升部分透支了市场热情，短期上行力度略超预期。且由于镍是生产不锈钢的必需原料，其基本面并没有大幅改观，特别是中国市场，从镍下游需求情况来看，钢厂订单未有大规模增长，钢铁的景气度并未显著提升，涨价均来源于印尼政策及国际资本炒家的炒作。然后持续震荡至9月中旬，镍价大幅走跌，美元走强，对基本金属形成压力，库存保持增加。菲律宾议员向政府提出实行禁矿政策的提案，但是因菲律宾传出更多消息称，近期不太可能针对未被加工的镍矿石发出禁令，禁令可能要到大约七年后才会实施。因对菲律宾供应收紧的担忧减轻，镍外盘价格大幅下滑，国内现货市场，现货镍价随之大幅下跌，镍库存持续增加，继续创造新高，镍价缺乏基本面支撑。11月镍价受外盘影响短暂回弹，年底又回落。

据监测数据显示，2014年年末，LME三月镍收盘价格15150美元/吨，比2013年年末收盘价13900美元/吨上涨9.0%；2014年，LME三月镍平均价为17013美元/吨，上涨12.6%；国内市场，2014年镍价整体大幅走高，年初镍价96287.5元/吨，年底镍价108687.5元/吨，涨幅达到了12.88%。金川集团将金川电解镍板出厂价由96200元/吨上调至110500元/吨，每吨上调14300元。

二、2015年有色金属市场走势与展望

（一）一季度有色金属市场走势回顾

1. 产量增速加快

受价格提振以及原材料供应增长促使炼厂扩大产能，3月国内铜、铝、锌、镍产量增长明显，据国家统计局数据显示，3月国内精炼铜产量为636351吨，同比增长9.7%，略低于低于2014年12月创下的832618吨纪录高位。当月原铝产量触及纪录高位的256万吨，刷新2014年12月创下的218万吨前一纪录新高，同比增幅达到8%。这主要是铝价持稳支撑冶炼厂生产，国内3月现货铝价格上涨近3%。3月国内精炼锌产量较上年同期增长10.4%至491042吨，精炼镍产量同比攀升18.4%至28320吨。与此同时，由于价格偏低且国内需求疲软，3月国内铅、锡产量减少明显。据国家统计局数据显示，3月国内精炼铅产量同比减少7.9%至340202吨，当月精炼锡产量同比下滑10.6%至13250吨。

另据国家统计局数据显示，一季度，全国十种有色金属产量1217万吨，同比增长7.7%，增速同比提高1个百分点。其中，电解铝产量751万吨，增长7.46%，回落2.5个百分点；铜产量185万吨，增长14.26%，提高7.5个百分点；铅产量99万吨，下降6.58%，2014年同期为增长1.8%；锌产量146万吨，增长14.61%，2014年同期为下降1.9%。氧化铝产量1397万吨，

增长 15.3% ，提高 6.8 个百分点。铜精矿金属含量 38.4 万吨，同比减少
2.89% ；锌精矿金属含量 94.2 万吨，同比减少 8.07% ；铅精矿金属含量 41.7
万吨，同比下降 16.28% 。

表 2　　　　　　　　　　**2015 年一季度国内有色金属产量一览**　　　　　单位：吨

金属			精矿		
品种	1—3 月	同比变化（%）	品种	1—3 月	同比变化（%）
精炼铜	1847171	14.26	铜	383879	-2.89
铝	7510571	7.46	氧化铝	13974185	15.32
锌	1460620	14.61	锌	941773	-8.07
铅	987868	-6.58	铅	417179	-16.28
镍	81870	27.07	锡	38165	12.33
锡	39297	-2.86	钨	24398	-2
镁	183441	-0.2	锑	26288	9.15
锑	46307	-16.92	钼	64657	11.4

来源：国家统计局 。

2. 需求仍显乏力

一季度有色金属市场依然受困于整体经济环境不景气，GDP 增速放缓、房地产市场仍处于下行通道、社消总额增幅持续收窄、政策支持断档等宏观因素在不同程度上削弱了有色金属市场的消费增长动力。据前瞻网数据显示，2015 年一季度全国十种有色金属销售量为 1073.1 万吨，较 2014 年四季度减少 10.2% ，但较 2014 年一季度大幅增加 14.4% 。

初级消费：据国家统计局数据显示，1—3 月国内铜材累计产量为 380.5 万吨，同比增长 2.1% ；1—3 月铝材累计产量为 1136.6 万吨，同比增长 16.0% 。

3. 外需强内需弱

从摩根大通发布的全球制造业 PMI 报告显示，2 月全球制造业保持了第 27 个月的增长态势，其指数从 1 月的 51.7 上涨至 52.0。3 月全球制造业 PMI 值 51.8，略低于前值。全球制造业景气稳步扩张，有效地提振了我国有色金属的外贸需求。2015 年一季度，我国有色金属出口形势良好，出口量整体呈现增长态势。海关数据显示，一季度铝总出口量达 121 万吨，比 2014 年四季

度增长 43.4% 。进口方面，由于国内需求低迷加之价格持续走软，进口套利空间有限，国内有色金属进口量明显减少。

表3 中国 2015 年 1—3 月基本金属商品进出口数据一览 单位：吨

	1—3 月	同比（%）		1—3 月	同比（%）
出口			进口		
精炼铜	57777	4	精炼铜	818561	−18.24
原铝	17300	−26.42	原铝	22454	−85.35
精炼铅	10772	46.68	未锻压镍（精炼镍＋合金）	24253	−36.5
精炼锌	39489	9179.9	精炼铅	60	−25.73
未锻压镍（精炼镍＋合金）	12677	12.16	精炼锌	81881	−58.54
精炼锡＋锡合金	1	−99.8	锌合金	26109	11.76
			精炼锡＋锡合金	1572	−21.93

数据来源：海关总署。

4. 供应压力加大

2015 年 1—3 月，全球铜市供应过剩 17.9 万吨，2014 年全年供应过剩 24.4 万吨。1—3 月，全球铜库存增加 25.6 万吨；2015 年 1—3 月全球原铝市场供应短缺 9.5 万吨，2014 年全年供应短缺 73.8 万吨。3 月铝库存总量增加 1.6 万吨，月末库存为 480.7 万吨，约相当于略低于 35 天的需求量，2014 年年末库存为 502 万吨。2015 年 3 月末，伦敦、上海、美国及东京四大交易所库存总量为 418.7 万吨，较 2014 年 12 月末时的库存低 25.9 万吨；2015 年 1—3 月，全球铅市供应过剩 3800 吨，2014 年全年供应短缺 1.5 万吨。2015 年 3 月底全球铅库存较 2014 年年底库存减少 1.37 万吨；2015 年 1—3 月，全球锌市供应过剩 17.3 万吨，2014 年全年供应短缺 15.3 万吨。2015 年 1—3 月，全球锌库存下降 12.4 万吨。3 月 LME 锌库存减少 5.36 万吨，3 月末库存较 2014 年末下降 18 万吨。LME 库存占全球总库存量的 48%；2015 年 1—3 月，全球锡市供应过剩 500 吨。3 月锡库存减少 1100 吨。3 月末库存较 2014 年 12 月底下降 2400 吨；2015 年 1—3 月，全球镍市供应过剩 3.29 万吨，2014

年全年供应过剩量为21.96万吨。2015年3月底，伦敦金属交易所（LME）镍库存较2014年年底增加1.8万吨。

5. 价格震荡走低

年初，由于国际油价跌势不止，希腊退出欧元区风险再起，欧美股市下滑，市场避险情绪升温，黄金反弹，美元强势冲高突破92点平台，有色金属承压明显。

据中国物流信息中心市场监测：2015年1月，LME三个月期铜、铝、铅、锌平均价分别为5767.94美元/吨、1821.70美元/吨、1843.58美元/吨、2118.98美元/吨，分别较2014年12月下跌9.9%、5.6%、5.2%和2.8%。国内市场方面，受国际原油市场延续弱势格局、美元大幅上涨和国内经济增长放缓等因素影响，有色金属价格下降4.68%，降幅较上月扩大2.76个百分点。2015年2月，LME三个月期铜、铝、铅、锌平均价分别为5687.18美元/吨、1837.02美元/吨、1818.53美元/吨、2113.88美元/吨，其中铜、铅、锌分别较2015年1月下跌1.4%、1.4%和0.24%，铝价则较1月回升0.84%。国内市场方面，2月，国际原油市场结束持续大幅下跌局面，价格触底反弹。受此影响，有色金属价格跌势趋缓，当月微幅下降0.9%，降幅较上月收窄3.78个百分点。2015年3月，LME三个月期铜、铝、铅、锌平均价分别为5903.75美元/吨、1780.98美元/吨、1786.98美元/吨、2043.44美元/吨，其中铜价较2月回升3.8个百分点，但铝、铅、锌则较2月分别下跌3.05%、1.73%和3.33%。国内市场方面，受国际市场价格走高、供应过剩预期下调和国内政策利好等因素影响，当月有色金属价格止跌回升，环比微幅上涨0.09%。

（二）全年展望

展望2015年，结合宏观环境和供需状况来看，美元指数、供需和环保将成为2015年影响有色金属价格的主导因素。由于全年需求难有强势行情出现、美联储开启加息进程是个大概率事件、加之原油走低美元指数走强这些宏观因素的打压。预计2015年有色金属行业将会延续偏弱震荡格局，下半年随着国内宽松政策利好以及基建加码等逐步体现，有色金属价格或迎年内高点，价格底部望有所提升。

1. 2015年美联储开启加息进程是个大概率事件

从最新的消费、房地产、就业和通胀数据来看，2015年美联储开启加息进程是个大概率事件。不过从长期情况来看，虽然美联储加息对有色金属市场仍有利空作用，但随着时间逐步的推移加上市场对加息时点的预判及准备程度来看，心理上或早已认同，届时恐怕对价格的打压作用也将有限。

2. 美元指数将会维持强势格局

当前美国经济数据好坏不一，制造业就业受油价下跌和美元升值影响下降，但就业市场仍然保持增长，经济状况较一季度好转。另外，希腊问题仍无进展，欧元受到违约风险影响暴跌。近日债权人提出新的计划，而欧央行也提高了对希腊银行的紧急流动性额度。但目前希腊宣布不会按期偿还周末到期的 IMF 贷款，加剧违约风险。欧盟暂时无法接受希腊脱欧，后期仍将通过输送流动性等方式来扶持希腊，这将对欧元形成较大拖累，进而利好美元。美元指数走强，对包括有色金属在内的大宗商品形成压制。

3. 欧洲 QE 对国内市场有一定的积极影响

在全球范围内，由于世界性投资机会集中在中国和美国这两个中心，那么欧洲 QE 增加的流动性势必会有相当一部分流向中国和美国，其中不少资金会对中国有色金属市场产生积极的帮助和影响。首先，有些资金会进入楼市，增加房地产建设对有色金属的需求；其次，由于欧洲 QE 的推动，欧盟地区制造业和建筑业渐渐复苏，对有色金属的需求增加，给中国出口创造了机会。再次，欧洲 QE 必将使得欧元进一步贬值，美元指数走高也使得美国经济走强，市场需求增加，从而带动全球基本金属市场活跃；最后，欧洲 QE 的推出给中国继续实行宽松货币政策留下空间，也给中国央行降准带来空间，而货币供应整体宽松，有利于所批复的基建投资项目获得更多资金，保障项目顺利开工建设，使得我国有色金属需求有增加和上升的空间。总之，欧洲 QE 对我国有色金属市场的影响是存在的，且总体上是积极的。

4. 国内宽松政策利好将逐步体现

随着一系列稳增长政策效应的逐步显现，4 月开始，经济已出现一定的复苏信号。中国物流与采购联合会、国家统计局联合发布的 4 月制造业 PMI 指数为 50.1，较上月持平，连续两个月处在 50% 的荣枯线以上。据报道，旧克强指数重要变量——工业用电量 4 月恢复到正常水平，新克强指数——新增就业人口也从 3 月开始增加。而企业的先行指标——价格指标有了回暖迹象，大宗商品在 4 月出现整体性的回暖，从石油化工、到农业商品。近期全国楼市成交量也持续好转，一二线城市楼市出现量价齐升的局面。二季度经济回升的迹象越渐明显，对整个有色金属市场将形成提振。

5. 基建加码，需求有望放大

在中国房地产和制造业两大类投资双双下滑的情况下，国家发展改革委自去年以来不断推出基建投资项目，以期稳定经济增速。继去年9月以来推进了七大类投资工程包后，近期国家发改委表示还将推出一批重大工程投资包。今年一季度全国固定资产投资增速同比回落4.1个百分点，但基础设施投资增长势头较快，同比提高0.6个百分点，其中铁路公路水路投资增长15.2%，提高3.8个百分点。

6. 产能将会受抑，供应压力有望缓解

（1）严控新增产能及环保加压

为了进一步加强大气污染防治工作，贯彻落实国务院批复实施的重点区域大气污染防治"十二五"规划的相关要求，环境保护部新修订了6项有色金属工业污染物排放标准，在标准中新增加了大气污染物特别排放限值，对颗粒物、硫氧化物和氨氧化物等污染物的排放限值提出了更高的要求。这些行业标准的发布实施，对有色金属工业产业优化升级具有显著的倒逼作用，未来有望加速有色金属行业落后产能、过剩产能的淘汰，有色金属生产企业污染防治的压力和形势更加严峻。

（2）"走出去"利于行业"去产能"

年初，国务院常务会议明确，将以钢铁、有色、建材、轻纺等行业为重点，针对国际市场需要，支持企业利用国内装备在境外建设上下游配套的生产线，实现产品、技术和合规标准"走出去"，通过"走出去"战略，拓展海外市场，有望消化过剩产能，调整产业结构，提升行业盈利水平。与此同时，随着"一带一路"的推进，肯定也会对有色金属行业"走出去"发挥促进作用。

综合来看，国内政策宽松将逐步显示作用，有色金属的需求有望继续回暖，而随着化解过剩产能和环保严控执行发力，加之行业资金紧张，供应释放速度将受到抑制，国内市场供需有望继续改善。

从各品种来看，由于自身供需情况差异以及品种特性的原因，各品种上涨的方式过程和幅度可能会有不同，甚至会出现价格走势分化的局面。从各主要有色金属品种来看，2015年市场走势预测如下：

铜：铜价自5月中下旬下跌以来，下跌速率慢慢放缓，在各项利空逐步消化加上国内政策预期向好不变的情况下，后期或随着国内密集出台的刺激政策持续发酵，加上供过于求的失衡状态已明显改善，短期内铜价上行趋势已初露端倪。不过受经济增速放缓的大环境影响，国内需求疲软客观存在，铜价中长期弱势难改。预计年内伦铜波动范围或将在5500～6000美元/吨之间，国内现铜或将在41000～48000元/吨。

铝：整体来看，全球铝市供需格局正在转化，供应压力趋于缓解，随着政策预期发酵以及美国加息时点的淡化，预计下半年伦铝有望呈现上涨格局。国内市场方面，产能过剩、供大于求的局面短期难改，而房地产领域的投资持续下降，不足以支撑消化日益增长的电解铝产业，同时，乘用车月度产销量也较低，对铝的需求所起到的刺激作用有所减弱。目前新疆地区电解铝产能持续增多，而下游需求依旧未能完全复苏，铝价仍处于弱势震荡的局面。预计年内伦铝波动范围或将在 1650～1950 美元/吨，国内现铝或将在 12000～15000 元/吨。

铅：近两三年全球铅供应略有短缺，主要是由于美国地区的铅供应相对紧缺，而欧洲相对平稳，中国依然呈现过剩态势，不过今年过剩的幅度有所收窄。美国精铅供应不足，究其原因是其精铅产出受限。预计 2015 年铅供应将会继续出现好转，但是需求依然难以实现增长，铅价格运行区间或下移，全年将呈现先抑后扬的格局。2015 年下半年的铅市，伦铅波动范围或将在 1600～1900 美元/吨；国内现货均价将运行于区间 12500～14500 元/吨；沪铅主力将运行于区间 12500～14500 元/吨。

锌：从目前的情况来看，全球精锌供应总体收紧，前期锌价支撑较强，不过精锌消费总体萎缩，特别是受经济增速放缓的大环境影响，国内需求疲软客观存在，锌价仍有下行风险。预计年内伦锌波动范围或将在 2000～2200 美元/吨，国内 0#锌或将在 15000～17500 元/吨，1#锌或将在 15000～16500 元/吨波动。

（中国物流信息中心　李大为）

2014—2015 年机电产品流通回顾与展望

2014 年是国际形势风云变幻、国内改革任务艰巨的一年，机电产品流通面临严峻考验。在此背景下，全行业认真贯彻落实中央关于"稳增长、转方式、调结构"的方针，主动适应经济发展的新常态，实现了规模、效益等主要经济指标的适度增长，行业发展总体平稳，结构调整、转型升级继续推进。

展望 2015 年，我国积极开拓国际市场，筹建"亚投行"，推动"一带一路"建设，为机电产品流通的发展提供了无限的商机。机电行业将全面贯彻十八大和中央经济工作会议精神，坚持稳中求进的工作总基调，以创新驱动、两化融合、绿色发展为主要取向，为实现机电产品流通的稳增长做出应有贡献。

一、2014 年机电产品流通回顾

（一）主要指标增速高于全国工业发展平均水平

1. 机电产品增加值增速高于全国工业平均水平

2014 年机电产品增加值同比增长 10%，相比同期全国工业 8.3% 的平均增幅，高出 1.7 个百分点，与机电产品 2013 年增幅 10.9% 相比，增幅回落了 0.9 个百分点，但仍在"中高速"区间之内，为全国 GDP 实现 7.4% 的增长做出了应有贡献。

2. 主营业务收入中高速增长

2014 年机电产品累计实现主营业务收入 22.2 万亿元，比 2013 年增长 9.4%，增速回落 4.4 个百分点，其中下半年增速呈逐月回落之势，但全年仍高于同期全国工业增速（6.96%）2.45 个百分点。

3. 利润保持两位数增长

2014 年机电产品累计全年实现利润总额 1.56 万亿元，比 2013 年增长 10.6%，增速比 2013 年回落 5 个百分点，比同期主营业务收入增速高 1.2 个百分点。主营业务收入利润率为 7.02%，较 2013 年同期提升 0.08 个百分点。全年实现税金总额 8438 亿元，比 2013 年增长 8.2%；企业亏损面 10.8%，比

2013 年上升 1.24 个百分点；亏损企业亏损额增长 9.9%。

4. 对外贸易形势好于 2013 年

2014 年机电产品累计实现进出口总额 7255 亿美元，同比增长 8.1%，增速较 2013 年加快 4.4 个百分点。其中出口 4023 亿美元，增长 8.0%，增速较 2013 年加快 1.8 个百分点；进口 3232 亿美元，增长 8.2%，增速较 2013 年加快 7.5 个百分点。全年贸易顺差达到 791 亿美元的历史新高，占全国外贸顺差的 20.7%。

5. 固定资产投资增速继续回落

2014 年机电行业累计完成固定资产投资 4.5 万亿元，同比增长 12.7%，增速低于全社会固定资产投资 3 个百分点，并低于制造业固定资产投资 0.8 个百分点，与 2013 年增幅相比回落了 4.5 个百分点，增速已连续三年回落。从逐月走势看，上半年增速曾出现短暂回升，下半年起总体呈现回落趋势。

6. 库存压力上升，价格持续低迷

在供过于求矛盾日益突出的市场环境中，2014 年机电产品存货中的产成品增速持续处于较高水平，且总体呈现出加快的态势。全年机电产品存货同比增长 8.6%，高于 2013 年同期 1.5 个百分点；其中产成品同比增长 14.9%，高于 2013 年同期 7.1 个百分点，表明持续的市场疲软已经对机电产品的销售形成了一定的压力。受此影响，机电产品价格指数延续了 2013 年低位运行的态势，至年底，机电产品累计价格指数已连续 35 个月低于 100%。

7. 市场需求疲软，订货增长乏力

2014 年机电行业重点联系企业累计订货持续低迷，二季度后增速明显回落，且逐月下行，1—12 月累计订货额同比仅增 3.55%，增速较 2013 年明显回落。订货增长乏力预示着需求不旺仍将是 2015 年机电产品流通面临的重要挑战之一。

（二）多数产品销量实现增长

1. 多数产品销量实现增长

2014 年 1—12 月累计，119 种主要产品中：销量同比增长的 82 种，占 69%；销量同比下降的 37 种，占 31%。

表1 　　　　　　　　2014 年主要机电产品销量情况

主要机电产品	销量	同比增幅（%）
大型拖拉机	6.99 万台	6.64
中型拖拉机	57.38 万台	−9.29
小型拖拉机	168.00 万台	−13.92
谷物收获机械	35.71 万台	12.51
玉米收获机械	11.45 万台	39.86
发动机	21.41 亿千瓦	6.23
挖掘机	12.53 万台	−13.82
装载机	16.32 万台	−13.28
压实机械	5.41 万台	13.92
混凝土机械	51.32 万台	0.74
内燃叉车	24.89 万台	1.65
电动叉车	17.02 万台	21.87
自动化仪表	4951 万台	5.96
电工仪表	1.53 亿台	1.31
分析仪器	148 万台	15.80
汽车仪表	5353 万台	2.02
照相机	3123 万台	−43.99
其中：数码相机	2467 万台	−49.20
印刷设备	713 万台	9.49
炼化专用设备	241 万吨	4.02
泵	12402 万台	5.67
风机	1784 万台	6.82
气体压缩机	3.36 万台	6.60
阀门	1032 万吨	0.05
空分及液化设备	7.04 万台	1.81
环保设备	58.86 万台	5.32
石油钻采设备	24.37 万台	−4.98

主要机电产品	销量	同比增幅（%）
印刷专用设备	15.22 万台	-12.12
塑料加工设备	35.81 万台	-1.72
矿山专用设备	786 万吨	0.98
金属冶炼设备	115 万吨	-3.49
起重机	1095 万吨	6.79
金属轧制设备	61.9 万吨	-11.96
金切机床	85.93 万台	3.06
其中：数控机床	26.09 万台	14.78
金属成型机床	34.65 万台	6.16
其中：数控机床	4.70 万台	39.18
金切刀具	95.79 亿件	17.66
发电设备	1.327 亿千瓦	5.20
其中：水电	2290 万千瓦	-9.20
火电	8773 万千瓦	11.00
其中燃机	365 万千瓦	-46.30
风电	1833 万千瓦	14.90
核电	375 万千瓦	-37.30
变压器	17 亿千伏安	0.45
其中：大型	2.39 亿千伏安	-13.39
电力电缆	5570 万千米	8.8
钢绞线	604 万吨	11.73
交流电动机	3.01 亿千瓦	4.43
滚动轴承	187 亿套	3.99
液压元件	1.98 亿件	2.43
模具	1364 万套	-10.43
紧固件	791 万吨	4.54
齿轮	302 万吨	14.37

主要机电产品	销量	同比增幅（%）
铸铁件	4704 万吨	10.05
铸钢件	1438 万吨	0.03
锻件	1231 万吨	11.76

2. 多数子行业销量实现增长

（1）电工行业：发电设备销量同比有所增长，已连续第 9 年产量超过 1 亿千瓦，但效益大幅下滑；风力和光伏发电设备销量均明显增长，火电设备有所增长，水电设备下降，燃气轮机销量下降较大；高压输变电产品形势不如预期；交流电动机、工业电炉、电焊机等销量保持增长。

（2）内燃机行业：受汽车行业拉动，汽车发动机销量增长比较快，但与农机、工程机械配套的内燃机形势比较低迷。由于汽车发动机在内燃机总销量中权重较高，故在汽车行业拉动下，内燃机行业的效益与 2013 年相比明显回升。

（3）仪表和石化行业：多数产品销量保持增长。其中：自动化仪表、分析仪器、试验机、化工设备、泵、风机、空分设备、压缩机、环保设备等销量增幅较大；但印刷机械行业仍比较低迷。

（4）机床工具行业：主机形势不如工具、磨料磨具，主机行业中金切机床形势不如成型机床，金切机床中的重型机床形势不如中小型机床；高端产品形势明显好于低端产品。金切机床销量同比增速已转降为升，其中数控机床销量增幅较高。但 2014 年同比增幅较高与 2013 年基数低有关，实际上业内机床主机企业多数仍处于深度困难之中。

（5）轴承行业：行业景气指数与 2013 年相比有所恢复，下半年的当月销量和累计销量同比均已实现正增长。

（6）工程机械行业：2014 年一季度行业景气指数曾有所回升，但 4 月以后又重新陷入回落。挖掘机和装载机等代表性产品全年销量已回到深度负增长状态。由于社会保有量大，且开工率较低，因此多数产品短期内购机需求难以回升；目前只有压路机和叉车产销量仍保持同比增长。

（7）农机行业：2014 年年初形势尚可，但此后逐月下行。全年累计，大、中、小型拖拉机销量均为负增长；但玉米收获机是少数例外，2014 年销量仍保持高速增长。1—12 月累计，农机行业利润已出现多年来少有的负增长。随着更多企业的涌入，竞争形势可能更趋严峻。

二、支撑机电产品流通发展的主要因素

在市场倒逼机制作用下，2014 年机电企业"转型升级"和"结构调整"持续推进，适应市场变化的能力继续提升、内生发展动力不断增强，行业结构调整取得新进展。

（一）行业结构调整顺应市场需求

在新的发展环境中，机电产品流通子行业间的分化更为显著。为房地产、钢铁、煤炭等投资领域提供设备的子行业增速持续低迷；而汽车、制冷空调、环保设备、基础件、仪器仪表等服务于民生的子行业发展速度明显加快。机电行业结构正向着更为适应市场需求的方向调整。

（二）自主创新有新进展

为了应对传统产品需求下滑的挑战，迎接相关产业调整升级带来的新机遇，机电行业新产品、新工艺研发趋于活跃，创新驱动发展的理念逐渐深入人心，自主研发成果逐步显现。主要表现在：

1. 获高等级奖项的项目数量上升

近年来机电行业科技发明和科技进步成果获高等级奖项的项目数明显上升，一等奖和特等奖由以前每年 20 项左右上升至 30 项以上，2014 年这一势头更为显著。

2. 高端装备自主创新有新成果

大型核电、水电、火电和风电设备、特高压输变电成套装备、天然气长输管线加压站设备等高端装备自主化水平明显提高。

3. "三基"领域发展持续推进

关键零部件开始出现加速自主创新的势头，高端液压系统、轴承、数控系统、特种专用材料等陆续取得成果。如 LNG 低温高压铸造球阀研制成功，打破国外产品在该领域的垄断。

以为用户服务为宗旨、发展服务型制造的理念明显深入，通过提高服务水平提高行业运营效益正在取得效果。

（三）民营企业内生发展动力持续增强

2014年民营企业实现主营业务收入12.7万亿元，同比增长10.9%，高于机电全行业平均增速1.5个百分点，占机电行业主营业务收入的比重提高到57.3%，比2013年提高0.6个百分点。民营企业全年实现利润总额为7574亿元，比2013年增长7.7%，在机电行业实现利润中的比重已达到53.8%。

（四）地区结构继续向预期方向调整

机电行业区域结构继续向政策预期方向调整。2014年东、中、西部分别实现主营业务收入13.6万亿元、4.7万亿元和2.0万亿元，比2013年分别增长8.3%、11.4%和12.3%，中、西部地区增速继续快于东部。中、西部地区在机电行业中所占比重较2013年共上升0.7个百分点。

（五）对外贸易出口附加值提高

2014年机电行业对外贸易在总量较2013年显著提升的基础上，贸易结构也在优化，一般贸易出口明显优于加工贸易出口。全年附加值较高的一般贸易出口2383亿美元，同比增长11.2%；而加工贸易出口1266亿美元，同比只增长1.99%。一般贸易出口金额占比和增幅均大大超过加工贸易，表明我国机电产品外贸出口的附加值在稳步提升。

总之，2014年我国宏观经济形势偏紧的背景下，机电产品流通在实现了稳增长的同时，转型升级和结构调整方面也在积极推进。

三、2015年机电产品流通的展望

机电产品流通的发展受宏观环境影响较大，虽然我国宏观经济长期向好的基本面发展没有发生变化，但经济发展正经历阶段性调整，产业积累的深层次矛盾逐步暴露，形势的复杂性不可低估。

（一）形势不能乐观

1. 需求形势将继续偏紧
一是国民经济正处于增长速度换挡期。

预计2015年GDP增幅将由2014年的7.3%下调至7%左右。在此背景下，机电产品的需求环境将难以期望比2014年有所宽松。

二是宏观经济仍处于结构调整攻坚期。

二产比重下降、三产比重上升是大趋势。因此，在同样的 GDP 增幅下，以工业为主体的二产增幅将低于三产；工业增幅高于 GDP 的旧常态正在逐渐发生变化。估计今后工业增幅虽仍将高于 GDP，但高出的幅度将逐渐减小，对机电产品流通有直接的影响。

三是前期刺激政策的负面影响仍有待继续消化。

机电产品需求增长趋缓和产能高速扩张并集中释放的矛盾在继续上升；对这一局面的严峻程度以及它对经济发展的负面影响必须要有足够的估计。

四是机电产品用户的需求，普遍由外延增长向内涵提高转化。

机电产品的需求模式正在由增量主导向存量主导转变，新建和改造项目的比重在发生变化，传统需求不足和新兴需求难以满足的结构性矛盾日益突出，其叠加效应将进一步加剧需求不足的困难，研发工作及市场开拓对市场变化的适应能力面临考验。

五是机电产品的国际市场竞争面临严峻挑战。

随着我国机电产品国际市场份额的提高，发达国家贸易保护主义限制我进入日益强烈。与此同时，我传统低附加值出口产品因汇率上升和后发展中国家竞争，原有优势正在被迅速削弱，对出口增长不宜太乐观。

2. 成本上升和价格下降的压力不断加大

一方面，人工成本、筹资和财务成本、市场营销成本、环境治理成本、技术创新成本等，持续增加；另一方面，对于多数企业而言，在市场供过于求的压力下，产品价格不可控制，还将持续下跌。

3. 供给形势有望相对宽松

大宗物资价格可望仍处于较低水平。美国已决定退出实施 6 年之久的"量化宽松"政策，西方与俄罗斯关系恶化，在复杂的国际政治经济因素作用下，石油、天然气、铁矿石、有色金属等大宗物资价格处于较低水平的概率较大，这将有利于机电产品的成本控制。

融资成本快速攀升之势可望受到控制，融资环境有望受惠于国家深化改革和为支持实体经济发展而出台"精准"、"定向"调控的各种微刺激措施，企业利息支出和融资财务成本快速攀升之势可望趋缓。

4. 随着基数变大，增速将逐渐降低

2000 年机电行业主营收入为 1.4 万亿元，按增长 25% 计，增量为 3500 亿元；2014 年机电行业主营收入达到 22 万亿元，即使增速降至 10%，其增量也将高达 22000 亿元；这一增量已经达到"十五"初期的 6 倍多。可见，今后增速趋缓在情理之中。

5. 改革深化和多项微刺激措施，有利于机电流通的发展

针对当前经济下行压力加大的现实困难，中央正在加大改革力度以改善实体经济发展环境；同时还在出台鼓励消费、加快铁路、水利等基础设施项目审批等微刺激措施。这些举措有望对机电产品流通的发展产生利好影响。

6. 机电行业将继续向中速增长期转变

在经历了 21 世纪头十年高速增长和"十二五"头两年急剧回落之后，2013 年机电行业开始呈现中速发展特征，2014 年增速虽有所回落，但仍实现了 10% 的中速增长，预计 2015 年在诸多压力下增速将继续小幅回落，但仍将保持在 8% 左右的中速区间。

7. 2015 年的增长曲线估计将呈现"前低后高"态势

在 2014 年下半年下行惯性的压力下，加上上半年各项主要经济指标基数相对较高，预计 2015 年上半年机电流通的发展速度将相对较低，而随着对诸多困难因素的消化，下半年形势有望略显回升之势。

8. 深化改革对机电企业提出新挑战

全面深化改革的形势对机电企业的应对能力正提出更高要求。"让市场在资源配置中发挥决定性作用"，对机电企业既蕴含了无限的机会，但也加重了自担风险的责任。相当一批不适应改革新形势的企业将被淘汰，机电企业必须大大增强危机意识。

9. 2015 年行业升级必将有新进展

广大机电企业在以攻高端、夯基础为主要着力点的结构调整，和以创新驱动、两化融合、绿色发展为主要取向的发展方式转变中，必将比 2014 年有更多新探索，也必将取得更为丰硕的新成果。

10. 机电产品流通发展前途无忧，但分化将加剧

虽然困难很多，但在机电产品流通资本结构多元化的背景下，行业内生应变活力正日渐增强。因此，只要坚持市场化取向的改革，机电产品流通前途就无须担心。但在艰巨的升级过程中，分化必将日益加剧。

（二）2015 年机电产品流通的展望

2015 年是机电产品流通实施"十二五"规划的最后一年，我国积极开拓国际市场，筹建"亚投行"，推动"一带一路"建设，为机电产品流通的发展提供了无限的商机，也对机电企业的创新和应对能力提出了严重的挑战。机电行业将全面贯彻十八大和中央经济工作会议精神，坚持稳中求进的工作总

基调，"攻高端、夯基础"，以创新驱动、两化融合、绿色发展为主要取向，在市场经济条件下，充分释放活力和创造力，为"十三五"起步奠定良好的基础。

全年预计增速将略低于2014年、但仍处于中速区间的增长。即：2015年机电产品增加值和主营业务收入增速在8%左右，利润增速在10%左右，出口增速在6%左右。

（中国机电产品流通协会　唐志刚　张雨润）

2014—2015 年生产资料交易市场回顾与展望

2014 年，发达经济体经济运行分化加剧，发展中经济体增长放缓，世界经济复苏依旧艰难曲折。世界工业生产增长小幅加快，经济运行分化加剧，主要发达经济体消费低迷，世界贸易低速增长，全球通胀冲高回落，就业状况总体稳定。在世界经济复苏乏力的背景下，国内经济处于增速换挡期、结构调整阵痛期和前期刺激政策消化期"三期叠加"的复杂时期，经济增长结束了改革开放 30 多年来接近两位数的高速期，步入以中高速增长为标志的"新常态"，经济增长动力和产业结构发生了新的变化。中国经济正在全面向新常态转换，2014 年的变化是房地产结束了长达 15 年的超级繁荣期，进入调整期，这也是导致 2015 年经济下行压力明显增大的主要因素，由之带动投资增长明显下滑。"新常态"不仅意味着经济增长转向中高速，而且伴随着深刻的结构变化、发展方式变化和体制变化。而结构、方式和体制的变化不断推进、显现，正是"新常态"下中国经济新动力所在，机遇所在。与此同时，新的适应新常态发展的宏观经济政策也逐步成型，成为保持经济平稳增长、促进经济活力增强、结构不断优化升级的有力支撑。

一、2014 年我国生产资料交易市场回顾

2014 年，在整体宏观经济影响下，生产资料供需矛盾较为突出，全年生产资料市场价格持续处于下行通道。

据国家统计局资料，2014 年全国亿元以上商品交易市场有 5023 个，摊位数为 353.4757 万个，营业面积为 29489.0382 万平方米，交易额达到 100309.9019 亿元；其中农业生产用具市场 20 个，农用生产资料市场 30 个，煤炭市场 12 个，木材市场 53 个，建材市场 211 个，装饰材料市场 247 个，化工材料及制品市场 36 个，金属材料市场 250 个，汽车市场 186 个，摩托车市场 9 个，机动车市场 78 个，五金材料市场 80 个。全国生产资料市场合计 1212 个，49.0562 万个摊位，营业面积 9951.3913 万平方米，交易额达到 36907.0441 亿元。说细情况，如表 1 所示。

表1 2014年全国亿元以上生产资料市场统计

生产资料市场	市场数量 （个）	摊位数 （个）	营业面积 （平方米）	成交额 （万元）
农业生产用具市场	20	5744	1487442	2115061
农用生产资料市场	30	6303	1090445	1759164
煤炭市场	12	1905	5505880	5095466
木材市场	53	19442	5530502	7520237
建材市场	211	102101	23134249	19584605
装饰材料市场	247	112641	16137842	18336847
化工材料及制品市场	36	21896	2269817	30969037
金属材料市场	250	93639	24775967	211556567
汽车市场	186	38628	11188260	51193604
摩托车市场	9	3606	256366	757255
机动车零配件市场	78	37494	3268659	11229393
五金材料市场	80	47163	4868484	8953205
生产资料市场合计	1212	490562	99513913	369070441
全国商品交易市场总计	5023	3534757	294890382	1003099019

资料来源：国家统计局．中国商品交易市场年鉴〔M〕．北京：中国统计出版社，2015。

（一） 钢铁市场

2014年全国粗钢产量8.2亿吨，同比增长0.9%，增幅同比下降6.6个百分点。素有钢铁第一大省之称的河北，粗钢产量1.85亿吨，同比下降0.60%，成为14年来产量的首降。河北省从2000年开始产量便呈现出逐年递增的态势，并连续八年破亿吨，也因此使得本次产量的下降愈加备受关注。

随着钢贸危机的爆发，银行对钢贸行业采取资金封锁，导致众多贸易商因资金断裂而纷纷退出市场，贸易商的蓄水池作用大幅减弱，钢厂销售压力上升。据统计，2012年年初钢贸危机爆发之前，市场钢材库存量为1420.5万吨，2014年12月中旬库存量为958万吨，较钢贸危机爆发前下降约30.2%，与此同时，钢厂库存大幅上升，2012年年初仅为882.15万吨，而12月中旬库存为1470.93万吨，大幅增长66.7%。

海鑫钢铁集团有限公司钢铁产能500万吨，是山西省第二大钢铁企业，也是山西省规模最大的民营企业。由于受钢铁行业产能过剩、市场不景气、金融部门抽贷以及内部管理等因素影响，于 2014 年 3 月 18 日被迫全面停产。之后由于海鑫集团财务状况持续恶化，加之大量贷款逾期，拖欠上下游客户款项较大，面临多家债权人的法律诉讼，已经无法通过企业自救形式恢复生产。最终在 2014 年 11 月份，当地法院受理了部分债权人破产重整申请。

2013 年，上海钢联、找钢网、钢铁王国等采用多种模式抢先进入钢材销售市场，标志着钢铁电商元年正式开启。随后，钢厂、大型贸易商及第三方纷纷试水电商平台，钢铁电商迎来爆发潮。公开数据显示，截至 2014 年 10 月底，在工信部备案的钢铁电商平台已达 180 多家。

河北钢铁集团与德高控股集团在北京签署股权合作协议，河北钢铁集团增持全球最大的钢铁贸易与综合服务商——德高国际贸易控股公司股权至51%。同时，将子公司唐钢与德高公司之间的全面战略合作伙伴关系，上升至集团与德高公司层面。这是迄今为止我国钢铁企业第一次收购国际成熟商业网络，开启了中国最大钢铁企业和国际最大钢铁贸易与综合服务商一体化合作的全新模式。控股德高公司是河北钢铁集团国际化的重要一步，将以此作为快速推进集团全面国际化发展战略的桥头堡，实现"全球拥有资源、全球拥有市场、全球拥有客户"，为建设全球最具竞争力钢铁企业提供重要支撑，也将为德高分享"国内成长动力"提供更加广阔的空间和舞台。同时，借助产业互联网，实现全球钢铁供应链的优化整合，也为河北钢铁交易中心的发展带来无限想象空间。

2014 年 3 月 21 日，热轧卷板期货正式登陆上海期货交易所，成为国内第三个钢材期货品种。截至 2015 年 3 月 6 日，热轧卷板期货上市近一年来，共成交 302 万手，成交金额 935.01 亿元，热轧卷板期货市场运行平稳，成为钢铁产业链管理价格风险的又一个良好工具。

（二）石油交易所

厦门石油交易中心是厦门市发挥东南国际航运中心核心港优势，推进金融交易、临港产业的重要平台，监管、交易及结算三大系统全国领先，继2013 年推出 93#汽油现货挂牌议价交易模式后，2014 年率先在全国启用现货挂牌配对交易模式。该中心自正式运营以来，入驻会员达 300 多家，电子交易2000 多个，实现税收超亿元。2014 年前三季度电子和现货交易总额达 2287.3亿元。

2014 年 8 月 27 日，北京石油交易所"中阿商品交易服务平台"正式启动。为促进中国与海湾国家经贸发展，北京石油交易所与中阿产业投资基金合作，结合双方市场资源、客户群体、政策基础等优势，携手打造了北油所"中阿商品交易服务平台"。该平台借助双方已有基础，将聚合国内产品需求企业、海湾地区大型石油公司和贸易商等，为国际资源供应与国内产品需求搭建合作沟通、信息共享的平台，响应国家"推进丝绸之路经济带、海上丝绸之路建设，形成全方位开放新格局"的号召。

2014年9月26日，由华东石油交易中心倾力打造、我国首家专业石化联盟电子商务综合服务平台——"油品汇"正式上线，这同时也是我国炼化企业联盟的首个B2B电商品牌。"油品汇"首创了4+N的服务模式，为客户提供了包括新干线、石化超市、地炼专场、帮我找车四大交易专区和包括在线融资、在线结算、资讯服务、价格发布、资金托管、货物保险、电子合同、信用建设、品牌推广、大数据应用等N项服务。

2014年12月12日，中国证监会今日正式批准上海期货交易所在其国际能源交易中心开展原油期货交易。这意味着原油期货上市工作步入实质性推进阶段。

2015年2月3日，华夏银行前海分行完成对深圳石油化工交易所会员企业的首笔线上融资放款，代表着基于深圳石油化工交易所要素交易平台现货交易与华夏银行在线融资相结合的互联网金融业务正式落地。

2015年3月，深油所正式开通离岸国际交易业务，打造国内首个石油化工离岸国际交易平台，并将开展与国际金融和国际交易平台的合作。深圳石油交易所在前海推行注册会员企业模式，截至2014年年底注册会员企业预计可达600家以上，可实现现货交易额5000亿元。未来3年，深圳石油交易所将努力实现集聚3000家以上注册会员企业、交易商和相关合作服务机构企业，在前海管理局支持下，建设"深圳前海国际石油化工交易金融中心"项目，在前海打造万商云集的石油化工交易金融产业集群，并努力实现打造集现货交易、离岸国际交易和期货交易于一体的国内首家创新型综合要素交易平台的目标，现货和期货两者相辅相成，构筑多层次的商品资本市场体系。

（三）木材市场

2014年4月1日起，长达半个世纪的大兴安岭林区商业性采伐的历史终结，黑龙江龙江森工集团、大兴安岭森工集团全面停止天然林商业性采伐，停伐后全面封山育林，占我国木材供应约三分之一的林地受到保护，促使我国木材可持续发展。2014年7月，国家木材储备战略联盟成立大会暨首届理事会在京召开，会议审议通过了联盟组织机构章程及工作运行机制。

上海口岸凭借优越的地理位置、发达的经济条件和丰富的产业及劳动力优势，一直是我国木材进口大港。2014年1—12月上海口岸进口原木共计617.27万立方米。2014年，扬州口岸木材进口量达120.70万方，货值2.52亿美元，同比分别增长35.26%和46.01%。

2014年加拿大出口至中国的针叶木锯材总量较2013年减少5%，从790万立方米跌至750万立方米。这是近十年来加拿大出口至中国针叶木锯材数量首次下滑。在美国经济衰退期间，中国成为加拿大锯材生产商的主要市场。

中国对于瑞典木材的兴趣正在不断增加。近几年来，在瑞典锯木产业和瑞典木业协会的努力下，瑞典成功在市场定位成高质量产品的可靠提供者。瑞典林产品企业组团以各种方式到中国推销其云杉和赤松锯材，工厂包括爱生雅木业、北魁沿湖木业、索达木业、VIDA、瑞典国家木业等。中国庞大的木材消费市场对所有供应商来说都是极具诱惑力的。

2014年我国国内的木材市场低迷的原因主要有三个：第一，国内宏观经济增长放缓，房地产与家具市场持续走低抑制木材市场需求，库存量居高不下。第二，非常态的的快速发展模式弊端显现。2013年国内木材市场价格爆涨的弊端在2014年年初开始逐渐显现，由于高价时代木材交易大部分停滞在流通环节，在炒家手中囤积，未真正进入厂家生产，泡沫已在一定程度上累积。进入2014年之后，新货不断补充和需求不振让这些高价木材进入了库存状态，市场短期内很难消化。下半年木材市场陡然降温让一些场外资金离场，这无形中加大了木材流通的困难，市场越发显得冷清。第三，消费受阻对高端红木制品市场影响甚大。2014年，国内廉政风暴冲击下，红木高端市场也受到了严重冲击。从调查情况来看，高端木制品销售量至少萎缩30%，尤其是一些大件的红木高端家具，销售量一落千丈，销售价格也有较大幅度下滑。交趾黄檀、檀香紫檀、微凹黄檀等红木原材也因此受到很大冲击，销售一度停滞。

（四）橡胶市场

2014年是天然橡胶生产和贸易商经营较为艰难的一年。天然橡胶处于全球性供大于求的局面，价格持续低迷，回落到2008年国际金融危机时期的水平，生产企业和贸易商出现亏损现象。合成胶产能也明显高于实际需求，丁苯橡胶、顺丁橡胶装置利用率已分别下跌至53%和68%，异戊橡胶更是降至15%，合成橡胶企业出现生产经营困难局面。而未来两年，中国还将有百万吨合成橡胶新增产能投产。

2014 年 2 月 24 日，中国橡胶工业协会发布了《绿色轮胎技术规范》（以下简称《规范》），并于 3 月 1 日开始试行。这是我国首部绿色轮胎行业自律标准。该标准对绿色轮胎的定义进行了规范，提出了绿色轮胎产品性能要求，原材料使用要求，并推荐了绿色轮胎生产工艺技术。该《规范》为我国下一步实现轮胎标签制度打下了基础。为推动绿色轮胎产业化，中橡协已经成立了"绿色轮胎产业化促进工作委员会"和"绿色轮胎技术支持中心"，并将对轮胎检测机构进行认证，细化绿色轮胎原材料指南等，最终实现轮胎标签制度。

2014 年 9 月 17 日，工信部网站正式发布《轮胎行业准入条件》，并于 2014 年 10 月 1 日起实施。从正式发布的文件来看，去掉了对企业规模的要求，对新建和现有轮胎企业从企业布局、工艺、质量和装备、能源和资源消耗、环境保护、安全生产和职业卫生等方面进行了要求。整体来看，虽目前轮胎准入条件的出台旨在加快推动轮胎行业产业升级，规范行业生产秩序，引导行业公平竞争，促进行业持续健康发展。在工艺、质量和装备方面，鼓励发展节能、环保、安全的绿色轮胎，在能源和资源消耗方面提倡节能降耗，特别是在环境保护方面引导企业更加重视。

2014 年 12 月 31 日，国家质检总局、国家标准化管理委员会以 2014 年第 33 号公告正式发布了复合橡胶国家推荐性标准《复合橡胶通用技术规范》，标准号为 GB/T 31357—2014。该标准中最为引人关注的是复合橡胶中生胶含量不超过 88% 的规定，此前这条规定曾引起行业的广泛争议。

（五）汽车市场

2014 年，全国汽车产销分别为 2372 万辆和 2349 万辆，同比增长 7.3% 和 6.9%，全年汽车销量保持平稳增长，但增速低于年初预期，同时，汽车政策密集推出，对汽车市场产生多种影响。

2014 年汽车电商在"双十一"当天异常火爆，汽车之家"双十一"汽车电商销售订购总金额 60.54 亿元，相比 2013 年出现成倍增长；天猫汽车和易车购车活动在经过持续几个月的发酵下，订单总量均超过 2013 年"双十一"订单的 5 倍。2014 年汽车电商有以下几点创新：第一是车型买断，电商主动从整车厂和经销商买断车型；第二是用户在线上做支付；第三是金融背书。尽管如此，"双十一"汽车电商的活动性质更多的是一次集中抢单清库的促销活动，难以常态化。

2014年6月10日，商务部正式向国内汽车市场上垄断行为挥刀。8月13日，湖北武汉4家宝马经销商因存在垄断行为被罚合计162万元，领到了反垄断首张罚单。8月20日，国家发改委宣布，对日本住友等8家零部件企业、日本精工等4家轴承企业价格垄断行为开出天价罚单处罚，合计罚款约12.4亿元。9月，湖北省物价局依据相关规定，对一汽—大众销售有限责任公司处上一年度相关市场销售额6%的罚款2.4858亿元。

2014年7月9日，国务院常务会议决定，自2014年9月1日至2017年年底，对获得许可在中国境内销售（包括进口）的纯电动以及符合条件的插电式（含增程式）混合动力、燃料电池三类新能源汽车，免征车辆购置税。8月29日，工信部、财政部正式发布了第一批《免征车辆购置税的新能源汽车车型目录》，确定了首批符合国家扶植标准的新能源汽车名单。

2014年7月14日，国务院办公厅发布《关于加快新能源汽车推广应用的指导意见》，从总体要求、充电设施建设、积极引导企业创新商业模式、推动公共服务领域推广应用、进一步完善政策体系、坚决破除地方保护、加快创新能力建设、进一步加强组织领导八个方面提出30条具体政策措施。新政具体细化到政府采购、减免税款、执行统一推广建立技术平台和考核体系等多个环节。

随着政府全面出台支持发展新能源汽车的政策，企业对产品的升级改进和社会对新能源汽车认可度的提升，2014年新能源汽车有了较快的发展。2014年新能源汽车实现产销超过7万辆，实现了同比3倍有余的高增长。在这样的大环境下，各大车企纷纷推出自己的新能源汽车产品，比亚迪唐、宝马i3、i8以及530Le等一批新能源车上市，长安汽车、北汽集团等汽车集团更是公布了企业关于未来新能源汽车的战略部署。

（六）化工商品交易市场

2014年化工行业增加值累计同比增长10.4%，占全国工业的6.8%；主营业务收入8.8万亿元，同比增长8.2%，利润4312.6亿元，增长0.33%，增速分别比2013年下降4.7个和11.9个百分点，利润率4.9%，比全国工业低1个百分点；全年化工行业进口1864.8亿美元，同比增长0.6%；出口1621亿美元，增长11.1%。

2014年2月12日，中国民航局向中国石化颁发1号生物航煤技术标准规定项目批准书，标志着国产1号生物航空煤油获得适航批准。中国第一张生物航煤生产许可证落户中国石化。我国生物航煤也因此正式迈入产业化和商业化阶段。至此，中国成为继美国、法国、芬兰之后第四个拥有生物航煤自主研发生产技术的国家，中国石化成为国内首家拥有生物航煤自主研发生产技术的企业。

2014 年 11 月初，中国石油和化工联合会正式发布了邀请全球 17 家跨国化企高管共同完成的研究课题——《跨国公司看中国石油和化学工业未来研究报告》。该研究报告指出：未来十年，全球石化产业发展将呈现五大新趋势：一是新兴市场快速崛起；二是原料多元化进程加快；三是高端化、差异化深入发展；四是安全环保约束日趋强化；五是全球经济一体化与区域贸易便利化交织发展。

针对 2012 年以来反复出现的 PX（二甲苯，以下同）群体事件，2014 年12 月 15 日，工信部发布《对二甲苯项目建设准入条件》征求意见稿，向全社会公开征求意见。准入条件从科学选址、技术先进、资源节约、安全环保等方面对 PX 新建项目提出了多项具体要求。比如，新建 PX 项目厂址应位于污染治理和环境风险防范设施齐全并经规划环评的化工园区内。在环境敏感区域，应根据环境影响评价结论，合理确定厂址及其与周围人群和敏感区域的距离。装置外部安全防护距离要符合《危险化学品生产、储存装置个人可接受风险标准和社会可接受风险标准（试行）》的要求。可以说，只要按照规范生产建设，PX 项目在安全和环保方面是有保障的。

（七）建材市场

2014 年 4 月 28 日，作为卫浴市场的一匹黑马，8 年来发展稳健的安蒙卫浴，几乎是一夜之间陷入了"公司倒闭、老板失联"的局面，随后是大批员工与供应商集结追讨工资与欠款。8 月，国内知名卫浴品牌申鹭达被曝出申请破产保护的消息，11 月又传闻将被九牧收购，据说其一直依靠银行贷款维持企业规模和业绩。

在许多建材家居市场倒闭的背景下，有些建材家居市场却在不断地展店，市场集中度不断增大，如红星美凯龙、居然之家在 2013 年 130 家、84 家基础上，2014 年继续开店，且销售额也有较大增长，2014 年居然之家累计开店数达到 107 家，销售额超过 360 亿元。

2014 年 2 月 11 日，红星美凯龙与吉盛伟邦正式签署《股权收购框架协议》，据该协议，红星以 22 亿元收购由原权利人持有的上海吉盛伟邦家居市场经营管理有限公司的 100% 股权，以及吉盛伟邦管理公司所拥有与"吉盛伟邦"品牌及无形资产相关的所有权利。5 月 22 日，红星美凯龙又发布公告称双方"合作模式由股权收购调整为品牌战略合作"，"全资收购"变为"品牌许可使用"。

建材家居电商在不断探索中，红星美凯龙将原有电商平台红美商城更名为星易家后，于2014年3月入驻天猫，集美家居于2014年5月引入了我爱我家网的北京线下体验馆；居然之家旗下的居然在线成立一年多来发展稳健。我国钢铁现货交易网站的欧浦钢网开始跨界建家具电商平台。家装行业的电商发展迅猛：先是金螳螂注资家装E站，率先在全国铺开；实创装饰集中发力，夺得天猫家装电商品类"三冠王"，率先在家装电商拔得头筹；轻舟、东易日盛也随后在天猫平台开店，开始电商业务；在2014年的"双十一"大战中，家居品牌表现抢眼，在天猫全类目销售额TOP10中，林氏木业、罗莱家纺、全友家居占据了三个席位。

2014年年初开始，建材家居行业的企业都已经开始重视微信营销，并作为一项常态性的工作。虽然目前微信营销仍存在目标用户不明确、用户难转化为销售额的难点，但建材家居企业仍将其视为推广品牌、建立企业与消费者沟通的新途径之一。

2014年7月8日，"亚洲建材第一展"——第十六届广州建博会开幕，34万平方米展览面积创下亚洲之最。其中，定制行业盛极一时，抢占了全部展馆的半壁江山，几乎成为"定制展"。

（八）金属交易市场

2014年2月12日，海南省贵金属交易中心正式揭牌运营。海南省贵金属交易中心是在"海上丝绸之路"国家战略格局下的新尝试，是海南省商品流通与资本市场建设发展的首次尝试。

中国人民银行已正式批准上海黄金交易所开设国际板业务。据此，交易所将在上海自由贸易试验区设立上海国际黄金交易中心，组织安排黄金、白银、铂金、钯金等贵金属产品和相关衍生品交易，并提供相应的中介服务。

2014年11月14日，湖南银楼金属现货交易市场举行产品上线发布会，交易市场正式上线运营。湖南银楼金属现货交易市场与中国金融认证中心深度合作，为合作伙伴提供国内商业银行安全级的电子交易平台。交易市场主要经营范围为锰、银、铂、铬、有色金属等实物现货交易，提供在服务实体基础上延伸的电子交易平台，提供仓储物流配套体系，金属现货交割，投资咨询等综合配套服务。

（九）煤炭交易中心

2014 年 1 月，江西省煤炭交易中心揭牌运营；2 月，广东珠海横琴煤炭交易中心成立；5 月，国家发改委印发《关于深入推进煤炭交易市场体系建设的指导意见》，明确要更多运用市场手段推进全国煤炭交易市场体系建设；8 月，人民币动力煤掉期清算业务在上海清算所上线；中国铁路总公司取消铁路运输立户管理；新疆煤炭交易所在哈密地区揭牌正式成立，成为新疆首个集货源采购、运输仓储、信息服务有机连接的煤炭交易市场；9 月，新版《煤炭经营监管办法》实施，煤炭经营资格审查取消；11 月，陕西煤炭交易中心有限公司揭牌；12 月，运行了 31 年的山西煤检站全部取消；12 月，《煤炭购销合同示范文本》在 2015 年煤炭交易会上正式发布。一个以市场为导向的、立体的煤炭交易市场体系日渐完善。

2014 年 12 月，鄂尔多斯动力煤价格指数和鄂尔多斯公路运价指数同时发布。加上此前的中国煤炭价格指数、中国太原煤炭交易价格指数、环渤海动力煤价格指数和陕西煤炭价格指数，我国已有至少 5 个煤炭价格指数。

2014 年煤炭电子交易量进一步扩大。全年中国（太原）煤炭交易中心煤炭现货交易总量 13.13 亿吨，交易总额 6525 亿元，是全国交易量最大的煤炭交易中心；内蒙古煤炭交易中心共组织专场交易 31 场，交易量达到 9400 万吨，交易金额 220 亿元；陕西省煤炭网上交易量 1.02 亿吨；东北亚煤炭交易中心短长协累计申请成功近 1200 万吨；大型煤炭企业神华煤炭交易网累计成交 26735 万吨，同比增加 17157 万吨。

2015 年 1 月 16 日，江西省煤炭交易中心正式揭牌运营。当天，新余钢铁向江西煤业销售公司采购的总额为 1469.1 万元的 16600 吨主焦煤成交，成为江西煤炭交易中心的第一笔网上交易，以此为标志江西省煤炭交易中心互联网交易平台正式上线运营，开启了江西能源集团电商时代。

（十）大宗商品交易市场

2014 年大宗商品交易市场行业发展并非一帆风顺。一方面，新的市场不断涌现，2014 年新开各类交易市场超过 80 家；另一方面，老的市场不断关停并转，2014 年关闭的各类交易市场达 60 余家。

2014 年 4 月，金银岛大宗商品交易所在宁夏中卫开业；5 月，国内首个公益性大宗农产品市场试点——西南大宗公益农产品市场试点在贵阳正式揭牌；新华浙江大宗商品交易中心正式托管兰溪汇丰贵金属交易中心；长吉图大宗商品交易平台上线运营；6月，齐鲁商品交易中心正式上线交易；8月，宁夏北方商品交易中心正式开业；9月，贵阳国家粮食交易中心在贵阳揭牌；广东国际商品交易中心系统上线；青岛矿权矿产品交易市场大宗商品现货电子交易平台正式上线；新疆中亚商品交易中心在新疆克拉玛依市正式开市；10月，云南商品交易中心盛大开盘。

截至2014年年底，据中物联大宗商品交易市场流通分会统计，目前我国大宗商品电子类交易市场共739家。其中，处于运营状态的市场为661家，处于暂停交易或停业状态的市场为78家。2014年我国生产资料大宗商品交易市场达306个。2014年我国大宗商品现代流通行业总体呈现向规范化、专业化和规模化发展的良好态势，行业整体综合实力与市场主体质量有明显提升。大宗商品电子类交易市场与实体经济的联系更加紧密，行业分布更加广泛，市场数量同比增长37.4%，实物交易规模超过20万亿元。

表2　　　　　　　　2014年生产资料大宗商品交易市场数量　　　　单位：个

行业	数量	行业	数量
金属	162	林木	18
化工	71	矿产品	14
能源	41		
合计			306

商务部、国内人民银行、证监会令〔2013〕第3号，《商品现货市场交易特别规定（试行）》（以下简称《特别规定》）自2014年1月1日起施行。结束了我国仅凭一部国家标准《大宗商品电子交易规范》（GB/T18769—2003）来指导大宗商品交易的尴尬局面，进入到法治化发展新时期。在《特别规定》指导下，全国各地方政府陆续出台了相应的管理细则。如《国内（上海）自由贸易试验区大宗商品现货市场交易管理规则》（2014年11月17日发布）、《江苏省交易场所监督管理办法（试行）》（2013年6月8日发布）、《福建省交易场所管理办法》（2014年7月1日起施行）、吉林省交易场所监督管理暂行办法（试行）（2015年1月1日起施行）。同时，由商务部牵头的《全国商品现货电子交易市场发展规划》经过了全国性调研，也正在加紧制定中。

监管层不断加强对于大宗商品融资的规范和管理，银监会2014年11月向部分银行下发了《关于规范大宗商品融资的通知（征求意见稿）》，拟规范相关融资活动，防范虚假贸易，推动商品贸易融资健康发展。2014年大宗商品在线供应链金融元年，把供应链金融带入与互联网金融深度融合的3.0时代。

二、生产资料交易市场的特点

（一）市场经营主体数量稳步增加

2013年，以摊位数描述的生产资料经营商户数量有较大增加。与2012年相比，2013年总摊位数较2012年的365681个增加到402367个，增加10.0%；年末摊位数增加较少，共计增加7319个；增幅为2.2%。这说明2013年的经营状况要好于2012年，常年营业的经营户也有所增加。如表3示。

但是，不同市场类型的市场主体增减不一。农用生产资料市场、煤炭市场、建材市场、其他生产资料市场总摊位数和年末摊位数均有一定程度的增长，其中，农用生产资料市场的总摊位数和年末摊位数分别增加了14.8%和15.9%，建材市场的总摊位数更是增加了35.5%，而木材市场却呈现出较大的下降，总摊位数和年末摊位数分别降低了6.8%和5.5%。

表3　　　　　2012—2013年生产资料市场摊位数量变化的情况　　　　单位：个

项目	2012年		2013年		变化	
	总摊位数	年末摊位数	总摊位数	年末摊位数	总摊位数	年末摊位数
生产资料综合市场	57917	55635	60604	58074	2687	2439
生产资料专业市场	307764	276403	341763	281283	33999	4880
农业生产用具市场	7279	6162	7247	6173	−32	11
农用生产资料市场	6083	5657	6982	6554	899	897
煤炭市场	2275	2144	2396	2322	121	178
木材市场	22311	20682	20805	19551	−1506	−1131
建材市场	89322	80499	121044	86695	31722	6196
化工材料及制品市场	24298	18748	23806	18863	−492	115
金属材料市场	110295	100564	112732	98431	2437	−2133

项目	2012 年		2013 年		变化	
	总摊位数	年末摊位数	总摊位数	年末摊位数	总摊位数	年末摊位数
机械设备市场	27662	25673	27834	25644	172	-29
其他生产资料市场	18239	16274	18917	17050	678	776

（二）市场交易状况参差不齐

2013 年，生产资料综合市场经营状况大幅增加，而生产资料专业市场经营状况却明显减少。考虑到数据的可得性，用每个摊位的成交额以及每平方米的成交额来表示。与 2012 年相比，2013 年生产资料综合市场的每个摊位成交额增加 8.3%，由 2012 年的 242.81 万元增加到 262.96 万元。从平方米绩效来看，每平方米成交额由 2012 年的 1.87 万元增加到 2.19 万元，增加 17.1%。生产资料专业市场的摊位成交额由 2012 年的 1040.88 万元减少到 2013 年的 943.91 万元，减少 9.3 个百分点，而每平方米成交额则由 2012 年的 5.12 万元减少到 2013 年的 4.75 万元，减少了 7.2 个百分点。详细情况如表 4 所示。

表 4　　　　　　　　2012—2013 年生产资料市场绩效比较

项目	2012 年		2013 年	
	成交额（万元/平方米）	成交额（万元/摊位）	成交额（万元/平方米）	成交额（万元/摊位）
生产资料综合市场	1.87	242.81	2.19	262.96
生产资料专业市场	5.12	1040.88	4.75	943.91
农业生产用具市场	1.40	271.42	1.33	255.08
农用生产资料市场	1.55	272.52	1.61	255.32
煤炭市场	0.88	2664.20	0.83	2364.39
木材市场	1.21	310.56	1.32	349.45
建材市场	1.10	179.34	0.81	139.17

续　表

项目	2012 年		2013 年	
	成交额 （万元/平方米）	成交额 （万元/摊位）	成交额 （万元/平方米）	成交额 （万元/摊位）
化工材料及制品市场	12.45	1081.40	12.61	1144.89
金属材料市场	8.86	2089.80	9.34	2089.94
机械设备市场	2.26	218.43	2.51	239.57
其他生产资料市场	11.35	1364.63	8.30	1039.00

注：每个单位的成交额＝成交额/总摊位数

（三）市场分布基本稳定

从生产资料综合市场在全国的区域分布情况看，东部地区市场数量为 27 个，占全国总数的 58.7%，营业面积占 49.3%，成交额占到 65.9%，具体数据如表 5 所示。

表 5　　　　　　　　　　生产资料综合市场区域分布情况

地区	全国	东部地区	东北地区	中部地区	西部地区
市场数量（个）	46	27	4	7	8
比例（%）	100.0	58.7	8.7	15.2	17.4
总摊位数（个）	60604	29625	6330	16754	7895
比例（%）	100.0	48.9	10.4	27.6	13.1
年末出租摊位数（个）	58074	28626	5604	16132	7712
比例（%）	100.0	49.3	9.6	27.8	13.3
营业面积（平方米）	7266117	3583176	291990	2518575	872376
比例（%）	100.0	49.3	4.0	34.7	12.0
成交额（万元）	15936243	10497499	398842	3853414	1186488
比例（%）	100.0	65.9	2.5	24.2	7.4

注：按照《中国商品交易市场统计年鉴》的统计口径，东部地区包括：京、津、冀、沪、苏、浙、闽、鲁、粤和琼共七省三市；东北地区包括：黑、吉、辽三省；中部地区包括：晋、徽、赣、豫、鄂、湘共六省；西部地区包括：蒙、贵、渝、川、桂、云、藏、陕、甘、宁、青、新共六省一市五区。以下与此相同

从生产资料专业市场的全国分布来看，东部地区市场数量为 418 个，占全国总数量 699 个的 59.8%，营业面积占全国营业面积的 56.5%，成交额占全国总成交额的 76.6%，具体数据如表 6 所示。

表6　　　　　　　　　生产资料专业市场区域分布情况

地区	全国	东部地区	东北地区	中部地区	西部地区
市场数量（个）	699	418	46	107	128
比例（%）	100.0	59.8	6.6	15.3	18.3
总摊位数（个）	341763	192982	20797	44245	83739
比例（%）	100.0	56.5	6.1	12.9	24.5
年末出租摊位数（个）	281283	167669	19459	39882	54273
比例（%）	100.0	59.6	6.9	14.2	19.3
营业面积（平方米）	67954238	38402851	3572506	7625071	18353810
比例（%）	100.0	56.5	5.3	11.2	27.0
成交额（万元）	322594349	247246678	15120020	26670482	33557169
比例（%）	100.0	76.6	4.7	8.3	10.4

从市场集中趋势来看，生产资料综合市场中，东部地区在市场数量占比、总摊位数占比、营业面积占比三个发面较上一年略有下降，但成交额占比却略有增加。而东北地区在市场数量占比、营业面积占比以及成交额占比三个方面都有小幅增长，而中部地区和西部地区在数量占比、总摊位数占比以及营业面积占比三个方面均呈现出小幅上涨，但成交额占比方面却有所下降，具体数据如表 7 所示。

表7　　　　　　　　生产资料综合市场区域分布变化情况

地区	市场数量占比（%）		摊位数占比（%）		营业面积占比（%）		成交额占比（%）	
	2012年	2013年	2012年	2013年	2012年	2013年	2012年	2013年
东部地区	65.3	58.7	50.4	48.9	52.7	49.3	64.3	65.9
东北地区	8.2	8.7	10.7	10.4	3.9	4.0	2.3	2.5

地区	市场数量占比（%）		摊位数占比（%）		营业面积占比（%）		成交额占比（%）	
	2012 年	2013 年	2012 年	2013 年	2012 年	2013 年	2012 年	2013 年
中部地区	12.2	15.2	26.5	27.6	32.1	34.7	25.8	24.2
西部地区	14.3	17.4	12.3	13.1	11.3	12.0	7.6	7.4

在生产资料专业市场中，东部地区除了在市场数量占比方面略有增加外，在摊位数占比、营业面积占比以及成交额占比三个方面均呈现出较大程度的下降，而中部地区在市场数量占比、总摊位数占比、成交额占比，以及营业面积占比四个方面均有较大幅度的增加，具体数据如表 8 所示。

表 8　　　　　　　　生产资料专业市场区域分布变化情况

地区	市场数量占比（%）		摊位数占比（%）		营业面积占比（%）		成交额占比（%）	
	2012 年	2013 年	2012 年	2013 年	2012 年	2013 年	2012 年	2013 年
东部地区	62.0	65.3	62.1	48.9	62.4	49.3	78.2	65.9
东北地区	6.6	8.2	6.4	10.4	5.7	4.0	5.2	2.5
中部地区	15.4	12.2	15.0	27.6	11.9	34.7	6.8	24.2
西部地区	16.0	14.3	16.5	13.1	20.0	12.0	9.8	7.4

三、生产资料交易市场发展中的问题

（一）生产资料供需矛盾较为突出

2014 年，在整体宏观经济影响下，在国内投资偏弱、经济增长放缓的背景下，生产资料市场需求未有明显释放，供需矛盾仍旧突出，市场价格延续下跌走势，降幅再次扩大。与年初相比 12 月的钢材、化工产品，成品油、煤炭、水泥、玻璃、以及铜、铝、铅等有色金属价格均呈下跌走势，仅天然气和镍、锌等有色金属价格有所上涨。

（二）资金环境依然偏紧

2014 年经济运行中值得关注的问题，主要表现在两个方面：一方面是从宏观基本面来看，整体回升力度仍显偏弱，经济增长仍需巩固；另一方面是从微观经济主体来看，企业生产经营依然较为困难，效益偏弱，经济活力仍需提升。从调查了解的情况来看，2014 年企业仍然受资金紧张、劳动力成本上涨、订单不足所困扰。

（三）法律制度无法适应市场的发展

我国的市场经济虽然起步较晚，但发展迅速，这就导致现有的法律制度无法适应市场的发展，市场管理监督机制不够健全，规范市场运行秩序的一些主要法律尚未出台，市场交易诚信体系尚未建立，市场交易规则优待进一步完善。随着"电商"的快速发展，商家与消费者之间的矛盾越来越凸显出来，但到目前为止还没有一部完善的法律来规范"电商"的行为，这就为消费者和商家之间埋下了冲突的祸因。

（四）商品交易市场大型化面临风险

目前大规模、大面积生产资料交易市场的数量越来越多，在多个市场的激烈竞争中，未来能够脱颖而出的是特色化市场。传统市场无论从商业模式还是市场结构、建筑样式方面同质化严重。千城一面、千场一面、千店一面，屡屡可见。在交易、价格、商品进出口、物流配送等功能上有创新的市场，才能在比拼中获胜。对于目前大型商品批发市场的未来和前景，需要通过控规模、调结构、交易升级、管理创新来优化市场结构。也就是说，要控制大型生产资料市场的总体规模；调整市场的商品品类；促进传统交易向现代交易方向转型；并通过大数据、云计算、现代物联网等新技术，创新管理模式。

四、2015 年我国生产资料市场展望

2014 年中国的经济再平衡取得了切实成果，开始解决部分制造业领域的产能过剩问题，更为重要的是，房地产市场得到了调整。在某种程度上，这些调整对 2014 年的增长带来了下行压力，这将会继续限制 2015 年的增长动力。尽管经济再平衡仍在持续，但基本的增长推动因素在短期内不会发生显著变化。预测 2015 年的全年 GDP 增速为 7.2% 左右，经济增长的主要阻力是

房地产投资增速的持续下滑，以及制造业部分领域持续的产能过剩问题。

（一）批发市场转型、升级、外迁进入关键时期

许多生产资料批发市场都面临着转型、升级、整体搬迁，转型即适应经济、社会、生态转型，由追求速度到追求质量效益转型，由传统市场向现代市场升级，许多市场由城市中心区向城市郊区、城乡结合部转移。

2015 年我国生产资料市场适应经济发展"新常态"，将进入以转型升级为主线的发展新阶段，生产资料行业将逐步从追求规模速度的粗放式增长转变为质量效率集约式增长，从增量扩能为主转变为调整存量、做优增量并存的深度调整，从要素驱动、投资驱动转变为整合发展、创新驱动，逐步释放发展潜力。

（二）规范网上网下交易行为

商务部、国家发改委、国家工商行政管理总局、证监会等加强对生产资料电子交易市场的管理力度，先后颁布相应的规范和加强监管。如国家工商行政管理总局的《网络商品和服务集中促销活动管理暂行规定》向社会征求意见，即将颁布，这将对规范网络交易行为，并对实体市场的规范有序发展奠定基础。

（三）探索生产资料的新型智能市场

许多生产资料市场着力于打造一个颠覆传统批发市场模式的新产业集群。它以贸易为龙头，将虚拟的互联网、移动技术和商贸实体体验、交易融会贯通。它融商品交易、仓储物流、产业加工、商住配套等组团多功能链于一体，通过物联网、云计算、人工智能、数据挖掘、知识管理、社交网络等技术工具连接各个功能组团，使消费者、采购商一进入生产资料领域，能第一时间接受到诸如商品促销信息、不同种类商品销量排行、品质管理、物流交通、展会等各类商业信息；同时对水、电、气等能耗加以管理，探索生产资料的智慧商城。

（四）国家出台一系促进电商发展的指导意见

1. 2015 年《政府工作报告》

制定"互联网＋"行动计划，推动移动互联网、云计算、大数据、物联网等与现代制造业结合，促进电子商务、工业互联网和互联网金融健康发展。

"发展物流快递，把以互联网为载体、线上线下互动的新兴消费搞得红红火火。"

2. 商务部发布《商务部关于大力发展绿色流通知道意见》

2015 年 1 月，商务部下发《商务部关于大力发展绿色流通知道意见》首次提出绿色流通概念，即：在流通全过程中推广绿色低碳理念，应用绿色节能技术，推动流通企业节能减排，有效引导绿色生产和绿色消费，促进形成"新商品—二手商品—废弃商品"循环流通的新型发展方式。商务部流通发展司从总体看，我国流通领域将能减排工作举措比较分散，需要整合和提升，而"绿色流通"概念的提出，能够将相对分散的工作统一到绿色、低碳、循环发展主线上来。

3. 商务部办公厅印发《2015 年电子商务工作要点》

2015 年 4 月 3 日，商务部颁布《2015 年电子商务工作要点》（以下简称《要点》），《要点》提出，2015 年电子商务工作要主动适应经济发展新常态，根据电子商务发展的新形势、新特点和新需要，《要点》从 3 个方面确定了电子商务工作的 16 项重点任务。在总体工作方面，要全面推进以信息化促进流通现代化工作，开展促进规范电子商务发展专项行动，启动"十三五"电子商务发展顶层设计；在拓展应用领域方面，要促进电子商务进农村进社区，推进服务业电子商务应用，开展电子商务与物流快递协同发展试点，推动跨境电子商务健康发展；在优化发展环境方面，要推进电子商务立法工作，健全标准体系，加快电子商务统计监测和信用体系建设，积极参与国际规则制订。

（五）大宗商品和能源需求结构可能会发生很大的改变

自全球金融危机以来，中国几乎包揽了全球大宗商品需求的全部增长部分，包括粗钢、铝、铜、镍、锌和铁矿石。中国强劲的经济增长，尤其固定资产投资的快速增长带动了强劲的大宗商品需求。然而，最近几年，中国的经济增长呈下滑趋势，而经济再平衡意味着固定资产投资放缓的速度要快于总体 GDP 增长的放缓速度。

未来几年中国对全球大宗商品的主导作用逐步减弱，贸易条件的变化更有利于大宗商品进口国。另外，大宗商品出口国必须调整自己的发展战略。中国对大宗商品的需求将随着中国的经济结构调整而放缓。

政府对环保问题的重视可能导致中国的能源消费结构发生变化。2014 年11 月，国务院公布了能源产业发展规划。到 2020 年，煤炭消费量的比重应低于 62% ，天然气所占的份额将超过 10% ，非化石能源的比重超过 15% 。在 APEC 会议上，习近平主席和奥巴马总统共同宣布中国致力于在 2030 年左右要减少二氧化碳排放量。

五、发展生产资料交易市场的对策建议

（一）改善生产资料市场发展环境

加强规范生产资料市场主体、市场行为、市场秩序、市场调控和市场管理等方面的法律法规建设。完善生产资料流通标准体系。健全生产资料流通领域市场准入制度。广泛开展"诚信经营"创建活动和行业信用评价，探索建立企业信用和从业人员资质分级分类管理制度，形成信用激励、失信惩戒机制。协调解决生产资料流通企业发展中遇到的制约因素和困难。引导和鼓励社会资金投向生产资料流通基础设施建设。加强生产资料流通人才队伍建设。

（二）健全生产资料市场监测、调控和行业统计体系

进一步完善重要生产资料市场监测体系，准确反映生产、需求、库存、进出口和价格变化情况，及时掌握生产资料市场发展变化趋势。加强生产资料市场运行分析和预测预警工作，及时发布市场信息，促进产需衔接，保障生产资料市场平稳运行。按照有关规定，做好重要生产资料国家储备和商业库存管理相关工作。结合行业和地区实际，建立健全重要生产资料企业（商业）储备和地方储备制度。加强生产资料流通行业统计工作，全面了解行业发展状况，及时反映行业发展新情况、新问题、新趋势。建立生产资料流通行业综合评价指标体系，科学评价行业发展状况，引导行业健康发展。

（三）进一步完善生产资料市场信息网络系统

各地政府部门要实现对生产资料流通业的有效管理，必须进一步生产资料市场信息网络。要加强市场信息网络基础建设，并积极推进和扶持中小企业的信息化。在此基础上，自下而上地构建网上直报信息系统，分层、分级建立全国市场监测网点、区域信息中心和全国性的生产资料信息中心。

（四）提高现代科技应用水平，增强企业竞争力

顺应物联网和互联网融合发展趋势，加大生产资料流通领域信息化改造力度，支持生产资料流通企业应用供应商管理系统、库存管理系统、客户关系管理系统等供应链管理系统，提高企业管理水平。鼓励发展生产资料电子商务交易方式，重点规范、培育一批市场覆盖面广、交易规范的区域或国际性生产资料电子商务交易平台。加强数字化行业共用信息平台发展，实现上下游企业之间的信息共享和资源协同配置。大力推进托盘共用、自动化包装装卸、流通加工、计量检测等应用，提高生产资料流通装备技术水平。

（北京工商大学　洪涛　王克臣　李春晓

北京物资学院　赵娴　尹德洪）

第三部分

企 业 篇

独创的钢铁电商新模式——
兰格钢铁云商平台

近年来，钢铁流通格局发生了根本性的变化，钢铁流通服务的内容和模式也在不断的创新和发展中。兰格作为最早从事钢铁流通服务的企业，一直走在创新前列，引领行业的发展，兰格在做好信息服务的基础上，经过几年的研发和实践，创新和发展了交易服务，走出了一条符合互联网思维模式、独创的钢铁电商新模式——兰格钢铁云商平台。

一、抓住契机 开拓电商服务

2014年以来，我国的信息化进程在加快。去年2月，中央网络安全和信息化领导小组办公室成立，由习总书记亲自主抓国家网络安全和信息化工作；今年3月5日，李克强总理在第十二届全国人民代表大会第三次会议上提出制定"互联网＋"行动计划。不久前，钢铁行业被列入工信部智能制造试点。钢铁电子商务快速发展，为钢铁产业带来了新的发展机遇。

同时，钢铁行业供大于求的格局促使全行业不断探索变革经营模式，电商成为钢铁行业营销模式变革的重要方向。兰格敏锐的把握住这一行业发展趋势，利用自身优势，在做好信息服务的基础上加速拓展钢铁电商领域。2014年12月，北京兰格信息咨询公司正式更名为北京兰格电子商务有限公司，标志着兰格将全方位从事电子商务业务，业务定位从单纯的信息服务扩展到交易服务，兰格服务范围将以信息服务为基础、交易服务为核心，配套服务为保障，全面发展电子商务业务。

二、顺应市场 创新独特的钢铁电商模式

传统的钢铁电商模式是把线下的交易搬到线上，利用互联网平台为销售企业增加一个销售渠道，但这并没有从根本上改变传统销售模式的弊端。在供大于求矛盾越来越尖锐的现状下，钢厂改变销售模式迫在眉睫。协议户流

失、定价难把控、缺乏终端用户，钢厂不得不走到市场前端，钢厂销售电商化成为最根本的需求。兰格顺应市场需求，创新了独特的钢铁电商模式。

兰格凭借近20年为钢铁行业企业服务的经验，总结钢铁企业销售模式的特点，结合互联网营销思维，设计并开发了钢铁企业电商系统，为钢厂电商化提供了一套全面的解决方案，满足了钢铁企业系统化的面向市场营销问题。

钢铁企业电商化解决了企业端面向市场的问题，如何让企业真正进入市场并且被市场所接受？兰格的优势就在于拥有20年积累的海量用户，兰格以互联网思维运用云技术，使钢厂电商平台与兰格云商平台互联互通，钢厂资源实时对接兰格平台用户，这样就可以使钢厂第一步实现电商化，第二步实现市场化。

因此，兰格钢铁云商平台是以实现源头资源直销为目的的第三方电商平台，集合交易、支付、结算、物流、配送、融资等多项服务，资源对接众多钢厂的一手资源和一级批发商的一手资源，用户对接兰格常年积累的海量客户。

与传统电商模式不同的是，传统电商模式解决的是企业销售渠道的增加，而兰格电商模式解决的是企业销售系统的全面升级，企业销售全面电商化、市场化。

三、兰格云商　独具的电商优势

兰格云商具有独特的优势：

1. 一手资源直销

兰格云商通过为钢厂搭建自有品牌的独立电商平台，使钢厂销售实现电商化。钢厂资源全部通过自有电商平台销售，资源直接面向用户。

2. 最短供应链

钢厂平台与兰格云商平台互通互联，钢厂资源实时展现在兰格平台，兰格平台的用户同时成为钢厂的用户，供需双方通过兰格平台直接交易。

3. 超高人气流量

兰格20年积累的13万用户与云商模式云集的人气汇集，形成超大人气流量。兰格在北京、天津、唐山、邯郸、石家庄、保定、廊坊、沈阳、长春、鞍山、包头、银川、太原、郑州、安阳、济南、青岛、聊城、西安、上海、南京、成都等地建有推广团队，在这些地区都拥有大量用户和超高的影响力。

4. 最多终端用户

在中国北方地区用户采购钢材的合同结算价都是以兰格网价为标准，兰格通过信息服务积累了海量终端用户，这些终端采购用户都将转化为兰格云商平台的采购客户。

四、快速实现企业电商化

兰格云商模式应用云技术，兰格为企业提供标准化的企业电商系统和云技术服务，使企业无须建设技术团队及设备环境就可以快速实现销售电商化。

云商模式，构建流通链生态云商圈。在钢铁流通链上，钢厂、钢贸商、钢铁用户、物流服务商、金融服务商是互为供求关系的生态商圈，在过去的20年里，兰格以钢铁为主题，通过传统的纸媒平台、传统的互联网平台将这些企业联系起来形成商圈，今天，兰格以云技术大数据为主导的现代互联网平台将这些企业连接起来，形成互为链主关系的生态云商圈。

兰格通过为平台交易为客户提供物流服务、金融服务保障交易的便捷、安全、高效。

五、兰格云商　推动钢铁流通产业变革

2015 年，兰格在企业电商平台的开发方面获得很大突破，探索了钢厂直销、竞拍、集团采购等服务模式，特别是面向钢厂的电商平台开发成绩显著，已经为华北多家钢厂和贸易商建立了第二方电商平台，提升了钢厂和贸易商的销售模式与销售管理水平，受到钢厂和钢贸企业的高度认可。

因为在钢铁电子商务的推进中所做出的创新性和开拓性贡献，兰格荣获全国电子商务创新推进大会的"电子商务集成创新奖"；董事长刘长庆则荣膺"领军旗手奖"。

钢铁电商进入了大发展时期，兰格也肩负着推进钢铁电商平台发展的历史使命。兰格将秉持一贯的创新精神，把兰格钢铁云商平台这一新的交易模式打造成融合交易服务、物流服务、数据服务的交易量最大、供应链最短、配套服务最周全的钢铁流通链生态商圈云平台，推动钢铁产业模式的变革。

广佛之心，商贸重镇——广东大沥镇

一、大沥镇概况

大沥镇位于佛山市南海区东部，东接广州市荔湾、白云区，南邻佛山市禅城区，是连接广佛两市中心城区的重要纽带。全镇总面积95.9平方千米，常住人口60万，户籍人口25万，下辖东区、西区两个社会管理处，共有26个农村社区和12个城市社区。2014年，实现地区生产总值434.3亿元，工业总产值681.92亿元，金融机构各项存款849.83亿元。近年来，大沥先后荣获"中国铝材第一镇""中国有色金属名镇""中国内衣名镇""中国时尚品牌内衣之都""中国南方内衣生产基地""中国南方时尚城"等荣誉称号。此外，大沥还被评为"国家卫生镇""广东省教育强镇""中国龙狮运动名镇"以及"中国民间艺术之乡""中国书法之乡""广东省摄影之乡"。2014年全国综合实力百强镇大沥镇排名第六。

大沥工业发达，五金机械、家电、玩具、汽车和摩托车配件等行业形成相当规模，有色金属、铝材、内衣、汽车配件、摩托车、精密制造、五金机械、精细化工、商贸物流和房地产等为镇内主导产业。

二、大沥专业市场发展情况

大沥商贸繁荣，第三产业发展迅猛，各类专业市场商贾云集，成交活跃，为远近闻名的商品集散地，经过多年的发展，已经形成良好的发展基础，目前，各类型的专业市场有38家，占地总面积约380多万平方米，建筑面积超过320万平方米，建筑投资总额超24亿元，包括粮油市场、茶叶市场、家俱市场、夹板市场、机电五金市场、塑料市场、布匹市场、水产市场、电器市场、汽配市场、纺织城、皮革城、三鸟农贸市场等各类专业批发市场。据统计，拥有商铺2万多间，经营户超过8000家，从业人员约25000人，纳税总额超亿元。年成交总额达2000多亿元。

大沥镇的专业市场发展已经在珠江三角洲、广东乃至全国都具备相当的知名度，日益成为远近闻名、与"义乌"齐名的专业市场。大沥专业市场在全国的影响力还表现在，有些专业市场已成为了该行业的晴雨表。例如：盐步环球水产市场是全国规模最大的海鲜水产品交易专业市场，它率先将鲜活水产信息推上国际互联网，建立我国首个鲜活水产流通企业大型信息发布网站，成为全国鲜活水产品价格发布中心。又如，占地面积50万平方米、建筑面积38万平方米、铺位2000余间、经营品种33类38万种之多，拥有先进的电子数码交易平台、产品展示中心、商业银行、物流中心、配套超市、生活小区、大型酒店等配套设施，从业人员3万余人，日均客流量10万人次，年交易额人民币400亿元以上的南国小商品城，其商品销往广东省内各地及湖南、广西、海南、云南、贵州、四川、西藏、新疆等全国各省市自治区。更远销至马来西亚、菲律宾、老挝、越南、印度、巴基斯坦等80多个国家和地区，成为了业内颇具竞争力的市场。

三、大沥专业市场成功做法

（一）改革开放政策是根本前提

改革开放的政策在广东先行一步是大沥专业市场产生发展的基本前提，没有改革开放，就没有民营经济的发展空间，没有改革开放就没有农村剩余劳动力，没有改革开放也就不会有农副产品和工业产品的极大丰富。没有改革开放的逐步深入，就不会有投资体制、流通体制、融资体制等具体领域的改革力度，没有全国性的改革开放，就不可能有南海地方政府的改革开放，没有农村的改革开放，也就不会有大沥镇政府的开明开放。由此可以说，改革开放是大沥专业市场产生发展变迁的根本前提。

（二）地方政府支持是重要力量

大沥专业市场的发展离不开地方政府的支持。南海、大沥政府尊重市场规律，发挥主导作用，通过微观的、可操作性的政策指导和扶持专业市场的发展，增强专业市场的综合竞争力。早在改革开放的初期，南海政府在农村大办工业，更以"敲锣打鼓贺富裕"的形式，旗帜鲜明地扶持非公有制经济的发展。20世纪80年代初，南海政府明确提出：三大产业齐发展，镇、公社、村、生产队、个体、联合体企业"六个轮子一起转"，致使民营经济得到快速发展。到80年代后期，当一些地方对非公有制经济姓"私"姓"资"争论不休的时候，南海政府顶住各方的压力，认真分析南海的实际，又及时提出对非公有制经济实行"政治上鼓励、政策上扶持、方向上引导、法律上保护"的方针。随着改革开放的深入，南海政府又适时提出"政府出力，商家出资，优势互补，共创繁荣"的指导方针，为民营经济营造更好的发展环境，并促其上规模、上档次。特别是在邓小平南巡以后，南海又进一步开放搞活，专业市场得到了迅速的发展。

地方政府在扶持发展专业市场的同时，更加注重培育专业市场。按照"政府搭台、企业唱戏"的基本思路，一直重视市场的建设，提出了"建设大市场，促进大流通，带动产业大发展"的思路。地方政府还通过加强基础设施建设，支持专业市场的发展。南海政府采取了交通先行的经济发展战略，投入大量人力、物力、资金发展高等级公路、现代化港口等基础设施建设。公路、港口、电话交换机容量等都达到较高水平，有力支撑了专业市场的发展。

（三）土地产权改革是制度保证

南海的土地产权改革创新是大沥专业市场产生发展的制度保证。20 世纪 90 年代初，南海少数几个村开始尝试用土地股份制的方式，来推行新的农村用地制度。到 1993 年，在政府的总结和推动下，土地股份制已遍及全市农村。土地以股份的形式集中到投资者手中，可以降低投资的交易成本，形成综合投资或规模投资的效应，这为获得开办专业市场所需土地使用寻求到了一条切实可行的路径。在南海，企业的获得土地使用方式有两种，一是通过国家征地方式来解决，或买或租；二是租用集体土地。广东南海的租地方式，则使农村集体经济的创办得以可行。正是这种灵活的土地使用方式，促进了专业市场落户南海的大沥。

（四）地理位置优越是先天条件

南海是沟通广东省东西、南北的交通枢纽，已经形成公路、铁路、水路与航空四位一体的立体交通网络。广佛、广肇、广三、广明、佛开、珠二环高速公路，国道纵横境内；广茂铁路横贯境内，与全国铁路网联接；平洲、三水、高明等港口环绕周边；并紧邻广州新机场，交通十分便利。大沥位于南海东部，紧邻广州，是广州西边的咽喉，具有无可比拟的区位优势。广佛路是当时乃至今日云南、广西、海南、粤西进入广州的西陆路门户。人流、车流巨大，商机无限，因而素有"黄金走廊"之称，1990 年前后，商人在已经是同级公路最大适应密度的 4 倍多车流量的广佛路看到了商机，这催生了第一批专业市场的。

（五）商贸文化悠久是孕育土壤

大沥的商贸文化历史悠久，源远流长，沥商文化繁华于 300 年前的省佛通衢，成型于 20 世纪 80 年代的广佛路。明崇祯七年，连通广佛的第一条陆路交通省佛通衢开始建设。此后依托这一交通要道，大沥至清代有记载的墟市不下 15 个。在浓郁的商贸氛围之下，一批在广佛甚至全国有影响力的沥商崛起。依托广州成为中国重要的对外通商口岸，佛山地处广州上游，凭借在附近汇流的西江、北江优势，广州的'洋货''土货'要北上和西扩，必须通过佛山集散。而'北货'要南下出洋，也必须经过佛山到广州。而连接广佛的大沥，就成为两地交流和货物往来最主要的通道之一。从 20 世纪 80 年代至今，以广佛路为轴心，38 个专业市场沿路排开。广佛公路是来往两座城市的必经之路，来自四川、广西、重庆甚至海南的汽车都通过广佛公路前往广州，大沥成了广佛之间最重要的一个节点。

就近代而言，南海市具有发展工商业的历史渊源。南海市是我国陶瓷业和近代纺织业的发祥地之一。从文化类型来看，沿海地带一般属于海洋型文化。与内陆不同，海洋型文化一直就具有较强的开放意识和勇于创新的精神，这种文化奠定了南海人敢闯敢干和易于接受新兴事物的品格。改革开放的政策给南海人松了绑，南海人洗脚上田以后，这种文化的作用就淋漓尽致地体现出来了。可以说，南海市各个产业初期的发展主要是靠南海人敢闯、敢干的精神成就的。深厚的经商底蕴是南海产业发展的内在文化条件。

四、大沥专业市场发展的思路

一是成立管理机构，推动转型升级。充分发挥政府"有形之手"的作用，当务之急是根据实际需要，由区政府牵头，成立专业市场发展促进局，提升决策层次，强化统筹力度；出台政策措施，引导发展方向；整合部门资源，形成整体合力；强势主导专业市场的发展定位、规划设计、改造升级、招商引资和业态发展，促进传统市场向新型现代化市场转变。

二是重新规划定位，明确发展方向。以建设"全国商品大超市，精品采购新天地"为目标，推动大沥专业市场与产业升级、城市升级、管理服务升级联动发展。以和华环球贸易广场为标杆，结合"三旧"改造，实施高起点规划、高标准建设、高效能管理，完善功能配套，提升建筑形态，丰富商品内涵，打造规模庞大、配套高端和管理规范的新型展贸平台。

三是实施"腾笼换鸟"，培育行业龙头。充分利用经济、法律、行政等手段，有计划有步骤地淘汰和转移建筑形态落后、经济效益低下、市场竞争力较弱等与城市规划不协调、与整体发展不适应的专业市场。充分激活和撬动民间资本，构建多赢格局，着力培育和壮大一批规模大、档次高、效益好、发展前景广阔的龙头专业市场，打造"商贸大沥"品牌。

四是借鉴先进经验，完善管理体系。积极借鉴学习义乌、深圳和广州等地区的先进市场管理经验，摒弃现场、现金、现货的"三现"交易方式，推动专业市场向功能专业化、展贸一体化、物流现代化、商贸电子化的方向迈进。同时，完善社会诚信体系、市场监管体系建设，提升经营、物业、治安、交通和外来人口等管理水平，努力推动专业市场向高端发展。

天津友发钢管集团股份有限公司

天津友发钢管集团股份有限公司是由原天津友发钢管集团有限公司所属的九家子公司经过资产重组后设立的，旨在规范企业经营行为，推动主营钢管业务进入资本市场，最终实现企业快速腾飞。友发成立于2000年7月1日，总部坐落于中国最大的钢管生产基地——天津大邱庄，是集直缝焊管、热镀锌钢管、螺旋焊管、方矩管、钢塑复合管等多种管材产品生产于一体的大型钢管制造企业。目前，已经形成了天津、唐山、邯郸三个生产基地，下属2家分公司，7家子公司，员工总计7000余人，拥有"友发"和"正金元"两个品牌，同时拥有1个国家级认可实验室和1个天津市认定企业技术中心。2014年生产各类钢管突破900万吨，连续九年保持全国钢管产销量第一。

"友发"牌商标于2008年3月被国家工商总局商标局认定为"中国驰名商标"，"友发"牌直缝焊管、热镀锌钢管、螺旋焊管，连续多年被天津市政府授予"天津市名牌产品"称号。天津友发钢管集团连续9年跻身中国企业500强、中国制造业500强之列，2014年，天津友发钢管集团位列中国企业500强第483名，中国制造业500强第250名，中国民营企业500强第161名，中国民营企业制造业500强第110名。

友发牌钢管畅销全国各地，广泛使用于三峡工程、首都国际机场、上海浦东国际机场、2008奥运会场馆、2010上海世博会展馆等国家重点工程，并出口欧盟、美国、澳大利亚、东南亚、中东等50余个国家和地区，被业界公认为行业内第一品牌。

友发自创业以来，凝聚了一大批"不具备自己单干成就事业"的业界精英，依靠独特的股份合作机制，合作共赢，"一群平凡的人成就了一件不平凡的事业！"同时在多年的经营管理实践中形成了独特的友发文化。友发人以"合作"为基础，以"利他"为出发点，秉承"共赢互利信为本，同心并进德为先"的核心价值观，通过合作不断整合各方资源，以引领钢管行业持续健康发展为己任，内聚志同道合的业界精英，外结各界合作伙伴，合力打造中国千万吨级钢管制造企业集团，最终为实现友发人"立足钢管行业，追求全能冠军"的愿景而不懈努力！

多年来，友发人常怀感恩心，在事业不断发展壮大的同时，积极投身社会公益事业，造福一方百姓，用实际行动回报社会。自2008年以来，友发累计为国家和地方各项公益事业捐赠超过千万元；在集团内部，股东捐款500万元成立助困奖学基金，帮助困难员工，奖励学习优秀的员工子女。自强不息的友发人时刻牢记"超越自我、成就伙伴、百年友发、共建和谐"的使命，为共建和谐社会贡献自己的一份力量！

一、友发文化的核心理念

1. 友发使命：超越自我　成就伙伴　百年友发　共建和谐

超越自我：

指不满足于已取得的成绩，借助友发的平台，通过不断设立更高的目标，自我加压、自我修炼，最终提升自我修养。

成就伙伴：

指在发展友发事业的过程中，帮助身边每一个伙伴，包括股东、员工、上下游客户、朋友等共同成长，实现人生理想。

百年友发：

指友发事业能够实现永续、健康的经营与传承。"百年友发"是创业团队永不言弃的追求，更是每一个友发人肩负的任务。

共建和谐：

指企业发展的同时，友发人能够建立与家庭成员、与同事、与客户、与行业、与政府、与社会和谐共处的生态圈。

2. 友发愿景——立足钢管行业　追求全能冠军

友发将坚守管业为主的发展道路不动摇，适时稳步地推进全国布局战略，最终实现千万吨级的钢管企业目标。

在钢管行业中，通过持续的学习创新，追求质量标准化、管理精细化、服务感动化、品牌国际化、规模最大化、效益最佳化的全能冠军。在国内保持行业领跑优势的基础上，逐步发展成为具有国际影响力的企业集团。

3. 友发核心价值观——共赢互利信为本　同心并进德为先

共赢互利信为本：

友发人只有秉承先义而后利、利己先利人的共赢思维，才能实现健康、长久、可持续的发展。而诚信是共赢互利的基石。

共赢互利，就像圆圈的原点，决定了友发人做事"利他"的出发点。

同心并进德为先：

友发人只有秉承合作总比单干强、个人必须服从整体的合作理念，坚持吃亏是福的优良品德，才能完成更大、更快、更好的发展。而品德是团队合作的前提。

同心并进，就像圆圈的半径，决定了友发事业舞台的大小。

4. 友发精神：律己利他，合作进取

律己利他：

对待自己，要严格自律，律己才能服人。要求友发人要以自我品德做保证，遵守各种道德规范、法律法规、行为规范、规章制度等；友发人只有首先做到律己，才能保证合作的大局。

合作进取：

合作是资源的整合。十几年来友发始终坚守合作发展的理念，与合作者一起同心同德，互信互补。合作的范围越大，事业的舞台就越广。

二、友发文化的行为指南——"友发文化红绿黄"

红：是天条，坚决杜绝的行为。

（1）不该拿的钱坚决不拿。不收贵重礼物、不接受各种变相贿赂、不虚报费用、不贪污挪用公款等。

（2）不该有的家坚决没有。个人家庭不能家外有家，不能从事第二职业。

绿：公司倡导的行为。

自己要廉洁自律，低调务实，学习修炼，勇于登攀；

工作中要敢于担当，说到做到，创新改进，杜绝浪费；

团队里要深化合作，弘扬正气，全局考虑，带头争先；

最后达到快乐工作，健康生活！

黄：反对的工作作风和行为；

对自己：反对骄傲自满，耍小聪明；

对客户：反对店大欺客，狂妄自大；

对同事：反对欺下瞒上，优亲厚友；

对工作：反对消极怠工，眼高手低；

对决策：反对强势专断的一言堂；

对企业：反对个人英雄主义，山头心态；

对生活：反对下级给上级请客送礼。

建品汇

一、建品汇：大宗商品建材网络采购交易示范平台

建品汇是中国领先的建材网络采购交易平台，创新性地打造以"交易平台＋渠道商＋供应链金融＋交易商＋供应链物流"为模式的大宗商品第三方电子商务交易平台，平台囊括绿色建材、智能家居、智能家电、国际品牌等板块。包括家居、陶瓷、木材、五金、洁具、钢材、石材、水泥等建材产品，并通过整合金融、营销、物流等服务资源为我国建材企业"上网触电"提供一站式供应链服务。其中，线上服务有：交易、供应链金融、大数据、品牌营销；线下服务有：物流、仓储、深加工等，并成为中国建材网络采购交易示范平台、广东省电子商务示范企业。

平台突破性地解决了传统建材企业由于交易信息不充分、交易双方信息不对称，而产生的价格并非帕累托最优、交易成本高企、交易效率低下等问题，利用互联网平台信息的海量、公开、可比较等优势，采取大数据、云计算的方式，为上游建材各品类的供应商，下游采购商进行充分交易撮合。客户来自中国、欧美、非洲、亚洲等国内外企业为主，保证寻找到最优质、最匹配的客户，为客户实现转型升级，为客户找到客户，为客户拓展新的市场，为客户持续创造价值，同时整合仓储、物流、金融、深加工等第三方服务，为客户提供交易所需的一站式服务，以最优惠的服务价格，最大程度地节省成本，为客户持续创造价值。

二、建品汇：创新建材电商商业模式

建品汇是生产资料型的电子商务交易平台。该平台具有以下特征：

（1）建品汇是大宗建材产品的垂直电商平台，以项目带动线上交易，是中国第一家的建材全品类交易平台。平台拥有国内外共 35600 多家大型企业会员，囊括五金、门锁、陶瓷、洁具、钢材、水泥、木材、石材等 60 多类建筑材料商品。现已与法国、印度、印尼、马来西亚等国家的大型采购联盟、供

应商合作，开展跨境电商业务，深度挖掘"一带一路"商机。平台拥有众多采购项目遍布全国各地，海外 15 个国家共同在线采购。

（2）平台是生产资料型电子商务平台，交易量大，减少运输费、装卸费、仓储管理费、人工费用、行政费用、税费六个中间流通环节费用，节约交易20%成本，同时增加经济效益与社会效益。

（3）平台涉及的产业链长，能够带动更多产业链上相关企业的发展，帮助传统企业转型升级。

（4）作为生产资料型电子商务平台，搭建建材电商生态圈的建设，涉及仓储、物流、深加工、智能机器人等基地的建设，带动整个行业仓储、物流、深加工等方面的发展。平台与国外优质智能设备企业合作，为传统企业提供智能设备，促进传统制造业向"智能制造"前进，推动专业市场转型升级。

（5）平台核心功能全面覆盖建材交易全流程，提供丰富及时的建材行业信息，为客户提供专业化的供应链金融、交易、大数据、品牌营销、物流、仓储以及深加工等一站式的供应链服务，是建材供应链整合服务商。

建品汇实现四大创新：交易机制创新、商业模式创新、价值体系创新、营销推广创新。其中，平台实现垂直精准营销，根据行业属性布局平台架构，符合传统客户习惯，解决 B2B 平台中产品障碍、信任障碍、习惯障碍。平台开放性地为建材企业提供一站式的供应链服务，客户可免费进驻平台并享受专业的平台增值服务。对于采购商而言，平台上产品细分及筛选功能让客户能快速找到所需要的行业信息及产品信息，并购买到性价比最优的品牌产品。供应商通过平台开拓新的营销渠道，随时把握商机，增加交易额。

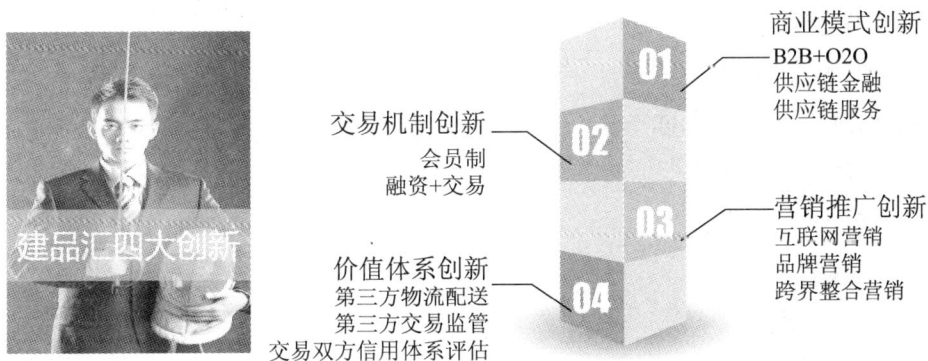

建品汇四大创新

商业模式创新
01 B2B+O2O
供应链金融
供应链服务

交易机制创新
02 会员制
融资+交易

营销推广创新
03 互联网营销
品牌营销
跨界整合营销

价值体系创新
第三方物流配送
04 第三方交易监管
交易双方信用体系评估

建品汇自成立以来，携手大型采购联盟，参与万达广场、保利、万科、印尼、马来西亚等国外基础设施建设等大型重点基建项目。

此外，建品汇整合电商行业内电商专家及平台资源，搭建互联网生态圈，为企业提供专业个性化的电商咨询等增值服务。电商顾问组对企业进行实地考察，诊断和分析企业实际情况，提出让企业实现跨越式发展的电商解决方案，制定从目标—战略—策略—战术—行动等整套运营规划和行动方案，帮助企业进驻大型电商平台，实现企业的转型升级。

三、平台功能定位

建材网络采购交易平台
建材供应链智能服务平台
建材供应链金融服务平台

四、平台服务功能

（一）供应链一体化服务

1. 线上服务：金融、交易、大数据、品牌营销
2. 线下服务：仓储、物流、深加工

（二）平台免费服务

1. 供应商会员服务
注册成为交易会员
在平台推广各类优质品牌
发布供应信息
参加供需交流会
参加会员俱乐部活动
2. 采购商会员服务
注册成为交易会员
发布采购信息
进行线上交易
参加年度供应交流会
参加会员俱乐部活动

（三）六大增值服务

1. 提供智能物流配送服务
2. 提供仓储优势管理服务
3. 提供深加工服务
4. 提供建材产品采购数据分析报告
5. 提供行业大数据分析报告
6. 提供电子商务人才培训服务

（四）线上服务

1. 供应链金融服务

利用大数据、云计算的技术，了解客户融资需求，并与各大基金公司、银行等金融机构合作，为客户提供个性化的金融服务。

建品汇已获得数十亿元银行授信额度，银行根据会员在平台交易记录金额，为用户提供10%～50%无抵押贷款，解决客户融资需求。贷款额度随借随还，日常结算转账免手续费，贷款额度有效期可达10年，降低融资成本，解决融资困难。

2. 交易功能服务

建品汇与众多大型国企、央企、外企建立长期合作关系，加盟建品汇的会员，可以被推荐给供应商直接采购，为采购企业供应建材产品。

平台三大安全保障

（1）客户交易资金由第三方银行监管，保障客户资金安全。

（2）交易货物由第三方物流公司配送，确保货物配送安全。

（3）交易会员需审核企业三证后方可交易，确保双方交易安全。

3. 大数据服务

建品汇为客户提供大数据分析报告，让客户及时了解建材产品销售情况与走势，快速筛选性价比最优的品牌产品；引导供应商厂家改变传统生产——销售的模式，向以市场需求——生产，理性地根据市场真实需求指导生产，实现建材产品市场的最优配置。

平台囊括全国数十万家主流建材企业现货资源信息，通过建品汇电商交易平台，与国内外权威大数据研究机构合作开发系统，将海量信息实现高速、无分介质、随时随地的存储读取，让客户极为便利地了解资源和销售实时的、实际的成交价格，通过大数据查询历史成交记录以便当下交易参考。

4. 品牌营销

建品汇整合京东、阿里巴巴、1号店、亚马逊、兰亭集势、京拍档、大麦电商等资源为上下游客户提供整合营销服务，企业管理软件、OA、ERP、CRM、商业智能分析系统等软件的定制开发服务，网页制作与店铺代运营服务，电商团队提供电商课程培训以及顾问式服务等一系列增值服务。

作为行业垂直电商的建品汇，是广东省电子商务示范企业，具有行业公信力的平台，建品汇一方面可为行业中知名的大品牌企业提供服务，另一方面利用互联网的长尾效应，将发掘大量无法在传统媒体中"露面"的中小微型建材企业，获得与大企业同等的品牌推广机会。

（五）线下服务

1. 物流服务

建品汇与多家大型物流公司达成战略合作，为客户提供供应商——物流配送（就近网点完成交易配送）——终端客户直线供应链，减少流通环节，降低物流成本。

另外，交易货物由第三方配送，确保货物配送安全。建品汇创新物流服务模式，比传统物流模式节约六个环节费用：运输费、装卸费、仓储管理费、人工费用、行政费用、税费，为会员企业实现零库存、零应收账款、低成本管理。

物流服务由各大物流企业、车队竞价方式获取订单，客户享受最优惠运输费，减少车辆回空费和运输次数，降低物流成本。

2. 仓储服务

平台与大型仓储公司合作，为客户提供从工程材料采购、仓储配送、项目现场供应管理等全过程的物流服务，集运输、仓储、装卸货物为一体的智能物流仓储配送体系。

3. 深加工服务

建品汇创新开发深加工功能，智能匹配需要深加工的上下游企业的信息及服务，为拥有加工设备的企业提供场所，现已与全国各地多家深加工公司合作建立深加工基地，为客户提供用建材前的"一站式"深加工服务，减少加工成本。

五、平台资质荣誉

中国建材网络采购交易示范平台
广东省电子商务示范企业
广东省重点帮扶高成长性中小企业
广东省电子商务应用创新平台
广东省重合同守信用企业（网商）
广东省 AAA 级示范企业
广东省广货网上行主体单位之一
广东省建材行业协会重点推荐的电子商务交易平台

盐城市现代物流园区

一、盐城市现代物流园区发展概况

盐城市现代物流园区成立于 2005 年 7 月，地处盐城市区北部，总规划面积 31 平方公里，人口近 9 万，下辖 7 个行政村和 5 个社区居委会，是江苏省重点物流基地和省级服务业集聚区，2012 年被评定为"中国物流实验基地"。园区已建成市场集聚、公铁水联运、配送仓储、商务商贸、配套加工和都市农业六大功能区。其中市场集聚区，已有江苏白马商城、明珠世贸商城、五金机电城、金鼎装饰城、义乌国际商贸城、奥华国际家居生活广场、沿海灯饰城等项目建成营业，博联天街、广东商城等项目即将竣工营业，奥特莱斯、永康商业广场等项目正在建设，项目全部建成后，将使沿开放大道的市场连点成线，并努力向两侧扩张，变线为带，让企业抱团发展，不断放大市场产业集聚的规模效应和辐射效应。

园区坚持创新的理念，从办好专业市场到做强现代物流，走出了一条"市场＋仓储＋物流"三合一的现代市场发展之路。2014 年实现 GDP 32.71 亿元，财政总收入 7.35 亿元，公共财政预算收入 6 亿元，主营业务收入 250 亿元。2015 年年底，主营业务收入将达 300 亿元规模。

二、盐城市现代物流园区发展专业市场的主要做法

1. 领导重视，健全机制，促使专业市场快速建设

为确保专业市场建设发展工作有序推进，园区管委会成立了专业市场建设领导小组，研究制定促进市场集聚、加快发展的各项措施。园区的领导班子充分认识到商贸流通业特别是专业市场对扩大内需、拉动消费的重要带动作用，对建设大型现代化的专业市场在项目审批、用地等方面开通了"绿色通道"，给予优先安排；在扶持政策上，享有土地出让金净收益返还和相关规费减免等政策优惠。

2. 科学规划，规范建设，实现专业市场高点起步

根据盐城城市经济发展的功能定位，园区坚持"规划先行、合理布局"的原则，先后编制了《盐城市城北片区新型商贸区控制性详细规划》、《盐城市现代物流园区建设发展战略规划》等一系列园区发展规划，明确了"一轴一港一园一区"的发展思路，其中一轴即为打造开放大道沿线区域性市场主轴线，力争用 3 年左右的时间，完成专业市场集聚带的建设，实现专业市场从线形结构向连片纵深发展。

3. 准确定位，彰显特色，谋求专业市场错位经营

为避免邻近区域内的市场同质竞争所带来的不良后果，我们对市场的特色进行了科学定位和合理的分配，有力地促进了市场的繁荣和发展。盐城五金机电市场是市政府规划盐城唯一一个专业五金机电市场；义乌国际商贸城是苏北最大的小商品厂家直销批发市场，经营品种达二十八大类、十万多个品种；江苏白马商城是苏北地区最大的婚庆用品、家纺、皮草等批发总站；沿海国际灯饰城打造华东最大的灯饰产业园，吸引广东、浙江大量灯具灯饰制造厂商进驻，形成以灯具灯饰研发、设计、制造，物流、交易、会展、售后服务为一体的华东总部基地。

4. 完善配套，提升形象，打造专业市场宜居之地

现代物流园区设立之初，只有人民北路、盐青路、开放大道三条市政道路，全境无一处红绿灯设施，经过几年的发展，园区建成了"六纵十二横"路网结构，建成了城北污水处理厂、新洋实验学校、盐城汽车北站，完成了北环路、兴城路等多条市政道路的建设及相应的交通管理设施建设。公路港仓储中心集货场交易、信息互通、专业运输、流通配送、商品转运等功能于一体，实现了"信息化管理、集约化经营"的目标。几年来，新洋经济区累计完成基础设施总投入约 20 亿元。今年我们已全面实施"扮靓北大门工程"，年底专业市场的经营环境将得到进一步跃升。

5. 紧盯旗舰，招商选资，放大专业市场集聚效应

园区强化产业导向，突出招大引强，知名商企纷至沓来。奥特莱斯是全球著名的世界名品折扣店，盐城奥特莱斯项目汇聚"吃喝玩乐购住"6 大锋尚业态于一体，着力打造盐城休闲购物新名片，建成后将进一步提升园区的城市功能和品位；盐城五金机电城的董事长在全国多个地方经营着五金机电市场，不但有成功的专业市场运营团队和成熟的运营经验，而且拥有完善的市场网络和稳定的合作者。目前，我们正在与红星美凯龙、香港海德集团等名企谋求合作，着力进一步放大园区专业市场的品牌效应、规模效应和辐射

效应。

6. 集约配置，发展互联网＋，主攻专业市场智慧高地

园区于 2012 年年底建成盐城首家物流公共信息服务平台，其核心载体"盐城物流网"（www. ycwlw. com），已开发企业展示、资讯服务、物流专线、网上车场、人才招聘、供求平台等功能。目前盐城物流网已发展物流公司会员 310 多家，个人会员 1500 多人，日发布信息量 1000 多条，日浏览量近万次。网站还开通了企业 QQ、短信平台及 400 免费客服电话。近期，信息平台还将开发网上交易、物流招标、会员车辆 GPS 定位、运单查询等功能，力争尽快将盐城物流网打造成功能完善、技术领先、辐射面广、服务便捷的专业性物流信息公共服务网站。

三、发展专业市场下一步计划安排

1. 进一步加强对外宣传

继续加大投入，丰富品牌传播的渠道，精心铸造"物流之都乐购之城"品牌。着力通过各种媒体和重大活动推介等形式，全面展示园区迈向现代化的发展新成就，不断提高园区知名度与影响力。今年计划实现宣传投入 500 万元以上。

2. 进一步加强基础配套

围绕市场发展，进一步提升开放大道形象，全力实施"扮靓北大门工程"，配合做好范公路建设，北环路改造。加快组织亭湖港和公路港招商引资工作，为各专业市场盘大做强和对外辐射创造条件。加快引进大型知名娱乐休闲项目为市场的人气云集提供支撑。加快奥特莱斯、华尚生活广场等项目建设，不断放大园区专业市场的规模效应和辐射效应。

3. 进一步加强经营引导

一是进一步引导各市场错位发展、有序竞争，使不同业态的市场分行业竞争，业态相同的市场分层次、分产品竞争，业态关联的市场在协作中竞争；二是帮助市场引进专业运作团队，或者引导市场借鉴周边知名专业市场中企业优势互补的成功经验，努力形成"新、特、优、全"的经营特色。

4. 进一步加强电商引进

积极实施"电商换市"战略，以义乌国际商贸城主攻电商为契机，从而带动整个专业市场的电子商务发展。依托江苏广和服务外包有限公司互联网技术优势，推进园区电商龙头企业加快组建"单品网络交易平台"，全年组建

单品平台 2 个以上，年扶持企业入驻"天猫""京东""1 号店"10 个以上。同时，加强电子商务人才教育培训，积极组织开展各类电子商务培训班、专题讲座、电商沙龙等活动，力争普及电子商务知识 1000 人次/年以上，为电子商务发展储备人才。

毅德国际控股有限公司

推动中国城市化发展进程，致力于在全国范围内开发运营现代化商贸物流中心，毅德国际控股有限公司（以下简称"毅德控股"）怀揣"聚合一批产业，搞活一片经济，富裕一方百姓"的梦想，率先成功地将商品交易、商业综合体、智能化仓储物流、星级酒店、国际会展、休闲娱乐等功能集为一体，形成了集约化、规模化、全业态、多功能的相互支撑、相互配套的现代化商贸物流模式，引领了中国商贸物流领域未来的发展方向，更加为带动城市经济发展，拉伸城市框架，提升就业率和城镇农民转化率，做出了卓越的贡献。

毅德控股先后荣获"2011 年中国地产年年度综合体大奖""2011 年中国物流与采购联合会优秀会员单位""2012 年中国物流杰出企业奖""2012 全国就业先进企业奖""2013 中国商业地产十大新领袖企业"及"广东省光彩事业金奖"等奖项。2013 年 10 月 31 日，毅德控股在香港主板成功上市（股票代码：01396.HK），标志着毅德站在一个全新的事业起点并进入新一轮的快速发展时期。截至 2014 年 12 月，毅德控股同时在中国八个省和自治区开发十一个大型商贸物流中心项目，在建项目数、拥有的土地储备数、以及团队已经开发完成的项目数，充分证明并巩固了毅德控股在商贸物流中心领域高度领先的行业地位，使毅德成为了当之无愧的佼佼者。

一、始源于集散市场，蜕变商贸物流中心

毅德控股的发展，印鉴了中国城市发展的足迹。多年来的实践积累和悉心经营，毅德控股堪称业内经验最为丰富的企业。毅德控股的商贸物流中心项目在不同时期，有着不同的延伸和特点。综合的园区业态，不仅包括批发及零售包括五金机电、建材、家具及家饰、家电、服装及小商品在内的各种产品，也涵盖交易展示区、会展中心、酒店、住宅及办公场所、仓储及其他物流设施。通过不断健全园区的功能，毅德控股力求将各商贸物流中心项目发展成为当地最大的一体化商业综合体。

二、差异化战略发展 定位中小城市

毅德控股从发展之初，就已经确定好了未来的发展方向，将竞争环境相对不那么激烈的三四线城市当作自身的战略目标，并且多年来这一目标不曾改变过。

《国家新型城镇化规划（2014—2020年)》明确指出，要"加快发展中小城市，有重点地发展小城镇，促进大中小城市和小城镇协调发展"，对此，不少学者指出，规划突出了中小城市和小城镇的重要作用。这是毅德控股坚定执着而迎来的机遇。

中小城市的城镇化将成为中国未来十年经济发展的主要推动力之一，城镇化将需要更为顺畅的商品流通、促进高效的批发网络的形成及刺激国内消费的大幅增长，毅德控股的商贸物流中心项目正是面向这一市场。

此外，目前政府采取扩大国内消费的政策，并明确表明其促进综合独立交易展示区及大型商贸流通企业的规划。这与毅德控股的发展战略不谋而合。三四线城市的人口占据较大比例，中国12亿人口中，7亿在三四线城市，意味着毅德面对最大量的群体，蕴含巨大的潜力与空间。2013年三四线城市的GDP达到60%以上。随着城镇人口的增长，城镇消费将进一步增加，三线四线城市的消费会更加活跃。毅德控股商贸物流中心项目通过产业的发展带动经济的发展，助力新型城镇化。

毅德控股定位于中小城市的战略思路起初并非被所有人看好。然而，毅德控股已然用耀眼的成绩诠释并证明了自己的选择。

遵循统筹城乡发展的科学发展观，密切配合政府的城市化建设进程，毅德控股得到了国家、省、市各级领导的支持和鼓励，为毅德控股的发展成长增添了动力。

三、博大胸怀 再创辉煌

毅德控股认为：企业要"仁以为己任"，以博爱之心胸怀天下。首先把企业做强做大，为国家、为社会承担扩大就业、纳税聚财的责任；其次，要仁心济世、回馈社会；第三，要促进社会伦理道德和精神文明建设。

毅德控股多年来致力于慈善公益事业，截至2013年，共捐赠2.1亿元的社会慈善基金，在慈善、公益、文教方面做出了卓越的贡献。在此基础上，毅德更着重于资助公益助学领域，以捐赠 42 所希望小学的丰硕成绩，为教育事业的发展倾注了大量的心血。

毅德控股稳健布局三、四线城市，开展商贸物流中心项目带动地方经济的同时，让自己的名字在地方政府的脑海中变得更加醒目，记住了这个具有丰富经验、以中小城市为发展战略版图的商贸物流中心开发商。

兴起于中国商贸物流业蓬勃发展之际，借力中国城镇化发展进程，瞄准于三、四线城市独特的战略定位，专注打造现代化商贸物流中心，毅德控股，以现代化的体制创新、以科学化的管理模式、以精英化的管理团队和人性化的企业文化，未来将为更多中小城市的发展而努力。

威海浙商城

威海浙商城是威海市文登区重点招商引资项目，也是文登新一轮建设中首个由"浙商"团队投资运作的大型商业项目。项目位于威海市文登区商贸核心，义乌小商品城东 100 米路南，占地 160 亩，总建筑面积约 15 万平方米，采用集"一站式购物"与"体验式消费"为一体的全新商业运营模式，建成后将是文登乃至威海规模最大、品牌齐全、综合性强的五金建材汽配博览采购基地，辐射整个胶东半岛。

项目由五金机电、汽配装饰、建材装饰 3 大行业市场集群组成，汇聚五金机电区、灯具灯饰区、橱柜电器区、汽配装饰区、电子商务、仓储物流区六大专业主题交易场馆，产品涵盖工具轴承、磨料磨具、机床设备、电热元件、电动工具、五金工具、数控刀具等全部五金机电产品，灯具灯饰、橱柜电器等建材产品，以及汽摩配件、汽车美容、汽车装饰等汽配装饰产品，和各类数码电子产品，并配备商务办公区、一站式服务中心、仓储物流基地等豪华阵容，打造集品牌展示、产品贸易、信息交流、仓储物流、会展办公、商务服务、休闲娱乐于一体的商贸平台和博览采购基地。

作为中国百强商业地产综合实力运营商，和为贵集团精专于商业地产的研究、开发和运营，并精心拓展国内二三线城市的开发建设，成功参与投资开发运营的商业地产项目遍及江苏、浙江、山东、河南、河北、江西、新疆等省，拥有几十个标志性商业地产成功案例，十余载的精耕细作铸就行业知名品牌！

公司本着"精诚立人、精心立事、精品立业"的企业理念，坚持"以人为本、诚信经营"的企业宗旨，始终抱着与时俱进、不断超越的精神，持续保持着快速、健康、高效的发展，在商业地产领域取得一个又一个成功。

随着山东半岛蓝色经济区上升为国家战略四大产业集群，"大贸易、大流通、大发展"的新型贸易模式将使威海成为胶东半岛商业和贸易的核心，山东和为贵置业斥资 8 亿元全力打造威海浙商城项目，凭借浙商优势资源和公司十余载的成功市场运营经验，打造大威海专业化、现代化、国际化的新型商贸平台，引领威海五金建材、汽配市场的升级换代，铸就威海在胶东半岛商贸物流大格局中战略地位！

一个市场，升级一个产业，繁荣一座城。威海浙商城的推出，将引领威海五金建材专业市场的升级换代，并对同行业的发展产生深远影响，同时也为当地各类专业市场的打造提供一个崭新的模式。

作为一个大型专业市场和全新商贸平台，以"现代化、专业化、国际化"的功能和配套，项目的建成能满足周边建材五金汽配相关行业蓬勃发展的贸易需求，有效促进区域城市化进程和经济发展。

通过整合市场资源、规范交易秩序、打造商品贸易和信息交流平台，不仅解决建材产业的发展瓶颈，更促进了产业集群的形成，逐步形成规模效益。并通过原材料供应、科技提升、市场扩容等，促进产业集群内企业劳动生产率和市场竞争力的提高。

预计项目建成后，将吸引 1000 余家商户，可提供 10000 人左右的直接就业岗位，间接带动约 20000 人的就业机会，市场每年交易额预计将达到 10 亿元，年创税 0.8 亿元左右，该项目建成后能产生一定的集聚效应，能带活周边经济的迅速发展，搞活一方经济，形成一个巨大的产业链条，也是一项民生工程，为全市人民生产、生活提供一个配套的综合市场，并为文登城市大发展做出重要贡献。

第四部分

政　策　篇

国务院关于加快发展生产性服务业促进产业结构调整升级的指导意见

国发〔2014〕26号

各省、自治区、直辖市人民政府，国务院各部委、各直属机构：

国务院高度重视服务业发展。近年来陆续出台了家庭、养老、健康、文化创意等生活性服务业发展指导意见，服务供给规模和质量水平明显提高。与此同时，生产性服务业发展相对滞后、水平不高、结构不合理等问题突出，亟待加快发展。生产性服务业涉及农业、工业等产业的多个环节，具有专业性强、创新活跃、产业融合度高、带动作用显著等特点，是全球产业竞争的战略制高点。加快发展生产性服务业，是向结构调整要动力、促进经济稳定增长的重大措施，既可以有效激发内需潜力、带动扩大社会就业、持续改善人民生活，也有利于引领产业向价值链高端提升。为加快重点领域生产性服务业发展，进一步推动产业结构调整升级，现提出以下意见。

一、总体要求

（一）指导思想

以邓小平理论、"三个代表"重要思想、科学发展观为指导，深入贯彻党的十八大和十八届二中、三中全会精神，全面落实党中央、国务院各项决策部署，科学规划布局，放宽市场准入，完善行业标准，创造环境条件，加快生产性服务业创新发展，实现服务业与农业、工业等在更高水平上有机融合，推动我国产业结构优化调整，促进经济提质增效升级。

（二）基本原则

坚持市场主导。处理好政府和市场的关系，使市场在资源配置中起决定性作用和更好发挥政府作用，鼓励和支持各种所有制企业根据市场需求，积极发展生产性服务业。

坚持突出重点。以显著提升产业发展整体素质和产品附加值为重点，围绕全产业链的整合优化，充分发挥生产性服务业在研发设计、流程优化、市场营销、物流配送、节能降耗等方面的引领带动作用。

坚持创新驱动。建立与国际接轨的专业化生产性服务业体系，推动云计算、大数据、物联网等在生产性服务业的应用，鼓励企业开展科技创新、产品创新、管理创新、市场创新和商业模式创新，发展新兴生产性服务业态。

坚持集聚发展。适应中国特色新型工业化、信息化、城镇化、农业现代化发展趋势，深入实施区域发展总体战略和主体功能区战略，因地制宜引导生产性服务业在中心城市、制造业集中区域、现代农业产业基地以及有条件的城镇等区域集聚，实现规模效益和特色发展。

二、发展导向

以产业转型升级需求为导向，进一步加快生产性服务业发展，引导企业进一步打破"大而全""小而全"的格局，分离和外包非核心业务，向价值链高端延伸，促进我国产业逐步由生产制造型向生产服务型转变。

（一）鼓励企业向价值链高端发展

鼓励农业企业和涉农服务机构重点围绕提高科技创新和推广应用能力，加快推进现代种业发展，完善农副产品流通体系。鼓励有能力的工业企业重点围绕提高研发创新和系统集成能力，发展市场调研、产品设计、技术开发、工程总包和系统控制等业务。加快发展专业化设计及相关定制、加工服务，建立健全重大技术装备第三方认证制度。促进专利技术运用和创新成果转化，健全研发设计、试验验证、运行维护和技术产品标准等体系。重点围绕市场营销和品牌服务，发展现代销售体系，增强产业链上下游企业协同能力。强化期货、现货交易平台功能。鼓励分期付款等消费金融服务方式。推进仓储物流、维修维护和回收利用等专业服务的发展。

（二）推进农业生产和工业制造现代化

搭建各类农业生产服务平台，加强政策法律咨询、市场信息、病虫害防治、测土配方施肥、种养过程监控等服务。健全农业生产资料配送网络，鼓励开展农机跨区作业、承包作业、机具租赁和维修服务。推进面向产业集群和中小企业的基础工艺、基础材料、基础元器件研发和系统集成以及生产、检测、计量等专业化公共服务平台建设，鼓励开展工程项目、工业设计、产品技术研发和检验检测、工艺诊断、流程优化再造、技能培训等服务外包，整合优化生产服务系统。发展技术支持和设备监理、保养、维修、改造、备品备件等专业化服务，提高设备运行质量。鼓励制造业与相关产业协同处置工业"三废"及社会废弃物，发展节能减排投融资、清洁生产审核及咨询等节能环保服务。

（三）加快生产制造与信息技术服务融合

支持农业生产的信息技术服务创新和应用，发展农作物良种繁育、农业生产动态监测、环境监控等信息技术服务，建立健全农产品质量安全可追溯体系。鼓励将数字技术和智能制造技术广泛应用于产品设计和制造过程，丰富产品功能，提高产品性能。运用互联网、大数据等信息技术，积极发展定制生产，满足多样化、个性化消费需求。促进智能终端与应用服务相融合、数字产品与内容服务相结合，推动产品创新，拓展服务领域。发展服务于产业集群的电子商务、数字内容、数据托管、技术推广、管理咨询等服务平台，提高资源配置效率。

三、主要任务

现阶段，我国生产性服务业重点发展研发设计、第三方物流、融资租赁、信息技术服务、节能环保服务、检验检测认证、电子商务、商务咨询、服务外包、售后服务、人力资源服务和品牌建设。

（一）研发设计

积极开展研发设计服务，加强新材料、新产品、新工艺的研发和推广应用。大力发展工业设计，培育企业品牌、丰富产品品种、提高附加值。促进工业设计向高端综合设计服务转变。支持研发体现中国文化要素的设计产品。整合现有资源，发挥企业创新主体作用，推进产学研用合作，加快创新成果产业化步伐。鼓励建立专业化、开放型的工业设计企业和工业设计服务中心，促进工业企业与工业设计企业合作。完善知识产权交易和中介服务体系，发展研发设计交易市场。开展面向生产性服务业企业的知识产权培训、专利运营、分析评议、专利代理和专利预警等服务。建立主要由市场评价创新成果的机制，加快研发设计创新转化为现实生产力。

（二）第三方物流

优化物流企业供应链管理服务，提高物流企业配送的信息化、智能化、精准化水平，推广企业零库存管理等现代企业管理模式。加强核心技术开发，发展连锁配送等现代经营方式，重点推进云计算、物联网、北斗导航及地理信息等技术在物流智能化管理方面的应用。引导企业剥离物流业务，积极发展专业化、社会化的大型物流企业。完善物流建设和服务标准，引导物流设施资源集聚集约发展，培育一批具有较强服务能力的生产服务型物流园区和配送中心。加强综合性、专业性物流公共信息平台和货物配载中心建设，衔接货物信息，匹配运载工具，提高物流企业运输工具利用效率，降低运输车辆空驶率。提高物流行业标准化设施、设备和器具应用水平以及托盘标准化水平。继续推进制造业与物流业联动发展示范工作和快递服务制造业工作，加强仓储、冷链物流服务。大力发展铁水联运、江海直达、滚装运输、道路货物甩挂运输等运输方式，推进货运汽车（挂车）、列车标准国际化。优化城市配送网络，鼓励统一配送和共同配送。推动城市配送车辆标准化、标识化，建立健全配送车辆运力调控机制，完善配送车辆便利通行措施。在关系民生的农产品、药品、快速消费品等重点领域开展标准化托盘循环共用示范试点。完善农村物流服务体系，加强产销衔接，扩大农超对接规模，加快农产品批发和零售市场改造升级，拓展农产品加工服务。

（三）融资租赁

建立完善融资租赁业运营服务和管理信息系统，丰富租赁方式，提升专业水平，形成融资渠道多样、集约发展、监管有效、法律体系健全的融资租赁服务体系。大力推广大型制造设备、施工设备、运输工具、生产线等融资租赁服务，鼓励融资租赁企业支持中小微企业发展。引导企业利用融资租赁方式，进行设备更新和技术改造。鼓励采用融资租赁方式开拓国际市场。紧密联系产业需求，积极开展租赁业务创新和制度创新，拓展厂商租赁的业务范围。引导租赁服务企业加强与商业银行、保险、信托等金融机构合作，充分利用境外资金，多渠道拓展融资空间，实现规模化经营。建设程序标准化、管理规范化、运转高效的租赁物与二手设备流通市场，建立和完善租赁物公示、查询系统和融资租赁资产退出机制。加快研究制定融资租赁行业的法律法规。充分发挥行业协会作用，加强信用体系建设和行业自律。建立系统性行业风险防范机制，以及融资租赁业统计制度和评价指标体系。

（四）信息技术服务

发展涉及网络新应用的信息技术服务，积极运用云计算、物联网等信息技术，推动制造业的智能化、柔性化和服务化，促进定制生产等模式创新发展。加快面向工业重点行业的知识库建设，创新面向专业领域的信息服务方式，提升服务能力。加强相关软件研发，提高信息技术咨询设计、集成实施、运行维护、测试评估和信息安全服务水平，面向工业行业应用提供系统解决方案，促进工业生产业务流程再造和优化。推动工业企业与软件提供商、信息服务提供商联合提升企业生产经营管理全过程的数字化水平。支持工业企业所属信息服务机构面向行业和社会提供专业化服务。加快农村互联网基础设施建设，推进信息进村入户。

（五）节能环保服务

健全节能环保法规和标准体系，增强节能环保指标的刚性约束，严格落实奖惩措施。大力发展节能减排投融资、能源审计、清洁生产审核、工程咨询、节能环保产品认证、节能评估等第三方节能环保服务体系。规范引导建材、冶金、能源企业协同开展城市及产业废弃物的资源化处理，建立交易市场。鼓励结合改善环境质量和治理污染的需要，开展环保服务活动。发展系统设计、成套设备、工程施工、调试运行和维护管理等环保服务总承包。鼓励大型重点用能单位依托自身技术优势和管理经验，开展专业化节能环保服务。推广合同能源管理，建设"一站式"合同能源管理综合服务平台，积极探索节能量市场化交易。建设再生资源回收体系和废弃物逆向物流交易平台。积极发展再制造专业技术服务，建立再制造旧件回收、产品营销、溯源等信息化管理系统。推行环境污染第三方治理。

（六）检验检测认证

加快发展第三方检验检测认证服务，鼓励不同所有制检验检测认证机构平等参与市场竞争，不断增强权威性和公信力，为提高产品质量提供有力的支持保障服务。加强计量、检测技术、检测装备研发等基础能力建设，发展面向设计开发、生产制造、售后服务全过程的分析、测试、计量、检验等服务。建设一批国家产业计量测试中心，构建国家产业计量测试服务体系。加强先进重大装备、新材料、新能源汽车等领域的第三方检验检测服务，加快发展药品检验检测、医疗器械检验、进出口检验检疫、农产品质量安全检验检测、食品安全检验检测等服务，发展在线检测，完善检验检测认证服务体系。开拓电子商务等服务认证领域。优化资源配置，引导检验检测认证机构集聚发展，推进整合业务相同或相近的检验检测认证机构。积极参与制定国际检验检测标准，开展检验检测认证结果和技术能力国际互认。培育一批技术能力强、服务水平高、规模效益好、具有一定国际影响力的检验检测认证集团。加大生产性服务业标准的推广应用力度，深化国家级服务业标准化试点。

（七）电子商务

深化大中型企业电子商务应用，促进大宗原材料网上交易、工业产品网上定制、上下游关联企业业务协同发展，创新组织结构和经营模式。引导小微企业依托第三方电子商务服务平台开展业务。抓紧研究制定鼓励电子商务创新发展的意见。深化电子商务服务集成创新。加快并规范集交易、电子认证、在线支付、物流、信用评估等服务于一体的第三方电子商务综合服务平台发展。加快推进适应电子合同、电子发票和电子签名发展的制度建设。建设开放式电子商务快递配送信息平台和社会化仓储设施网络，加快布局、规范建设快件处理中心和航空、陆运集散中心。鼓励对现有商业设施、邮政便民服务设施等的整合利用，加强共同配送末端网点建设，推动社区商业电子商务发展。深入推进国家电子商务示范城市、示范基地和示范企业建设，发展电子商务可信交易保障、交易纠纷处理等服务。建立健全促进电子商务发展的工作保障机制。加强网络基础设施建设和电子商务信用体系、统计监测体系建设，不断完善电子商务标准体系和快递服务质量评价体系。推进农村电子商务发展，积极培育农产品电子商务，鼓励网上购销对接等多种交易方式。支持面向跨境贸易的多语种电子商务平台建设、服务创新和应用推广。积极发展移动电子商务，推动移动电子商务应用向工业生产经营和生产性服务业领域延伸。

（八）商务咨询

提升商务咨询服务专业化、规模化、网络化水平。引导商务咨询企业以促进产业转型升级为重点，大力发展战略规划、营销策划、市场调查、管理咨询等提升产业发展素质的咨询服务，积极发展资产评估、会计、审计、税务、勘察设计、工程咨询等专业咨询服务。发展信息技术咨询服务，开展咨询设计、集成实施、运行维护、测试评估、应用系统解决方案和信息安全服务。加强知识产权咨询服务，发展检索、分析、数据加工等基础服务，培育知识产权转化、投融资等市场化服务。重视培育品牌和商誉，发展无形资产、信用等评估服务。抓紧研究制定咨询服务业发展指导意见。依法健全商务咨询服务的职业评价制度和信用管理体系，加强执业培训和行业自律。开展多种形式的国际合作，推动商务咨询服务国际化发展。

（九）服务外包

把握全球服务外包发展新趋势，积极承接国际离岸服务外包业务，大力培育在岸服务外包市场。抓紧研究制定在岸与离岸服务外包协调发展政策。适应生产性服务业社会化、专业化发展要求，鼓励服务外包，促进企业突出核心业务、优化生产流程、创新组织结构、提高质量和效率。引导社会资本积极发展信息技术外包、业务流程外包和知识流程外包服务业务，为产业转型升级提供支撑。鼓励政府机构和事业单位购买专业化服务，加强管理创新。支持企业购买专业化服务，构建数字化服务平台，实现包括产品设计、工艺流程、生产规划、生产制造和售后服务在内的全过程管理。

（十）售后服务

鼓励企业将售后服务作为开拓市场、提高竞争力的重要途径，增强服务功能，健全服务网络，提升服务质量，完善服务体系。完善产品"三包"制度，推动发展产品配送、安装调试、以旧换新等售后服务，积极运用互联网、物联网、大数据等信息技术，发展远程检测诊断、运营维护、技术支持等售后服务新业态。大力发展专业维护维修服务，加快技术研发与应用，促进维护维修服务业务和服务模式创新，鼓励开展设备监理、维护、修理和运行等全生命周期服务。积极发展专业化、社会化的第三方维护维修服务，支持具备条件的工业企业内设机构向专业维护维修公司转变。完善售后服务标准，加强售后服务专业队伍建设，健全售后服务认证制度和质量监测体系，不断提高用户满意度。

（十一）人力资源服务和品牌建设

以产业引导、政策扶持和环境营造为重点，推进人力资源服务创新，大力开发能满足不同层次、不同群体需求的各类人力资源服务产品。提高人力资源服务水平，促进人力资源服务供求对接，引导各类企业通过专业化的人力资源服务提升人力资源管理开发和使用水平，提升劳动者素质和人力资源配置效率。加快形成一批具有国际竞争力的综合型、专业型人力资源服务机构。统筹利用高等院校、科研院所、职业院校、社会培训机构和企业等各种培训资源，强化生产性服务业所需的创新型、应用型、复合型、技术技能型人才开发培训。加快推广中关村科技园区股权激励试点经验，调动科研人员创新进取的积极性。营造尊重人才、有利于优秀人才脱颖而出和充分发挥作用的社会环境。鼓励具有自主知识产权的知识创新、技术创新和模式创新，积极创建知名品牌，增强独特文化特质，以品牌引领消费，带动生产制造，推动形成具有中国特色的品牌价值评价机制。

四、政策措施

从深化改革开放、完善财税政策、强化金融创新、有效供给土地、健全价格机制和加强基础工作等方面，为生产性服务业发展创造良好环境，最大限度地激发企业和市场活力。

（一）进一步扩大开放

进一步放开生产性服务业领域市场准入，营造公平竞争环境，不得对社会资本设置歧视性障碍，鼓励社会资本以多种方式发展生产性服务业。进一步减少生产性服务业重点领域前置审批和资质认定项目，由先证后照改为先照后证，加快落实注册资本认缴登记制。允许社会资本参与应用型技术研发机构市场化改革。鼓励社会资本参与国家服务业综合改革试点。

引导外资企业来华设立生产性服务业企业、各类功能性总部和分支机构、研发中心、营运基地等。统一内外资法律法规，推进生产性服务业领域有序开放，放开建筑设计、会计审计、商贸物流、电子商务等服务业领域外资准入限制。加快研究制定服务业进一步扩大开放的政策措施，对已经明确的扩大开放要求，要抓紧落实配套措施。探索对外商投资实行准入前国民待遇加负面清单的管理模式。发挥中国（上海）自由贸易试验区在服务业领域先行先试的作用。加强与香港、澳门、台湾地区的服务业合作，加快推进深圳前海、珠海横琴、广州南沙与港澳地区，福建厦门、平潭和江苏昆山与台湾地区的服务业合作试点。

鼓励有条件的企业依托现有产品贸易优势，在境外设立分支机构，大力拓展生产性服务业发展空间。简化境外投资审批程序，进一步提高生产性服务业境外投资的便利化程度。鼓励企业利用电子商务开拓国际营销渠道，积极研究为符合条件的电子商务企业、快递企业提供便利通关措施。加快跨境电子商务通关试点建设。鼓励设立境外投资贸易服务机构，做好境外投资需求的规模、领域和国别研究，提供对外投资准确信息，为企业"走出去"提供咨询服务。

（二）完善财税政策

尽快将营业税改征增值税试点扩大到服务业全领域。根据生产性服务业产业融合度高的特点，完善促进生产性服务业的税收政策。研发设计、检验检测认证、节能环保等科技型、创新型生产性服务业企业，可申请认定为高新技术企业，享受15%的企业所得税优惠税率。研究适时扩大生产性服务业服务产品出口退税政策范围，制定产品退税目录和具体管理办法。

中央财政和地方财政在各自事权和支出责任范围内，重点支持公共基础设施、市场诚信体系、标准体系建设以及公共服务平台等服务业发展薄弱环节建设，探索完善财政资金投入方式，提高资金使用效率，推动建立统一开放、规范竞争的服务业市场体系。鼓励开发区、产业集群、现代农业产业基地、服务业集聚区和发展示范区积极建设重大服务平台。积极研究自主创新产品首次应用政策，增加对研发设计成果应用的支持。完善政府采购办法，逐步加大政府向社会力量购买服务的力度，凡适合社会力量承担的，都可以通过委托、承包、采购等方式交给社会力量承担。研究制定政府向社会力量购买服务的指导性目录，明确政府购买的服务种类、性质和内容。

（三）创新金融服务

鼓励商业银行按照风险可控、商业可持续原则，开发适合生产性服务业特点的各类金融产品和服务，积极发展商圈融资、供应链融资等融资方式。支持节能环保服务项目以预期收益质押获得贷款。研究制定利用知识产权质押、仓单质押、信用保险保单质押、股权质押、商业保理等多种方式融资的可行措施。建立生产性服务业重点领域企业信贷风险补偿机制。完善动产抵（质）押登记公示体系，建立健全动产押品管理公司监管制度。支持符合条件的生产性服务业企业通过银行间债券市场发行非金融企业债券融资工具融资，拓宽企业融资渠道。支持商业银行发行专项金融债券，服务小微企业。根据研发、设计、应用的阶段特征和需求，建立完善相应的融资支持体系和产品。搭建方便快捷的融资平台，支持符合条件的生产性服务业企业上市融资、发行债券。对符合条件的中小企业信用担保机构提供担保服务实行免征营业税政策。鼓励融资性担保机构扩大生产性服务业企业担保业务规模。

（四）完善土地和价格政策

合理安排生产性服务业用地，促进节约集约发展。鼓励工业企业利用自有工业用地兴办促进企业转型升级的自营生产性服务业，经依法批准，对提高自有工业用地容积率用于自营生产性服务业的工业企业，可按新用途办理相关手续。选择具备条件的城市和国家服务业综合改革试点区域，鼓励通过对城镇低效用地的改造发展生产性服务业。加强对服务业发展示范区促进生产性服务业发展与土地利用工作的协同指导。

建立完善主要以市场决定价格的生产性服务业价格形成机制，规范服务价格。建立科学合理的生产性服务业企业贷款定价机制，加大对生产性服务业重点领域企业的支持力度。加快落实生产性服务业用电、用水、用气与工业同价。对工业企业分离出的非核心业务，在水、气方面实行与原企业相同的价格政策。符合条件的生产性服务业重点领域企业，可申请参与电力用户与发电企业直接交易试点。加强对生产性服务业重点领域违规收费项目的清理和监督检查。

（五）加强知识产权保护和人才队伍建设

鼓励生产性服务业企业创造自主知识产权，加强对服务模式、服务内容等创新的保护。加快数字版权保护技术研发，推进国家版权监管平台建设。扩大知识产权基础信息资源共享范围，促进知识产权协同创新。加强知识产权执法，加大对侵犯知识产权和制售假冒伪劣商品的打击力度，维护市场秩序，保护创新积极性。加强政府引导，及时发布各类人才需求导向等信息。支持生产性服务业创新团队培养，建立创新发展服务平台。研究促进设计、创意人才队伍建设的措施办法，鼓励创新型人才发展。建设大型专业人才服务平台，增强人才供需衔接。

（六）建立健全统计制度

以国民经济行业分类为基础，抓紧研究制定生产性服务业及重点领域统计分类，完善相关统计制度和指标体系，明确各有关部门相关统计任务。建立健全有关部门信息共享机制，逐步形成年度、季度信息发布机制。

各地区、各部门要充分认识发展生产性服务业的重大意义，把加快发展生产性服务业作为转变经济发展方式、调整产业结构的重要任务，采取有力措施，确保各项政策落到实处、见到实效。地方各级人民政府要加强组织领导，结合本地实际进一步研究制定扶持生产性服务业发展的政策措施。国务院各有关部门要密切协作配合，抓紧制定各项配套政策和落实政策措施分工的具体措施，营造促进生产性服务业发展的良好环境。发展改革委要加强统筹协调，会同有关部门对本意见落实情况进行督促检查和跟踪分析，每半年向国务院报告一次落实情况，重大问题及时报告。

在推进生产性服务业加快发展的同时，要围绕人民群众的迫切需要，继续大力发展生活性服务业，落实和完善生活性服务业支持政策，拓展新领域，不断丰富健康、家庭、养老等服务产品供给；发展新业态，不断提高网络购物、远程教育、旅游等服务层次水平；培育新热点，不断扩大文化创意、数字家庭、信息消费等消费市场规模，做到生产性服务业与生活性服务业并重、现代服务业与传统服务业并举，切实把服务业打造成经济社会可持续发展的新引擎。

附件：政策措施分工表（略）

国务院

2014 年 7 月 28 日

国务院办公厅关于促进内贸流通
健康发展的若干意见

国办发〔2014〕51号

各省、自治区、直辖市人民政府，国务院各部委、各直属机构：

近年来，我国国内贸易稳定发展，现代流通方式快速推进，流通产业的基础性和先导性作用不断增强。在当前稳增长促改革调结构惠民生防风险的关键时期，加快发展内贸流通，对于引导生产、扩大消费、吸纳就业、改善民生，进一步拉动经济增长具有重要意义，经国务院批准，现提出如下意见。

一、推进现代流通方式发展

（一）规范促进电子商务发展

进一步拓展网络消费领域，加快推进中小城市电子商务发展，支持电子商务企业向农村延伸业务，推动居民生活服务、休闲娱乐、旅游、金融等领域电子商务应用。在保障数据管理安全的基础上，推进商务领域大数据公共信息服务平台建设。促进线上线下融合发展，推广"网订店取""网订店送"等新型配送模式。加快推进电子发票应用，完善电子会计凭证报销、登记入账及归档保管等配套措施。落实《注册资本登记制度改革方案》，完善市场主体住所（经营场所）管理。在控制风险基础上鼓励支付产品创新，营造商业银行和支付机构等支付服务主体平等竞争环境，促进网络支付健康发展。

（二）加快发展物流配送

加强物流标准化建设，加快推进以托盘标准化为突破口的物流标准化试点；加强物流信息化建设，打造一批跨区域物流综合信息服务平台；提高物流社会化水平，支持大型连锁零售企业向社会提供第三方物流服务，开展商贸物流城市共同配送试点，推广统一配送、共同配送等模式；提高物流专业化水平，支持电子商务与物流快递协同发展，大力发展冷链物流，支持农产品预冷、加工、储存、运输、配送等设施建设，形成若干重要农产品冷链物流集散中心。推动城市配送车辆统一标识管理，保障运送生鲜食品、主食制品、药品等车辆便利通行。允许符合标准的非机动快递车辆从事社区配送。支持商贸物流园区、仓储企业转型升级，经认定为高新技术企业的第三方物流和物流信息平台企业，依法享受高新技术企业相关优惠政策。

（三）大力发展连锁经营

以电子商务、信息化及物流配送为依托，推进发展直营连锁，规范发展特许连锁，引导发展自愿连锁。支持连锁经营企业建设直采基地和信息系统，提升自愿连锁服务机构联合采购、统一分销、共同配送能力，引导便利店等业态进社区、进农村，规范和拓展其代收费、代收货等便民服务功能。鼓励超市、便利店、机场等相关场所依法依规发展便民餐点。

二、加强流通基础设施建设

（四）推进商品市场转型升级

加快商品批发市场转型升级，推动专业化提升和精细化改进，拓展商品展示、研发设计、品牌孵化、回收处理等功能，带动产业集群发展。制订全国公益性批发市场发展规划，统筹公益性市场建设，加快形成不同层级、布局合理、便民惠民的公益性市场体系。探索采取设立农产品流通产业发展基金等模式，培育一批全国和区域公益性农产品批发市场。支持全国农产品跨区域流通骨干网络建设，完善产销衔接体系。落实和完善农产品批发市场、农贸市场城镇土地使用税和房产税政策。城区商品批发市场异地搬迁改造，政府收回原国有建设用地使用权后，可采取协议出让方式安排商品批发市场用地。通过加强市场周边道路、停车位、公交停靠站点等交通基础设施规划建设，优化客货运交通组织等有效措施，切实解决城市物流配送存在的通行难、停车难、卸货难等问题。

（五）增加居民生活服务设施投入

优化社区商业网点、公共服务设施的规划布局和业态配置，鼓励建设集社区菜市场、便利店、快餐店、配送站、再生资源回收点及健康、养老、看护等大众化服务网点于一体的社区综合服务中心。将农村市场流通体系建设纳入城镇化规划，培育一批集零售、餐饮、文化、生活、配送等于一体的多功能乡镇商贸中心。整合各类社会资源，建设公益性家政服务网络中心和服务人员供给基地，培育一批员工制家政服务企业，健全养老护小型家政服务人员培训体系，扩大家政服务供给。加快生活性服务业营改增步伐，合理设置生活性服务业增值税税率，加大小微企业增值税和营业税的政策支持力度，进一步促进生活性服务业小微企业发展。尽快完善银行卡刷卡手续费定价机制，取消刷卡手续费行业分类，进一步从总体上降低餐饮业刷卡手续费支出。落实好新建社区商业和综合服务设施面积占社区总建筑面积比例不低于10%的政策。

（六）推进绿色循环消费设施建设

大力推广绿色低碳节能设备设施，推动节能技术改造，在具备条件的企业推广分布式光伏发电，试点夹层玻璃光伏组件等新材料产品应用，培育一批集节能改造、节能产品销售和废弃物回收于一体的绿色市场、商场和饭店。推广绿色低碳采购，支持流通企业与绿色低碳商品生产企业（基地）对接，打造绿色低碳供应链。支持淘汰老旧汽车，加大黄标车淘汰力度，促进报废汽车回收拆解体系建设，推进报废汽车资源综合利用。

三、深化流通领域改革创新

（七）支持流通企业做大做强

推动优势流通企业利用参股、控股、联合、兼并、合资、合作等方式，做大做强，形成若干具有国际竞争力的大型零售商、批发商、物流服务商。加快推进流通企业兼并重组审批制度改革，依法做好流通企业经营者集中反垄断审查工作。鼓励和引导金融机构加大对流通企业兼并重组的金融支持力度，支持商业银行扩大对兼并重组商贸企业综合授信额度。推进流通企业股权多元化改革，鼓励各类投资者参与国有流通企业改制重组，鼓励和吸引民间资本进入，进一步提高利用外资的质量和水平，推进混合所有制发展。

（八）增强中小商贸流通企业发展活力

加快推进中小商贸流通企业公共服务平台建设，整合利用社会服务力量，为中小商贸流通企业提供质优价惠的信息咨询、创业辅导、市场拓展、电子商务应用、特许经营推广、企业融资、品牌建设等服务，力争用三年时间初步形成覆盖全国的服务网络。落实小微企业融资支持政策，推动商业银行开发符合商贸流通行业特点的融资产品，在充分把控行业和产业链风险的基础上，发展商圈融资、供应链融资，完善小微商贸流通企业融资环境。

（九）推进内外贸融合发展

拓展国内商品市场对外贸易功能，借鉴国际贸易通行标准、规则和方式，在总结试点经验的基础上，适当扩大市场采购贸易方式的试点范围，打造一批布局合理、功能完善、管理规范、辐射面广的内外贸结合市场。鼓励具备条件的流通企业"走出去"，建立海外营销、物流及售后服务网络，鼓励外贸企业建立国内营销渠道，拓展国内市场，打造一批实力雄厚、竞争力强、内外贸一体化经营的跨国企业。

四、着力改善营商环境

（十）减少行政审批，减轻企业税费负担

加快推进行政审批制度改革，系统评估和清理涉及内贸流通领域的行政审批、备案等事项，最大限度取消和下放。对按照法律、行政法规和国家有关政策规定设立的涉企行政事业性收费、政府性基金和实施政府定价或指导价的经营服务性收费，实行目录清单管理，不断完善公示制度。加大对违规设立行政事业性收费的查处力度，坚决制止各类乱收费、乱罚款和摊派等行为。进一步推进工商用电同价。鼓励大型商贸企业参与电力直接交易。在有条件的地区开展试点，允许商业用户选择执行行业平均电价或峰谷分时电价。

（十一）创造公平竞争的市场环境

着力破除各类市场壁垒，不得滥用行政权力制定含有排除、限定竞争内容的规定，不得限定或者变相限定单位或者个人经营、购买、使用行政机关指定的经营者提供的商品，取消针对外地企业、产品和服务设定歧视性收费项目、实行歧视性收费标准或者规定歧视性价格等歧视性政策，落实跨地区经营企业总分支机构汇总纳税政策。抓紧研究完善零售商、供应商公平交易行为规范及相关制度，强化日常监管，健全举报投诉办理和违法行为曝光机制，严肃查处违法违规行为。充分发挥市场机制作用，建立和完善符合我国国情和现阶段发展要求的农产品价格和市场调控机制。建立维护全国市场统

一开放、竞争有序的长效机制，推进法治化营商环境建设。

（十二）加大市场整治力度

集中开展重点商品、重点领域专项整治行动，完善网络商品的监督抽查、风险监测、源头追溯、质量担保、损害赔偿、联合办案等制度，依法惩治侵权假冒违法行为，促进电子商务健康发展，切实保护消费者合法权益。积极推进侵权假冒行政处罚案件信息公开，建立案件曝光平台。强化对农村市场和网络商品交易的监管。加强行政执法与刑事司法衔接，建立部门间、区域间信息共享和执法协作机制。

（十三）加快推进商务信用建设

建立和完善国内贸易企业信用信息记录和披露制度，依法发布失信企业"黑名单"，营造诚信文化氛围。推动建立健全覆盖线上网络和线下实体店消费的信用评价机制。支持第三方机构开展具有信誉搜索、同类对比等功能的综合评价；鼓励行业组织开展以信用记录为基础的第三方专业评价；引导企业开展商品质量、服务水平、购物环境等内容的消费体验评价。

五、加强组织领导

（十四）加快推进政策落实

各部门要加强协调配合，按照分工要求，切实负起责任，根据本意见抓紧制定贯彻落实工作方案，明确时限要求，确保政策落实到位。地方各级人民政府要根据形势需要和本地实际，统筹协调，落实责任，出台有针对性的配套措施，加大保障力度，形成政策合力。

附件：重点任务分工及进度安排（略）

国务院办公厅

2014 年 10 月 24 日

国务院关于促进市场公平竞争
维护市场正常秩序的若干意见

国发〔2014〕20 号

各省、自治区、直辖市人民政府，国务院各部委、各直属机构：

按照《中共中央关于全面深化改革若干重大问题的决定》精神、国务院机构改革和职能转变要求，现就完善市场监管体系，促进市场公平竞争，维护市场正常秩序提出以下意见。

一、总体要求

（一）指导思想

以邓小平理论、"三个代表"重要思想、科学发展观为指导，深入学习领会党的十八大、十八届二中、三中全会精神，贯彻落实党中央和国务院的各项决策部署，围绕使市场在资源配置中起决定性作用和更好发挥政府作用，着力解决市场体系不完善、政府干预过多和监管不到位问题，坚持放管并重，实行宽进严管，激发市场主体活力，平等保护各类市场主体合法权益，维护公平竞争的市场秩序，促进经济社会持续健康发展。

（二）基本原则

简政放权。充分发挥市场在资源配置中的决定性作用，把该放的权力放开放到位，降低准入门槛，促进就业创业。法不禁止的，市场主体即可为；法未授权的，政府部门不能为。

依法监管。更好发挥政府作用，坚持运用法治思维和法治方式履行市场监管职能，加强事中事后监管，推进市场监管制度化、规范化、程序化，建设法治化市场环境。

公正透明。各类市场主体权利平等、机会平等、规则平等，政府监管标准公开、程序公开、结果公开，保障市场主体和社会公众的知情权、参与权、监督权。

权责一致。科学划分各级政府及其部门市场监管职责；法有规定的，政府部门必须为。建立健全监管制度，落实市场主体行为规范责任、部门市场监管责任和属地政府领导责任。

社会共治。充分发挥法律法规的规范作用、行业组织的自律作用、舆论和社会公众的监督作用，实现社会共同治理，推动市场主体自我约束、诚信经营。

（三）总体目标

立足于促进企业自主经营、公平竞争，消费者自由选择、自主消费，商品和要素自由流动、平等交换，建设统一开放、竞争有序、诚信守法、监管有力的现代市场体系，加快形成权责明确、公平公正、透明高效、法治保障的市场监管格局，到 2020 年建成体制比较成熟、制度更加定型的市场监管体系。

二、放宽市场准入

凡是市场主体基于自愿的投资经营和民商事行为，只要不属于法律法规禁止进入的领域，不损害第三方利益、社会公共利益和国家安全，政府不得限制进入。

（四）改革市场准入制度

制定市场准入负面清单，国务院以清单方式明确列出禁止和限制投资经营的行业、领域、业务等，清单以外的，各类市场主体皆可依法平等进入；地方政府需进行个别调整的，由省级政府报经国务院批准。（发展改革委、商务部牵头负责）改革工商登记制度，推进工商注册制度便利化，大力减少前置审批，由先证后照改为先照后证。（工商总局、中央编办牵头负责）简化手续，缩短时限，鼓励探索实行工商营业执照、组织机构代码证和税务登记证"三证合一"登记制度。（县级以上地方各级人民政府负责）完善节能节地节水、环境、技术、安全等市场准入标准。探索对外商投资实行准入前国民待遇加负面清单的管理模式。（发展改革委、商务部牵头负责）

（五）大力减少行政审批事项

投资审批、生产经营活动审批、资质资格许可和认定、评比达标表彰、评估等，要严格按照行政许可法和国务院规定的程序设定；凡违反规定程序设定的应一律取消。（中央编办、法制办、人力资源社会保障部牵头负责）放开竞争性环节价格。（发展改革委牵头负责）省级人民政府设定临时性的行政许可，要严格限定在控制危险、配置有限公共资源和提供特定信誉、身份、证明的事项，并须依照法定程序设定。（省级人民政府负责）对现有行政审批前置环节的技术审查、评估、鉴证、咨询等有偿中介服务事项进行全面清理，能取消的尽快予以取消；确需保留的，要规范时限和收费，并向社会公示。（中央编办、发展改革委、财政部负责）建立健全政务中心和网上办事大厅，集中办理行政审批，实行一个部门一个窗口对外，一级地方政府"一站式"服务，减少环节，提高效率。（县级以上地方各级人民政府负责）

（六）禁止变相审批

严禁违法设定行政许可、增加行政许可条件和程序；严禁以备案、登记、注册、年检、监制、认定、认证、审定、指定、配号、换证等形式或者以非行政许可审批名义变相设定行政许可；严禁借实施行政审批变相收费或者违法设定收费项目；严禁将属于行政审批的事项转为中介服务事项，搞变相审批、有偿服务；严禁以加强事中事后监管为名，变相恢复、上收已取消和下放的行政审批项目。（中央编办、发展改革委、财政部、法制办按职责分工分别负责）

（七）打破地区封锁和行业垄断

对各级政府和部门涉及市场准入、经营行为规范的法规、规章和规定进行全面清理，废除妨碍全国统一市场和公平竞争的规定和做法，纠正违反法律法规实行优惠政策招商的行为，纠正违反法律法规对外地产品或者服务设定歧视性准入条件及收费项目、规定歧视性价格及购买指定的产品、服务等行为。（发展改革委、财政部、商务部牵头负责）对公用事业和重要公共基础设施领域实行特许经营等方式，引入竞争机制，放开自然垄断行业竞争性业务。（发展改革委牵头负责）

（八）完善市场退出机制

对于违反法律法规禁止性规定的市场主体，对于达不到节能环保、安全生产、食品、药品、工程质量等强制性标准的市场主体，应当依法予以取缔，吊销相关证照。（各相关市场监管部门按职责分工分别负责）严格执行上市公司退市制度，完善企业破产制度，优化破产重整、和解、托管、清算等规则和程序，强化债务人的破产清算义务，推行竞争性选任破产管理人的办法，探索对资产数额不大、经营地域不广或者特定小微企业实行简易破产程序。（证监会、法制办按职责分工分别负责）简化和完善企业注销流程，试行对个体工商户、未开业企业以及无债权债务企业实行简易注销程序。（工商总局负责）严格执行金融、食品药品、安全生产、新闻出版等领域违法人员从业禁止规定。抓紧制订试行儿童老年用品及交通运输、建筑工程等领域违法人员从业禁止规定。（人民银行、银监会、证监会、保监会、食品药品监管总局、安全监管总局、新闻出版广电总局、质检总局、交通运输部、住房城乡建设部等部门按职责分工分别负责）

三、强化市场行为监管

依法规范生产、经营、交易等市场行为，创新监管方式，保障公平竞争，促进诚信守法，维护市场秩序。

（九）强化生产经营者主体责任

国务院有关部门要抓紧推动制修订有关条例，完善消费环节经营者首问和赔偿先付制度，建立企业产品和服务标准自我声明公开和监督制度，建立消费品生产经营企业产品安全事故强制报告制度，修订缺陷产品强制召回制度，建立生态环境损害责任制度，提请国务院审议。（工商总局、质检总局、食品药品监管总局、环境保护部、林业局、法制办按职责分工分别负责）试行扩大食品药品、生态环境、安全生产等领域的责任保险，形成风险分担的社会救济机制和专业组织评估、监控风险的市场监督机制。（保监会牵头负责）

（十）强化依据标准监管

加快推动修订标准化法，推进强制性标准体系改革，强化国家强制性标准管理。（质检总局牵头负责）强制性标准严格限定在保障人身健康和生命财产安全、国家安全、生态环境安全的范围。市场主体须严格执行强制性标准，市场监管部门须依据强制性标准严格监管执法。（各相关市场监管部门按职责分工分别负责）

（十一）严厉惩处垄断行为和不正当竞争行为

依照反垄断法、反不正当竞争法、价格法的有关规定，严肃查处损害竞争、损害消费者权益以及妨碍创新和技术进步的垄断协议、滥用市场支配地位行为；加大经营者集中反垄断审查力度，有效防范通过并购获取垄断地位并损害市场竞争的行为；改革自然垄断行业监管办法，强化垄断环节监管。严厉查处仿冒名牌、虚假宣传、价格欺诈、商业贿赂、违法有奖销售、商业诋毁、销售无合法进口证明商品等不正当竞争行为；依法保护各类知识产权，鼓励技术创新，打击侵犯知识产权和制售假冒伪劣商品的行为。（商务部、发展改革委、工商总局、知识产权局等部门按职责分工分别负责）

（十二）强化风险管理

加强对市场行为的风险监测分析，加快建立对高危行业、重点工程、重要商品及生产资料、重点领域的风险评估指标体系、风险监测预警和跟踪制度、风险管理防控联动机制。（各相关市场监管部门按职责分工分别负责）完善区域产品质量和生产安全风险警示制度。（质检总局、工商总局、安全监管总局按职责分工分别负责）依据风险程度，加强对发生事故概率高、损失重大的环节和领域的监管，防范区域性、行业性和系统性风险。（各相关市场监管部门按职责分工分别负责）

（十三）广泛运用科技手段实施监管

充分利用信息网络技术实现在线即时监督监测，加强非现场监管执法。充分运用移动执法、电子案卷等手段，提高执法效能。（工商总局、质检总局、安全监管总局、食品药品监管总局、环境保护部、文化部、海关总署等部门按职责分工分别负责）利用物联网建设重要产品等追溯体系，形成"来源可查、去向可追、责任可究"的信息链条。（商务部牵头负责）加快完善认定电子签名法律效力的机制。（工业和信息化部、法制办牵头负责）

四、夯实监管信用基础

运用信息公示、信息共享和信用约束等手段，营造诚实、自律、守信、互信的社会信用环境，促进各类市场主体守合同、重信用。

（十四）加快市场主体信用信息平台建设

完善市场主体信用信息记录，建立信用信息档案和交换共享机制。逐步建立包括金融、工商登记、税收缴纳、社保缴费、交通违章、统计等所有信用信息类别、覆盖全部信用主体的全国统一信用信息网络平台。推进信用标准化建设，建立以公民身份号码和组织机构代码为基础的统一社会信用代码制度，完善信用信息征集、存储、共享与应用等环节的制度，推动地方、行业信用信息系统建设及互联互通，构建市场主体信用信息公示系统，强化对市场主体的信用监管。（发展改革委、人民银行牵头负责）

（十五）建立健全守信激励和失信惩戒机制

将市场主体的信用信息作为实施行政管理的重要参考。根据市场主体信用状况实行分类分级、动态监管，建立健全经营异常名录制度，对违背市场竞争原则和侵犯消费者、劳动者合法权益的市场主体建立"黑名单"制度。（工商总局牵头负责）对守信主体予以支持和激励，对失信主体在经营、投融资、取得政府供应土地、进出口、出入境、注册新公司、工程招投标、政府采购、获得荣誉、安全许可、生产许可、从业任职资格、资质审核等方面依法予以限制或禁止，对严重违法失信主体实行市场禁入制度。（各相关市场监管部门按职责分工分别负责）

（十六）积极促进信用信息的社会运用

在保护涉及公共安全、商业秘密和个人隐私等信息的基础上，依法公开在行政管理中掌握的信用信息。拓宽信用信息查询渠道，为公众查询市场主体基础信用信息和违法违规信息提供便捷高效的服务。依法规范信用服务市场，培育和发展社会信用服务机构，推动建立个人信息和隐私保护的法律制度，加强对信用服务机构和人员的监督管理。（发展改革委、人民银行牵头负责）

五、改进市场监管执法

创新执法方式，强化执法监督和行政问责，确保依法执法、公正执法、文明执法。

（十七）严格依法履行职责

行政机关均须在宪法和法律范围内活动，依照法定权限和程序行使权力、履行职责。没有法律、法规、规章依据，市场监管部门不得作出影响市场主体权益或增加其义务的决定；市场监管部门参与民事活动，要依法行使权利、履行义务、承担责任。（各相关市场监管部门按职责分工分别负责）

（十八）规范市场执法行为

建立科学监管的规则和方法，完善以随机抽查为重点的日常监督检查制度，优化细化执法工作流程，确保程序正义，切实解决不执法、乱执法、执法扰民等问题。（工商总局、质检总局、安全监管总局、食品药品监管总局、环境保护部等部门按职责分工分别负责）完善行政执法程序和制度建设，健全市场监管部门内部案件调查与行政处罚决定相对分离制度，规范执法行为，落实行政执法责任制。建立行政执法自由裁量基准制度，细化、量化行政裁量权，公开裁量范围、种类和幅度，严格限定和合理规范裁量权的行使。行政执法过程中，要尊重公民合法权益，不得粗暴对待当事人，不得侵害其人格尊严，积极推行行政指导、行政合同、行政奖励及行政和解等非强制手段，维护当事人的合法权益。（各相关市场监管部门按职责分工分别负责）推进监管执法职能与技术检验检测职能相对分离，技术检验检测机构不再承担执法职能。（中央编办、质检总局牵头负责）

（十九）公开市场监管执法信息

推行地方各级政府及其市场监管部门权力清单制度，依法公开权力运行流程。公示行政审批事项目录，公开审批依据、程序、申报条件等。（中央编办牵头负责）依法公开监测、抽检和监管执法的依据、内容、标准、程序和结果。除法律法规另有规定外，市场监管部门适用一般程序作出行政处罚决定或者处罚决定变更之日起 20 个工作日内，公开执法案件主体信息、案由、处罚依据及处罚结果，提高执法透明度和公信力。建立健全信息公开内部审核机制、档案管理等制度。（各相关市场监管部门按职责分工分别负责）

（二十）强化执法考核和行政问责

加强执法评议考核，督促和约束各级政府及其市场监管部门切实履行职责。（县级以上地方各级人民政府负责）综合运用监察、审计、行政复议等方式，加强对行政机关不作为、乱作为、以罚代管等违法违规行为的监督。对市场监管部门及其工作人员未按强制性标准严格监管执法造成损失的，要依法追究责任；对市场监管部门没有及时发现、制止而引发系统性风险的，对地方政府长期不能制止而引发区域性风险的，要依法追究有关行政监管部门直至政府行政首长的责任。因过错导致监管不到位造成食品药品安全、生态环境安全、生产安全等领域事故的，要倒查追责，做到有案必查，有错必究，有责必追。不顾生态环境盲目决策，造成严重后果的领导干部，要终身追究责任。（监察部、审计署、法制办按职责分工分别负责）

六、改革监管执法体制

整合优化执法资源，减少执法层级，健全协作机制，提高监管效能。

（二十一）解决多头执法

整合规范市场监管执法主体，推进城市管理、文化等领域跨部门、跨行业综合执法，相对集中执法权。市场监管部门直接承担执法职责，原则上不另设具有独立法人资格的执法队伍。一个部门设有多支执法队伍的，业务相近的应当整合为一支队伍；不同部门下设的职责任务相近或相似的执法队伍，逐步整合为一支队伍。清理取消没有法律法规依据、违反机构编制管理规定的执法队伍。（中央编办牵头负责）

（二十二）消除多层重复执法

对反垄断、商品进出口、外资国家安全审查等关系全国统一市场规则和管理的事项，实行中央政府统一监管。对食品安全、商贸服务等实行分级管理的事项，要厘清不同层级政府及其部门的监管职责，原则上实行属地管理，由市县政府负责监管。要加强食品药品、安全生产、环境保护、劳动保障、海域海岛等重点领域基层执法力量。由基层监管的事项，中央政府和省、自治区政府市场监管部门，主要行使市场执法监督指导、协调跨区域执法和重大案件查处职责，原则上不设具有独立法人资格的执法队伍。设区的市，市级部门承担执法职责并设立执法队伍的，区本级不设执法队伍；区级部门承担执法职责并设立执法队伍的，市本级不设执法队伍。加快县级政府市场监管体制改革，探索综合设置市场监管机构，原则上不另设执法队伍。乡镇政府（街道）在没有市场执法权的领域，发现市场违法违规行为应及时向上级

报告。经济发达、城镇化水平较高的乡镇，根据需要和条件可通过法定程序行使部分市场执法权。（中央编办牵头负责）

（二十三）规范和完善监管执法协作配合机制

完善市场监管部门间各司其职、各负其责、相互配合、齐抓共管的工作机制。制定部门间监管执法信息共享标准，打破"信息孤岛"，实现信息资源开放共享、互联互通。（商务部牵头负责）建立健全跨部门、跨区域执法协作联动机制。（各相关市场监管部门按职责分工分别负责）对未经依法许可的生产经营行为，工商行政管理部门和负责市场准入许可的部门要及时依法查处，直至吊销营业执照。（工商总局、负责市场准入许可的部门按职责分工分别负责）

（二十四）做好市场监管执法与司法的衔接

完善案件移送标准和程序，细化并严格执行执法协作相关规定。（各相关市场监管部门按职责分工分别负责）建立市场监管部门、公安机关、检察机关间案情通报机制。市场监管部门发现违法行为涉嫌犯罪的，应当依法移送公安机关并抄送同级检察机关，不得以罚代刑。公安机关作出立案决定的，应当书面通知移送案件的市场监管部门，不立案或者撤销案件决定的，应当书面说明理由，同时通报同级检察机关。公安机关发现违法行为，认为不需要追究刑事责任但依法应当作出行政处理的，要及时将案件移送市场监管部门。（公安部牵头负责）市场监管部门须履行人民法院的生效裁定和判决。对当事人不履行行政决定的，市场监管部门依法强制执行或者向人民法院申请强制执行。（各相关市场监管部门按职责分工分别负责）

七、健全社会监督机制

充分发挥社会力量在市场监管中的作用，调动一切积极因素，促进市场自我管理、自我规范、自我净化。

（二十五）发挥行业协会商会的自律作用

推动行业协会商会建立健全行业经营自律规范、自律公约和职业道德准则，规范会员行为。鼓励行业协会商会制定发布产品和服务标准，参与制定国家标准、行业规划和政策法规。支持有关组织依法提起公益诉讼，进行专业调解。加强行业协会商会自身建设，增强参与市场监管的能力。（民政部牵头负责）限期实现行政机关与行业协会商会在人员、财务资产、职能、办公场所等方面真正脱钩。探索一业多会，引入竞争机制。（发展改革委、民政部牵头负责）加快转移适合由行业协会商会承担的职能，同时加强管理，引导其依法开展活动。（民政部、中央编办牵头负责）

（二十六）发挥市场专业化服务组织的监督作用

支持会计师事务所、税务师事务所、律师事务所、资产评估机构等依法对企业财务、纳税情况、资本验资、交易行为等真实性合法性进行鉴证，依法对上市公司信息披露进行核查把关。（财政部牵头负责）推进检验检测认证机构与政府脱钩、转制为企业或社会组织的改革，推进检验检测认证机构整合，有序放开检验检测认证市场，促进第三方检验检测认证机构发展。（中央编办、质检总局牵头负责）推进公证管理体制改革。（司法部负责）加快发展市场中介组织，推进从事行政审批前置中介服务的市场中介组织在人、财、物等方面与行政机关或者挂靠事业单位脱钩改制。建立健全市场专业化服务机构监管制度。（发展改革委、财政部牵头负责）

（二十七）发挥公众和舆论的监督作用

健全公众参与监督的激励机制，完善有奖举报制度，依法为举报人保密。（各相关市场监管部门按职责分工分别负责）发挥消费者组织调处消费纠纷的作用，提升维权成效。（工商总局牵头负责）落实领导干部接待群众来访制度，健全信访举报工作机制，畅通信访渠道。（信访局牵头负责）整合优化各职能部门的投诉举报平台功能，逐步建设统一便民高效的消费投诉、经济违法行为举报和行政效能投诉平台，实现统一接听、按责转办、限时办结，统一督办，统一考核。（县级以上地方各级人民政府负责）强化舆论监督，曝光典型案件，震慑违法犯罪行为，提高公众认知和防范能力。新闻媒体要严守职业道德，把握正确导向，重视社会效果。严惩以有偿新闻恶意中伤生产经营者、欺骗消费者的行为。（新闻出版广电总局牵头负责）对群众举报投诉、新闻媒体反映的问题，市场监管部门要认真调查核实，及时依法作出处理，并向社会公布处理结果。（各相关市场监管部门按职责分工分别负责）

八、完善监管执法保障

加强制度建设，强化执法能力保障，确保市场监管有法可依、执法必严、清正廉洁、公正为民。

(二十八) 及时完善相关法律规范

根据市场监管实际需要和市场变化情况，及时修订完善相关法律法规。梳理取消和下放行政审批项目、加强后续监管措施涉及的法律法规、规章和规范性文件，提出法律修改、废止建议，修改或者废止有关法规、规章和规范性文件。研究技术标准、信用信息和信用报告、备案报告等政府管理方式的适用规则。完善市场监管规范性文件合法性审查机制，健全法规、规章和规范性文件备案审查制度。健全行政复议案件审理机制，推动扩大行政诉讼受案范围。(法制办、各相关市场监管部门按职责分工分别负责)

(二十九) 健全法律责任制度

调整食品药品、生态环境、安全生产、劳动保障等领域现行法律制度中罚款等法律责任的规定，探索按日计罚等法律责任形式。扩大市场监管法律制度中惩罚性赔偿的适用范围，依法大幅度提高赔偿倍数。强化专业化服务组织的连带责任。健全行政补偿和赔偿制度，当发生市场监管部门及其工作人员行使职权损害相对人合法权益时，须履行补偿或赔偿责任。(各相关市场监管部门、法制办按职责分工分别负责)

(三十) 加强执法队伍建设

在财政供养人员总量不增加的前提下，盘活存量、优化结构，完善待遇、选拔任用等激励保障制度，推动执法力量向基层和一线倾斜。加强执法人员专业培训和业务考核，配备必要的执法装备，提高执法人员综合素质和能力水平。(财政部、人力资源社会保障部、中央编办按职责分工分别负责) 全面落实财政保障执法经费制度，市场监管工作经费和能力建设经费全部纳入各级财政预算予以保障，确保监管执法人员工资足额发放。严格执行"收支两条线"制度，严禁下达罚款任务，严禁收费罚没收入按比例返还等与部门利益挂钩或者变相挂钩。(财政部牵头负责)

九、加强组织领导

促进市场公平竞争，完善市场监管体系是一项系统工程，各地区各部门要高度重视、统一思想、狠抓落实，力求取得实效。

（三十一）加强领导，明确分工

各地区各部门要深刻认识完善市场监管体系工作的重大意义，认真落实本意见提出的各项措施和要求。各级人民政府要建立健全市场监管体系建设的领导和协调机制，加强统筹协调、督促落实，明确部门分工任务。各地区各部门要按照职责分工，结合本地区本部门实际，研究出台具体方案和实施办法，细化实化监管措施，落实和强化监管责任。加强新闻宣传和舆论引导，确保市场运行平稳有序。

（三十二）联系实际，突出重点

要把人民群众反映强烈、关系人民群众身体健康和生命财产安全、对经济社会发展可能造成大的危害的问题放在突出位置，着力加强对重点区域、重点领域、重点环节和重点产品的监管，切实解决食品药品、生态环境、安全生产、金融服务、网络信息、电子商务、房地产等领域扰乱市场秩序、侵害消费者合法权益的问题。

（三十三）加强督查，务求实效

各地区各部门要加强对本意见落实工作的监督检查，推动市场监管体系建设，促进市场公平竞争，维护市场正常秩序。国务院办公厅负责对本意见落实工作的统筹协调、跟踪了解、督促检查，确保各项任务和措施落实到位。

国务院

2014 年 6 月 4 日

国务院关于促进服务外包产业加快发展的意见

国发〔2014〕67号

各省、自治区、直辖市人民政府，国务院各部委、各直属机构：

近年来，我国服务外包产业规模迅速扩大，结构不断优化，以中国服务外包示范城市为主体的产业聚集效应日益增强。坚持改革创新，面向全球市场，加快发展高技术、高附加值服务外包产业，促进大众创业、万众创新，推动从主要依靠低成本竞争向更多以智力投入取胜转变，对于推进结构调整，形成产业升级新支撑、外贸增长新亮点、现代服务业发展新引擎和扩大就业新渠道，具有重要意义。为促进我国服务外包产业加快发展，推动"中国服务"再上台阶、走向世界，现提出以下意见。

一、总体要求

（一）指导思想

以邓小平理论、"三个代表"重要思想、科学发展观为指导，全面贯彻落实党的十八大和十八届二中、三中、四中全会精神，认真落实党中央、国务院的决策部署，以拓展国际国内市场为导向，围绕培育竞争新优势和营造良好发展环境，坚持改革创新、突出重点、分步实施、示范集聚的原则，着力激发企业创新动力和市场活力，尽快将服务外包产业提高到一个新水平。

（二）发展目标

今后三年，培养一批中高端人才、复合型人才和国际型人才，培育一批具有国际先进水平的服务外包知名企业，建设一批主导产业突出、创新能力强、体制机制先行先试的服务外包产业集聚区；人才队伍规模和素质进一步提高，吸纳大学生就业的数量大幅增长；服务外包产业规模持续快速增长，国际服务外包业务规模年均增长25%以上；产业结构进一步优化，高技术含量、高附加值的服务外包业务占比不断提高；区域布局明显改善，特色鲜明、优势互补、协调有序的良性发展格局初步形成；服务外包企业的专业服务能力和水平显著提高，中国服务外包示范城市的辐射带动作用进一步增强；服务外包产业政策体系和服务保障体系进一步完善。

到 2020 年，服务外包产业国际国内市场协调发展，规模显著扩大，结构显著优化，企业国际竞争力显著提高，成为我国参与全球产业分工、提升产业价值链的重要途径。

二、培育竞争新优势

（三）明确产业发展导向

同步推进信息技术、业务流程和知识流程外包服务，着力发展高技术、高附加值服务外包业务，促进向产业价值链高端延伸。定期发布《服务外包产业重点发展领域指导目录》，加强对服务外包产业发展指导。积极拓展服务外包行业领域，大力发展软件和信息技术、设计、研发、互联网、医疗、工业、能源等领域服务外包；加快发展文化创意、教育、交通物流、健康护理、科技服务、批发零售、休闲娱乐等领域服务外包；积极发展金融服务外包业务，鼓励金融机构将非核心业务外包。

（四）实施国际市场多元化战略

适应全球服务业加速跨国转移新趋势，进一步扩大与有关国家和地区服务外包交流与合作。巩固和加强与发达国家合作，着力提高服务外包高端业务比重；积极开拓新兴市场，不断拓展新业务和营销网络；深化与周边国家合作，推动服务标准出口；密切与丝绸之路经济带和 21 世纪海上丝绸之路沿线国家和地区的联系，构建多元化市场新格局。

（五）优化国内市场布局

立足服务外包产业现有基础和发展趋势，深度挖掘国内服务外包市场潜力，构建以中国服务外包示范城市为主体，结构合理、各具特色、优势互补的产业发展格局。发挥长三角、珠三角、环渤海及京津冀等区域已形成的产业集聚优势，积极吸引国内外创新资源，搭建具有国际先进水平的服务外包产业平台，不断提升产业竞争力，率先达到国际先进水平，加快带动全国服务外包产业发展。发挥中西部地区的区位优势，进一步加强服务外包产业基础设施建设，将推动服务外包产业发展作为产业转型升级、构建内陆地区开放型经济新高地的重要突破口，有序承接东部地区和国际产业转移。发挥东北地区工业体系完整的优势，不断优化发展环境，加大市场开拓力度，为振兴东北老工业基地和资源型城市转型发展提供有力支撑。

（六）培育壮大市场主体

支持各类所有制企业从事服务外包业务，鼓励服务外包企业专业化、规模化、品牌化发展。推动服务外包企业提升研发创新水平，通过国家科技计划（专项、基金等）引导和支持企业开展集成设计、综合解决方案及相关技术项目等研发。鼓励服务外包企业加强商业模式和管理模式创新，积极发展承接长期合约形式的服务外包业务。培育一批创新能力强、集成服务水平高、具有国际竞争力的服务外包龙头企业。支持一批"专、精、特、新"的中小型服务外包企业。鼓励企业特别是工业企业打破"大而全"、"小而全"的一体化格局，购买非核心业务的专业服务。引导服务外包企业通过兼并重组，优化资金、技术、人才等资源要素配置，实现优势互补。政府部门要不断拓宽购买服务领域，将可外包业务委托给专业服务企业。

（七）加强人才队伍建设

充分利用国际国内两种资源，加强服务外包各类人才培养培训。采取引进和培养相结合的方式，加强中高端人才队伍建设。支持高校以人才需求为导向调整优化服务外包专业和人才结构，依照服务外包人才相关标准组织实施教学活动，进行课程体系设置改革试点，引导大学生创新创业。鼓励高校和企业创新合作模式，积极开展互动式人才培养，共建实践教育基地，加强高校教师与企业资深工程师的双向交流。全面提升从业人员能力和水平，支持符合条件的服务外包企业通过开展校企合作录用高校毕业生，建立和完善内部培训体系。

三、强化政策措施

（八）加强规划引导

全面客观评估服务外包产业"十二五"规划实施情况，研究制订《中国国际服务外包产业发展"十三五"规划》，明确提出"十三五"服务外包产业的重点领域、主要任务和保障措施等。科学谋划服务外包产业集聚区布局，尽快形成产业集聚，发挥引领带动作用。有关部门要将服务外包产业集聚区的教育资源，物联网、大数据、云计算和移动互联及新技术应用的基础设施，以及企业的技术、管理和商业模式创新项目等纳入"十三五"相关规划。

（九）深化国际交流合作

提升双边经贸合作质量，在现有机制框架下有序推进服务外包产业务实合作，营造有利于共同发展的国际环境。加大支持服务外包企业参加国际展会、项目洽谈等活动。结合实施"走出去"战略和对外援助，综合运用贸易、出口信贷、对外投资合作和对外援助等多种措施，支持有条件的服务外包企业"走出去"，开展研发外包、知识流程外包和业务流程外包等高附加值项目合作。鼓励企业和机构在国际市场购买技术含量高、业务模式新的高端服务，引进先进技术、先进经营方式和管理经验，加快推动国内服务外包产业转型升级。

（十）加大财政支持力度

完善现有财政资金政策，优化资金安排和使用方向，改进支持方式，加大对国际服务外包业务的支持，鼓励开展国际服务外包研发、人才培训、资质认证、公共服务等。充分发挥财政资金的杠杆引导作用，通过设立国际服务外包产业引导基金等市场化支持方式，引导社会资金加大对承接国际服务外包业务企业的投入，促进扩大服务出口。

（十一）完善税收政策

从区域和领域上扩大对技术先进型服务企业减按15%税率缴纳企业所得税和职工教育经费不超过工资薪金总额8%部分税前扣除的税收优惠政策实施范围。根据服务外包产业集聚区布局，统筹考虑东、中、西部城市，将中国服务外包示范城市数量从21个有序增加到31个。实行国际服务外包增值税零税率和免税政策。

（十二）加强金融服务

拓宽服务外包企业投融资渠道。鼓励金融机构按照风险可控、商业可持续原则，创新符合监管政策、适应服务外包产业特点的金融产品和服务，推动开展应收账款质押、专利及版权等知识产权质押。支持政策性金融机构在有关部门和监管机构的指导下依法合规创新发展，加大对服务外包企业开拓国际市场、开展境外并购等业务的支持力度，加强服务外包重点项目建设。鼓励保险机构创新保险产品，提升保险服务，扩大出口信用保险规模和覆盖面，提高承保和理赔效率。利用现有资金政策，引导融资担保机构加强对服务外包中小企业的融资担保服务。支持符合条件的服务外包企业进入中小企业板、创业板、中小企业股份转让系统融资。支持符合条件的服务外包企业通过发行企业债券、公司债券、非金融企业债务融资工具等方式扩大融资，实现融资渠道多元化。

（十三）提升便利化水平

深化境外投资审批制度改革，推进境外投资便利化，实行备案为主的管理方式，最大限度缩小核准范围，简化审批手续。进一步提升通关便利化水平，创新服务外包海关监管模式。创新服务外包检验检疫监管模式，对承接国际服务外包业务所需样机、样本、试剂等简化审批程序，实施分类管理，提供通关便利。加快落实外汇管理便利化措施，具备条件的服务外包企业可申请参与服务外包境外投资外汇管理改革试点，根据试点情况及时研究推广。鼓励在跨境贸易和投资中使用人民币结算。为从事国际服务外包业务的外籍中高端管理和技术人员提供出入境和居留便利。提高国际通信服务水平，支持基础电信运营商为服务外包企业网络接入和国际线路租赁提供便利。

四、健全服务保障

（十四）建设法治化营商环境

研究完善服务外包产业的法律体系，促进产业发展和规范经营行为。切实保障国家安全，对故意或者过失泄露国家秘密、危害国家安全等违法行为，要依法追究法律责任。加大服务外包领域版权、专利、商标等知识产权的执法监管力度。建立服务外包企业信用记录和信用评价体系，惩戒失信，打击欺诈，完善服务外包企业诚信体系建设。鼓励条件成熟的地方开展地方性立法，适时出台有关服务外包产业的地方性法规和政府规章。

（十五）提高公共服务水平

驻外使（领）馆要加大对服务外包企业境外开展合作的指导协调力度，主动加强与国内主管部门的沟通配合，及时提供有效信息和政策建议。发挥行业协会的作用，提高服务和促进水平，加强行业自律，研究制订服务和人才标准，树立"中国服务"品牌。充分利用现有服务外包交流合作平台，吸引跨国公司转移国际服务外包业务，鼓励研究机构、商协会、高校和企业开展多种形式的务实合作。加强对服务外包公共信息服务，及时发布国际国内市场动态和政策信息。

（十六）加强统计分析体系建设

科学界定服务外包产业内涵和外延，健全服务外包统计指标体系和统计制度。加强服务外包统计信息系统建设。强化统计监测功能，推动服务外包产业监测预警体系建设。建立健全有关部门服务外包信息共享机制。加强与国际组织、研究机构和行业协会的数据信息交流与合作，按月度发布服务外包统计数据。

各地区、各部门要充分认识促进服务外包产业加快发展的重大意义，加强组织领导，建立工作机制，强化部门协同和上下联动，切实将本意见的各项任务落到实处、取得实效。商务部要加强统筹协调，会同有关部门科学评估服务外包产业发展情况，对本意见落实情况进行跟踪分析和监督检查，每年向国务院报告一次落实情况，重要问题及时报告。

国务院
2014 年 12 月 24 日

国务院关于加快发展服务贸易的若干意见

国发〔2015〕8号

各省、自治区、直辖市人民政府，国务院各部委、各直属机构：

近年来，我国服务贸易发展较快，但总体上国际竞争力相对不足，仍是对外贸易"短板"。大力发展服务贸易，是扩大开放、拓展发展空间的重要着力点，有利于稳定和增加就业、调整经济结构、提高发展质量效率、培育新的增长点。为适应经济新常态，加快发展服务贸易，现提出以下意见。

一、总体要求

（一）指导思想

深入贯彻党的十八大和十八届二中、三中、四中全会精神，以深化改革、扩大开放、鼓励创新为动力，着力构建公平竞争的市场环境，促进服务领域相互投资，完善服务贸易政策支持体系，加快服务贸易自由化和便利化，推动扩大服务贸易规模，优化服务贸易结构，增强服务出口能力，培育"中国服务"的国际竞争力。

（二）基本原则

深化改革，扩大开放。深化服务业改革，放宽服务领域投资准入，减少行政审批事项，打破地区封锁和行业垄断，破除制约服务业发展的体制机制障碍；坚持有序推进服务业开放，以开放促改革、促发展、促创新。

市场竞争，政府引导。发挥市场在服务贸易领域资源配置中的决定性作用，着力激发各类市场主体发展新活力；强化政府在制度建设、宏观指导、营造环境、政策支持等方面的职责，更好发挥政府引导作用。

产业支撑，创新发展。注重产业与贸易、货物贸易与服务贸易协调发展。依托制造业优势发展服务贸易，带动中国服务"走出去"；发挥服务贸易的支撑作用，提升货物贸易附加值。夯实服务贸易发展基础，增强服务业的国际竞争力。

（三）发展目标

服务业开放水平进一步提高，服务业利用外资和对外投资范围逐步扩大、质量和水平逐步提升。服务贸易规模日益扩大，到 2020 年，服务进出口额超过 1 万亿美元，服务贸易占对外贸易的比重进一步提升，服务贸易的全球占比逐年提高。服务贸易结构日趋优化，新兴服务领域占比逐年提高，国际市场布局逐步均衡，"一带一路"沿线国家在我国服务出口中的占比稳步提升。

二、主要任务

（四）扩大服务贸易规模

巩固旅游、建筑等劳动密集型服务出口领域的规模优势；重点培育运输、通信、金融、保险、计算机和信息服务、咨询、研发设计、节能环保、环境服务等资本技术密集型服务领域发展，既通过扩大进口满足国内需求，又通过鼓励出口培育产业竞争力和外贸竞争新优势；积极推动文化艺术、广播影视、新闻出版、教育等承载中华文化核心价值的文化服务出口，大力促进文化创意、数字出版、动漫游戏等新型文化服务出口，加强中医药、体育、餐饮等特色服务领域的国际交流合作，提升中华文化软实力和影响力。

（五）优化服务贸易结构

优化服务贸易行业结构，积极开拓服务贸易新领域，稳步提升资本技术密集型服务和特色服务等高附加值服务在服务进出口中的占比。优化国际市场布局，继续巩固传统市场，在挖掘服务出口潜力的同时，加大资本技术密集型服务进口力度；大力开拓"一带一路"沿线国家市场，提高新兴国家市场占比，积极发展运输、建筑等服务贸易，培育具有丝绸之路特色的国际精品旅游线路和产品，推进承载中华文化的特色服务贸易发展，提高资本技术密集型服务贸易占比。优化国内区域布局，巩固东部沿海地区的规模和创新优势，加快发展资本技术密集型服务贸易，发挥中西部地区的资源优势，培育特色产业，鼓励错位竞争、协同发展。

（六）规划建设服务贸易功能区

充分发挥现代服务业和服务贸易集聚作用，在有条件的地区开展服务贸易创新发展试点。依托现有各类开发区和自由贸易试验区规划建设一批特色服务出口基地。拓展海关特殊监管区域和保税监管场所的服务出口功能，扩充国际转口贸易、国际物流、中转服务、研发、国际结算、分销、仓储等功能。

（七）创新服务贸易发展模式

积极探索信息化背景下新的服务贸易发展模式，依托大数据、物联网、移动互联网、云计算等新技术推动服务贸易模式创新，打造服务贸易新型网络平台，促进制造业与服务业、各服务行业之间的融合发展。将承接服务外包作为提升我国服务水平和国际影响力的重要手段，扩大服务外包产业规模，增加高技术含量、高附加值外包业务比重，拓展服务外包业务领域，提升服务跨境交付能力。推动离岸、在岸服务外包协调发展，在积极承接国际服务外包的同时，逐步扩大在岸市场规模。

（八）培育服务贸易市场主体

打造一批主业突出、竞争力强的大型跨国服务业企业，培育若干具有较强国际影响力的服务品牌；支持有特色、善创新的中小企业发展，引导中小企业融入全球供应链。鼓励规模以上服务业企业走国际化发展道路，积极开拓海外市场，力争规模以上服务业企业都有进出口实绩。支持服务贸易企业加强自主创新能力建设，鼓励服务领域技术引进和消化吸收再创新。

（九）进一步扩大服务业开放

探索对外商投资实行准入前国民待遇加负面清单的管理模式，提高利用外资的质量和水平。推动服务业扩大开放，推进金融、教育、文化、医疗等服务业领域有序开放，逐步实现高水平对内对外开放；放开育幼养老、建筑设计、会计审计、商贸物流、电子商务等服务业领域外资准入限制。积极参与多边、区域服务贸易谈判和全球服务贸易规则制定。建立面向全球的高标准自由贸易区网络，依托自由贸易区战略实施，积极推动服务业双向互惠开放。基本实现内地与港澳服务贸易自由化。推动大陆与台湾服务业互利开放。

（十）大力推动服务业对外投资

支持各类服务业企业通过新设、并购、合作等方式，在境外开展投资合作，加快建设境外营销网络，增加在境外的商业存在。支持服务业企业参与投资、建设和管理境外经贸合作区。鼓励企业建设境外保税仓，积极构建跨境产业链，带动国内劳务输出和货物、服务、技术出口。支持知识产权境外登记注册，加强知识产权海外布局，加大海外维权力度，维护企业权益。

三、政策措施

（十一）加强规划引导

发挥规划的引领作用，定期编制服务贸易发展规划。指导地方做好规划工作，确立主导行业和发展重点，扶持特色优势行业发展。加强对重点领域的支持引导，制订重点服务出口领域指导目录。建立不同层级的重点企业联系制度。

（十二）完善财税政策

充分利用外经贸发展专项资金等政策，加大对服务贸易发展的支持力度，进一步优化资金安排结构，突出政策支持重点，完善和创新支持方式，引导更多社会资金加大对服务贸易发展的支持力度，拓宽融资渠道，改善公共服务。结合全面实施"营改增"改革，对服务出口实行零税率或免税，鼓励扩大服务出口。

（十三）创新金融服务

加强金融服务体系建设，鼓励金融机构在风险可控的前提下创新金融产品和服务，开展供应链融资、海外并购融资、应收账款质押贷款、仓单质押贷款、融资租赁等业务。鼓励政策性金融机构在现有业务范围内加大对服务贸易企业开拓国际市场、开展国际并购等业务的支持力度，支持服务贸易重点项目建设。鼓励保险机构创新保险品种和保险业务，探索研究推出更多、更便捷的外贸汇率避险险种，在风险可控的前提下采取灵活承保政策，简化投保手续。引导服务贸易企业积极运用金融、保险等多种政策工具开拓国际市场，拓展融资渠道。推动小微企业融资担保体系建设，积极推进小微企业综合信息共享。加大多层次资本市场对服务贸易企业的支持力度，支持符合条件的服务贸易企业在交易所市场上市、在全国中小企业股份转让系统挂牌、发行公司债和中小企业私募债等。

（十四）提高便利化水平

建立和完善与服务贸易特点相适应的口岸通关管理模式。探索对会展、拍卖、快递等服务企业所需通关的国际展品、艺术品、电子商务快件等特殊物品的监管模式创新，完善跨境电子商务通关服务。加强金融基础设施建设，便利跨境人民币结算，鼓励境内银行机构和支付机构扩大跨境支付服务范围，支持服务贸易企业采用出口收入存放境外等方式提高外汇资金使用效率。加强人员流动、资格互认、标准化等方面的国际磋商与合作，为专业人才和专业服务"引进来"和"走出去"提供便利。为外籍高端人才办理在华永久居留提供便利。

（十五）打造促进平台

支持商协会和促进机构开展多种形式的服务贸易促进活动，通过政府购买服务的形式整体宣传"中国服务"，提升服务贸易品牌和企业形象。支持企业赴境外参加服务贸易重点展会。积极培育服务贸易交流合作平台，形成以中国（北京）国际服务贸易交易会为龙头、以各类专业性展会论坛为支撑的服务贸易会展格局，鼓励其他投资贸易类展会增设服务贸易展区。积极与主要服务贸易合作伙伴和"一带一路"沿线国家签订服务贸易合作协议，在双边框架下开展务实合作。

四、保障体系

（十六）健全法规体系

加快推进相关服务行业基础性法律制修订工作，逐步建立和完善服务贸易各领域法律法规体系，规范服务贸易市场准入和经营秩序。研究制定或完善有关服务进出口的相关法规。鼓励有条件的地方出台服务贸易地方性法规。建立与国际接轨的服务业标准化体系。

（十七）建立协调机制

建立国务院服务贸易发展协调机制，加强对服务贸易工作的宏观指导，统筹服务业对外开放、协调各部门服务出口政策、推进服务贸易便利化和自由化。各地要将大力发展服务贸易作为稳定外贸增长和培育外贸竞争新优势的重要工作内容，纳入政府考核评价指标体系，完善考核机制。

（十八）完善统计工作

建立和完善国际服务贸易统计监测、运行和分析体系，健全服务贸易统计指标体系，加强与国际组织、行业协会的数据信息交流，定期发布服务贸易统计数据。创新服务贸易统计方法，加强对地方服务贸易统计工作的指导，开展重点企业数据直报工作。

（十九）强化人才培养

大力培养服务贸易人才，加快形成政府部门、科研院所、高校、企业联合培养人才的机制。加大对核心人才、重点领域专门人才、高技能人才和国际化人才的培养、扶持和引进力度。鼓励高等学校国际经济与贸易专业增设服务贸易相关课程。鼓励各类市场主体加大人才培训力度，开展服务贸易经营管理和营销服务人员培训，建设一支高素质的专业人才队伍。

（二十）优化发展环境

积极营造全社会重视服务业和服务贸易发展的良好氛围。清理和规范服务贸易相关法律法规和部门规章，统一内外资法律法规，培育各类市场主体依法平等进入、公平竞争的营商环境。推动行业协会、商会建立健全行业经营自律规范、自律公约和职业道德准则，规范会员行为，推进行业诚信建设，自觉维护市场秩序。

五、组织领导

（二十一）各地区、各有关部门要从全局和战略的高度，充分认识大力发展服务贸易的重要意义，根据本地区、本部门、本行业实际情况，制订出台行动计划和配套支持政策

各地区要建立工作机制，结合本地实际，积极培育服务贸易特色优势产

业。各有关部门要密切协作，形成合力，促进产业政策、贸易政策、投资政策的良性互动，积极营造大力发展服务贸易的政策环境。

附件：重点任务分工及进度安排表（略）

国务院
2015 年 1 月 28 日

国家发展改革委印发关于深入推进煤炭交易市场体系建设的指导意见的通知

发改运行〔2014〕967号

各省、自治区、直辖市发展改革委、经信委（工信委、经委、工信厅），煤炭厅（局、办），交通运输部、商务部、中国人民银行、中国证监会、国家能源局，中国煤炭工业协会、中国钢铁工业协会、中国铁路总公司、国家电网公司等有关单位：

经国务院同意，现将《关于深入推进煤炭交易市场体系建设的指导意见》印发你们，请认真贯彻落实。各省（区、市）有关部门要加强领导，精心组织，将各项工作落到实处。有关部门和单位要密切配合，大力支持，确保煤炭交易市场体系建设取得实效。

附件：关于深入推进煤炭交易市场体系建设的指导意见

国家发展改革委
2014年5月15日

附件：
关于深入推进煤炭交易市场体系建设的指导意见

随着电煤市场化改革不断推进，我国煤炭交易市场发展迅速，现货交易市场数量众多，涉煤期货品种不断完善，市场体系初步建立，对促进煤炭行业健康发展发挥了重要作用。但是，当前煤炭交易市场仍然存在着市场分割、规模偏小、交易手段落后、不够规范和无序竞争等亟待解决的问题。为进一步引导和规范煤炭交易市场体系建设，现提出以下意见。

一、总体要求

（一）指导思想

深入贯彻党的十八大和十八届二中、三中全会精神，全面落实国务院关于深化电煤市场化改革的决策部署，使市场在资源配置中起决定性作用和更好发挥政府作用，引导和规范煤炭交易市场建设，推动形成与我国社会主义市场经济体制相适应的统一开放、竞争有序的煤炭交易市场体系，为实施电煤市场化改革提供比较完善的市场载体。

（二）基本原则

发挥市场在资源配置中的决定性作用。更多运用市场手段推进全国煤炭交易市场体系建设。结合煤炭、电力与铁路运输市场化改革，推进传统产运需衔接方式向现代交易模式转变，完善市场规则，促进市场充分竞争，在更大范围内优化配置煤炭资源。

更好发挥政府的引导、规范和监管作用。要科学合理布局，明确建设标准，鼓励交易创新，规范交易秩序。注重加强市场监管，反对垄断和不正当竞争，防范交易风险，营造公平竞争的市场环境。鼓励和支持各类市场主体依法平等参与煤炭交易市场体系建设。

二、总体框架

（一）体系构成

煤炭交易市场包括现货市场和期货市场。其中，现货市场包括全国性、区域性和地方煤炭交易市场，期货市场包括国家批准开展动力煤、焦煤等涉煤期货品种交易的期货交易场所。

（二）功能定位

全国性煤炭交易市场主要承担全国范围内煤炭交易。区域性和地方煤炭交易市场主要承担相应范围内煤炭交易。各级煤炭交易市场作为市场体系的组成部分，定位不同、功能互补、信息共享、协同发展。

（三）基本作用

提供交易平台，企业自主交易，促进供需平衡；发现合理价格，引导生产消费和优化资源配置；降低交易成本，提高流通效率；规范交易行为，促进诚信经营；开展信息汇集和预测预警。

（四）目标任务

在规范现有煤炭交易市场的基础上，加快健全若干个区域性煤炭交易市场；结合煤炭主产地、消费地、铁路交通枢纽、主要中转港口，以及国家批准开展涉煤品种期货交易的期货交易场所等条件，逐步培育建成 2~3 个全国性煤炭交易市场，形成层次分明、功能齐全、手段先进、运行规范的煤炭交易市场体系。

三、市场建设与监管

（一）市场建设标准

全国性煤炭交易市场应符合以下条件：①具有固定营业场所和完善的网络交易平台等配套服务设施；②煤炭年交易量在二亿吨以上；③具有完整规范的交易规则、交易程序、风险防控等管理制度；④具有组织全国性煤炭交易活动的结算、担保、信贷等配套金融服务和物流、人才等条件；⑤贴近煤炭主产地、消费地、铁路交通枢纽、主要中转港口，能够与国家批准开展涉煤品种期货交易的期货交易场所进行对接；⑥便于煤炭产运需企业互相协商沟通、政府实施调控和监管。

区域性和地方煤炭交易市场应符合以下条件：①具有固定营业场所和完善的网络交易平台等配套服务设施；②区域性煤炭交易市场的煤炭年交易量在一千万吨以上；地方煤炭交易市场的煤炭年交易量在二百万吨以上；③具有完整规范的交易规则、交易程序、风险防控等管理制度；④具有组织区域性或地方煤炭交易活动的结算、担保、信贷等配套金融服务和物流、人才等条件；⑤贴近煤炭主产地、消费地、交通枢纽或中转港口等；⑥具有相应的信息采集、数据分析和信息发布能力。

（二）加强事中事后监管

实行市场化运作与政府引导、监管相结合，健全优胜劣汰的市场化竞争机制。依据市场建设标准，由国家发展改革委会同有关方面，对全国性或区域性煤炭交易市场开展检查；由省级煤炭经营监督管理部门会同有关方面，结合本地实际情况，对地方煤炭交易市场开展检查。对符合市场建设标准、运作较好的煤炭交易市场在资源、运力等方面给予必要支持；对达不到市场建设标准、运作不规范的要限期整改，整改后仍达不到标准的予以公示。

四、完善市场体系建设协调机制

为推进煤炭交易市场体系建设，及时协调解决建设中出现的重大问题，成立全国煤炭交易市场体系建设协调机制（以下简称协调机制）。

（一）协调机制组成

协调机制由国家发展改革委、交通运输部、商务部、中国人民银行、中国证监会、国家能源局、中国铁路总公司、中国煤炭工业协会、中国钢铁工业协会、国家电网公司等单位组成，国家发展改革委为牵头单位。协调机制下设办公室，办公室设在中国煤炭工业协会，承担协调联络等日常工作。

（二）主要任务

积极引导各类市场主体通过多种形式自愿参与煤炭交易市场建设和交易，统筹推进市场体系建设。清理市场分割、地区封锁等限制，研究制定煤炭交易标准化合同，加强合同履行检查。根据市场建设和运行情况，完善交易规则，规范交易秩序，加强监督指导，及时协调解决市场体系建设和运行中出现的重大问题。

（三）建设全国煤炭交易数据平台

在协调机制领导下，由中国煤炭工业协会建设全国煤炭交易数据平台，负责汇集、整理煤炭交易数据，开展市场研究，编制发布全国性煤炭交易市场价格指数，为企业和社会提供服务。

五、合力推进煤炭交易市场体系建设

协调机制既要充分发挥各成员单位作用，又不取代成员单位各自职能分工。各成员单位之间要加强信息交流与情况通报，在研究制定重大政策措施时做好沟通、协调和配合，确保各项政策相互衔接、形成合力。交通运输部、中国铁路总公司要加强对所属企业的指导，依据运输能力和条件，配合做好煤炭交易市场建设相关工作。

各省（区、市）有关部门要根据本指导意见和当地实际，细化煤炭交易市场建设标准、制定建设规划、合理布局，避免一哄而上和无序发展。

商务部关于加快推进商务诚信
建设工作的实施意见

为贯彻落实党的十八大精神和《社会信用体系建设规划纲要（2014—2020 年)》（以下简称《规划纲要》）的要求，加快推进商务诚信建设工作，现提出以下意见。

一、重要意义

推进商务诚信建设是健全社会信用体系的重要内容，是完善市场经济体制的重要基础，是整顿和规范市场秩序的治本之策，是加快转变政府职能、创新行政管理方式的内在要求；是实现我国贸易转型，实施流通驱动战略，促进资源优化配置，建立现代市场体系的基本前提；是加强国际合作与交往，树立国际品牌和声誉，提升国家软实力和国际影响力的必要条件。各地商务主管部门要充分认识当前加强商务诚信建设的重要意义，高度重视并抓好落实工作。

二、总体思路

（一）指导思想

各地商务主管部门要以贯彻落实《规划纲要》为主线，以商贸流通企业为主体，以建立政府主导的行政管理信息共享机制为基础，以建立市场化平台主导的企业综合信用评价机制为核心，以建立第三方机构主导的企业专业信用评价机制为支撑，着力打造"守信得益、失信受制"的良好信用环境，建设法治化、国际化、市场化的营商环境。

（二）主要目标

争取用 6 年左右的时间，通过建立政府与市场相结合、线上与线下相结合的信用约束机制，完善信用管理制度，宣传商业诚信文化，使企业诚信经营意识和信用管理能力明显增强，信用服务业规范健康发展，信用经济规模大幅提升，商务诚信体系基本建立。

三、主要任务

（一）推动建立行政管理信息共享机制

各地商务主管部门要按照"统一标准、统一平台、分步实施、分级共享"的原则，推动建设本地区商贸流通企业信用信息系统，逐步整合本地区商贸流通企业的行政许可、资质认定、行政处罚、法院判决裁定等信用信息，加快与相关部门、行业实现互联互通，逐步开展企业信用分类管理。同时，在政府采购、招标投标、行政审批、市场准入、资质审核、事中事后监管等行政管理事项中，建立信用信息和信用报告使用机制。

（二）引导建立市场化综合信用评价机制

各地商务主管部门要在零售、餐饮、居民服务等大众消费领域，引导商业街区、购物中心、网络零售及电视购物等平台企业，通过地理位置服务等技术和互联网、手机等信息渠道，建立完善基于消费者交易评价和社会公众综合评价的企业信用评价机制。引导上述企业与第三方信用服务机构合作，不断优化信用评价标准和方法，防范信用炒作风险，提升评价可信度。推动上述企业共享和互认信用评价信息，逐步建立失信企业市场限期禁入机制。引导消费者在交易过程中使用企业信用评价信息，并有效反馈消费评价。同时，在批发、物流等贸易流通领域，引导商品批发市场、物流园区、电子商务平台等商圈企业，建立对入驻商户和上下游企业的信用评价机制，制作发布商圈失信企业"黑名单"和诚信企业"红名单"，倡导企业诚信经营。

（三）支持建立第三方专业信用评价机制

各地商务主管部门要鼓励信用保险公司、商业保理公司建立以应收账款为核心的企业信用交易记录，完善企业交易信用评价机制，并逐步将评价结果共享范围扩大到各类市场交易主体和融资机构，帮助其降低交易和融资成本。鼓励具备资质的第三方信用服务机构建立健全企业信用档案，开展电子商务信用评估与认证，帮助企业有效识别和防范信用交易风险。指导本地区相关行业商协会，建立会员企业诚信档案和行业信用信息数据库，制作发布企业信用"红黑榜"，组织部分有上下游产业关系的行业商协会建立信用信息共享机制。

（四）鼓励发展商业信用交易市场

各地商务主管部门要鼓励商贸流通企业利用内贸信用保险，降低信用销售风险，扩大内贸信用销售规模；鼓励本地区保险机构不断提升信用保险承保能力，提高国内贸易信用保险覆盖率。争取财政扶持政策，促进本地区商贸流通企业与商业银行、消费金融公司合作开展各类信用消费业务。鼓励本地区有条件的零售企业直接面向消费者开展赊销，开发新的信用消费模式，培育新的消费增长点。规范发展单用途预付卡市场，继续做好发卡企业备案和预收资金日常管理，开展常规执法检查。支持商业保理行业发展，商业保理试点地区要研究完善本地区行业管理制度和配套支持政策。

（五）着力打造商务诚信文化环境

各地商务主管部门要继续开展"诚信兴商宣传月"活动，组织本地区相关行业商协会、商贸流通企业积极参与。开展形式多样的诚信企业宣传推广活动，树立诚信企业典范。继续开展道德领域突出问题专项教育和治理活动，组织举办现场会和"商务诚信大讲堂"，加大正反两方面典型宣传和曝光力度。继续开展"诚信经营示范创建"等主题实践活动，弘扬重信践诺的传统美德和诚实守信的价值准则。在2012年商务诚信建设试点工作的基础上，重点围绕确保商品质量、提升服务品质、坚持诚信经营、树立商业品牌四个方面，学习总结试点城市先进经验和成功案例。指导本地区商贸流通企业以岗位模范为榜样，开展企业内部宣传教育工作，强化企业员工职业道德修养。

四、工作要求

（一）加强统筹规划

各地商务主管部门要把商务诚信建设工作列入重要议事日程。按照《规划纲要》和本意见要求，组织制订贯彻落实方案。方案内容包括任务分解目标、具体工作措施、责任单位及人员分工、保障措施、进度安排等。

（二）加强制度建设

各地商务主管部门要积极推进商务诚信建设制度化工作，加强本地区商务信用管理立法和基础制度建设，指导完善商贸流通行业信用评价标准及规范，推动商贸流通企业建立企业诚信管理制度，不断完善商务诚信建设长效机制。

（三）加强示范引领

各地商务主管部门要结合本地区实际情况，选择部分信用工作基础较好的平台企业、商圈企业、第三方信用服务机构和行业商协会开展试点，分步骤、分阶段地探索建立一批以行政管理记录、市场化综合评价以及第三方专业评价为主体的信用信息系统和公共服务平台，向政府部门、相关行业、企业或社会公众提供企业综合信用评价、企业消费评价、企业履约评价等公共信息服务，同时建立健全诚信建设体制和机制，为全国商务诚信建设积累经验。

（四）加强组织保障

各地商务主管部门要认真做好对行业商协会及商贸流通企业的指导和督促工作，加强与本地区社会信用体系建设主管部门的沟通协作。积极争取地方财政资金支持，确保工作顺利开展。加强对相关工作人员的商务诚信专业培训。

（五）加强绩效考核

各地商务主管部门要根据制定的工作目标，对商务诚信建设工作进行考核。对未完成工作任务或未达到预期工作目标的单位，督促其整改；对工作积极、成效突出的单位或企业，予以鼓励。同时，及时总结报送相关工作进展情况、发现的问题及经验做法、案例事迹。

商务部

2014 年 9 月 12 日

商务部关于促进商贸物流发展的实施意见

商流通函〔2014〕790号

为贯彻落实2013年国务院召开的部分城市物流工作座谈会和2014年6月国务院常务会通过的《物流业发展中长期规划》精神，促进商贸物流发展，降低物流成本，引导企业做大做强，完善服务体系，更好地保障供给，支撑国民经济稳步增长，现提出如下意见。

一、高度重视商贸物流工作

商贸物流是指与批发、零售、住宿、餐饮、居民服务等商贸服务业及进出口贸易相关的物流服务活动，是整个物流过程中对成本影响比较大的环节，新技术应用和商业模式创新最为集中，作为现代物流的重要组成部分，直接关系到生产资料流通和生活资料流通的顺利运行。促进商贸物流发展，有利于降低物流成本、提高物流效率；有利于货畅其流，繁荣市场；有利于改善交通和环境状况，促进城市化健康发展；有利于提升流通产业竞争力，更好地发挥其在国民经济中的基础性、先导性作用。

近年来，在各级商务主管部门的共同努力下，商贸物流体系逐步形成，信息化、现代化水平显著提高，服务功能不断拓展，涌现出一批商业模式先进、供应链整合能力强的商贸物流企业。但从整体上看，商贸物流小、散、乱，专业化、社会化、标准化程度低，运作成本高、效率低等问题没有根本扭转，与国际先进水平还存在较大差距。各级商务主管部门要高度重视商贸物流发展，认真贯彻落实国务院部分城市物流工作座谈会精神，深入扎实开展工作，努力使商贸物流成为内贸工作"上台阶"的突破口。

二、提高社会化水平

引导生产和商贸流通企业改变"大而全""小而全"的运作模式，剥离或外包物流功能，实行主辅业分离。支持商贸物流企业开展供应商管理库存（VMI）、准时配送（JIT）等高端智能化服务，提升第三方物流服务水平。有条件的企业可以向提供一体化解决方案和供应链集成服务的第四方物流发展。支持传统仓储企业转型升级，向配送运营中心和专业化、规模化第三方物流发展，鼓励仓储、配送一体化，引导仓储企业规范开展担保存货第三方管理。支持货代物流企业发展壮大，为各类企业开拓国内和国际市场提供支撑。

大力发展共同配送，继续做好城市共同配送试点工作，鼓励推广共同配送、统一配送、集中配送等先进模式。依托专业化第三方物流或供应商为多个商贸企业、社区门店、市场入驻商户等共同配送；依托物流园区推广配送班车，开展干线与支线结合的城区集中配送；支持大型连锁零售企业通过集中采购提高统一配送率，利用其物流系统为所属门店和社会企业统一配送；整合存量配送资源，在学校、社区、地铁等周边设立末端配送站或建设公共自助提货柜等。

三、提高专业化水平

（一）大力发展电子商务物流

推进商贸物流和电子商务的协同发展及业务流程再造。鼓励电子商务企业加强与商贸物流企业的合作，合理选择物流网络节点，完善信息共享和利益分配机制。支持电子商务企业与社区便利店合作开展"网订店取（送）"。支持商贸物流企业扩展服务功能，提升服务能力，在配送中心建设、网点开发、车辆保障等方面加大投资和改造力度，有条件的企业要"走出去"，布设集散中心和网络，满足跨境电子商务的快速发展要求。

（二）加强冷链物流建设

鼓励各类农产品生产加工、冷链物流、商贸服务企业改造、新建一批适应现代流通和消费需求的冷链物流基础设施。引导使用各种新型冷链物流装备与技术，推广全程温度监控设备，完善产地预冷、销地冷藏和保鲜运输、保鲜加工的流程管理和标准对接，逐步实现产地到销地市场冷链物流的无缝衔接，降低损耗，保障商品质量安全。

（三）加快生产资料物流转型升级

鼓励生产资料物流企业充分利用新技术和新的商业模式整合内外资源，延长产业链，跨行业、跨领域融合发展，增强信息、交易、加工、配送、融资、担保等一体化综合服务能力，由单纯的贸易商、物流商，向供应链集成服务商转型。支持生产资料生产、流通企业在中心城市、交通枢纽、经济开发区和工业园区有序建设大宗生产资料物流基地和物流园区，促进产业适度集聚。整合农村农资流通和配送网点资源，建立健全覆盖县级区域和中心乡镇的农资物流配送网络。

（四）鼓励绿色物流发展

引导一批商贸物流园区向绿色物流功能区转型，加大绿色物流装备、技术、仓储等设施的推广使用力度。完善再生资源回收体系，建立服务于生产和消费的逆向物流网络，促进资源的循环利用。

四、提高标准化水平

创新商贸物流标准宣传贯彻和实施促进的工作机制，提高标准的通用性和统一性。根据社会需求与工作重点，利用各种形式，加强商贸物流标准化理念推广与知识普及。支持各类企业、社会团体积极参与商贸物流标准的制修订。加快商贸物流管理、技术和服务标准的推广，鼓励有关企业采用标准化的物流计量、货物分类、物品标识、物流装备设施、工具器具、信息系统和作业流程等。以标准化托盘循环共用试点工作为切入点，逐步提高全社会标准托盘普及率，促进相关配套设施设备的标准化改造。

选择基础较好、积极性高的地区、园区和企业开展商贸物流标准化应用推广工作，鼓励和指导上述单位加大基础设施、装备技术、服务流程、内部管理等领域的标准化实施力度，培育商贸物流标准化服务和管理品牌；加强行业与行业、企业与企业之间的标准衔接和统一，引导全行业提高标准应用水平、经营管理水平、产品质量水平和从业人员资质水平。

五、提高信息化水平

支持商贸物流企业与生产企业、批发零售等企业通过共用信息系统，实现数据共用、资源共享、信息互通。通过中央和地方两级示范，支持以企业为主体的物流综合信息服务平台发展，发挥平台整合调配物流资源，解决物流信息不对称、接口标准不统一等矛盾，实现精准化、可视化管理等功能，并搭载企业诚信、托盘循环共用、物流金融、跨境电子商务、商品溯源、通关便利化、多式联运等各种增值服务，为广大商贸物流企业特别是中小企业提升组织化和信息化水平，降低交易成本提供有利条件。有条件的地区还可协调相关部门，开展政府物流信息共享平台建设，将现有交通、工商、税务、海关等部门可公开的电子政务信息进行整合后，向社会公开，实现便民利企的物流政务资源共享。

六、提高组织化水平

鼓励物流企业通过参股控股、兼并重组、协作联盟等方式做大做强，形成一批技术水平先进、主营业务突出、核心竞争力强的大型现代物流企业集团，通过规模化、集约化经营提高物流服务的一体化、网络化水平。鼓励运输、仓储等传统物流企业向上下游延伸服务，推进物流业与其他产业融合、协同发展。引导物流企业共同投资建设重要物流节点的仓储设施，合理布局物流园区（中心、基地），增强服务功能，提高服务能力和集约化发展水平。鼓励商贸物流企业提高配送的规模化和协同化水平，依托商业、邮政等网点，形成覆盖城乡的物流配送网络。支持服务中小企业的物流信息服务平台建设，引导企业集聚规范发展。

七、提高国际化水平

进一步完善外商投资商贸物流领域的法律法规，提高利用外资的质量和水平。除涉及国家安全和重大公共利益外，放开外资准入限制，加快构建统一公平、竞争有序的大市场。继续深化落实第三方物流、物流配送中心、专业批发市场、仓储设施等领域的对外开放政策。鼓励外资参与城市内交通物流体系建设。推进国内物流企业同国际先进物流企业的合作，引进和吸收国外促进商贸物流发展的先进理念和商业模式。

以"丝绸之路经济带"和"海上丝绸之路"沿线区域物流合作为重点，在"一带一路"国内外沿线主要交通节点和港口建设一批物流中心。积极开展务实、高效的国际区域物流合作，推进国际物流大通道建设。支持建设商贸物流型境外经济贸易合作区，鼓励有条件的商贸物流企业"走出去"和开展全球业务。

以国际商品交易中心、重点进出口口岸为依托，通过完善货物储存、配送功能，提高进出口货物集散能力，探索建立海外仓库、物流基地和分拨中心。充分利用《内地与香港关于建立更紧密经贸关系的安排》（CEPA）、《内地与澳门关于建立更紧密经贸关系的安排》（CEPA）、《海峡两岸经济合作框架协议》（ECFA）、自由贸易试验区及地方对外开放先行先试平台和载体，促进商贸物流率先发展。

八、加强组织领导，完善保障措施

（一）建立健全工作机制，做好协调服务

做好部门间的政策协调和工作配合，加强各级商务主管部门联动。完善各级商贸物流工作机制，为加快商贸物流发展提供组织保障和服务支撑。各级商务主管部门要把商贸物流工作作为内贸流通工作重点，明确分管领导和专门处室，加强人员配备，保障工作开展。有条件的地方，可依据商务部、财政部有关城市共同配送的业务指导文件，自行组织城市共同配送试点。

（二）优化物流发展环境，加强诚信建设

发挥商务主管部门在整顿和规范市场秩序中的牵头作用，反对地方保护、消除区域封锁，查处价格欺诈、以次充好、虚假仓单、重复质押等违法违规行为。注重发挥行业组织作用，建立物流信息披露管理制度和激励惩戒机制，增强企业诚信意识和风险防范意识。利用社会化物流信息平台，获取诚信大数据，对诚实守信、合法经营、社会责任强的企业予以支持、鼓励和宣传，对破坏市场秩序、诚信缺失的企业将其列入"黑名单"并向社会公布，提高其失信成本。积极为"走出去"的物流企业提供政策、法律、咨询、市场信息等配套服务。

（三）落实财税土地政策，加大扶持力度

根据各地实际情况，统一规划、合理安排政策和资金支持商贸物流发展。对工业、商贸流通企业实行主辅分离，辅业改制兴办第三方物流企业，或通过优化资源配置整合、重组成立的物流企业，或在企业内部重组涉及企业资产、股权变动的，可商有关部门研究减免行政事业性收费。抓紧落实现有的物流企业大宗商品仓储设施用地税收减半政策。积极争取将物流企业配送中心、连锁企业配送中心项目内用于建设仓储设施、堆场、货车通道、回转场地及停车场（库）等物流生产性设施用地列入工业、仓储用地范畴，并研究

降低公共性、公益性商贸物流用地的投资强度要求。

积极推动解决城市配送车辆通行难、停靠难、卸货难,罚款多、收费多"三难两多"等问题,商有关部门出台便于配送车辆通行及停靠的具体措施,降低道路通行费用。积极研究和协调将配送生鲜食品和药品的车辆视同公共交通车辆优先通行的政策和措施。引导标准化的非机动三轮车依法依规经营快递物流业务。

(四)夯实统计基础,加强人才培养

完善商贸物流统计调查方法和指标体系。加强对商贸物流需求、费用、市场规模、投资、价格等指标的统计分析,及时反映商贸物流的发展规模和运行效率。通过学历教育、继续教育等多种方式培养市场急需的经营管理和专业技术人才,提高实践能力。推动产学研结合,鼓励商贸物流理论研究,引导工商企业树立现代物流理念,加大宣传力度,营造全社会重视和支持商贸物流发展的舆论氛围。

商务部将根据各地实际情况,结合现有政策,围绕提高商贸物流社会化、专业化、标准化、信息化、组织化、国际化水平等主要工作,分别选择重点地区、重点企业,重点推进,促进商贸物流健康发展。工作中的有关情况和问题请及时与商务部(流通发展司)联系。

商务部

2014 年 9 月 22 日

质检总局　国家发展改革委　公安部　环境保护部　住房城乡建设部　商务部　工商总局林业局　能源局关于印发《2014—2015年全国建材市场秩序专项整治工作要点》的通知

国质检执联〔2014〕321号

各省、自治区、直辖市质量技术监督、发展改革、公安、环保、住房城乡建设、商务、工商、林业厅（委、局），能源局派出机构：

现将质检总局、发展改革委、公安部、环境保护部、住房城乡建设部、商务部、工商总局、林业局、能源局等全国建材市场专项整治部际协调小组成员单位研究制定的《2014—2015年全国建材市场秩序专项整治工作要点》印发给你们，请结合实际，认真抓好落实。

质检总局

发展改革委

公安部

环境保护部

住房城乡建设部

商务部

工商总局

国家林业局

国家能源局

2014年6月27日

2014—2015年全国建材市场秩序专项整治工作要点

全国建材市场秩序专项整治工作要全面贯彻党的十八大精神，以发展质量和效益为中心，围绕加快转方式调结构促升级，保障和改善民生，充分发挥各部门的市场监管职能，进一步落实企业的产品质量主体责任，坚持成功做法，创新工作措施，完善长效机制，为推进国家治理体系和治理能力现代化建设、全面建成小康社会作贡献。

一、主要任务

（一）推动化解产能过剩

进一步落实国务院化解产能严重过剩矛盾的指导意见精神，推进产业结构调整。积极有效地化解钢铁、水泥、平板玻璃等行业产能严重过剩矛盾，坚决遏制有关建材产能盲目扩张，清理整顿在建和建成违规产能。对工艺装备落后、产品质量不合格、能耗及排放不达标、不符合产业政策的企业和项目，依法不予颁发产品生产许可证。坚决淘汰落后产能，围绕 2015 年年底前再淘汰炼铁 1500 万吨、炼钢 1500 万吨、水泥（熟料及粉磨能力）1 亿吨、平板玻璃 2000 万重量箱的目标，加大执法处罚力度，加快淘汰一批落后产能。对超过能耗限额标准和环保不达标的企业，实施差别电价和惩罚性电价政策。加强产品质量管理，推行产能严重过剩行业产品质量分类监管。对污染物排放超标建材企业实施限产、停产等措施。发挥《产业结构调整指导目录》的政策导向作用，加大结构调整力度，督促企业严格执行新颁布的技术标准和生产许可要求，淘汰落后设备、工艺和技术，提高产品质量和安全管理水平。

加大对"地条钢"的打击力度。对钢材生产、销售和建筑工地使用钢材情况开展执法检查，严厉打击非法生产"地条钢"和用"地条钢"轧制建筑用钢材违法犯罪行为。对违法企业和窝点要按照《对"地条钢"生产企业和"窝点"断电实施办法》（见国质检执联〔2004〕386 号）规定，实施停、限电措施。

（二）推动保障和改善民生

加强对装饰装修材料、涂料、电线电缆、低压电器、散热器等涉及民生产品的执法检查。组织开展"清新居室"行动，严厉查处无证生产、无照经营、违反国家强制性标准、制售或在工程中使用假冒伪劣装饰装修材料的违法犯罪行为，继续深入开展清新居室"进社区、进家庭、进学校"服务活动。

加强建筑工程使用建材产品质量的监管。围绕确保建筑用重要建材产品质量，进一步加强对钢材、水泥、砖、防水材料等大宗建材产品的执法检查。组织对建筑工程质量进行督查，检查建筑材料进场验收和复验制度执行情况，督促建设、施工、监理等单位严格按照法律法规和标准规范要求，对进入施工现场的建材认真核查产品合格证和出厂检验报告，并按规定进行见证取样检测。

（三）推动解决突出问题

针对建材市场存在的突出问题，研究破解行业"潜规则"，坚决打击"瘦身钢筋"、劣质墙体材料、预制混凝土桩偷工减料、电线电缆以铝芯冒铜芯、人造板有毒有害物质超标、水管 PE 材质冒 PP 材质等违法犯罪行为。

加强南水北调等重点工程建材产品质量监管。对南水北调工程、城市下水管网建设等所需预应力钢筒混凝土管（PCCP）、自应力混凝土管（Z）、钢筋混凝土排水管（RCP）、钢筋混凝土排水管（DRCP）、塑料水管产品质量的执法检查，严惩以次充好、抗裂性能不合格、内压抗渗及外压荷载达不到设计要求等违法犯罪行为。

加大对建材市场的日常监管力度。加强对建材经营户的宣传教育，强化市场监督检查工作。督促建材交易市场开办者落实市场管理责任，继续推动相关行业协会、商会和商贸流通企业围绕产品质量开展"诚信经营"示范创建活动，完善并落实行规行约，加快提高行业企业信用水平。

加强对建材企业环保监管，实行更严格的排放控制，加大钢铁、水泥行业主要污染物总量减排力度，促进行业绿色转型。

二、工作措施

（四）严惩违法犯罪行为

对各类违法犯罪行为，严格依法惩处。对应当依法撤（吊）销生产许可证和强制认证证书的，坚决按程序提出撤（吊）证意见，并按规定程序处理；对应当吊销营业执照的，依法依程序吊销；对涉嫌犯罪的案件，一律移送公安机关追究刑事责任。

（五）开展区域整治

各地要确定一批非法生产问题突出和存在区域性质量问题的生产地区，在地方政府领导下，有关部门在各司其职、各负其责的前提下联合开展集中整治，坚持"打与治、治与扶、扶与建"相结合的工作方针，通过严厉查处严重质量违法行为，推动区域整治工作深入开展。各地工商、商务等部门确定一批建材交易市场开展集中整治。

（六）畅通举报渠道

鼓励广大群众举报生产、销售假冒伪劣建材以及虚假宣传等违法行为，充分发挥12315、12365等举报热线作用，及时受理和依法处理建材的举报，认真开展消费教育和引导工作，教育引导消费者提高识假辨假能力，树立科学、健康、文明消费理念。

（七）促进多元共治

加强部门协作配合，建立健全信息共享机制，以情况通报或案件移送等形式，紧密衔接生产、流通和使用环节的案件处理，必要时针对突出问题，适时组织联合行动，进一步加大部门联合执法力度。完善行政执法机关和公安机关联席会议、案件咨询等工作制度，健全"信息共享、事先介入、联合行动、优势互补"的工作机制，杜绝以罚代刑问题，保证执法打击效果。发挥行业协会的自律引导作用，继续发挥优势企业引领作用，支持企业维权，促进行业自律。

（八）加强督查督办

将重点区域、大案要案作为督查督办的主要对象，组织开展专项整治工作督查或抽查，必要时组织联合督查，对普遍性、典型性问题进行研判，分析现状、剖析原因，研究落实企业主体责任的针对性措施。

三、有关要求

（九）加强信息公开

对确定的重点产品、重点地区、重点市场等信息在有关媒体上公开；实行执法查处结果公开制度，对查实的重大建材案件按有关规定予以公开；对重点建材产品的抽查检测结果以适当形式向社会公布。

（十）加强舆论宣传

加强宣传引导，努力营造建材市场秩序整治的良好社会氛围。积极利用电视、广播、报刊、网络等媒体，以新闻发布、专栏专刊、专题访谈、典型案件曝光、案件深度报道等形式，宣传建材专项整治行动及工作成果。

（十一）加强总结报告

各省、自治区、直辖市有关部门请于每年12月20日前将当年专项行动开展情况的总结报告至各对应部门。坚持大案要案报告和严重违法企业通报制度，各地各有关部门执法检查发现涉案产品货值巨大、违法情节严重或造成严重后果的，应当依规定上报。

第五部分

国 外 篇

流通产业发展方式转变国际经验及启示

目前，我国流通产业改革和发展已进入了一个新阶段，这个新阶段的一个重要标志就是国内商品市场供求总格局发生了根本性变化。经过改革开放30多年经济持续快速的发展，商品市场已经从总体短缺转变为总体过剩，从卖方市场转变为买方市场，市场需求对经济发展的约束作用越来越大，流通产业在国民经济及社会发展中发挥着越来越重要的作用。但长期以来，我国流通产业发展比较粗放，与流通业发达国家相比，我国流通产业发展水平较低，尚不能满足国民经济及社会发展的要求，迫切需要转变流通产业发展方式。"转变发展方式"最早是胡锦涛总书记2007年在中央党校的讲话中提出的。转变经济发展方式，是指经济发展建立在结构不断优化、资源利用效率不断提高、生态环境不断改善基础上的经济增长；在要素投入上，促进经济增长由主要依靠增加物质资源消耗向主要依靠科技进步、劳动者素质提高、管理创新转变。流通产业发展方式既包括流通产业增长方式，又包括流通产业结构、产业技术创新、资源配置状况、从业者素质、产业发展效益和环保等多方面的内容。本文从六个方面总结了发达国家流通产业发展方式转变的基本经验，提出了我国流通产业发展方式转变的政策建议。

一、流通产业发展方式转变的国际经验

流通产业是国民经济的先导性产业。发展现代流通，对于开拓市场、扩大内需和拉动经济增长具有重要作用。借鉴国外发达国家流通产业发展方式转变的经验及做法，对推动我国流通产业发展方式转变具有借鉴与启发意义。纵观美、日等发达国家流通产业发展方式转变的历程，其成功经验主要可以归纳为以下几点：

1. 依靠科技进步，广泛应用信息技术及网络系统

科技进步是流通产业发展的根本动力。发达国家高度重视信息技术在发展现代流通业中的作用，积极研究开发新一代信息通信技术，加速物流领域的信息化建设。发达国家的配送中心一般都广泛采用各种高科技手段，如信息化管理系统、电子数据监控系统、现代化立体仓库、条形码扫描等，还包

括整套的供应链方案设计、电子网络化管理、仓库进出货自动化管理、卫星定位系统等。信息技术在流通领域的广泛应用，极大地提高了发达国家流通的效率和竞争力。

美国流通产业信息化发展走在世界前列，许多信息技术率先在美国开发并得到普及。从20世纪60年代起，美国企业为了能在流通领域取得更多的效益，陆续采取措施将老式的仓库改为配送中心；引进电脑管理网络，对装卸、搬运及保管实行标准化操作；连锁店共同组建配送中心。20世纪90年代初，由美国食品杂货业发起与实施的"高效消费者反应"（ECR）战略是信息技术与现代流通业结合的成功案例。随后，这种策略被逐渐推广至欧洲和日本等地，取得巨大的经济效益。目前，美国流通业广泛采用电子数据交易（EDI）、电子订货系统（EOS）、电子商务（E - commerce）、信息管理系统（MIS）、快速反应（QR）及有效客户反应（ECR）、企业资源计划（ERP）、地理信息系统（GIS）、仓库管理系统（GPS）、运输管理系统（TMS）和无线射频技术（FRID）等多种信息技术。

日本流通业信息化始于20世纪60年代，当时由于计算机本身的发展处于初创期，其应用主要局限于数据处理方面。到70年代，日本流通业的信息化进入成长期，开始了大规模的普及与应用，计算机由以前单纯的数据处理发展到不同部门、业务系统的构建，包括商品管理、营业管理、库存管理、订发货系统等，零售企业和批发企业之间开始了EOS系统的应用。到80年代，流通业的信息化进程有了更大的飞跃式发展，销售点终端系统（POS）、信用卡系统、增值网络系统（VAN）等都开始广泛应用。20世纪90年代日本流通业信息网络化及其应用进一步扩大，许多企业联合起来共同实现信息化，共同订发货，共同开展物流，共同进行信息处理，在中小零售企业中这一特点尤为明显。目前，日本流通业普遍应用条码技术、EDI技术、FRID技术、POS技术、VAN系统、EOS系统、ECR系统、QR系统、自动连续补货系统（CRP）等现代化信息技术。

2. 调整与优化流通产业结构，促进流通产业结构合理化

美国政府在制订流通产业结构调整政策时，充分考虑了营造公平竞争的市场环境的重要作用，认为只有通过市场及其竞争，才能真正显示产业结构的未来发展方向，也只有通过市场价格差异所引起的对投资者和生产者的鼓励，才能使社会经济资源按产业结构的发展方向及时有效地流动；而政府的作用主要是营造一个适合于产业发展和产业结构合理化的经济环境，政府只有在市场力量被证明是无能为力的时候才采取行动。宽松的经济环境直接催

生了美国第三方物流，并逐步形成了综合的第三方物流服务商、专业运输与仓储服务商和区域性配送服务商等分工合作的产业形态，大大促进了流通产业结构的调整与优化。

日本流通业伴随日本经济的发展进行了一系列的变革与调整，其发展经历了战后重建、国际化发展和流通革命三个阶段。特别是1962年，大型超市的出现避开了多层次的批发过程开始直接从厂家进货，对流通渠道进行了大胆的革新，使日本流通产业和流通结构发生了质变。20世纪90年代以来，日本零售组织结构从众多小规模分散性结构向大中小比例适当、大规模集中性的结构转变，批发环节逐渐短缩，物流组织社会化、流通业态多样化和流通渠道扁平化等特征逐步显现，流通结构发生了重大的变化。从商业业态的结构看，在综合超市、百货店一类的综合型零售业增长趋缓的同时，便利店、专业超市（食品超市、服装超市、建材超市、家居用品中心等）、超级购物中心等新型业态的发展却非常迅速。

3. 大力发展连锁经营、物流配送、电子商务，不断推进流通方式现代化

连锁经营是国外零售业第三次重大变革的主要标志，在推动零售业现代化进程中发挥了重要作用。目前，连锁经营已经成为发达国家现代流通业和服务业中最大、最重要的企业组织形式，并已经从美国、欧洲、日本等国逐步扩展到世界各个国家和地区。在日本，连锁经营的销售额占整个零售业销售额的40%，位列世界前20名的零售企业全部是连锁企业。沃尔玛的连锁店铺超过4800家，世界最大的便利店7-11在全球拥有直营和特许连锁店21000多家。世界经济的快速发展对供应链管理及第三方物流，对运输、仓储等都提出了更高要求，物流产业自身必须变革，才能应对挑战。美国权威物流学者鲍尔索克斯教授对物流思想的演变过程作了如下总结：20世纪50年代以前，强调运输效率；50年代，强调物流成本、客户服务；60年代，强调综合外包；70年代，强调运作整合、质量；80年代，强调财务表现和运作优化；90年代，强调客户关系和企业延伸；21世纪，强调供应链整合管理。

在物流配送方面，发达国家普遍采取第三方物流。发达国家的经验表明，第三方物流的形成和发展对物流资源合理配置、物流成本下降、物流效率提高及企业核心竞争力增强都具有极其重要的作用。电子商务作为一种全新的贸易形式和手段，具有开放性、全球化、低成本、高效率等特点，对流通领域有着直接的影响，它的应用改变了传统的供应链模式，也改变了竞争主体的角色与作用，加速了整个社会的商品流通。发达国家的电子商务进展较为成熟，仅就网上购物人数占网民人数的比重而言，2002年37个国家的网络购

物者在网络使用者中所占的比例均为15%，其中，美国最高（32%）。目前，美国拥有的电子商务总量占全球的80%以上，在技术、人才及应用等方面都具有很大的优势。

由于连锁经营、物流配送、电子商务等现代流通方式在发达国家流通企业中的普遍采用，从而消除了不必要的商品转运、积压和倒运，大大降低了商品库存率，提高了商品流通效率。

4. 注重流通企业经营创新与流通体制创新

差异化经营、应用高科技、互联网经营和跨国经营等是美国流通企业经营创新的主要内容。美国零售经营创新和差异化的7个主要发展方向为：不同年龄段；不同收入阶层；不同居住社区；不同消费人群；不同时间节奏的人群；不同的零售服务组合；多流通渠道组合。美国流通企业制定顾客服务创新战略，通过市场细分发现消费者的真实与潜在需求，努力提高消费者满意度。沃尔玛积极实施信息管理创新战略，建立了自己的配送中心系统和私人卫星系统，为其高效的物流管理提供保障。

20世纪60年代，日本进入经济起飞阶段，而传统的流通结构存在不合理性，流通体系过于封闭以及流通渠道过长等问题，严重制约了流通效率的提高，不能适应经济高速成长的要求，再加上制造商、批发商和零售商难以解决大规模生产和大规模消费的问题，直接导致了流通领域的第一次"流通革命"。日本流通产业通过消费革命，解决了内需主导型经济与国内产业的联动问题。从20世纪90年代后半期开始，日本政府通过减少对市场的控制和约束，市场化制度的进一步完善，从批发零售业到物流业的整个流通领域，均在经营方式、组织形式和管理技术上进行了第二次"流通革命"，从而促使折扣店、百元店等各种零售业态的兴起与发展。批发零售部门和物流部门的经营革新，流通渠道主导权转移及第三方物流的发展，解决了流通领域大企业与小企业之间的关系问题以及传统商业与现代流通业的关系问题，促进了流通现代化，建成了高度发达的流通产业。

5. 适时制定与调整流通产业发展政策

纵观国外流通业发展历史，发达国家在传统流通业向现代流通业转型过程中，出现了以美国为代表的市场主导型发展模式和以日本为代表的政府主导型发展模式。尽管两种模式下的流通业发展政策导向是不同的，但有一点是可以肯定的，即政府绝不是无所作为的。相反，两国政府都在各个方面极力引导以实现其目标并最终殊途同归，将流通业引上了现代化发展道路。美国流通产业的发展是一种典型的市场主导型发展模式，但它的转型与发展也离不开政府的推动，这种推动大多是间接的而不是直接的。美国流通产业政策的核心及基本目标是在市场上维持公正，促进竞争，确保机会均等，为流通企业发展创造自由竞争的环境和条件。鉴于中小流通企业对社会就业的巨大贡献，美国政府采取积极扶持的态度。比如，政府专门设立小企业管理局，向小企业提供奖金、技术、管理援助；在营业、贷款、补贴、税收等方面提供优惠政策等。

日本流通产业的发展是一种典型的政府主导型发展模式，其转型与发展离不开政府的推动。在流通领域，日本产业政策主要解决两个问题：一是大企业与小企业的关系问题；二是不断改造传统流通产业，淘汰落后，促进流通现代化。早在 1968 年，日本政府就提出了流通产业发展十年规划，制定了完善的引导流通产业发展的具体政策措施。主要包括：流通产业结构政策、流通产业组织政策、流通产业区域分布政策、流通产业技术政策、流通产业人才培养政策、流通产业信息化政策、流通产业合理竞争政策等。

为了防止资源配置低效率或过度竞争，确保规模经济和提高经济效率，日本政府还制定了流通产业规制政策，对企业进入的数量、质量、期限以及经营范围进行规制。为了保护消费者利益，维护公平竞争秩序，确保中小商业有足够的发展空间，日本早在 1973 年就制定了《大店法》，对大店的布局、数量实行了有效控制，使得大量的零售小店能继续生存和发展。日本政府多年来一直十分重视中小流通企业发展，制定了一系列直接扶持中小流通企业的政策措施。

6. 依靠劳动者素质提高，加强流通业专业人才培养

实现流通业发展方式转变，关键是依靠劳动者素质提高。在流通人才大量需求的推动下，发达国家已经形成了较为合理的流通人才教育培训体系。目前，流通人才的培育主要有三支队伍：一是正规大学开设有关流通专业和课程进行人才培养。在美国，许多著名的高等院校建立了多层次的物流专业教育，包括本科生和职业教育等多个层次，其中部分高等院校设置了物流方向的研究生课程和学位教育，形成了一定规模的研究生教育系统。二是社会专业培训机构开设的专业培训。三是相关行业协会开展的各种资格认证培训或专题培训活动。如美国物流管理委员会开展物流在职教育，建立了美国物流业的职业资格认证制度，如仓储工程师、配送工程师等若干职位。所有未受过正规学历教育的物流从业人员都必须接受在职培训或进修，只有经过考试获得相应的职业资格后，才能从事物流工作。日本也非常重视在职培训，日本物流管理协会的在职培训分为两种：一种是长期培养，为期6个月，目

标是综合性物流管理能力的提高；另一种是短期培训，3～5天，主要是专门课题培训。此外，许多大型企业对本企业员工开设各种培训课程或对外开设公开课程，一些连锁企业如麦当劳甚至办有自己的大学，以培养自己所需要的人才。

二、国际经验对我国流通产业发展方式转变的启示

1. 提高流通产业信息化水平是实现发展方式转变的关键环节

我国流通业信息化水平虽然有很大程度的进步，但在应用现代电子信息技术方面还有很大差距，很难满足我国推进流通现代化、大力发展现代流通方式的要求。由于现代流通企业跨地区甚至跨国界、多店铺经营，面对情况迥异的各个市场，面对日益激烈的竞争，要及时捕捉当地消费需求，不断调整商品结构和经营策略，以满足需求、创造需求，要确保物流、资金流的高效畅通，都必须借助现代信息技术。加快流通信息化，一要大力优化各种信息网络资源配置，充分利用现有信息网络，使其成为商贸流通信息化的基本载体，建立各种电子商务中介网络平台，吸引广大中小工商企业上网开展广告宣传、咨询服务，并逐步向网上交易、结算服务等深层次业务拓展。鼓励大型生产企业、流通企业建立网站，积极开展网上交易，把电子商务作为企业开拓国内外市场的重要手段和途径，使网络营销成为企业营销活动的重要组成部分。二要加大信息化技术改造的投入，加快信息技术在商贸流通企业及相关企业的普及应用，通过供应链管理的电子化，建立上下游客户的网上订货、电子结算和票证自动处理系统，改革企业业务流程、决策、管理和运作模式，实现企业经营管理和决策的科学化。三要加快制订流通信息技术的规范和标准，推广信息系统在流通企业中的应用，鼓励有条件的流通企业与供应商、制造商的网络连接，实现电子商务系统（ECS）、电子数据交换系统（EDI）信息交换，提供增值服务，真正发挥流通产业在国民经济中的先导作用。

2. 推进流通产业政策和制度创新是实现发展方式转变的制度保障

我国流通业经过60年的改革与发展，建立起了适应国民经济发展，多种经济成分、多种经营方式、多种流通渠道并存的流通业所有制新格局。但仍有一些深层次问题没有从根本上解决。因此，应继续推进流通产业政策和制度的创新，为实现流通业发展方式转变提供良好的政策环境和制度保障。流通产业政策和制度的创新包括：彻底打破行业垄断和地区封锁，为流通企业

的公平竞争和快速发展提供制度保障；制定企业兼并、联合的法规，建立相应的制度规范，并通过经济手段促进企业资产的重组和优化；妥善解决企业资产重组过程中出现的债务与职工就业安置问题，加速流通产业的组织化、规模化发展；完善市场竞争规则，规范企业竞争行为，特别是对企业的无形资产给予充分保护，以促进知识型流通企业的发展。

3. 大力培养和引进流通人才是实现发展方式转变的必要条件

发达国家的经验证明，发展现代流通业，关键是要建设一支优秀的流通业经营管理队伍。现代流通人才是实现流通产业发展方式转变和提高流通竞争力的重要因素。我国现代流通人才缺乏，尤其是中高级现代流通人才的短缺，已成为制约流通产业发展方式转变一大瓶颈。应采取有效措施尽快加以解决。一方面，要创造条件，提高流通人才引进的有效性。要通过制定吸引现代流通人才的有关政策，建立畅通的人才流进渠道，促成国内外各层次的具有开拓创新精神、熟悉现代流通规则、精通现代流通管理和掌握现代流通技术的高素质、复合型人才大量流入，以提高现代流通人才的总体比例。另一方面，要加快制订人才培养计划，提高流通教育培训的针对性。要调动各方面力量，整合多方面资源，坚持以市场需求为导向，加大对现代流通人才的教育和培训。一是加强对高校、科研机构人才培养工作的指导，鼓励高等院校、科研院所和行业协会等中介组织积极开设现代流通理论的教学、科研和实践活动，培养符合现代流通业发展需要的专业人才。二是调动行业协会和社会上各种教育培训力量，针对现代流通业发展的各种实际需要，采取多种形式，举办各种类型的培训班，培养各种层次急需的现代流通人才。三是鼓励企业内部培训机构建立人才培养机制，做好从业人员资格认定和岗位培训，共同培养多层次、多领域的流通专业人才。

4. 推进流通方式现代化是实现发展方式转变的基本要求

政府要出台政策积极鼓励有条件的连锁企业，通过兼并联合、资本运营、资产重组、参股控股和发展特许经营等方式，形成大型连锁企业集团，带动连锁经营发展。加强对中心城市、交通枢纽、物资集散地和口岸地区大型物流基础设施的建设，并兼顾近期运作和长远发展的需要，对现有资源进行有效整合和重新配置，防止重复建设，大力推进物流配送业的发展。同时，要大力推广信息技术及网络系统，探索传统产业、连锁经营与电子商务相结合的模式，营造有利于流通业信息化和电子商务发展的良好环境。

（摘自《中国流通经济》2010 年第 4 期，作者：孙敬水 章迪平）

中国与欧美流通发展比较及启示

改革开放以来，我国经济的增长给流通业带来了良好的发展势头。商务部发布的《2009/2010 中国流通产业发展报告》数据显示，2009 年，全年批发零售业投资额同比增长 39.4%，住宿餐饮业零售额同比增长 16.8%，全年实现社会物流总额 96.65 万亿元。但是，在我国流通产业取得可喜成绩的同时，流通产业中传统经营方式和业态仍居主导地位，流通产业分布比较分散，规模较小，流通业销售终端（POS）系统、电子自动订货系统（EOS）、管理信息系统（MIS）等信息技术的应用才刚刚起步，流通产业集中度明显低于发达国家，严重制约了生产、消费及整个国民经济的又好又快发展。因此，加快实现流通发展现代化、提高流通业竞争力，对于促进经济社会发展具有重大意义。

一、我国流通产业发展现状

1. 我国流通市场的成长

（1）我国流通产业发展的历史进程。2005 年以来，我国批发零售业、住宿餐饮业增加值占国内生产总值的比例一直呈上升趋势，从 2005 年的 9.1% 上升到 2008 年的 9.9%。

从以上变化可以看出，流通产业在我国摆脱计划经济、转换经济发展模式上起着枢纽作用。

（2）流通服务各种需要的变化。2010 年我国全年社会消费品零售总额 156998 亿元，比 2009 年增长 18.3%，这为我国国内流通市场的成长提供了原动力。

首先，随着我国国内流通业的发展，越来越多的人开始重视产品的质量和品牌形象，出现了消费的两极化和高级化。其次，对流通服务需求的增加带动了流通企业经营方式的转变和流通结构的转变，从而可以引领流通业向一个更为先进的体系发展，提高流通业效率，体现资源分配和价格政策，使流通市场更加规范，逐渐形成先进的流通模式。

2. 我国流通企业的成长

随着我国流通市场的持续发展和成长，发达国家很多新型的流通业态如超级市场、便利店、大型卖场（仓储型卖场）、专卖店等也陆续进入我国市场。目前，新型流通业正在以北京、上海、广州等大城市为中心迅速成长，随着市场的扩大会渐渐扩散到全国各地。同时，我国流通市场上国内的流通企业也有了很大的变化。

德勤公司发布的《全球零售力量 2011 年度报告》显示，我国零售市场已脱离金融风暴影响，百联集团首次跻身成为亚洲地区十大零售商之一，位列第八。屈臣氏公司、百联集团、国美电器、苏宁电器、牛奶国际、大连大商集团、华润公司、农工商超市（集团）八家中国零售商进入了全球 250 家最大零售商排名。各产品行业赢利均有所改善，时装零售业绩尤为突出，在整体销售增长仅 0.7% 的情况下，利润率从 4.1% 上升至 7.6%。

3. 我国流通产业面临的问题

国内除少数几家流通企业外，其他企业都在企业经营模式和效率方面存在着大大小小的问题。对流通信息投资过小导致运营效率低下，竞争力下降，这已经成为我国流通业发展的瓶颈。因此，当前我国流通业所要解决的课题就是如何引进先进的管理技术、如何通过合并来建立具有竞争力的大型流通企业以及如何面对跨国企业。

二、中国与美欧流通的比较——以服装产业物流为例

1. 美国和意大利服装专业市场及其变革

（1）美国和意大利服装专业市场。美国纽约被公认为世界时装之都。在纽约聚集着各种经营纺织服装及辅料产品的店铺，并不断扩大在全球的影响力，使得纽约成为业界流行时尚的代名词。近年来，服装公司逐渐将自己各部门的业务进行了转移，如把运输配送交给专业的物流服务提供商，把仓储移到了纽约城外，把缝制甚至移到了国外，向全球采购。但无论产品在哪里生产销售，如何运输配送，最新产品都会在这里进行展示、发布。因此，纽约一直都引领着全球时装的潮流。

意大利米兰以其时装业著称，与美国纽约、法国巴黎并列为世界三大时装之都。意大利纺织和面料产品占全欧洲产量的 20% ~25%，其纺织服装产业集群，有着非常强的国际竞争力。意大利纺织服装产业集群一个非常重要的特征就是商贸市场发达，意大利人对产品的挑剔与执着促使企业不断创新发展，把握市场脉搏，打响国际市场。"米兰时装周"更是顶级品牌的盛会，在业界有着巨大的影响力。因此，意大利纺织服装产业集群是典型的市场推

动型集群，专业市场的成长、演化基本上依赖专业市场与产业互动发展的方式来完成。

（2）专业市场的变革。与专业市场最初的形式相比，美国、意大利纺织服装专业市场在形态、功能、经营、交易、管理等方面都已经产生了明显的变化。

一是市场形态的变化。专业市场已经成为一定区域内有形市场、无形市场及相关产业的集聚地，既有封闭式的高楼商厦，也有开放式的沿街店铺和时尚广场。

二是市场功能的提升。专业市场已经从开始的货物集散、商品交易功能，转变为现在的电子商务、物流配送、时尚会展、流行趋势发布及其他综合服务功能。

三是市场经营的拓展。国外专业市场不再仅仅局限于提供单一的有形纺织服装产品，还提供研发设计、营销策略、信息咨询、会展服务、技术支持、一体化解决方案等具有较高附加值的无形产品，反映了专业市场功能的提升。

四是市场交易方式的改进。专业市场大多脱离了传统的现金、现场、现货交易方式，而以网络营销、网上洽谈、远程下单、在线交易、信用评估、电子汇兑等交易方式为主。

五是市场管理的完善。美国、意大利的专业市场主要依靠介于政府和企业之间的行业协会进行管理，依据市场发展规划和会员发展需求，沟通上下、协调左右，组织专业市场定期举办交易会、展示会，开展相关行业的资格认证、业务培训等。因此，行业协会通过优化服务在市场发展过程中占有了一席之地。

2. 福建石狮服装专业市场

石狮市作为我国东南沿海著名的服装及原辅材料集散地之一，素有"铺天盖地万式装，有街无处不经商"的美誉。2009 年，石狮市服装业产值已经占到了全市工业总产值的 60% 以上，其中出口服装占到了整个服装业的 50% 以上。石狮市服装城的运作特色在于，打造了高效的产业链体系和流通环节，形成了以产业发展、服装交易、信息服务、展览展示、物流配送为中心的"五合一"模式，其真正的核心在于物流配套，将商品流通渠道简化为由生产厂商到物流服务商再到分销商，聚集了更多的上下游厂商和商品，使石狮市的产业与商贸实现了一体化运作。安全、便利、快捷的物流网络大大减少了周转环节，降低了流通成本，更快的物流反应速度保证了服装产品的新颖性、个性化，使市场具有更强的竞争力，使市场辐射面更为广大，更加符合国际化、体系化、智能化、功能化专业市场发展的需求。

3. 中国与美欧流通的比较

（1）物流市场增长潜力的比较。国外的第三方物流越来越强调以客户为中心，提供客户定制的一体化物流解决方案，不断创造新的增值服务内容，并出现了电子物流、第四方物流等新的服务形式。相比而言，我国第三方物流市场才刚刚起步，第四方物流更无从谈起。一方面，需要货主企业强化现代物流意识，改进物流运作方式；另一方面，需要物流服务商采取灵活的服务形式，拓宽物流服务内容。如此，我国物流市场的发展前景将十分广阔。

（2）物流企业规模的比较。随着国际贸易的增长和跨国公司合并其国际物流运行，第三方物流不断向国外扩展，以管理货物在全球各地的移动。目前，大约1000家第三方物流企业将被逐渐淘汰与合并，越来越多的第三方物流企业将与物流软件企业结盟，只有少数资金雄厚的大型第三方物流企业将继续具备技术、专长和创造性，来处理最庞大、最复杂和完全一体化的供应链项目。相比而言，我国物流企业规模过小，服务能力不足，需要精心打造一批拥有可信任的品牌、覆盖面广的物流网络、先进的物流与信息技术、高素质的人才队伍、丰富的运作经验的物流龙头企业，使之成为我国物流市场运作的主体。

（3）物流服务的比较。第三方物流服务的特点是物流服务供需双方建立长期合作关系。麦可考贝特公司（Michael F. Corbett & Associates）归纳出了物流服务商与客户建立成功关系的十大关键因素，即沟通、灵活性、创新、诚信、个性化服务、生产率、关系管理、响应性、技术竞争力、价值。从我国目前的情况看，大多数货主企业不愿意选择物流外包，或者不愿意与物流服务商建立长期合作关系，其中，一个重要原因就是对现有的物流服务商及其提供的服务不满意，这就需要物流服务商有针对性地不断改进服务，努力与客户建立成功的合作伙伴关系，用成功案例赢得货主企业的信任。

三、对"十二五"期间我国现代流通体系创新的启示

从世界经济的进程和社会发展的历程来看，发达国家信息产业的飞速发展为专业市场的发展提供了更加方便、快捷、高效的现代流通体系，服务专业、功能互补、链式发展的物流服务商满足了专业市场变革的需求，对"十二五"时期我国现代流通体系创新具有极大的启示。

1. 流通管理体制创新

从国际上看，发达国家所选择的市场经济体制的模式并不完全相同。美

国、英国、加拿大等发达国家实行了自由市场经济模式，德国等一部分欧洲国家实行了社会市场经济管理模式，日本等亚太地区新兴工业国家则实行了政府主导型市场经济模式。例如，在美国所有与流通相关的行政机构中，商务部是最为重要的流通综合管理部门。

因此，我们不能照搬发达国家流通管理体制的经验，而应结合我国国情，建立并完善流通法律法规体系，保护市场竞争，抑制影响竞争的各种行为，如垄断和图谋垄断、对贸易的非法限制、不正当竞争等，所有这些都应在法律法规中有详尽的规定。

2. 流通方式创新

流通方式反映了促使生产转化为消费的流通行为的基本方式，与所在社会的经济、政治、文化等诸多方面有着复杂的关系。目前，国外的现代流通方式与手段归结起来主要有连锁经营、电子商务、物流、供应链管理等类型。

虽然最近几年我国传统流通方式逐步得到改进，但"十二五"期间还要进一步发展超级市场、便民店、专卖店、仓储式商场、购物中心等多种业态，加快向新型流通方式转变的步伐。要进一步完善和改进交通设施、邮电通信、信息网络、商贸设施等，发挥信息技术在流通产业中的重要作用，适应物流、商流、信息流社会化和现代化的需要。

3. 流通政策创新

国外发达国家的流通政策主要有大型店政策、竞争政策等。美国主要以反垄断法的规制政策为主，而欧洲特别是欧盟各国则基于《罗马条约》第85条和第86条，以《欧盟竞争法》及各国竞争法的规制政策为主。

2004年，我国商务部颁布了《外商投资商业领域管理办法》，取代了1999年6月颁布的《外商投资商业企业试点办法》。《外商投资商业领域管理办法》是目前我国最完善的流通国际化政策，按照加入世界贸易组织的相关承诺，《外商投资商业领域管理办法》无论在业务领域、地域范同、股权比例、经营形式等方面，还是在外商投资审批制度方面都有重大突破。当然，"十二五"规划还要在规范交易行为、保护消费者权益、保护和支持中小企业发展及加强对现代流通的有效引导等方面进行流通政策的创新。

4. 流通组织结构创新

市场经济的发展要求国内、国际贸易一体化，国内、国际市场一体化。因此，在市场经济国家，制造商或经销商都没有人为地去区分内贸和外贸，内贸和外贸是有机结合的。从发达国家的实践来看，内外贸一体化的流通组织形式或企业经营形式主要有三种：日本综合商社流通组织形式、西方工业型跨国公司形式、从本土经营到国际化经营的连锁零售企业集团。

　　从我国来看，传统体制下形成的"一、二、三、零"流通格局已经"网破线断"，而新的流通组织结构尚未完全形成，在流通产业组织中，新情况、新问题不断出现。因此，必须改变流通产业市场集中度偏低的现状，扭转在零售业尤为典型的流通领域过度竞争的状况，提高流通企业运营效率。

　　应当说，目前影响我国流通现代化发展和流通业竞争力水平的因素还很多。其中，国民经济的持续快速增长、居民收入的持续提高、城市化进程的不断提速以及市场开放程度的进一步提高等因素，在很大程度上促进了流通业的发展，加快了流通现代化的进程，提高了流通业的竞争力。

　　　　　　　　　（摘自《中国流通经济》2012 年第 1 期，作者：林至颖）

商贸流通业发展国际观察

商贸流通业在引领消费、促进生产、引导投资、促进结构转型、实现经济良性循环以及提高国民经济运行效率和效益等方面具有重要作用，是各国服务业发展的重要内容之一。在长期发展中，发达国家和地区已建立起较完善的商贸流通业管理体制和运行机制，形成政府、行业协会、企业"三位一体"的商贸流通业管理和促进体系。本文通过总结美国、德国、日本、韩国及中国台湾地区等典型国家和地区商贸流通业发展的特点和经验，以期为我国制定商贸流通业发展战略提供借鉴。

一、严格灵活的商贸流通业政府管制

因商贸流通业竞争度高，总量和结构易失衡，世界各国普遍加强对商贸流通领域的政府管制。尽管美国实施自由竞争体制，但在商贸流通领域有严格规定，在商业设施规划中将网点配置明确分为城市中心、地区中心、社区中心和邻里等层次，分别予以调控以保证合理建设、适度规模和有效竞争。日本是自由企业体制国家，政府无权对企业活动直接干预，而是以制定法律形式进行管制。按流通产业管制模式分为如下几种：

1. 美国的自由竞争型模式

美国奉行自由市场经济，政府不直接干预微观经济活动，而是通过制定法律、颁布政策等对商业行为进行监督，为企业提供服务。联邦委员会是美国商业管理的重要机构，由法律和经济专家组成，负责情报收集和资料编纂，对商业组织活动进行管制。美国商务部对国内商品流通管制介入较少，商贸流通业的规制主要通过地方政府实施，各州市都制定有规范建筑、保护环境和限制大店建设的法律法规，并以听证会等形式论证该地区开设大型商店的合理性。

2. 德国的适度调控型模式

德国的市场经济体制遵循自由市场和社会平等原则，既强调要发挥以自由市场竞争为中心的市场机制基础性作用，又提出为克服市场弊端，保证社会公平，政府需通过经济政策进行调节和控制，创造良好环境，鼓励竞争，促进经济活力与效率。

3. 日本的政府干预型模式

作为后发市场经济国家,日本市场经济体制的运行注重政府对企业决策的诱导作用。政府是宏观经济决策主体,通过经济计划、产业政策等干预经济,充分发挥产业政策在资源配置中的功能。其商贸流通业一直处于政府管制框架下,目标明确,产业政策措施齐全。政府通过政策干预、法律规范及行业指导等进行管制。

4. 中国台湾地区的民间主导型模式

20世纪50年代,中国台湾地区实行高度集中的统制经济体制。20世纪90年代后,逐步推行自由化、国际化和制度化,以减少对经济的直接干预。在流通产业管制方面,努力消除不公平竞争,保障市场运行秩序。中国台湾地区商贸流通业采取政府和民间共同管理、民间管理为主的管理模式,除颁布法律法规外,更多依靠民间行业协会和企业自身进行管理。

二、健全完善的商贸流通业法律法规

从典型国家和地区的发展经验看,法律法规是商贸流通业发展的基石。商贸流通业具有竞争性高和进入门槛低的特点,必须制定严格的法律规范,通过法律对整个行业进行管理与监督,有法可依才能实现商贸流通业的可持续发展。完善的法律法规体系有助于商贸流通业向法制化、规范化方向发展。其立法以营造公平竞争环境为目的,以扶持产业和企业发展为重点。

1. 美国的国会立法

美国商贸流通业立法有两类:一是促进商业竞争、防止垄断的法律。如20世纪30年代,美国曾出现零售连锁企业向供应商收取各种费用的现象,最终迫使全美中小制造商及经销商联合起来向联邦法院起诉,并促成《罗宾逊波特曼法案》(又称《连锁商店价格限制法》)的出台,使美国零售业发生历史性改变。二是保护消费者权益的法律。国会通过《食品卫生与药品法》、《肉类检疫法》、《食品、药品和化妆品法》和《凯弗维尔—哈里斯修正案》等多项保护消费者合法利益的法律。美国没有统一的物流法,但从物流业整体和某个具体物流功能上看,其物流政策法规体系完备。美国全面管制时期的系列法律法规抑制了运输行业的自然垄断,保护了公众利益,但限制市场准入、设定费率也成为日后物流业发展的严重障碍。20世纪80年代后,得益于政府的宽松管制和良好的制度环境,美国物流业迅速发展,效率得到极大提高。

2. 德国的立法管制

德国早期在商业网点建设中奉行自由竞争主义，但随着20世纪70年代新型业态渐次兴起，政府开始将商业网点纳入国土发展规划。1998年政府设立《国土规划法》，用立法手段管制商业网点设置，保障市场秩序。针对大型店铺特点，政府出台专项法规，规范其设立和管理，建立起较完善的商业网点规划体系。德国"政府监督控制、企业自主经营"的市场运作模式促进了其商贸流通业的发展。

3. 日本的法律法规

日本流通业的管理目标是：满足消费需求，增进社会福利；保障适时适量供应；提高流通产业效率。日本商业立法完备。如《禁止垄断法》、《防止不正当竞争法》和《大店选址法》等法规，限制大型零售商凭借市场支配地位对供应商进行不公平交易。日本零售业的立法宗旨是"规范市场竞争，协调各方利益"，突出了社会政策性，又能随着社会经济发展适时调整。日本政府通过建立并完善与流通业相关的各项不同层次的法律和政策，推动其良性快速发展。如2001年7月政府出台《新综合物流实施政策大纲》，力争建立具有国际竞争力、高度发达、整体有效、可提供最便利服务的现代物流体系。

4. 韩国的产业发展法

为实现流通产业振兴与均衡发展，韩国政府于1997年4月实施《流通产业发展法》，涉及流通产业发展计划、振兴流通产业的具体政策、巩固流通产业发展的基础、优化中小流通企业结构、违反规定的处罚规则等。2001年7月产业资源部颁布《流通产业发展法修订案》，宗旨是增强流通产业竞争力，提高产业效率，放松对流通产业的规制。从《流通产业发展法》至其修订案，对大型店铺的限制逐渐放宽，中小零售业实现现代化的政策也被列入法律。

5. 中国台湾地区的法律法规

中国台湾地区拥有一整套较完善的农产品营销法律法规，涉及批发市场建设、管理和运行等多方面，明确了批发市场的性质、主管机关和运作方式。规定其农产品批发市场必须按照统一规划，经过审批依法成立。对进入市场购销的供货商和承销商实行严格准入制度。市场为承销人建立信用档案，违法经营的承销商将被勒令退出市场。批发市场依法提供价格行情查询服务，积极推动拍卖交易，并改变人工竞价方式，采用现代化电子设备，克服"暗箱操作"等人为因素干扰，维护市场秩序。

三、及时有效的商贸流通业促进政策

从典型国家和地区的发展经验看，政策是商贸流通业发展壮大的重要推动力。典型国家和地区对商贸流通业发展都颁布了一系列有法可依的具体政策，它们是法律法规的具体化和有效化。

1. 日本的政策干预

日本流通产业发展的思路是保护本国产业特别是中小企业，维护市场交易秩序。为禁止大企业垄断，政府制定《独占禁止法》并出台保护中小企业的系列法规，如《中小企业基本法》、《中小零售商业振兴法》等。产业内外贸易的政策制定由通商产业省负责统管，其他参与零售业政策制定的还有公正交易委员会和地方政府等。推行政策的机构除政府部门外，还有作为半官方机构的"社团法人"，负责调查研究、宣传教育和实施援助等。日本零售政策的颁布重点在于竞争政策，其1985年之前的竞争政策，因过度保护中小企业，限制了竞争机制功能的发挥，导致流通领域形成组织性极强的系列化结构，其闭锁性和排他性构成国际商业进入日本的障碍。

2. 韩国的扶持政策

韩国政府对中小流通企业的政策性支持，始于1996年制定的《改善中小企业结构及保障经营稳定的特别促进法》，包括与商品交易市场再开发、再建设相关的特别规定。2002年制定《改善中小企业结构和促进商品交易市场的活性化的特别措施》，完善对中小流通企业的支援政策。2004年制定《商品交易市场培育法》，为中小零售企业发展提供法律依据。2005年制定《商品交易市场培育特别法》，提出设立"市场经营支援中心"等。根据对商品交易市场的现状调查，政府设立针对不同市场的差别化支援方案：对仍具竞争力的市场，政府支援集中于设施改善和推进经营技术现代化上；对有潜力恢复的市场，推进其与地区、市场特性相适应的再开发；对机能丧失或衰退的市场，通过政策引导使其转换机能或用途。

3. 中国台湾扶持公用事业

在中国台湾地区，农产品批发市场属于公用事业，体现社会公益性，发挥信息引导、质量监管、仓储和集散等功能，实现农产品交易价格形成的公平、公正和透明，促进农民增收和消费者福利。各级"政府"对批发市场的建设高度重视并积极扶持。一是农产品批发市场的土地，通常由"政府"低价租给批发市场经营者。即使是私有土地，也先由"政府"出面征用，再转

给批发市场。二是"政府"注资投入。如中国台湾高雄农产品批发市场由高雄市政府出资 49% 和高雄市农会出资 51% 共同组成。三是免税减费。中国台湾对农产品交易实行免税，农产品进场交易费用低。四是市场建成运营后，由独立市场法人进行管理，农产品批发市场微利经营，经营者仅靠开发农产品产业链其他环节获取利润，其他部门和机构不得干预。

四、科学前瞻的商贸流通业规划指导

1. 德国的规划引导

德国采取规划先行的方式管理商贸流通业，建立明确的商业网点规划。首先，将日用品便民原则作为网点规划重点，加强道路、水电供应等设施建设，鼓励在人口聚居地建立商业网点；其次，分级设置商业中心，根据市镇特点及发展前景，国内各地区发展规划将其分为高等中心、中等中心等，制定统一商业发展计划，使城市间既有一定竞争，又在商品种类、供应方式上互为补充；再次，保持业态、产品和服务的多样性及竞争性；最后，对大型商业网点的设立制定特殊管理规定。德国政府对物流业发展进行全面规划，提出"远距离运输以铁路和水路为主，中间衔接与集散以公路为主"，对物流园区大规模战略性投资。政府持续增加在通信、信息等技术领域的投资，建造新的货物转运站和新型物流中心，提高物流效率。

2. 日本的行政指导

行政指导是日本政府管理商业颇具特色的手段。日本通产省常以"行政指导"名义对商业活动进行规制，使之符合政府意图。日本农林水产省、中小企业厅、公平交易委员会和地方公共团体等行政机关都在各自权限范围内对行业发展予以行政指导，目的在于：相关部门对零售业各分支行业规定具体经营资格和经营条件，严格资格审查，保护消费者利益，规范市场；严格执法，形成企业重视信誉、诚信经营的行业氛围，使交易各方在相互信赖的基础上建立长期合作关系；通过政府指导，建立现代化社会流通体系，实现流通领域经营现代化、组织化和协作化发展。

3. 韩国的市场建设计划

韩国农产品批发市场的建设与运营以《农安法》为依据，强调保护生产者和消费者利益，保障农产品交易的公正透明。韩国对大型农产品批发市场的建设计划、市场选址、投资及管理等都是以政府为主导，这使其具有科学布局，在区域内建设大的中央市场，提高单个市场的规模，增强市场流通效

率。韩国农产品批发市场对市场主体有明确规定，特别是批发市场法人制度。批发市场法人是市场开设者指定的接受农产品委托，主要通过拍卖方式获得的市场主体。批发市场法人收取手续费，政府对市场法人各种农产品交易的手续费有具体规定。韩国农产品市场法人在农产品的收集、价格形成及农产品市场信息反馈等方面都起到一定作用。

五、因地制宜的商贸流通业配套措施

1. 德国的措施

德国人口分布分散，为适应此特点，政府将城市按功能划分为工商业区、混合区、工业区、市中心区、村庄区、居住区和专门区等。小型商业网点分布在各区域，大型店铺仅设立在市中心区和专门区。大城市被划分为不同等级的商业中心，独立承担相应商业保障任务。许多大城市实施中心发展方案，以市区为中心，放射性规划商业网点的分布。德国政府高度重视物流理论和技术的研究应用，资助科研机构与企业合作，促进成果应用以获得全球竞争优势。为适应物流全球化发展趋势，政府针对基础设施及装备制定基础性和通用性标准，针对安全和环境制定强制性标准，支持行业协会对物流作业和服务制定行业标准、用语标准、从业人员资格标准等，保证物流活动顺利进行，同时推动物流教育发展。

2. 日本的措施

日本已形成以农业行政部门为主的农产品流通管理体制：在全国层面上由农林水产省流通局负责农产品流通行政管理，在省市级层面上由地方农林行政部门的流通室负责行使职能。此举符合市场经济条件下农产品生产与流通一体化运行原理，符合农产品商品化生产经营规律，可减少"政出多门"，充分发挥农业行政部门的管理与服务职能，符合生产者与消费者共同利益。针对大气污染、交通拥挤和能源限制等问题，日本政府采取普及低公害车辆、强化机动车尾气排放管制、实行柴油低硫化等措施。同时实行物流业运输体制变革，改变传统运输方式，建立高效合理的运送模式，完善运输和配送的环境建设，从机制和效率上解决公路运输对环境的压力。政府已着手构筑环境负荷少的物流体系，推行多种运输模式灵活转换的复合联运，发挥公路、铁路和海运等优势，多形式联合运输货物。此外，还构建完整的静脉物流系统，促进废弃物回收和利用，节约自然资源，发展循环型再生资源。

3. 韩国设立行业规范

韩国的批发市场采取规范的竞卖交易方式。对竞卖场外交易的品种和交易方式有具体规定，只有在场外交易品种目录上的品种才可通过竞卖以外的方式流通进入市场。竞卖方式主要是市场法人收集农产品到一定数量，在公示时间内向批发商竞卖。韩国农产品以竞卖方式、公正交易和适宜的价格定位，保护了生产者与消费者利益。

六、综合多元的商贸流通业协调机制

1. 美国的行业自律

行业自律在美国的商业管理中功不可没，行业协会的组织与协调对本行业的商业行为具有极强约束性，其工作是在政府的引导与监督下进行。美国行业协会通常规模巨大，如批发业的行业组织是"全国批发—分销协会"，由112家全国性批发行业协会和45个州、地方及地区行业协会组成，负责市场信息搜集、企业经营协调以及行业标准制定等。美国物流管理协会不仅促进物流业界的联络、合作与研究，还进行物流人才培训。协会的物流理论研究与实践紧密结合，研究成果集中于技术应用、供应链管理优化模型、物流各环节具体问题的解决方法，以及为企业设计物流方案等。

2. 德国的政府与商会合作

德国商贸流通业的显著特点之一是政府与商会密切合作，政府通过为数众多、覆盖面广的行业商会与企业密切联系。全德约有30万个协会和联合会等商会组织，以促进行业发展、满足企业需求为宗旨，在影响政府产业政策制定、开拓国际市场、协调劳资关系等方面发挥重要作用。全德最大的商会组织为德国工商大会和德国中小企业联合总会。政府委托商会完成任务并监督其行为合法性。这种权利分散的管理模式，适应了低成本、高效率的工作和现代化经济生活需要。作为全德最大的物流专业协会，德国物流协会积极协助政府进行物流规划、政策制定和协调管理，并通过不断扩大规模、形成更为密集的网络，为促进德国物流业发展发挥更大作用。政府督导企业改革运输、储存、包装、装卸、流通加工和管理等物流环节，努力减少环境污染和资源消耗，实现绿色物流。

3. 韩国的农协

20世纪50年代，韩国政府依据当时国际合作社联盟两位专家的意见，结合韩国小农经济生产方式，决定自上而下组建综合性全国农业合作组织。这种政府主导的农业合作组织很快在全国初具规模，与当时的农业生产模式和社会经济发展要求相适应。韩国农协致力于支持教育事业，设立了农协教育院、农协环境农业教育院、爱农村指导者教育院、农协大学，形成功能齐全的教育培训体系，提高了农民技术水平和经营能力，促进了新技术推广和农业生产力提高。农协对农产品流通渠道开拓也不遗余力：在农产品产地建立销售中心、低温贮存室、集散点和货仓等，保持产品新鲜度，提高产品附加值，保障农民利益；鼓励成员农户创造品牌农产品；从经济和技术上支持外销的农产品生产农户。

4. 中国台湾地区的行业自行管理

中国台湾地区商贸流通业已形成一系列行业自行管理规范：包括食品安全管理，职责健全的管理机构体系，完善的检验检测保障体系，严格的就地销毁、申诉和追溯制度，标准化、品牌化的生产过程管理等；连锁店设立物流中心，连锁经营店可借由大量采购，扩大与商品供应者的议价空间。

当连锁经营店达到一定规模时，再设立物流中心，统一进货，大幅缩短流通通路、降低流通成本。服务不限单一体系，配送不限自有商品，服务零售体系不限企业所属体系；充分应用自动化技术，目前使用较广的有商品条形码、销售点（POS）管理系统、电子订货、自动拣货系统等。中国台湾现代商贸流通业发展依靠市场需求推动，但"台湾当局"和协会发挥了积极扶持与引导作用。例如，目前中国台湾地区大型物流基础设施的规划、相关法规和标准的制定由"当局"主管部门负责；定期委托咨询机构对物流运行状况进行调查和研究，制定发展对策。中国台湾地区的物流行业协会也发挥积极作用，为"当局"和企业及时提供动态信息，促进物流业有序发展。

综上所述，美国、德国、日本、韩国及中国台湾地区商贸流通业的良性有序发展离不开严格灵活的商贸流通业政府管制、健全完善的商贸流通业法律法规、及时有效的商贸流通业促进政策、科学前瞻的商贸流通业规划指导、因地制宜的商贸流通业配套措施和综合多元的商贸流通业协调机制。我国大陆在发展商贸流通业时，可借鉴典型国家和地区的经验，以国际化眼光来规划、促进与监控商贸流通业发展，这对于当前我国大陆注重扩大内需、促进商贸流通业迅速发展具有重要意义。

（摘自《商业时代》2013 年第 30 期，作者：刘建颖）

"览" 钢材服务中心 "析" 美国流通业态

美国国土面积与中国国土面积比较接近，美国钢材流通中钢材的转移空间与中国钢材的转移空间具有可比性，研究美国钢材流通的特点，对完善中国钢材流通体系有着一定的借鉴意义。然而，国内一直没有对美国钢材流通体系进行过系统研究。从查阅的文献资料看，国内仅在 20 世纪 90 年代中期由原物资部组织考察团对美国生产资料流通状况进行过考察学习，其考察内容涉及到美国钢材流通状况。但整体来看，其考察报告仅限于对美国钢材流通情况的粗略介绍，并没有系统分析美国钢材流通体系的运行体制与运行机制。

目前，国内在对美国钢材流通体系的认识上普遍将其与欧洲钢材流通体系归为一类，统称为欧美模式，以区别于日韩模式、中国模式。研究美国钢材流通业，必须看到美国的钢材商流是以高度发达的钢材物流体系为支撑的，这为缩短钢材商流路径的长度提供了根本性保证。整体来看，美国钢材流通业在流通服务、流通渠道、流通手段、流通方式等方面都十分发达，且流通法规比较健全。

一、钢材服务中心发展特点

1. 流通组织大型化、连锁化

美国各个制造行业的组织结构都呈寡头垄断型，介于各个制造行业之间的流通业者，如果经营规模偏小，则会在议价、抗风险等方面存在弱势。为了增强抗风险能力，发挥规模经济和网络化经营的优势，钢材流通企业出现了大型化、网络化、连锁化的趋势。如美国最大的钢材流通企业瑞尔森（Ryerson Inc.）在美国境内拥有 53 个钢材服务中心，金属美国控股公司（MetalsUSA）在美国境内拥有 34 个钢材服务中心，奥尼尔钢铁公司（O'Neal Steel, Inc.）在美国境内拥有 34 个钢材服务中心，塞缪尔森有限公司（Samuel Son&Co., Inc.）在美国境内拥有 31 个钢材服务中心，美联/基斯公司（Marmon/Keystone Corporation）在美国境内拥有 24 个钢材服务中心，麦钢美国服务中心（Macsteel Service Centers USA）在美国境内拥有 26 个钢材服务中心，阿尔罗钢铁公司（Alro Steel Corporation）在美国境内拥有 24 个钢材服务中心。

钢材服务中心的连锁化经营，不仅在钢材采购方面形成规模需求优势，而且进一步优化了仓库选址，优化了钢材物流路径，并使大型钢材服务中心的装备水平得到持续提升，钢材深加工能力不断增强，保持持久性交易的客户数量得以稳定增长。

2. 经营业务专业化

美国开办公司很自由，任何一个人花几百美元注册费，就能办个公司；经营范围也没有限制，除法律规定不许经营的（如毒品），想经营什么就经营什么。虽然如此，但美国流通企业经营范围一般都比较专一。这是因为，在激烈的市场竞争中，企业必须有自己的特色，才能被社会承认，才能在市场上立足。企业只有在专而精上下功夫，才能以自己的特色经营吸引客户，占领稳定的市场份额。

就钢材流通而言，由于钢铁产品繁多，多数钢材服务中心只能专注于一些特定的钢铁品种和特定的加工服务，这样才能为客户提供各种量身定制的加工服务。而且不同厚度和规格的材料可以加工出各种不同的产品，如一家大型钢材服务中心的产品种类可多达85000种。对于资金、技术力量相对薄弱的钢材服务中心，如果涉及的钢材品种过多，则对其加工设备、仓储设备、仓储管理信息化等方面的要求则越高，这无疑增加了其经营成本。

在美国钢材服务中心中，既有经营规模庞大、连锁店遍布全国的大型钢材流通企业，也有一些以专业化经营而著称的钢材服务中心。如钢管公司（Tubular Steel，Inc.）以经营石油套管为主业，管材种类齐全，管加工设备及能力居美国领先水平；全国特种合金有限责任公司（National Specialty Alloys，LLC）以经营特钢为主业；金属供应有限公司（Metals Supply Company，Ltd.）则以石化行业为特定服务对象，并拥有自己的卫星定位（GPS）车队；高强度板材及型材公司（High Strength Plates & Profiles Inc.）则以做全球高强度、耐磨损钢材加工的领导者为宗旨，为全球客户提供高强度、耐磨损的钢材零件。

3. 流通服务的技术含量不断增加

库存管理对所有钢材服务中心，特别是对那些提供库存服务、即时交货服务的钢材服务中心来说至关重要。许多大型钢材服务中心已普遍使用那些专门为金属服务行业开发的库存信息系统，这些系统给钢铁产品贴上条形码，发电子订单，并且可以与客户或者钢铁企业的计算机网络直接连通。

在货物运输方面，钢材服务中心或者是自建运输车队，或者是委托第三方物流运输企业。不管是自建运输车队，还是委托第三方物流运输企业，绝大多数钢材服务中心实现了装货、货品分派、运送日程管理、承运人管理、承运人支付的业务智能化，且互联网应用技术、GPS 跟踪系统也被广泛使用，从而使信息的实时传递成为可能。这些技术的应用使得卡车空载率得到控制，客户也可以实时了解他们的货品到了哪里以及是否可能晚到。

二、四类典型钢材流通企业

美国 350 余家钢材服务中心（以集团为口径）在经营模式上并非千篇一律，而是各有特色，各有各的核心竞争专长。如瑞尔森公司、金属美国控股公司的优势是规模经济；卡斯特航天金属公司是针对特殊客户群体的专营式服务；钢管公司则是将钢管这一特定产品类型做精做细，并在特定的产品市场领域中形成垄断经营；金属超市则是将电子商务引入到钢材销售中，实现了钢材对个体消费者的直接销售，改变了以往钢材的客户对象以企业为主的销售局面。

瑞尔森公司（Ryerson Inc.）。瑞尔森公司是北美经营规模最大、经营设施最为先进的金属分销商和加工商，是私募基金公司铂金资本的子公司（铂金资本，即 Platinum Equity，是一家专门从事并购与经营的全球性企业，自 1995年 Tom Gores 创办 Platinum Equity 以来，该公司已收购了约 100 家公司，年营业收入超过 275 亿美元）。

瑞尔森公司成立于 1842 年，已涉及不锈钢、铝、镍合金、黄铜、深加工、建筑产品等，总部设于美国芝加哥。作为整个北美金属行业领先的加工和销售者，瑞尔森公司在美国各州、加拿大、墨西哥和亚洲等地都设有加工网点，共计 80 余个，并通过其在墨西哥、印度和中国的合资公司服务于全球客户。瑞尔森公司可以提供钢材的分条、剪板钣金加工，包括激光切割、数冲、激光/等离子切割、折弯、焊接、喷涂、焊接、装配等加工；产品包括一般机器设备的外壳、钣金件、通信机柜、打印机、空调的钣金配件等，还可以对特厚板（最大厚度达 200mm）进行加工。近几年，瑞尔森公司在全球呈扩张之势，其所收购的公司在众多领域内为其客户提供服务和解决方案，包括信息科技、电信、物流及金属服务、制造和分销。2009 年第一季度，该公司在美国新开设两个服务中心，并将其在中国的合资企业——万顺昌瑞尔森中国有限公司——中所持有的股份增加了一倍，即将控股权益从 40% 增至 80%。2006 年，瑞尔森公司实现销售收入 59 亿美元。

卡斯特航天金属公司（Castle Metals Aerospace）。卡斯特航天金属公司的经营规模并不大，其与众不同的经营特点是：为特定客户群体提供特定服务，其实质是通过市场细分，在特定的市场领域内满足特定客户群体的特殊需求，并形成垄断。卡斯特航天金属公司也因此成为美国钢材流通商中特色经营的典型代表。

卡斯特航天金属公司在全世界共有 30 家分公司，在美国本土拥有 7 家钢材服务中心。卡斯特航天金属公司的主要客户是美国 AME 等几家大的航空公司，这些航空公司对钢材的品种、规格、形状都有着特殊的要求，而且所涉及的种类繁多，但各个品种的数量规模都偏小。卡斯特航天金属公司针对航空公司对钢材的特殊需求进行定制加工，同时进行配送。

为了满足航空公司的需求，卡斯特航天金属公司在经营上采取了一些措施。一是规范仓库管理：该公司的仓库完全实现了自动化管理，各种金属材料摆放有序，品种规格齐全；二是具备较高的加工能力：公司的钢材加工设施齐备，可根据客户要求进行批量或单件加工；三是完善的质量管理体制：鉴于航空公司对钢材的质量要求较高，因此该公司的质量检查制度细致严格，质量标准较为苛刻，加工后的产品通常要经过三次严格的质量检测；四是按客户时限要求及时供货：该公司租有专门的运输车队，提供 24 小时送货服务，对紧急订货通过邮局快递；五是与客户建立一体化的生产运营系统：该公司的稳定客户已占全部用户的 50% 以上，并与这些用户实现了计算机联网，用户通过登录该公司的订货管理信息系统，随时通报需求信息，从而保证整个钢材供应的畅通无阻。总之，卡斯特航天金属公司的服务宗旨就是按用户的工艺要求进行钢材的精细化加工、完备配货，并在用户要求的时间内送达。

美国钢管公司（Tubular Steel, Inc.）。该公司是以经营石油套管这一专项产品为主的钢材流通商，其特点是通过将专项产品做精做细，以获取最大的经济收益。

美国钢管公司在美国境内共设立了 9 个区域服务中心，钢材库存量超过 6 万吨，各规格的钢管品种达 8000 余种，基本涉及到所有钢管制品；年生产各类钢管制品 200 多万件。其经营宗旨是为客户提供完整的产品解决方案，客户只需提出产品需求描述，剩余工作（包括送货、安装等业务）全部由钢管公司负责。

美国钢管公司的经营特点：一是拥有最先进的钢管加工设备，可对管材进行任何形式的加工，充分满足客户的用钢需求；二是完善的质量保证体系，确保客户每一次购买的每一件产品的质量和性能均符合客户要求，如每一块钢管制品的用料都可准确地追溯到其生产企业、生产日期（相当于国内钢铁企业的质保书）；三是拥有专业化的钢管运输车队，保证为客户及时供货；四是每一客户都有专职的客户经理负责，且客户经理会组织专业团队向客户提出用钢解决方案。

金属超市（Metal Supermarkets）。金属超市是全球最大规模的金属小批量的供应商，以满足客户最小批量需求、提供个性化服务而著称。1985 年，该公司在加拿大安大略省开设第一个专营门店（亦称网络门店），目前在美国、加拿大、英格兰、苏格兰拥有超过 80 多个专营门店。金属超市最为显著的经营特点：一是金属超市可为客户提供 8000 余种金属制品（涉及铝、热轧钢材、冷轧钢材、合金钢、工具钢、不锈钢、镀锌板、青铜、黄铜等），均无最小量订单要求，如钢材的最小订单可以用公斤计量。二是客户只需通过网络商务平台或电话进行订货，订货时要表述清楚想要的金属材料大小和形状。三是快速交货，对于重量较低（以公斤计量）的订货，可以通过快递公司及时送货。四是为客户提供金属加工服务，可按客户要求提供尺寸切割、打孔、剪边、弯曲等增值服务。

由于金属超市较为新颖的经营模式，使其客户范围从企业扩展到个体消费者，即为个体消费者提供家庭装修、艺术创造等个性化服务。其主要客户类型有机械制造商、工模具店、医院、酒店、高校、房主、艺术家，稳定的客户数量达到 60000 余户。

三、美国钢材服务中心具有三大行业属性

钢材服务中心是美国钢铁工业最大的独立客户群。据北美金属服务中心协会统计，其会员企业所属的 1250 余个钢材服务中心共为 30 万钢材用户提供钢材加工、配送等多种服务。钢材服务中心从其所涉及的业务内容看，已完全突破了流通业的固有行业范畴。分析钢材服务中心的行业属性，对中国钢铁企业、钢材经销商开展钢材深加工业务有重要的启示作用。

钢材服务中心具有仓储、加工自然禀赋。从北美金属服务中心协会的演变历程看，美国钢材流通业在发展之初就倾向于对钢材进行初步加工，为五金制品提供成品原料。这说明美国钢材流通业者在 100 多年前就开始通过为钢材用户提供增值服务来获取收益，同时对以倒卖钢材赚取差价的经营方式较为排斥。伴随着钢材流通区域的扩大，美国钢材流通业开始在钢材库存方面发挥作用，通过存储一定数量的钢材来满足用户小批量、多品种、多规格的需求。这表明美国钢材流通商在 20 世纪 20 年代起逐步开始承担了钢材仓储功能，并由仓储功能进一步演化出钢材配送功能。

第二次世界大战后，美国钢材流通业者树立了"对下游用钢行业提供全方位用钢服务"的经营理念，并在提高、完善钢材流通过程中的增值服务方面进行了持续探索，从而使美国钢材流通业的功能定位进一步清晰准确。

鉴于美国钢材服务中心的发展历程始终与五金产品加工、钢材仓储及配送相关联，因此，可以说美国钢材服务中心具有仓储、加工的自然禀赋。钢材加工与延伸性服务成为钢材服务中心区别于钢铁企业的主要竞争优势。这也决定了在美国的钢材流通中，以原样买进原样卖出、赚取差价为主要经营方式的钢材经销商不可能成为主流经销商。

北美金属服务中心协会的会员组成情况进一步说明钢材服务中心这一群体在美国已形成了一定的产业规模，并具备了一定的产业优势。联盟会员的存在说明钢材服务中心群体将美国本土的钢铁企业、有相当经营规模的钢材进口商作为自己最主要的供应商来看待，同时没有把自己简单地当作钢材流通渠道的参与者，而是当作一个制造商、流通商；加盟会员的存在说明钢材服务中心群体在设备、建筑、软硬件管理等诸多方面已形成产业需求的规模优势，并带动了相关机械制造、第三方物流、仓储自动化、仓储管理软件等辅助行业的发展。

总的来看，美国钢材服务中心融合了加工、仓储、配送等多项功能。部分装备先进的钢材服务中心不仅能进行定尺剪切、开卷（将宽大的卷板剪切成钢板）、纵剪、涂镀、弯曲、冲裁、切割、酸洗、焊接等诸多简单的钢材加工活动，而且还具备了一定制造功能。

另外，从行业的角度看，钢材服务中心是钢材生产行业（22类钢材）与用钢行业之间的过渡型区域，具有多行业属性。

1. 从钢材加工的角度看，钢材加工中心属于金属制品业

美国绝大部分钢材经销商的主营业务是将钢材买卖与钢材加工及其他服务结合在一起进行的。美国钢材服务中心（钢材经销商）能按照中小型钢材用户的要求进行钢材加工与配送。如专门经营镀锡板的钢材服务中心，会购进成卷的镀锡板，进行分剪，并根据用户要求进行清洗、喷漆、印花、烘干，做成商品包装用盒的半成品销售给客户。

对专门经营镀锡板的钢材服务中心而言，其对镀锡板进行剪切加工尚属于钢材产品的延伸性服务，但当其按用户要求对镀锡板进行清洗、喷漆、印花、烘干等加工时，其业务范围应归类为金属制品业（中国行业分类号34）中的金属表面处理及热处理加工（中国行业分类号3460）的范畴。金属表面处理及热处理加工是指对外来的金属物件表面进行的电镀、镀层、抛光、喷

涂、着色等专业性作业的加工活动。在中国的行业分类标准中，明确规定对金属表面进行的以下四类加工活动均属于金属表面处理及热处理加工范畴：电镀、抛光、阳极氧化防腐处理，着色、雕刻、印花、喷涂等，淬火、磨光、去毛刺、研磨、焊接，喷砂清理、滚筒清理、清洗或其他活动。这说明美国专门经营镀锡板的钢材服务中心是介于钢铁制造业与金属制品业之间的企业，并以金属制品业为主。

对于以经营建筑钢材为主的钢材服务中心而言，其经营范围已经涉及金属制品业中的金属结构制造业（中国行业分类号3411）。金属结构制造业是指以铁、钢或铝等金属为主要材料，制造金属构件、金属构件零件、建筑用钢制品及类似品的生产活动。在中国的行业分类标准中，明确规定以下四类加工活动均属于金属结构制造业范畴：建筑用金属结构、构件，比如金属屋顶、金属屋顶框架、金属立柱等；金属桥梁结构及桥梁零件、铁塔、铁架、金属支柱、金属大梁、矿井口金属构架、水闸和码头等金属构件；金属活动房屋；钢铁制脚手架、金属模板或坑道支撑用的金属支柱及类似产品。钢材服务中心将钢材加工成上述结构体所需要的金属板、金属杆、金属型材、金属异型材、金属管材和类似产品及其构件零件。

由于美国多数钢材服务中心的钢材加工业务涉及金属制品业，因此，我们不能简单地从流通的角度去分析美国钢材服务中心的经营行为，也不能简单地从增值服务的角度来理解钢材服务中心的钢材加工活动，而是要看到美国钢铁产业与制造产业在产业边界上的融合，更要看到在美国钢材流通中所奉行"没有加工就没有收益"的主导思想。

2. 从产品的销售方式看，钢材服务中心属于批发业

多数钢材服务中心对钢材的批量销售行为应归类为批发业（中国行业分类号63）。批发业是指批发商向批发、零售单位及其他企事业、机关单位批量销售生活用品和生产资料的活动，以及从事进出口贸易和贸易经纪与代理的活动。批发商可以对所批发的货物拥有所有权，并以本单位、公司的名义进行交易活动；也可以不拥有货物的所有权，而以中介身份做代理销售商。批发业还包括各类商品批发市场中固定摊位的批发活动。

从钢材服务中心所销售的商品属性看，其销售行业属于金属及金属矿批发（中国行业分类号6364）范畴。金属及金属矿批发主要包括如下经营活动：铁矿石及类似矿的批发和进出口，其他黑色金属矿的批发和进出口，以及有色金属矿、贵重金属矿、稀有金属矿、生铁、各种钢材及其压延产品（成品钢材、钢锭、钢坯等）、有色金属材料及其压延产品（铜、铝、铅、金、银

等）的批发和进出口。

3. 钢材服务中心具有仓储业的属性

对钢材进行仓储，满足中小型用钢企业或消费者个体的现货需求，是钢材服务中心的自然属性。钢材服务中心对钢材仓储行为应归类于仓储业（中国行业分类号58）范围。仓储业是指专门从事货物仓储、货物运输中转仓储，以及以仓储为主的物流配送活动。具体来看，一是以仓储服务为主的物流公司（中心）的活动，二是以仓储服务为主的配送公司（中心）的活动。

综上所述，美国钢材服务中心的基本业务有三项：一是钢材加工（金属制品业），二是钢材仓储与配送，三是钢材批发。这三项业务相互融合、相互促进。因此，从钢材服务中心的主营业务看，不能简单地将其归属于钢铁制造业、批发业、仓储业、金属制品业等某一个产业内。但从社会流通的角度去定位，美国钢材服务中心属于钢铁制造业与下游用钢产业的衔接型产业，其社会效果是优化了钢材的商流、物流路径，提高了钢材的使用效率，最大限度地节省了社会流通成本。

（摘自《中国冶金报》2011年1月29日第A02版，作者：李拥军）

日本流通业管理体制特征与借鉴

党的十八届三中全会通过了《中共中央关于全面深化改革若干重大问题的决定》，对我国流通产业的发展提出了"推进体制改革"和"建设法制化营商环境"的具体要求，也为我国流通产业管理体制改革明确了新方向。日本在流通领域实施的是政府主导型的市场经济体制，通过与流通有关的法规、政策、条例等对流通领域的市场经济活动进行直接干预，政府一直发挥着重要作用。为加速实现国家对我国流通产业发展提出的目标，有必要学习借鉴日本在流通业管理体制方面的成功经验。

一、日本流通业管理体制特征

（一）日本流通业管理的目标及特点

第二次世界大战以后，在面临资源极度匮乏和经济急需发展的矛盾情况下，为维护流通领域市场秩序，扶持流通企业的成长和发展，提高流通行业的生产效率，保护广大消费者权益，并保障经济和社会发展对流通业的需求得到最大限度的满足，日本政府不仅通过制定相关法律、法规和政策，从宏观上规范和引导流通业发展，而且还通过政府直接介入的方式从微观层面影响流通领域的市场经济活动，并以此发挥对流通业的促进、协调和服务作用，确保该产业的稳定健康发展。

（二）日本流通业管理机构

经济产业省是日本流通业管理体系中最重要的职能部门。根据该省内部厅局职能分工，商务情报政策局负责制定零售、批发、物流等流通业相关领域的政策，调控流通领域产业布局及发展战略，联系流通业行业协会，管理流通领域企业，监督流通市场运行及政策实施情况，并维护市场交易公平；中小企业厅负责制定扶持包括流通领域企业在内的中小型企业成长和发展的政策，为相关企业提供技术和资金支持。日本公正交易委员会是一个归属首相管辖、执行反垄断法和独立行使职权的特殊机构。主要职责是促进市场公平竞争，维护市场经济秩序。

行业协会是日本流通业管理体制中的重要机构，比较知名的流通领域行业协会有日本零售商协会、日本特许经营协会、日本百货店协会、日本物流协会和日本食品服务协会等，其特点是大型企业起主导作用、中小企业广泛参与、规范监督企业行为、协调化解企业矛盾、引导扶持企业经营、维护公平竞争环境，以及企业合法权益等。日本政府借助这些行业协会力量来制定行业规则、收集市场信息、传达和推动产业政策实施等。这种由政府、行业协会和企业形成的良性互动，不仅保证了政府决策的科学性和民主性，而且也大幅提高了管理效率，同时还有力促进了日本流通业的健康快速发展。

（三）日本流通业管理的主要手段

1. 法律手段

为促进第二次世界大战后流通业的现代化发展，日本政府根据经济发展需要，不断有针对性地颁布、调整和修订相关法律、法规，以达到管理流通业的预期效果。为维护公平竞争的市场秩序，日本政府通过颁布《禁止垄断法》，强化了政府在预防垄断形成和制裁垄断行为方面的功能；通过颁布《不当赠品及不当表示防止法》，赋予了政府在必要时可对赠品种类、价格限额、提供方法等事项做出限制或禁止提供赠品的权力，明确了对不当表示的定义；通过颁布《防止不正当竞争法》，提出了需要防止和限制的不正当竞争行为；通过颁布《物价统制令》、《批发市场法》、《农产品价格安全法》等，达到限制以高价交易谋取暴利的行为和稳定物价的目标。为保障中小型流通企业充分享有公平的发展空间，促进流通经济均衡和健康发展，日本政府先后颁布了《百货店法》、《零售商业调整法》、《中小企业基本法》、《中小零售商业振兴法》和《大规模零售店铺立地法》等，并通过法律来明确政府为流通企业提供人才培训、财税政策支持的职能，规定了市场准入的门槛。为保护消费者的合法权益，日本政府通过颁布《保护消费者基本法》，定义了损害消费者权益的行为，制定了具体的处置方法，明确了政府及企业在维护消费者权益方面的职责和义务。

通过上述法律法规，日本政府有效提高了管理流通业的权威和效率，同时为相关流通业政策的顺利实施发挥了有效的保障作用。

2. 政策调控

日本政府根据不同时期经济发展的需要，通过出台相应的产业政策，对流通业进行调控管理，促进其朝着政府预先设定的目标方向发展，并使之能够适应和满足经济社会发展的需要。

一是扶持中小流通企业政策。日本政府通过实施减税、补贴、提供技术和融资支持、调控资本流入等政策手段，切实扶持中小流通企业的成长，并为其发展创造良好的外部环境。

二是促进流通企业现代化政策。为促进流通企业组织结构合理化，推动实现流通业现代化，将信息技术引入流通领域，出台了《流通现代化的展望与课题》、《信息武装型批发业设想》和《流通活动的系统化》等有关政策。

三是重视规划与扶持。在物流业方面，日本高度重视统一规划、合理布局、资金补助等方式进行扶持；在批发市场方面，中央批发市场建设由地方公共团体实施，政府给予一定补助，地方批发市场建设由国家补贴1/3，都道府县补贴1/3；在商业网点方面，日本要求不破坏城市整体规划，不损害同行业中小企业利益，不影响周边居民的生活环境等。

总而言之，日本对流通业的政策调控有效指导和促进了流通业的进步与发展，有力配合了整体经济政策的实施。

3. 行政干预

为弥补法律、政策的缺失或适应特殊时期经济发展需要，日本政府经常通过多种方式的行政干预，要求企业按照政府意图开展市场活动，从而达到引导和影响整个产业向政府预定方向发展的目标。虽然这种管理方式存在因政府失灵而导致决策错误、缺乏公平和权力滥用等情况出现的可能性，但由于相关行政机构设置较为合理、管理人员素质普遍较高、政府与行业协会良性互动频繁、相关决策民主性和科学性较强，相关行政干预潜在的政府失灵风险得到了较好的规避，且行政干预及时、灵活和高效的优势也得到了充分的发挥。

二、我国现行流通业管理体制存在的问题

1. 政府管理机构条块分割和多头管理

我国行政管理体制长期存在条块分割和多头管理的情况，由于各部门职能交叉重叠，加之部门间监管衔接不善、统一协调合作不畅，且管理职能归属机构还在不停地变化和调整，因此相关法律政策的执行效果势必会受到影响，监管难度大幅增加，管理效率难以提高，管理越位和缺位现象屡见不鲜。

2. 行业协会发展水平低

流通业行业协会对于流通业企业的规范经营和合理发展具有重要意义，

但从目前来看，我国流通业行业协会的发展仍存在一些问题。一是我国流通业行业协会发展水平低且不平衡，行业协会产业分布不均，非国有企事业成员偏少，且无法反映其他所有制企业的利益和诉求。二是大多数行业协会摆脱不了政府因素对自身的影响，其职能作用多体现在管理方面。三是许多行业协会因热衷于营利性经营，导致协会运行效率低下，运行机制缺乏稳定性和延续性。

3. 流通法律体系不健全

由于我国目前关于流通领域的专门立法较少，与流通有关的法律、法规多分散在经济法、民商法和刑法中，因此很多流通经济活动仍面临无法可依的尴尬局面。同时，由于某些涉及流通领域的立法缺乏可行性研究，对实施后的执法成本和社会成本估计不足。此外，由于有些法律、法规对违法行为的处罚力度较轻，降低了违法者的违法成本，故无法起到威慑和减少不法行为的作用。

三、借鉴与启示

1. 精简高效的管理机构设置

在日本政府流通管理体系中，负责经济管理的机构数量有限、设置精简、高效且相对稳定；机构管理范围广泛，职责分工明确，且部门间协调、合作顺畅。同时，日本非常重视对包括流通管理职能部门在内的政府机构的监管，并设有专门的监管机构来监督流通管理职能部门的行政行为。这种监管机制能有效的提高管理机构的工作效率，规避廉政风险，减少政府失灵，推动流通产业的均衡和健康发展。

2. 完善的法律体系

日本非常重视建立和完善流通领域法律体系的意义和作用，并通过法律法规明确流通业经济活动的行为和道德标准，依据法律监督市场主体的经营行为并对不当行为进行惩戒，利用法律手段建立并维护公平竞争的市场环境、保护经营者和消费者的合法权益、促进流通业稳定健康发展。正是得益于完善的法律体系，日本流通业才得以在明确的法律框架下有序健康发展。

3. 必要的行政手段

流通业作为社会经济的组成部分，也面临着市场失灵可能给其带来的不利影响，因此，通过行政手段对流通业市场经济活动进行必要的调控能较为有效地杜绝市场失灵情况的出现，确保市场能有效发挥对资源配置的作用，并促进产业的持续健康发展。同时，在不同时期对流通业的定位和期待有所不同，采用相应行政手段加以调控，对产业布局和行业发展进行必要引导，从而使流通业发展达到政府预期目标。

4. 扶持中小型企业发展

日本通过立法或出台优惠政策等方式鼓励和扶持中小型流通企业的发展，协助解决企业发展过程中可能面临的资金、技术和人员培训等问题，并确保中小型企业享有公平、健康的发展环境。基于上述做法，我们要高度重视包括流通业在内的各经济产业领域中小型企业的生存环境，有必要利用法律及政策手段扶持其发展，并应充分发挥其对产业健康发展的促进作用，以及其对经济和社会持续发展的推动作用。

5. 关注消费者权益保护

从日本流通业管理的目标、相关立法及其所设立的消费者权益保护机构不难看出，其高度关注保护消费者的合法权益，并重视从保护消费者权益的角度规范流通企业的经营行为。同时，得益于政府的重视和法律的规定，广大流通企业主动在经营活动中确保消费者合法权益不受侵犯。实践证明，这些做法不仅规范了流通企业的市场行为，维护了消费者的权益，而且还促进了市场公平环境的形成，并推动了流通业的健康发展。

6. 重视发挥行业协会作用

日本市场经济成熟，流通业发展水平高，行业协会历史悠久且具有一定的规模和较强的影响力。因此，为充分发挥行业协会服务和引导企业发展、规范企业经营行为、及时反馈行业发展意见等作用，日本政府与流通业相关行业协会保持着沟通与合作，并通过赋予上述中介组织部分管理职能，使其更好地协助政府对流通业进行管理。通过政府与行业协会在管理流通业方面的良性互动，不仅扩大了管理的范围，而且还大幅提高了管理水平和效率。

（摘自《商业经济研究》2015 年第 1 期，作者：王峰　王世鹏）

第六部分

数据篇

表1　　　　　　　1991—2014 年全社会生产资料销售总额

年　份	销售总额（亿元）	可比价（±%）
1991	11752	8.6
1992	15962	18.9
1993	22642	16.2
1994	28900	14.8
1995	34533	15.7
1996	38520	12.8
1997	41740	10.8
1998	43038	8.6
1999	46138	10.1
2000	53068	9.8
2001	58473	10.9
2002	72190	14.1
2003	88191	19.2
2004	115547	19.5
2005	142730	16.2
2006	176786	17.4
2007	221120	19.8
2008	265456	10.4
2009	277466	13.8
2010	361065	19.6
2011	456157	13.2
2012	500850	11.9
2013	551731	11.9
2014	584622	8.8

注：生产资料销售总额均按当年现价计算

2005 年以前按 GDP 调整数作相应调整

表 2　　　　**2013—2015 年各月生产资料价格总指数变化情况表**　　　单位：±%

指标	年份	1月	2月	3月	4月	5月	6月	7月	8月	9月	10月	11月	12月
环比	2013	0.56	0.89	−0.65	−1.52	−0.96	−1.50	−0.74	0.58	0.42	−0.50	−0.24	1.18
	2014	−0.21	−1.06	−0.94	−0.17	0.33	−0.53	−0.48	−0.79	−1.22	−1.6	−0.77	−1.84
	2015	−3.88	−1.02	0.66	−0.82								
同比	2013	−4.08	−4.05	−5.26	−6.98	−6.73	−5.70	−4.57	−3.16	−2.94	−4.12	−3.90	−2.54
	2014	−3.24	−5.11	−5.38	−4.14	−2.87	−1.94	−1.67	−2.99	−4.54	−5.61	−6.11	−8.73
	2015	−11.79	−11.79	−10.59	−11.16								
累计同比	2013	−4.08	−4.07	−4.48	−5.09	−5.42	−5.47	−5.35	−5.11	−4.91	−4.85	−4.78	−4.61
	2014	−3.24	−4.18	−4.58	−4.47	−4.17	−3.82	−3.53	−3.47	−3.59	−3.79	−4.01	−4.4
	2015	−11.79	−11.80	−11.22	−11.29								

表 3　　　　　　　　　　**生产资料销售总额与 GDP 关系**

年份	销售总额		国内生产总值		弹性系数
	销售总额（亿元）	可比价增长（%）	GDP（亿元）	可比价增长（%）	
1991	11752	8.6	21617.8	9.2	0.93
1992	15962	18.9	26638.1	14.2	1.33
1993	22642	16.2	35334	14.0	1.16
1994	28900	14.8	48198	13.1	1.13
1995	34533	15.7	60794	10.9	1.44
1996	38520	12.8	71177	10.0	1.28
1997	41740	10.8	78973	9.3	1.16
1998	43038	8.6	84402	7.8	1.10
1999	46138	10.1	89677	7.6	1.33
2000	53068	9.8	99215	8.4	1.17
2001	58473	10.9	109655	8.3	1.31
2002	72190	14.1	120333	9.1	1.55
2003	88191	19.2	135823	10.0	1.92
2004	115547	19.5	159878	10.1	1.93
2005	142730	16.2	184937	11.3	1.43

年份	销售总额		国内生产总值		弹性系数
	销售总额（亿元）	可比价增长（%）	GDP（亿元）	可比价增长（%）	
2006	176786	17.4	216314	12.7	1.37
2007	221120	19.8	265810	14.2	1.39
2008	265456	10.4	314045	9.6	1.08
2009	277466	13.8	340903	9.2	1.50
2010	361065	19.6	397983	10.3	1.90
2011	456157	13.2	471564	9.2	1.43
2012	500850	11.9	519322	7.8	1.53
2013	551731	11.9	568845	7.7	1.55
2014	585000	8.8	636463	7.4	1.19

表4　　**2014 年重点生产资料流通企业财务状况（65 家单位汇总表）** 单位：万元

指标名称	2014 年	2013 年	同比增减	同比增减（%）
营业收入	164757517	177726643	-12969126	-7.30
营业成本	159221146	171704319	-12483173	-7.27
三项费用合计	5891775	5168807	722968	13.99
利润总额	318060	606377	-288317	-47.55
支付的各项税费	2025557	2114493	-88936	-4.21
资产总计	99317901	91792539	7525362	8.20
其中：流动资产合计	59400035	60767970	-1367935	-2.25
其中：存货	18474956	18582846	-107891	-0.58
应收账款	7199069	7314957	-115888	-1.58
其中：固定资产折旧	6068245	5442941	625304	11.49
负债合计	79194309	74964810	4229499	5.64
其中：流动负债合计	56920214	58956224	-2036010	-3.45
应付职工薪酬	1102430	1034253	68177	6.59
全部从业人员平均人数（人）	271020	272263	-1243	-0.46

表5　2014年重点生产资料流通企业商品购、销、存情况（65家单位汇总表）

指标名称	单位	累计购进额			累计销售额			期末库存额		
		2014年	2013年	同比增减（%）	2014年	2013年	同比增减（%）	2014年	2013年	同比增减（%）
总金额	万元	147406884.59	157477586.24	-6.4	156122864	163877340	-4.7	8852330	8583929	3.1
煤炭及制品类	万元	13517537.19	14663096.36	-7.8	13525622	15195969	-11.0	544208	578994	-6.0
石油及制品类	万元	4318776.99	4637498.40	-6.9	4443191	4660057	-4.7	173319	202075	-14.2
黑色金属材料类	万元	61540605.25	72943862.88	-15.6	68386496	79371503	-13.8	2509216	2581911	-2.8
有色金属材料类	万元	34400432.49	32335609.81	6.4	36117644	33176998	8.9	1102957	1640885	-32.8
化工材料及制品类	万元	14626980.36	13537628.53	8.0	15132711	13475371	12.3	953406	861312	10.7
建筑与装潢材料类	万元	359081.05	246450.68	45.7	330903	263950	25.4	44053	22732	93.8
木材及制品类	万元	249453.78	146060.00	70.8	220475	150689	46.3	41948	9539	339.8
机电产品及设备类	万元	538656.66	516110.56	4.4	460235	509728	-9.7	88476	56359	57.0
汽车类	万元	6791754.06	7769448.48	-12.6	6795533	7143797	-4.9	785836	715761	9.8
再生资源类	万元	262513.58	310544.59	-15.5	268748	327857	-18.0	13699	19270	-28.9
其他类	万元	10801092.57	9244127.48	16.8	10441308	9628578	8.4	2595211	1896076	36.9
分品种										
原煤	吨	162684940.66	163276147.35	-0.4	192355811	198226920	-3.0	7727645	7724836	0
成品油	吨	7067237.95	6943946.04	1.8	7107669	6896630	3.1	277362	273043	1.6
汽油	吨	365194.92	280285.12	30.3	387134	280465	38.0	8466	16642	-49.1
柴油	吨	934049.93	858598.92	8.8	960592	838330	14.6	13115	47413	-72.3

续　表

指标名称	单位	累计购进额			累计销售额			期末库存额		
		2014 年	2013 年	同比增减（%）	2014 年	2013 年	同比增减（%）	2014 年	2013 年	同比增减（%）
燃料油	吨	4564711.00	3986870.00	14.5	4543848	3975517	14.3	123943	157129	-21.1
铁矿石	吨	230985074.23	199946392.72	15.5	225167033	199664316	12.8	12469766	7471778	66.9
生铁	吨	2111641.79	2766354.72	-23.7	2159467	2777619	-22.3	21728	20921	3.9
钢材	吨	119080961.89	138673890.45	-14.1	129089690	140837890	-8.3	5187944	4903478	5.8
型材	吨	14347857.25	19801225.29	-27.5	14180521	19533672	-27.4	879833	712159	23.5
线材	吨	21275261.24	21777797.16	-2.3	21380949	21648915	-1.2	494637	546759	-9.5
板材	吨	27525650.33	31855187.39	-13.6	30067614	46769614	-35.7	1212204	1452544	-16.5
废钢铁	吨	3364308	3020997	11.4	3364308	3020997	11.4	121566	115176	5.5
有色金属	吨	32511686	12830273	153.4	32511686	12830273	153.4	582282	560201	3.9
铜	吨	3036712	2355340	28.9	3036712	2355340	28.9	34064	5307	541.9
铝	吨	5250676	4860215	8.0	5250676	4860215	8.0	109160	71233	53.2
无机化工原料	吨	588741	594523	-1.0	588741	594523	-1.0	23185	28291	-18.0
硫酸	吨	350920	253845	38.2	350920	253845	38.2	19759	2534	679.8
烧碱	吨	70495	63837	10.4	70495	63837	10.4	678	664	2.1
纯碱	吨	6208	104092	-94.0	6208	104092	-94.0	0	694	-100.0
有机化工原料	吨	6254756	4438251	40.9	6254756	4438251	40.9	178433	234399	-23.9
聚乙烯	吨	1009709	1040025	-2.9	1009709	1040025	-2.9	36783	94735	-61.2

续　表

指标名称	单位	累计购进额			累计销售额			期末库存额		
		2014年	2013年	同比增减（%）	2014年	2013年	同比增减（%）	2014年	2013年	同比增减（%）
聚丙烯	吨	534000	610348	-12.5	534000	610348	-12.5	10087	56035	-82.0
聚氯乙烯	吨	1538927	1579350	-2.6	1538927	1579350	-2.6	27889	68210	-59.1
聚苯乙烯	吨	74982	57690	30.0	74982	57690	30.0	29	367	-92.1
天然橡胶	吨	244720	207235	18.1	244720	207235	18.1	14945	45403	-67.1
合成橡胶	吨	362857	274900	32.0	362857	274900	32.0	8701	47937	-81.8
化肥	吨	9715227	6177744	57.3	9715227	6177744	57.3	1151683	647818	77.8
农药	吨	491100	516924	-5.0	491100	516924	-5.0	24772	73014	-66.1
水泥	吨	3343338	1498286	123.1	3343338	1498286	123.1	9451	23657	-60.0
汽车	辆	498074	468887	6.2	498074	468887	6.2	50818	49721	2.2
乘用车辆	辆	361784	349323	3.6	361784	349323	3.6	36986	36311	1.9
轿车	辆	256899	254280	1.0	256899	254280	1.0	27507	27202	1.1
商用车辆	辆	27962	29550	-5.4	27962	29550	-5.4	4372	4191	4.3
载货汽车	辆	27324	27915	-2.1	27324	27915	-2.1	3973	3792	4.8

表6　　　　　　2014 年重点生产资料流通企业累计销售额情况排序

排序名次	单位名称	2014 年（万元）	同比增减（%）
1	天津物产集团有限公司	45870384	16.3
2	中国五矿集团公司	25725308	−22.2
3	浙江省物产集团公司	24718658	1.0
4	中国中钢集团公司	12062259	−21.6
5	广东物资集团公司	10838240	−19.9
6	中国兵工物资集团有限公司	10189892	3.4
7	河北省物流产业集团有限公司	7430919	1.6
8	安徽省徽商集团有限公司	2768404	−22.6
9	中国物资储运总公司	2332894	−25.5
10	南通化工轻工股份有限公司	2291252	3.3
11	广西物资集团有限责任公司	2002508	28.0
12	浙江特产集团有限公司	1312226	−3.1
13	中山市物资集团有限公司	801113	−32.6
14	新疆生产建设兵团石油有限公司	705554	1.6
15	重庆港务物流集团有限公司	696205	−0.8
16	新疆农资（集团）有限责任公司	677573	60.2
17	云南物流产业集团有限公司	676022	−10.1
18	泰德煤网股份有限公司	619932	−15.1
19	山东省农业生产资料有限责任公司	582616	−7.0
20	浙江东菱股份有限公司	441961	13.5
21	贵州省物资集团有限责任公司	407618	22.0
22	神华新疆能源有限责任公司	279146	−20.6
23	湖南新物产集团有限公司	247125	8.0
24	新疆兵团农资公司	237601	−14.8
25	甘肃省物产集团有限责任公司	230696	10.7
26	新疆农垦阿克苏供销合作总公司	199462	2.3

排序名次	单位名称	2014 年（万元）	同比增减（%）
27	新疆生产建设兵团农四师供销合作社联合社	173654	-14.3
28	新疆八钢国际贸易股份有限公司	168651	0
29	青海省物资产业集团总公司	150412	-60.8
30	西安西电国际工程有限责任公司	148879	8.0
31	新疆生产建设兵团农二师天润农业生产资料有限责任公司	129178	4.1
32	欧姆龙健康医疗（中国）有限公司	121569	6.9
33	新疆兵团农三师农业生产资料公司	117112	-7.4
34	新疆万达有限公司	112547	20.0
35	新疆生产建设兵团第十三师天元供销有限公司	102617	0.2
36	安庆市吉宽再生资源有限公司	77002	37.9
37	茂名市实业发展集团公司	69035	4.0
38	新疆金业报废汽车回收（拆解）有限公司	61455	-11.7
39	新疆迪盛国际实业有限公司	49931	15.8
40	新疆西部农资物流有限公司	45496	46.3
41	新疆再生资源集团有限公司	42140	31.7
42	西安经发经贸实业有限责任公司	40309	-60.1
43	新疆准噶尔农业生产资料有限责任公司	36877	-31.3
44	珠海市煤气有限公司	30160	48.8
45	四川万家福投资管理有限公司	20536	-13.0
46	扬州鑫联燃料经营有限公司	18774	0
47	博乐赛里木物资有限责任公司	13642	0
48	新疆生产建设兵团建设工程集团石油物资有限责任公司	10821	0
49	新疆生产建设兵团农十二师农业生产资料有限责任公司	10129	-34.8
50	石河子车城汽车贸易有限公司	5434	-63.7
51	和田地区天物生产资料有限责任公司	4159	0
52	吉林省物资集团有限责任公司	3986	-23.7

排序名次	单位名称	2014 年（万元）	同比增减（%）
53	新疆生产建设兵团奎屯农七师物资总公司	3594	−28.4
54	新疆生产建设兵团农十师供销合作公司	2944	−26.5
55	黄冈市天绿贸易有限公司	2417	−34.7
56	山东黑马集团有限公司	1597	−54.0
57	济南燃料集团总公司	827	0
58	新疆金怡进出口有限责任公司	686	−84.8
59	资阳市鸿基废旧物资回收利用有限公司	508	1.9
60	湖州维农农资连锁经营有限公司	218	−26.9
	总计	156122864	−4.7

注：中国石油化工集团公司、中国海洋石油总公司销售分公司的数据为其全国范围销售流通环节的汇总数，总计数包括中国石油化工集团公司但其绝对量值暂不参加排序

表7　　　　　　　**2014 年重点生产资料流通企业营业收入排序**

排序名次	单位名称	2014 年营业收入（万元）	同比增减（%）
1	天津物产集团有限公司	40145021	19.0
2	中国五矿集团公司	32275663	−22.2
3	浙江省物产集团公司	21436412	1.3
4	中国中钢集团	13742452	−2.4
5	中国铁路物资总公司	10955373	−35.3
6	广东物资集团公司	8866984	−18.8
7	中国兵工物资集团有限公司	8720732	3.5
8	中国诚通控股集团有限公司	7002664	−9.5
9	河北省物流产业集团有限公司	5503601	−5.4
10	南通化工轻工股份有限公司	2094809	3.8
11	广西物资集团有限责任公司	1942298	28.0
12	浙江特产集团有限公司	1155855	−1.2

排序名次	单位名称	2014年营业收入（万元）	同比增减（%）
13	安徽省徽商集团有限公司	1091236	−33.6
14	云南物流产业集团有限公司	856087	−24.8
15	重庆港务物流集团有限公司	851199	−4.4
16	新疆农资（集团）有限责任公司	784298	−14.2
17	中山市物资集团有限公司	695259	−32.2
18	泰德煤网股份有限公司	625847	−14.3
19	新疆生产建设兵团石油有限公司	612666	1.5
20	山东省农业生产资料有限责任公司	601454	−4.3
21	贵州省物资集团有限责任公司	555834	−16.4
22	武汉商贸国有控股集团有限公司	514539	10.5
23	神华新疆能源有限责任公司	393336	9.0
24	浙江东菱股份有限公司	380526	12.5
25	青海省物资产业集团总公司	318165	−38.0
26	甘肃省物产集团有限责任公司	249698	10.0
27	湖南新物产集团有限公司	224072	12.0
28	新疆农垦阿克苏供销合作总公司	196676	2.9
29	新疆兵团农资公司	194650	−12.5
30	新疆生产建设兵团农四师供销合作社联合社	173654	−14.3
31	新疆八钢国际贸易股份有限公司	168652	−59.8
32	西安西电国际工程有限责任公司	148888	8.0
33	新疆生产建设兵团农二师天润农业生产资料有限责任公司	120060	4.3
34	新疆兵团农三师农业生产资料公司	117112	−7.4
35	新疆万达有限公司	106082	3.2
36	欧姆龙健康医疗（中国）有限公司	104115	7.03
37	沈阳物资集团有限责任公司	97309.9	53.82
38	新疆生产建设兵团第十三师天元供销有限公司	90267	−1.81
39	安庆市吉宽再生资源有限公司	77002	37.89
40	茂名市实业发展集团公司	59005	3.97

续　表

排序名次	单位名称	2014年营业收入（万元）	同比增减（%）
41	新疆迪盛国际实业有限公司	58156.34	205.65
42	新疆金业报废汽车回收（拆解）有限公司	52813	-19.8
43	新疆西部农资物流有限公司	45726	46.0
44	广东新中源陶瓷有限公司	45229	-11.7
45	山东黑马集团有限公司	43447	8.6
46	西安经发经贸实业有限责任公司	40925	-53.1
47	新疆准噶尔农业生产资料有限责任公司	36877	-31.3
48	新疆再生资源集团有限公司	36603	31.2
49	珠海市煤气有限公司	30160	-17.9
50	四川万家福投资管理有限公司	20536	-13.0
51	山东省物资集团总公司	17898	1.6
52	博乐赛里木物资有限责任公司	13642	
53	新疆生产建设兵团建设工程集团石油物资有限责任公司	11116	
54	资阳市鸿基废旧物资回收利用有限公司	10852	835.8
55	新疆生产建设兵团农十二师农业生产资料有限责任公司	9780	-37.3
56	湖州维农农资连锁经营有限公司	7563	9.3
57	石河子车城汽车贸易有限公司	5823	-62.1
58	和田地区天物生产资料有限责任公司	4174	26.7
59	吉林省物资集团有限责任公司	3995	-27.9
60	黄冈市天绿贸易有限公司	3448	-6.8
61	新疆生产建设兵团奎屯农七师物资总公司	3072	-42.2
62	新疆生产建设兵团农十师供销合作公司	2944	-26.5
63	济南燃料集团总公司	1885	-24.2
64	新疆金怡进出口有限责任公司	1037	-78.6
65	丽水市物资再生利用有限公司	264	16.8
	总计	164757517	-7.3

注：中国石油化工集团公司、中国海洋石油总公司销售分公司的数据为其全国范围销售流通环节的汇总数，总计数包括中国石油化工集团公司但其绝对量值暂不参加排序

表 8 　　　　2015 年 1—3 月重点生产资料流通企业营业收入排序

排序名次	单位名称	本期累计（万元）	同比增减（%）
1	天津物产集团有限公司	9903961	2.8
2	中国五矿集团公司	4607830	-34.1
3	中国兵工物资集团有限公司	2026969	-1.9
4	中国铁路物资总公司	1683742	-42.9
5	广东物资集团公司	1530566	-33.6
6	中国中钢集团公司	1497187	-56.9
7	中国诚通控股集团有限公司	1165868	-24.2
8	河北省物流产业集团有限公司	719063	-50.6
9	广西物资集团有限责任公司	431219	13.0
10	南通化工轻工股份有限公司	357911	-26.1
11	浙江特产集团有限公司	311803	6.1
12	云南物流产业集团有限公司	225577	39.4
13	安徽省徽商集团有限公司	197628	-35.1
14	重庆港务物流集团有限公司	153178	-41.9
15	江苏省惠隆资产管理有限公司	111986	-15.9
16	泰德煤网股份有限公司	111482	120.1
17	神华新疆能源有限责任公司	72845	-18.1
18	中山市物资集团有限公司	72553	-56.5
19	新疆生产建设兵团石油有限公司	68111	-23.9
20	浙江东菱股份有限公司	64139	-41.3
21	贵州省物资集团有限责任公司	52762	-59.5
22	湖南新物产集团有限公司	50442	-11.4
23	青海省物资产业集团总公司	48788	-28.5
24	山东省农业生产资料有限责任公司	46452	-48.1
25	甘肃省物产集团有限责任公司	44756	0.7
26	新疆生产建设兵团第十三师天元供销有限公司	41769	7.0

续　表

排序名次	单位名称	本期累计（万元）	同比增减（％）
27	新疆生产建设兵团农四师供销合作社联合社	39093	7.5
28	新疆农垦阿克苏供销合作总公司	38663	9.7
29	新疆兵团农三师农业生产资料公司	35273	-7.8
30	新疆兵团农资公司	33683	13.0
31	新疆生产建设兵团农二师天润农业生产资料有限责任公司	31874	-13.6
32	欧姆龙健康医疗（中国）有限公司	25311	30.4
33	江西煤业物资供应有限责任公司	21316	-79.3
34	新疆万达有限公司	16303	31.1
35	山东黑马集团有限公司	9659	7.3
36	安庆市吉宽再生资源有限公司	7388	-26.97
37	新疆生产建设兵团建设工程集团石油物资有限责任公司	6999	2417.63
38	珠海市煤气有限公司	5613	66.56
39	山东省物资集团总公司	4461	51.48
40	新疆迪盛国际实业有限公司	4345.99	-37.47
41	四川万家福投资管理有限公司	3800	3.54
42	博乐赛里木物资有限责任公司	2918	395.4
43	新疆八钢国际贸易股份有限公司	2895	-96.4
44	新疆绿翔供销有限责任公司	1886	-67.5
45	西安经发经贸实业有限责任公司	1747	-81.0
46	新疆生产建设兵团农五师农业生产资料公司	1366	-68.9
47	石河子车城汽车贸易有限公司	1324	-45.3
48	新疆生产建设兵团农十二师农业生产资料有限责任公司	1262	7910.7
49	新疆生产建设兵团农十师供销合作公司	639	669.9
50	和田地区天物生产资料有限责任公司	499	-55.3
51	新疆生产建设兵团奎屯农七师物资总公司	447	-71.7
52	济南燃料集团总公司	411	-6.6

排序名次	单位名称	本期累计（万元）	同比增减（%）
53	吉林省物资集团有限责任公司	392	−11.7
54	新疆再生资源集团有限公司	346	−87.7
55	新疆准噶尔农业生产资料有限责任公司	202	−83.8
56	新疆金怡进出口有限责任公司	75	66.0
	总计	58385402	−23.7

注：中国石油化工集团公司、中国海洋石油总公司销售分公司的数据为其全国范围销售流通环节的汇总数，总计数包括中国石油化工集团公司但其绝对量值暂不参加排序

表9　　2014年全国各省（自治区、直辖市）水泥、散装水泥排序

水泥生产量			散装水泥供应量			散装率		
排序	地区	数量（万吨）	排序	地区	数量（万吨）	排序	地区	%
1	江苏省	19402.59	1	江苏省	16509.71	1	上海市	98.07
2	河南省	16975.34	2	山东省	10638.89	2	天津市	96.76
3	山东省	16406.03	3	浙江省	9826.35	3	北京市	96.19
4	广东省	14737.37	4	河南省	9616.27	4	江苏省	85.09
5	四川省	14580.97	5	安徽省	8574.05	5	浙江省	79.45
6	安徽省	12913.10	6	河北省	7747.40	6	河北省	72.91
7	浙江省	12367.51	7	广东省	7696.20	7	安徽省	66.40
8	湖南省	12004.64	8	四川省	7145.00	8	山东省	64.85
9	湖北省	11669.93	9	湖南省	7078.54	9	福建省	64.62
10	广西区	10645.77	10	湖北省	6676.04	10	新疆区	59.57
11	河北省	10625.46	11	江西省	5366.56	11	湖南省	58.97
12	江西省	9803.57	12	福建省	4996.97	12	辽宁省	58.32
13	云南省	9492.64	13	广西区	4893.63	13	宁夏区	57.30
14	贵州省	9386.89	14	贵州省	4112.38	14	湖北省	57.21
15	陕西省	9083.49	15	云南省	3783.36	15	河南省	56.65
16	福建省	7732.33	16	辽宁省	3376.98	16	山西省	55.14

水泥生产量			散装水泥供应量			散装率		
排序	地区	数量（万吨）	排序	地区	数量（万吨）	排序	地区	%
17	重庆市	6666.61	17	陕西省	3276.13	17	江西省	54.74
18	内蒙古区	6268.33	18	重庆市	2907.64	18	广东省	52.22
19	辽宁省	5790.65	19	新疆区	2861.81	19	四川省	49.00
20	甘肃省	4925.52	20	山西省	2502.03	20	青海省	46.47
21	新疆区	4804.43	21	内蒙古区	2150.55	21	广西区	45.97
22	吉林省	4663.70	22	吉林省	2104.79	22	吉林省	45.13
23	山西省	4537.92	23	甘肃省	1898.33	23	海南省	44.05
24	黑龙江	3672.08	24	黑龙江	1553.81	24	贵州省	43.81
25	海南省	2151.65	25	宁夏区	1018.74	25	重庆市	43.61
26	青海省	1843.66	26	海南省	947.80	26	黑龙江	42.31
27	宁夏区	1777.93	27	天津市	926.89	27	云南省	39.86
28	天津市	957.93	28	青海省	856.77	28	甘肃省	38.54
29	北京市	703.10	29	北京市	676.31	29	陕西省	36.07
30	上海市	685.97	30	上海市	672.73	30	内蒙古区	34.31
全国水泥产量合计： 247619.36 万吨			全国散装水泥量合计： 142392.66 万吨			全国平均散装率： 57.58%		

表10　2014年全国散装水泥与相关产业发展指标统计汇总

单位：万吨

地区	年度散装水泥供应总量	水泥散装率（%）	农村散装水泥使用量	预拌混凝土产量（万立方米）	预拌混凝土废弃物综合利用	预拌砂浆产量			预拌砂浆废弃物综合利用
						产量合计	其中		
							干混砂浆	湿拌砂浆	
全国总计	142392.66	57.58	32405.91	198738.17	31803.10	6202.49	5076.92	1125.57	1098.25
东部地区	64016.23	69.92	15250.33	111052.19	20365.81	4070.42	3318.78	751.64	850.34
北京市	676.31	96.19	150.20	5655.28	3710.48	277.29	234.66	42.63	97.86
天津市	926.89	96.76	193.42	3092.51	1154.43	290.80	276.48	14.32	185.01
河北省	7747.40	72.91	1252.64	7739.59	1749.77	227.00	218.60	8.40	38.30
辽宁省	3376.98	58.32	674.73	6452.86	478.63	45.92	20.32	25.60	2.10
上海市	672.73	98.07	64.16	5866.93	473.33	407.46	405.32	2.14	97.02
江苏省	16509.71	85.09	5179.19	23251.30	2140.79	802.25	801.46	0.79	165.81
浙江省	9826.35	79.45	3031.09	17930.13	5197.59	431.54	393.04	38.50	100.06
福建省	4996.97	64.62	1309.24	7036.41	422.40	7.49	7.49	0	0.99
山东省	10638.89	64.85	2194.27	13310.94	2707.08	725.49	702.74	22.75	108.82
广东省	7696.20	52.22	755.89	17516.24	1677.31	855.19	258.67	596.52	54.37
海南省	947.80	44.05	445.50	3200.00	654.00	0	0	0	0
中部地区	43472.09	57.02	11947.14	48305.74	5571.36	879.06	722.70	156.36	122.78
山西省	2502.03	55.14	647.18	5358.82	339.44	11.06	11.06	0	1.26
吉林省	2104.79	45.13	843.18	2596.82	248.60	0	0	0	0
黑龙江省	1553.81	42.31	233.01	2099.42	253.11	79.89	67.59	12.30	3.84

续　表

地　区	年度散装水泥供应总量	水泥散装率（%）	农村散装水泥使用量	预拌混凝土产量（万立方米）	预拌混凝土废弃物综合利用	预拌砂浆产量			预拌砂浆废弃物综合利用
						产量合计	其中		
							干混砂浆	混拌砂浆	
安徽省	8574.05	66.40	1865.25	9086.39	1011.36	199.12	195.30	3.82	31.01
江西省	5366.56	54.74	1822.41	4561.49	409.74	98.07	98.07	0	7.16
河南省	9616.27	56.65	3211.00	9945.00	1203.16	138.46	137.06	1.40	34.01
湖北省	6676.04	57.21	1381.71	6716.08	807.98	185.92	167.82	18.10	18.50
湖南省	7078.54	58.97	1943.40	7941.72	1297.97	166.55	45.80	120.75	27.00
西部地区	34904.34	43.92	5208.44	39380.24	5865.93	1253.00	1035.44	217.56	125.13
内蒙区	2150.55	34.31	232.75	1773.02	423.73	0.26	0.26	0	0
广西区	4893.63	45.97	1095.87	3953.99	313.89	8.76	8.46	0.30	0.04
四川省	7145.00	49.00	2312.00	8602.33	1406.10	567.62	525.04	42.58	101.88
贵州省	4112.38	43.81	108.06	3676.10	395.03	12.24	12.24	0	7.42
云南省	3783.36	39.86	663.58	3936.33	481.17	35.75	7.40	28.35	5.00
重庆市	2907.64	43.61	269.02	3160.48	135.53	222.89	94.05	128.84	0.09
陕西省	3276.13	36.07	183.47	6669.13	616.88	380.00	380.00	0	7.50
甘肃省	1898.33	38.54	173.00	1067.00	54.00	0	0	0	0
青海省	856.77	46.47	0	996.99	79.69	0.50	0.50	0	0
宁夏区	1018.74	57.30	0	1217.58	852.11	20.73	3.23	17.50	2.35
新疆区	2861.81	59.57	170.69	4327.29	1107.80	4.26	4.26	0	0.85

盐城市亭湖区现代物流园区
获评2015"中国专业市场示范区"

盐城五金机电城

盐城义乌商贸城

沿河灯饰城

奥华国际家居生活广场

白马市场

博联天街广场

金鼎装饰城

家家爱家具广场

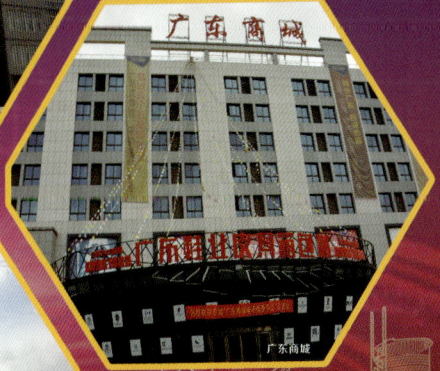
广东商城

明珠装饰城

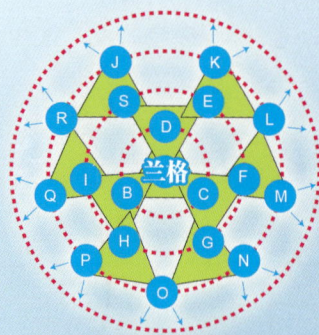

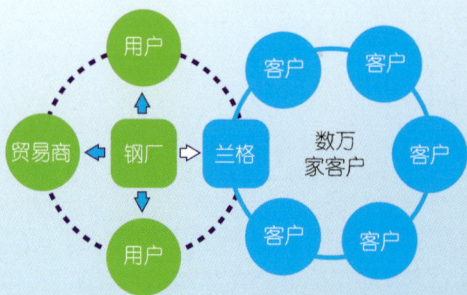

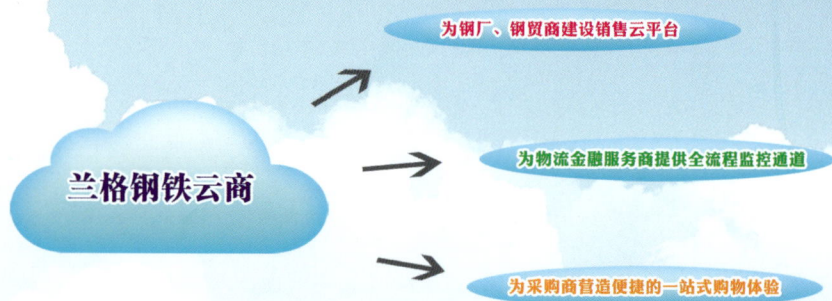